Wolfgang Schmidbauer:
Vom Es zum Ich
Evolution und Psychoanalyse

Bünte-Ludwig

Deutscher
Taschenbuch
Verlag

dtv

Von Wolfgang Schmidbauer
sind im Deutschen Taschenbuch Verlag erschienen:
Erziehung ohne Angst (1020)
Psychotherapie (1056)

Vom Autor für die Taschenbuchausgabe
überarbeitete Fassung
April 1978
Deutscher Taschenbuch Verlag GmbH & Co. KG,
München

ISBN 3-471-66569-2
Umschlaggestaltung: Celestino Piatti
Gesamtherstellung: C. H. Beck'sche Buchdruckerei,
Nördlingen
Printed in Germany · ISBN 3-423-01352-4

Das Buch

Der Autor, der durch Publikationen auf den Gebieten der Aggressionsforschung, Human-Ethologie und Psychotherapie bekannt geworden ist, versucht hier eine Zusammenschau der Ergebnisse der vergleichenden Verhaltensforschung und der analytischen Theorie. Er kommt zu völlig neuen Auffassungen: Die psychische Entwicklung verläuft nicht vom »Es« zum »Ich«, sondern umgekehrt. Aus einem primär kulturfreundlichen und sozial anpassungsfähigen »Ich« werden im Laufe der frühkindlichen Entwicklung durch Einflüsse der Primärgruppe bestimmte Ich-Anteile ausgeschlossen. Erst in diesem Prozeß verwandeln sich die »energetischen Ich-Funktionen« der Neugieraktivität, des Sicherheits- und Kontaktbedürfnisses und der Libido in gefährliche, unbewußte Triebe, in Aggression und Selbst-Destruktion. Psychische Krankheit wird somit als Gruppengeschehen identifiziert, (Gruppen-)Psychotherapie als Weg zu einer neuen Integration der biologischen und der kulturellen Evolution. Im Rahmen dieses Konzeptes werden nicht nur Resultate der Kulturanthropologie, der Sozialpsychologie und der Verhaltensforschung, sondern auch die soziale Position und gesellschaftliche Verantwortung der Psychoanalyse untersucht.

Der Autor

Wolfgang Schmidbauer studierte in München Psychologie und Anthropologie. Nach der Promotion lebte er einige Jahre als freier Schriftsteller in München und Vicchio bei Florenz. Derzeit arbeitet er als Psychologe und Psychoanalytiker in freier Praxis; er ist Ausbildungsleiter in der Gesellschaft für analytische Gruppendynamik (G. a. G. e. V.) und Dozent in der Münchener Arbeitsgemeinschaft für Psychoanalyse. – Wichtige Buchveröffentlichungen: ›Mythos und Psychologie‹ (1970), ›Psychotherapie – Ihr Weg von der Magie zur Wissenschaft‹ (1971), ›Sensitivitätstraining und analytische Gruppendynamik‹ (1973), ›Biologie und Ideologie – Kritik der Humanethologie‹ (1973), ›Emanzipation in der Gruppe‹ (1974), ›Evolutionstheorie und Verhaltensforschung‹ (Hrsg., 1974), ›Selbsterfahrung in der Gruppe‹ (1976), ›Die hilflosen Helfer‹ (1977).

Mit diesem Titel wird die Reihe List Taschenbücher
im Deutschen Taschenbuch Verlag weitergeführt

Inhalt

1. Einleitung 7
2. Biologische, kulturelle und psychische Evolution 13
3. Der Kulturbegriff der Psychoanalyse 24
4. Freuds Neo-Lamarckismus 29
5. Das Es 37
6. Am Anfang war das Ich 46
7. Das Erbe des Ödipuskomplexes 63
8. Autonomie und Konflikt 83
9. Das Ich und die Gruppe 116
10. Triebdynamik und Ich-Energie 144
11. Das Aggressionsproblem 174
12. Kritik der Sublimierungstheorie 181
13. Narzißmus, Gruppe und Evolution 186
14. Spaltung und Integration 235
15. Psychoanalytische Gruppendynamik 252
16. Ausblick 257

Literatur 263

Sachregister 271

Namenregister 280

1. Einleitung

Seit ich vor zehn Jahren im Rahmen meiner Dissertation[1] die hermeneutische Technik der Psychoanalyse (und der übrigen »tiefenpsychologischen« Schulen) kritisch am Beispiel der Mythendeutung untersuchte, hat mich das Thema der Evolution psychischer Strukturen nicht mehr losgelassen. Ich habe eine Reihe von Büchern geschrieben, in denen ich meine Arbeit an diesem Thema festgehalten habe und die ich nicht als abgeschlossene Werke, sondern als Begleiter auf dem Weg meiner Überlegungen verstehe: eines über die Geschichte der Psychotherapie[2] und ein zweites über die urtümlichsten Kulturen, welche die ethnographische Feldforschung untersucht hat[3]. Die Arbeit an diesen Problemen lieferte mir das Material zu einer kritischen Auseinandersetzung mit den Behauptungen von Konrad Lorenz und einigen seiner Schüler. Darin ging es zunächst um den angeblichen »Aggressionsinstinkt[4]«, endlich um die ideologischen Bestandteile und Absichten der Human-Ethologie selbst[5]. Zu meiner anfänglich mehr vom Streben nach Aufklärung über Entstehung und Vorbeugung psychischer Krankheiten getragenen Arbeit über die sozialen und familiären Ursachen seelischer Leiden und die erschreckenden gesellschaftlichen Mißstände im Umgang mit diesen Patienten[6] ist in den letzten Jahren mehr und mehr die konkrete therapeutische Praxis getreten. Als mir dabei deutlich wurde, daß die Techniken, welche man im Rahmen des Psychologie-Studiums kennenlernt, in der täglichen Auseinandersetzung mit seelisch schwer gestörten Menschen nicht ausreichen, begann ich eine psychoanalytische Ausbildung. Den Analytikern, mit denen ich zusammengearbeitet und von denen ich gelernt habe, möchte ich hier danken, vor allem Edmund Frühmann, Maria Helmrich, H. G. Preuss und Siegfried Gröninger, mit dem ich in gemeinsamer Arbeit die Konzepte der analytischen Gruppendynamik immer wieder besprochen und geklärt habe.

[1] W. Schmidbauer, Mythos und Psychologie, München 1970
[2] Ders., Psychotherapie – Ihr Weg von der Magie zur Wissenschaft, München 1971
[3] Ders., Jäger und Sammler, München-Planegg 1972
[4] Ders., Die sogenannte Aggression, Hamburg 1972
[5] Ders., Biologie und Ideologie, Hamburg 1973
[6] Ders., Seele als Patient, München 1971

Im Mittelpunkt meiner Überlegungen liegt die analytische Ich-Psychologie, die ja den wesentlichsten Fortschritt analytischen Denkens seit Freuds grundlegenden Arbeiten darstellt und bis heute in ihrer Bedeutung für die allgemeine Psychologie noch nicht ausreichend anerkannt ist. Für Freud steht am Anfang der seelischen Entwicklung das Es, eine anschauliche Kurzformel für das innerseelische System unbewußter, teilweise verdrängter Triebwünsche und mit ihnen verbundener Vorstellungen bzw. Phantasien (»Komplexe«). Dieses Es hat Freud als die Quelle aller libidinösen wie aggressiven Triebenergien betrachtet. Sein Charakter ist kulturfeindlich, es steht dem menschlichen Überleben gleichgültig gegenüber, enthält miteinander unvereinbare Wünsche. An jener Zone des Es, wo es mit der Außenwelt zusammenstößt, entwickelt sich das Ich, in seiner Energieversorgung vom Es abhängig, gewissermaßen die Agentur der Außenwelt und des Überlebens für das Es.

Bereits Heinz Hartmann und David Rapaport[7] haben diese Theorie verändert. Hartmann spricht von einer »konfliktfreien« Sphäre des Ich, in der autonome Ich-Funktionen wirken – Wahrnehmung, Denken, Raumorientierung. Es wird noch gründlich zu zeigen sein, wo Hartmann und seine Nachfolger diesen sehr progressiven Gedanken nur unvollständig weiterdachten, wo sie Kompromisse zwischen der Auffassung Freuds und der Ich-Psychologie schlossen (etwa im Konzept der Neutralisierung). Immerhin ist bei Hartmann das Ich nicht mehr sekundär. Er spricht von einer Ich-Es-Matrix, aus der sich Ich und Es im Verlauf der psychischen Entwicklung differenzieren. Dieser Gedanke ist zwar von manchen Analytikern scharf angegriffen worden (vgl. S. 103 f.), aber er enthält bereits den Ansatz zu dem Konzept, das ich vertreten und hier kurz umreißen möchte: Am Anfang der psychischen Entwicklung steht nicht das Es als chaotisch-triebhaftes System, dem das Überleben des Individuums gleichgültig ist (verbunden mit einem primären Narzißmus, in dem alle Libido auf den eigenen Organismus konzentriert ist), sondern das Ich als vorgegebene, entwicklungsfähige, aber umweltplastische Struktur von Antriebs- und Orientierungsmechanismen, die primär dem Überleben dient (und ihm nicht, wie das Es Freuds, gleichgültig gegenübersteht).

Es wird deutlich werden, daß eine konsequent evolutionstheoretische Fortführung der Psychoanalyse zu dieser Priorität des

[7] D. Rapaport, Die Struktur der psychoanalytischen Theorie, Stuttgart ²1970

Ich in der seelischen Entwicklung führt. An sich ist dieser Gedanke nicht so revolutionär, wie er auf den ersten Blick scheinen mag. Er setzt die von Hartmann und Rapaport eingeleiteten Gedanken über die konfliktfreie Ich-Sphäre fort, nimmt Whites Konzept einer autonomen Ich-Energie auf und sucht klarer zu fassen, was C. G. Jung mit seinen Aussagen über den schöpferischen, konstruktiven Aspekt des Unbewußten begonnen hat. Allerdings erlaubt erst diese grundlegende Revision der analytischen Theorie, die sehr weitreichenden Konsequenzen einer radikalen Ich-Psychologie deutlicher zu erkennen. Freud und praktisch alle orthodoxen Analytiker (nicht aber C. G. Jung) gehen davon aus, daß der Mensch, biologisch gesehen, ein kulturfeindliches Wesen ist. Durch Verdrängung und Sublimierung (Freud) sowie Neutralisierung (Hartmann) müssen die primär antisozialen, maßlosen Ansprüche des Es gemildert und kontrolliert werden. Die Evolutionstheorie zeigt aber sehr deutlich, daß dieses Konzept der Analytiker falsch ist. Der Mensch kann nur in einer kulturell geprägten Evolution entstanden sein. Er ist »von Natur aus« ein Kulturwesen, kulturerhaltende und kulturschöpferische Tätigkeiten müssen seinen angeborenen Triebgrundlagen nicht durch Angst und Zwang abgerungen werden, sondern sind ihre (bio)logische Folge.

Freud und seine orthodoxen Nachfolger haben hier die herrschende Moral in den Industriegesellschaften, die ein hohes Maß an Triebverzicht, Leistungsdenken und oft unmenschlichem Anpassungszwang enthält, mit Kultur schlechthin identifiziert. Den durch die unerbittlichen Forderungen dieser Gesellschaft deformierten Menschen mit seinen folgerichtig unbändigen, ins Unbewußte verwiesenen sexuellen und aggressiven Impulsen verwechselten sie mit dem »natürlichen« Menschen, der durch Erziehung gezähmt und kulturfähig gemacht werden müsse. Ein durch eben diese Erziehung entstandenes Es (das sich erst im Zug der Ich-Entwicklung vom Ich abspaltet, wie noch zu zeigen sein wird) wurde dann, dem Fortschrittsdenken der Zeit gemäß, an den Anfang der seelischen Entwicklung gestellt. Wenn der Mensch unbewußt so bösartig und zerstörerisch war, dann war er – so nahmen die Analytiker an – schon von Geburt an so gewesen. Die Erziehung, die kulturelle und familiäre Prägung, die das Kind erfahren hatte, mußten es doch *besser* gemacht haben! Verdrängte, in den seelischen Untergrund verwiesene Triebwünsche können sich nicht im Kontakt mit der Wirklichkeit differenzieren und verfeinern. Dieses Triebschicksal und ihr

Resultat hat der geniale Empiriker Freud glänzend beschrieben: das triebhafte, vom ungestalteten Primärprozeß beherrschte Es. Die maßlosen, perversen und inzestuösen sexuellen Ansprüche seiner Patienten, ihre heimtückische Aggressivität sah Freud von den Forderungen der Kultur und dem aus dem Ödipuskomplex hervorgegangenen Über-Ich mühsam gebändigt, vom Ich der Realität angepaßt. Er mußte ein solches strenges, verbietendes Über-Ich für unentbehrlich halten, da es für ihn unvorstellbar war, wie sehr eben jenes Es, das vom Über-Ich gebändigt werden sollte, durch dieses Über-Ich erst produziert wurde (genauer gesagt: wie jene vielen Lernschritte in der Primärgruppe, die man zusammenfassend »Es« und »Über-Ich« nennt, voneinander abhängen und sich gegenseitig bestimmen). Je mehr Verdrängungen die Familiengruppe und die Gesellschaft fordern, je strenger und verbietender das Über-Ich wird, desto »böser«, chaotischer, mehr dieser Verbote bedürftig wird auch das Es. Die Lehre von der Erbsünde hat sich stets dadurch selbst bestätigt, daß sie durch ihre erzieherischen und kulturellen Konsequenzen sündige Menschen produzierte.

Hier wird nun deutlicher, warum eine evolutionstheoretische Betrachtung der Psychoanalyse gebieterisch verlangt, das individualistische Konzept aufzugeben und gruppendynamisch bzw. sozialpsychologisch zu denken. Wie noch genauer gezeigt werden soll, sind die vor allem von Anna Freud beschriebenen Abwehrmechanismen keine rein individuellen, sondern vor allem Gruppenprozesse. Die Verdrängung etwa, der wichtigste Abwehrmechanismus (bzw. das Kernstück der unterschiedlichen Abwehrformen) entspricht einem Erlebnis- und Erfahrungsverbot in der sozialen Gruppe, in der das Kind aufwächst. Dieses Verbot ist oft den Gruppenmitgliedern gar nicht bewußt, es nimmt die Form einer Wahrnehmungsunfähigkeit an. So werden beispielsweise die kindliche Sexualität oder der Wunsch nach freizügiger Bewegung überhaupt nicht *gesehen*.

Bisher scheint dieser evolutionstheoretische Standpunkt darauf hinauszulaufen, daß der Mensch von Natur aus auf eine harmonische und gesunde seelische Entwicklung zum Kulturwesen angelegt sei. Nur die Erziehung »verdirbt« ihn, wobei ja hoffentlich schon deutlich geworden ist, daß unter »Erziehung« hier nicht nur das bewußte Vorgehen des Erziehers, sondern die gesamte – zum großen Teil unbewußte – Dynamik der Familiengruppe gemeint ist. Solche Thesen werden in Pädagogik und Psychologie meist geringschätzig als Rousseausche Wunschvorstellungen abgetan. Der geläufigste Einwand lautet: Wenn die menschlichen Anlagen so kulturfreundlich sind und das lebensfeindliche oder doch dem Überleben gleichgültig gegenüberstehende Es sich erst aus dem Ich entwickelt (d.h. im Zug der Entwicklung von ihm abgespalten wird), woher kommt dann das wahrhaft erschreckende Maß an Neurosen, Psychosen, Suchtkrankheiten, an Zeichen der Selbstzerstörung, der Antisozialität in fast allen modernen Gesellschaften? Wie ist es möglich, daß ein auf konstruktive Ich-Entwicklung und kulturschöpferisches Tun biologisch programmiertes Wesen auf der anderen Seite Familiengruppen aufbaut, welche zu jenen seelischen Deformierungen führen, wie sie Freud zuerst in ihrer Entstehungsgeschichte analysiert hat?

Diese Frage soll im nächsten Kapitel eingehend untersucht werden. Es wird sich zeigen, daß man zwei (freilich in stetiger, enger Wechselwirkung stehende) Grundformen der menschlichen Evolution unterscheiden muß: die biologische, in der Individuen durch Mutation und Selektion verändert werden, und die kulturelle, in der ein analoger Prozeß ganze Gruppen und Gesellschaften verändert. Die widersprüchlichen und fragwürdigen Konzeptionen der Psychoanalyse entstanden nun vor allem aus der mangelhaften Unterscheidung, ja der überhaupt fehlenden Beachtung dieser beiden Typen des Entwicklungsgeschehens. So wurde biologischen Mängeln des einzelnen zur Last gelegt, was tatsächlich eindeutig ein Produkt der kulturellen Evolution ist. – Am deutlichsten zeigt sich das in Freuds Lehre vom »Todestrieb« – einer angeborenen, auf Selbstauflösung und Selbstzerstörung ausgerichteten Neigung des Menschen. Sie kann unmöglich durch eine biologische Evolution entstehen, worauf zuerst Konrad Lorenz hingewiesen hat[8].

Für die Taschenbuchausgabe wurde das Buch vollständig überarbeitet. Ich habe vor allem gekürzt und einige polemische Bemerkungen weggelassen, die mir heute überflüssig scheinen. Meine Position ist ohnehin »zwischen den Stühlen«, sie ist den gruppendynamisch orientierten Schulen der humanistischen Psychologie zu freudianisch, der etablierten Psychoanalyse hingegen sicherlich zu weit entfernt von dem heimlichen Kanon der Orthodoxie. Manche Gemeinsamkeiten in dem hier vertretenen Aggressionskonzept und der Auffassung der analytischen Ich-

[8] K. Lorenz, Das sogenannte Böse, Wien 1963

Psychologie haben zu einer kurzen Zusammenarbeit mit Günter Ammon geführt, die nach einer für beide Seiten fruchtbaren Periode 1973 abrupt endete. Ich war aber nie ein Schüler oder Analysand von Ammon und konnte mit seinem messianischen Anspruch nichts anfangen. Die Unterteilung des Aggressionstriebes in konstruktive Neugieraktivität und triebhafte Destruktion war der Anlaß meiner Kontaktaufnahme mit Ammon, nicht etwa Folge seiner Anregungen. Daß ein solches Aggressionskonzept damals in der Luft lag, zeigt Erich Fromms ›Anatomie der menschlichen Destruktivität‹, die mehrere Jahre nach den Aggressions-Publikationen von Ammon bzw. mir erschien und ganz ähnliche Gedanken verfolgt, aber weder Ammon noch mich zitiert.

Einige der hier angeschnittenen Fragen habe ich inzwischen ausführlicher dargestellt: die Theorie und Technik einer analytischen Gruppendynamik in ›Selbsterfahrung in der Gruppe‹ (München 1977), und die Über-Ich-Probleme in den helfenden Berufen, verbunden mit einer Anthropologie des Altruismus, in ›Die hilflosen Helfer‹ (Hamburg 1978). Noch einige Hinweise zur Lektüre des Buches: Wer an der Persönlichkeitsentwicklung und dem Ich-Schicksal während der Kindheit besonders interessiert ist, ohne sich mit einer intensiveren Auseinandersetzung über die psychoanalytischen Strukturmodelle belasten zu wollen, kann gleich nach Kapitel 1 auf Kapitel 9 (Das Ich und die Gruppe) übergehen. Ein Interesse an der analytischen Therapie wird am ehesten durch Kapitel 14 und 15 befriedigt.

2. Biologische, kulturelle und psychische Evolution

Nahezu alle Biologen sind sich heute darüber einig, daß die Evolutionslehre Darwins durch den Fortschritt unseres Wissens über Mutations- und Populationsgenetik glänzend bestätigt wurde. Längst liegen geplante und auch ungeplante experimentelle Beweise für sie vor, z.B. die Selektion antibiotika-resistenter Bakterien-Mutanten oder von Insekten-Mutanten, die gegen Schädlingsbekämpfungsmittel widerstandsfähiger sind als ihre Artgenossen. Auch der Mensch ist im Zug der Evolution durch Mutanten und Selektion entstanden – durch zufällige Variationen des Erbgutes und das Überleben jener genetischen Variationen, die ihre Träger befähigten, die meisten Nachkommen zu zeugen. Wenn heute noch Einwände gegen die Evolutionstheorie laut werden – wie bei Adolf Portmann[1] –, dann richten sie sich gegen deren dogmatischen Anspruch und weisen darauf hin, daß sie bisher die Entstehung und Entwicklung des Lebens nicht erschöpfend erklären kann. Vor allem würden durch die Zufallsvariation hochkomplexer organischer Strukturen erheblich längere Zeiträume beansprucht, als die Evolution nach den bisherigen Konzepten brauchte, um zu ihren Resultaten zu gelangen[2].

Wenn man den evolutionstheoretischen Standpunkt auf tierisches und menschliches *Verhalten* anwendet, dann ergibt sich ein Problem, das die vergleichende Morphologie nur andeutungsweise kennt. Betrachtet man die körperliche Entwicklung, so wird deutlich, daß sie einem genetisch weitgehend festgelegten Programm folgt, das durch äußere Einflüsse nur geringfügig verändert werden kann. Ernährung, Sonnenbestrahlung, Infektionen beeinflussen sicherlich den Bauplan eines Organismus. Aber ihre Auswirkungen sind viel leichter zu erkennen und gegenüber den vorprogrammierten Reifungs-Prozessen abzugrenzen, als das bei Verhaltensweisen der Fall ist. Zwei eineiige Zwillinge können einander täuschend ähnlich sehen und sogar an denselben Zähnen in gleicher Lokalisation kariöse Stellen haben – ihre Persönlichkeiten und ihr Verhalten jedoch sind oft sehr verschieden[3].

[1] A. Portmann, Biologische Fragmente zu einer Lehre vom Menschen, Bern 1969

[2] W. Thorpe, Der Mensch in der Evolution, München 1969

[3] Vgl. die Studien an von Geburt an getrennt aufgewachsenen eineiigen Zwillingen in: H. H. Newman, Multiple Human Births, New York 1940

Nur ein Teil der Verhaltensweisen von Organismen sind, wie körperliche Merkmale, phylogenetisch angepaßt, d.h. »angeboren« (genauer: durch Erbanlagen vorprogrammiert, so daß das Verhalten auch ohne Zustrom äußerer Information realisiert werden kann). Und es ist ziemlich deutlich, daß gerade die Säugetiere proportional zu ihrer Gehirngröße immer weniger von solchen genetischen Verhaltensprogrammen gesteuert werden, die z.B. bei Insekten eine ganz entscheidende Bedeutung haben (so sehr, daß Ameisen Parasiten in ihren Staaten dulden, die ihre Brut fressen, weil diese Duftstoffe produzieren, welche »freundliches« Verhalten der Ameisen bewirken).

Der Sinn solcher – offensichtlich manchmal gefährlicher – stammesgeschichtlich festgelegter Verhaltensprogramme liegt darin, daß mit ihrer Hilfe auch dort situationsadäquates Verhalten möglich wird, wo die Quittung für einen Fehler der Tod wäre. Wenn das Männchen der Springspinne nur durch seine arttypischen Balzbewegungen verhindern kann, daß es von dem körperlich überlegenen Weibchen sofort gefressen wird, dann kann es diese Bewegungsfolgen gar nicht gelernt haben. Das operante Lernen durch langsame Verhaltensformung je nach den Folgen des Verhaltens[4] kann dann nicht funktionieren, wenn dem ersten Fehler der Tod folgt. Im allgemeinen werden phylogenetisch bestimmte Verhaltensweisen dort eingesetzt, wo auf eine weitgehend konstante Situation rasch und ohne Probieren reagiert werden muß.

Eine junge Schwalbe in ihrem engen Nest hoch oben unterm Dach kann die Flügel nicht spreizen und Flugübungen machen. Wenn sie das Fliegen erst lernen müßte, wenn sie das Nest verläßt, würde sie wohl abstürzen. In einem der ersten ethologischen Experimente hat D. A. Spalding 1873 Schwalben in so engen Käfigen aufgezogen, daß sie niemals die Flügel rühren konnten. Sobald er ihnen die erste Gelegenheit zum freien Flug bot, flogen die Vögel dennoch ausgezeichnet[5].

Eine Fehleinschätzung der Lorenz-Schule liegt in der Ansicht, daß »angeborenes«, »instinktives« Verhalten auch durch Lernen weitgehend unveränderlich sei. Eibl-Eibesfeldt hat 1967 gefordert, die Ethologie müsse herausfinden, »welche Störungen sozialen Verhaltens von der Erziehung her beeinflußbar sind und

[4] B. F. Skinner, The Behavior of Organisms, New York 1938

[5] A. D. Spalding, Instinct with Original Observation on Young Animals, MacMillans Mag. 27, 1873, S. 282, Neudruck in: Brit. J. Anim. Beh. 2, 1954, S. 1–11

welche nicht[6]«. Wie unsinnig es ist, aus ethologischen Spekulationen über einen »Aggressionsinstinkt« des Menschen von vornherein Versuche abzulehnen, Aggression durch Lernen einzuschränken, habe ich schon an anderer Stelle gezeigt[7].

Ist also das menschliche Verhalten vorwiegend durch individuelles Lernen bestimmt? Das ist nur begrenzt richtig. Der Mensch ist sicher keine Tabula rasa, in die während seiner Lebensgeschichte alle möglichen Zeichen eingegraben werden können. Jeder Lernvorgang beruht auf einer genetisch vermittelten Grundlage, die Bedingungen und Grenzen des Lernens festlegt, etwa die »Verstärker«, welche bestimmte Verhaltensweisen fixieren helfen. Diese genetischen Grundlagen legen zunächst auch fest, was als Lust, was als Unlust erlebt wird (das »Lustprinzip« Freuds). Auf der anderen Seite aber ist bisher keine menschliche Verhaltensweise nachgewiesen worden, die sich durch Erfahrung nicht verändern ließe.

Jedenfalls aber unterscheidet sich die Anpassung des Menschen erheblich von den Formen des Lernens, die man bei Tieren beobachten kann. Sie enthält ein Element, das der phylogenetischen Anpassung bei Tieren vergleichbar ist, nämlich die Aufnahme einer kulturellen Tradition. In ihr werden teilweise jahrtausendealte Erfahrungen weitergereicht, was sonst nur durch genetisch festgelegte Informationen möglich ist. Doch sind diese Traditionen nicht so fixiert und nur nach dem umständlichen Prozeß von Mutation und Selektion veränderbar wie Erbanlagen, sondern sie werden von jedem einzelnen durch Lernprozesse erworben. Bei Tieren finden sich vergleichbare Traditionen nie. Andeutungen hat man immerhin in Affensozietäten gefunden, die bestimmte Gruppenstrukturen und technische Fertigkeiten (etwa das Reinigen von Getreide durch eine Waschprozedur) als Verhaltenstradition weitergeben können[8].

Die wichtigsten Gesetzmäßigkeiten, welche das Verhalten höherer Tiere bestimmen, haben Lernpsychologen und Ethologen in den letzten Jahrzehnten formuliert: das operante und klassische Konditionieren (Verhaltensformung, bedingter Reflex) auf der Seite der ontogenetischen Anpassung, Instinkthandlung,

[6] I. Eibl-Eibesfeldt, Grundriß der vergleichenden Verhaltens-Forschung, München 1967, S. 12

[7] ebd., S. 71, sowie W. Schmidbauer, Die sogenannte Aggression, Hamburg 1972

[8] S. Kawamura, The Process of Sub-cultural Propagation among Japanese Macaques, in: C. Southwick, Primate Social Behavior, New York 1963

Angeborener Auslösender Mechanismus (AAM), gleitende Hierarchie der Verhaltensbereitschaften[9] auf der Seite der phylogenetischen Anpassung. Diese Elemente der tierischen Verhaltenssteuerung werden beim Menschen durch ein Lerngeschehen eigener Art überformt, zurückgedrängt und verwandelt – einem Superlernen, wenn man will: der bewußten Einsicht in konkrete und abstrakte Zusammenhänge. Mit dieser Einsicht ist die Fähigkeit zum »Probehandeln« verbunden, wie Freud das Denken nannte: Die Konsequenzen der eigenen Tätigkeit und des Umweltgeschehens können vorweggenommen werden. Einsicht bedeutet auch Wahlmöglichkeiten, ein Mehr an Einsicht bedeutet ein breiteres Spcktrum möglicher Verhaltensformen. Darin liegt übrigens auch die zentrale Bedeutung psychotherapeutisch vermittelter Einsichten, daß Wahlmöglichkeiten auftauchen, die dem Individuum vorher gar nicht »aufgefallen« sind. Die Einsicht ist in der Lage, dem Menschen genau das zu geben, was den meisten Tieren nur der Instinktmechanismus geben kann: »richtiges« Verhalten, wo die Quittung für einen Fehler der Tod bzw. der Ausfall der Fortpflanzungschancen ist.

Die Einsicht gibt aber nicht nur das, was ein instinktives Verhaltensprogramm geben kann, sondern viel mehr. Während genetisch übermittelte Steuerungsmodelle weitgehend starr sind und – wenn sie durch Lernen verändert werden können – doch solche Veränderungen nur an bestimmten Stellen ihrer Struktur gestatten, bleibt die Einsicht flexibel. Sie kann sich in jede Situation schicken, sie durchleuchten, Konsequenzen ihrer Veränderung vorwegnehmen. Dieser Fähigkeit ist es wohl zuzuschreiben, daß Homo sapiens sich schon als altsteinzeitlicher Jäger und Sammler mit Hilfe einer ganz rudimentären Technologie (aber einem bereits voll leistungsfähigen Gehirn) weiter verbreiten und an eine größere Zahl grundverschiedener ökologischer Situationen anpassen konnte als jedes andere Tier. Der Instinkt mag zuverlässig arbeiten und wenig störbar sein, aber er verändert sich in neuen Umweltsituationen nur durch die schwerfälligen Ja-Nein-Schritte von Mutation und Selektion. Die Einsicht kann durch die bewußte Vorwegnahme der Folgen eigenen und fremden (mitmenschlichen oder natürlichen) Geschehens rasch neue Anpassungsleistungen erbringen und neuartigen Situationen gerecht werden.

[9] Zusammenfassende Literatur bieten E. R. Hilgard/G. H. Bower, Theorien des Lernens I u. II, Stuttgart 1970f., sowie K. Lorenz/P. Leyhausen, Antriebe tierischen und menschlichen Verhaltens, München 1969

Wenn einmal in der Stammesgeschichte ein so hochwirksames, alle möglichen instinktiven Mechanismen an Präzision und Schnelligkeit der Informationsaufnahme und -verarbeitung übertreffendes Instrument zur Verhaltenssteuerung entstanden ist, dann bildet sich rasch ein Selektionsdruck heraus, der darauf abzielt, diese Fähigkeit weiter zu verbessern. Das schließt ein, daß bisherige »starre« Komponenten der Verhaltenssteuerung entmachtet und umgestaltet werden, um der einsichtigen Steuerung nicht mehr im Weg zu stehen, sondern sie zu unterstützen. Das bedeutet auch, daß Triebimpulse beim Menschen nicht mehr wie bei vielen Tieren unmittelbar zu Appetenzverhalten und einer »triebverzehrenden Endhandlung« mit festgelegtem Bewegungsablauf führen, sondern in den Speicher der einsichtigen Verhaltenskontrolle als Anmutungen bzw. Bedürfniserleben eingegeben werden. Einsichtiges Lernen ist ein Lernen eigener Art, auf Zusammenhänge ausgerichtet und um die Integration von Erfahrungen bemüht. Es organisiert Lernvorgänge anderer Gestalt und richtet sie auf ein vorweggenommenes Ziel hin aus – beim Erlernen des Autofahrens etwa die nach dem Prinzip »operanten« Lernens (Verhaltensformung durch Verstärkung erfolgreicher Aktionen) erworbenen Bewegungen des Kuppelns, Schaltens, Gasgebens, Lenkens auf das Ziel einer situationsgerechten Bewegung im Verkehr. Das Integrations- und Organisationszentrum einsichtigen Lernens und damit das System, welches menschliches Verhalten situationsadäquat steuert, kann man das »Ich« nennen[10].

Kulturelle Evolution und Ich-Entwicklung

Man kann gar nicht vorsichtig genug sein, die Geringschätzung domestizierter Tiere, die in den Werken der Ethologen manchmal bemerkbar ist[11], auch auf den Menschen zu übertragen[12]. Wer ihm, wie den Haustieren, den Verlust präzisen Ansprechens

[10] H. Hartmann, Ich-Psychologie, Stuttgart 1972

[11] K. Lorenz, Ges. Abhandlungen, Bd. I, München 1965

[12] H. J. Gamm, Aggression und Friedensfähigkeit in Deutschland, München 1968, fordert etwa, durch »Kulturkrücken« die ungebrochene Instinktsicherheit der Tiere zu ersetzen. Wäre die Evolution ebenso »naiv« gewesen – bis heute gäbe es keinen Homo sapiens.

auf instinktive Auslöser, Unzuverlässigkeit angeborener Verhaltensweisen, Freßsucht und hemmungslose Sexualität vorwirft, der übersieht, daß für den Menschen – und für ihn allein – die Domestikation so »natürlich« und angemessen ist, wie sie bei den domestizierten Tieren künstlich Körperbau und Instinktverhalten verändert. Während bei den Haustieren nur Verluste an Feinheiten des Instinktverhaltens auftreten, machen beim Menschen notwendig und regelmäßig kulturelle, einsichtige (beides ist eng verwandt, aber nicht restlos identisch) Neuerwerbungen die Verluste und Ausfälle der instinktiven Steuerung wett. Ohne diese Neuerwerbungen, ohne die Verinnerlichung einer kulturellen Verhaltenssteuerung in seiner Kindheit wäre der Mensch nicht lebensfähig. (Er könnte vielleicht überleben, wie die Beispiele der »Wolfskinder« zu zeigen scheinen, sich aber nicht fortpflanzen.) Die Einsicht in verinnerlichte kulturelle Traditionen ersetzt ihm ebenso seine Instinktausfälle, wie er selbst diese seinen Haustieren ersetzt (wenn etwa der Viehzüchter die Eihaut des Kalbes zerreißt, weil die auf maximale Milchproduktion hin gezüchtete Mutter diese für das Überleben der Art sonst notwendige Instinkthandlung eingebüßt hat).

Da sich der Mensch durch Einsicht und das Erlernen eines kulturell bestimmten Systems der Verhaltenssteuerung auf eine ganz andere Weise seiner Umwelt anpaßt als jedes Tier, verändert sich auch seine Entwicklungsgeschichte. Es ist falsch, nur von einer biologischen Evolution des Menschen zu sprechen, die sich auf die Auslese besser angepaßter und darum fortpflanzungsfähiger Individuen – die intraspezifische Selektion – bezieht. Für die spezifisch menschliche Evolution von ausschlaggebender Bedeutung war vielmehr die kulturelle Evolution, welche die individuell-biologische ihrer primären Bedeutung beraubte und sie nurmehr in einem zweiten Schritt wirksam werden ließ. Denn es muß sich gezeigt haben, daß bestimmte, überlebensgünstige Verhaltensweisen durch sozial-kulturelle Auslese viel rascher optimal gestaltet werden konnten als durch individuell-biologische. Innerhalb der zahlreichen, kleinen Gruppen schweifender Jäger und Sammler überlebten jene Kulturen mit einer sozialen Struktur, Kommunikationsfähigkeit und – eng mit der sprachlichen Kommunikation verbunden – Einsichtsbereitschaft, die sie als Gruppe bzw. Kultur vielleicht nur um einen winzigen Vorsprung erfolgreicher und lebenstüchtiger machte als andere Kulturen. Dieser Schritt von der primär individuell-biologisch-genetischen zur kulturellen, auf Gruppen-Traditionen abgestellten Evolution ist für die menschliche Entwicklungsgeschichte ebenso ausschlaggebend, wie er es bis heute für die menschliche Psychologie und Soziologie geblieben ist. Er beginnt mit jenem Zeitpunkt, an dem nicht mehr primär das schlechter angepaßte Individuum, sondern die in bestimmten Einzelheiten weniger funktionsfähige Gruppe oder Kultur ausstarb und sich andrerseits eine besser funktionierende Gruppe bzw. Kultur langsam ausbreitete, entweder, indem sie anderen Kulturen die Lebensgrundlage entzog (durch Konkurrenz in bezug auf Nahrungsquellen, aber auch auf Gruppenmitglieder), oder auf einem viel friedlicheren Weg, indem ihre Merkmale von anderen Kulturen übernommen wurden. In diesem Prozeß einer kulturellen Evolution setzten sich zahlreiche elementare Regeln des sozialen Zusammenlebens durch, die heute als »kulturelle Universalien« erscheinen: das Inzestverbot etwa, die Paarbindung zwischen Männern und Frauen, eine begrifflich geordnete Sprache, Begräbnisriten, Aggressionsverbote innerhalb der Gruppe[13]. Das geschah, weil nur jene Kulturen, die solche Universalien akzeptierten, funktionieren und deshalb als Kultur überleben konnten. Nur in einer Gemeinschaft, die den Inzest verbietet, kann beispielsweise das spezifisch kulturelle Wissen optimal überliefert und damit die Gruppenstruktur erhalten werden. Zudem fördert das Inzestverbot den freundschaftlichen Austausch zwischen sozialen Gruppen, vermehrt die friedlichen Kontakte zwischen den Familien und ist auch unter diesem Gesichtspunkt »selektionsgünstig[14]«.

Es ist ganz klar, daß durch den Beginn der kulturellen Evolution die individuell-biologische Evolution nicht beendet worden ist. Sie wurde lediglich überformt, wie ja auch die Einsicht als »Superlernen« in der menschlichen Verhaltenssteuerung andere Elemente (Instinkt, AAMs, Reflexe) nicht eliminiert, sondern nur umgestaltet hat: die Instinkte zu sehr variablen Bedürfnissen, die angeborenen auslösenden Mechanismen zu Anmutungserlebnissen mit einem hohen Grad kultureller Plastizität. Die kulturelle Evolution wurde durch die ersten Anfänge einsichtigen Verhaltens (das man, wie Wolfgang Köhlers Versuche an Menschenaffen gezeigt haben, bereits bei Schimpansen und anderen

[13] Vgl. V. Reynolds, Offene Gruppen in der menschlichen Evolution, in: W. Schmidbauer (Hrsg.), Evolutionstheorie und Verhaltensforschung, Hamburg 1974

[14] Darauf basiert die Theorie des Inzestverbotes von C. Lévi-Strauss, Les Structures Elementaires de la Parenté, Paris 1949

Primaten beobachten kann) ermöglicht und steigerte gleichzeitig die Progression weiterer Fortschritte in dieser Richtung. Zunehmend wirkte der genetische Selektionsdruck nicht mehr auf die Anpassung an die natürliche Umwelt hin, sondern auf die Anpassung an eine Kultur. Da die kulturelle Evolution ihrerseits viel rascher und veränderungsfreudiger abläuft als die biologische, die ja auf zufällige Mutationen angewiesen ist, hatte sie bei aller Formenvielfalt der Kulturen (ja gerade deretwegen) eine einheitliche, biologisch-genetische Konsequenz. Der Mensch wurde zum »Kulturtier«, dessen genetisch-psychologische Dispositionen ganz auf die Verinnerlichung einer Gruppennorm abgestellt sind. Es entstand ein Menschentypus – Homo sapiens –, der fähig war, sich an kulturelle Forderungen anzupassen, ohne sich – wie es die genetische Anpassung verlangt – auf sie gewissermaßen festnageln zu lassen. Die Ansprüche dieses positiv beschleunigten und biologisch äußerst erfolgreichen Entwicklungsprozesses konnten nur jene genetischen Einheiten erfüllen, die kulturelle Ansprüche ontogenetisch, durch einsichtiges Lernen, erfüllten. So entstand Homo sapiens, biologisch gesehen ein Spezialist für das Nicht-Spezialisiertsein, für offene, weite Lebensräume, für die aktive Veränderung seiner Umwelt und seiner selbst.

Wenn Psychoanalytiker und Ethologen diesen Aspekt der kulturellen Evolution bisher kaum beachtet haben, so mag das nicht zuletzt an dem liegen, was Horst-Eberhard Richter[15] das individualistisch-bürgerliche Vorurteil der Psychoanalyse genannt hat (und was mutatis mutandis für die nicht weniger bürgerliche Ethologie von Konrad Lorenz zutrifft[16]). Menschliche Kultur und damit menschliches Überleben sind nur in Gruppen möglich. Die Gruppe ist eine Lebensnotwendigkeit für das menschliche Kind, ebenso unentbehrlich wie Nahrung, Wärme, Schutz vor Beschädigung. Da die Gruppe gemeinsamer Nenner und Voraussetzung kindlicher Bedürfnisbefriedigung ist, besteht auch eine primäre Ich-Funktion des Neugeborenen, sich mit allen ihm möglichen Mitteln Schutz und Zuwendung dieser Gruppe zu verschaffen – also eine primäre Liebe im Gegensatz zu dem von Freud nach korrekt-bürgerlichem Austauschdenken konzipierten primären Narzißmus, der sich erst dadurch in »Liebe«, d.h. in Objektbeziehungen umwandelt,

[15] H.-E. Richter, Die Gruppe, Hamburg 1972

[16] Zur Humanethologie als bürgerlicher Ideologie siehe W. Schmidbauer, Biologie und Ideologie, Hamburg 1973

daß die Mutter die Bedürfnisse des Kindes nach Speise, Trank und Wärme erfüllt[17]. Die primäre Liebe des Kindes und seine reale, vollständige Abhängigkeit von der Gruppe bestimmen auch die frühen, entscheidenden Perioden seiner Ich-Entwicklung. Das Ich entwickelt sich entlang der Linien, die ihm von der Dynamik der Primärgruppe vorgezeichnet werden. Es ist geradezu die nach innen fortgesetzte Dynamik dieser Gruppe selbst. Und gerade aus diesem Grund ist auch das menschliche Ich ebenso sehr ein Produkt der kulturellen wie der biologischen Evolution: die genetische Grundlage ermöglicht, die Gruppe (und mit ihr die Kultur) verwirklicht es.

Es ist unerläßlich, sich hier zu vergegenwärtigen, daß während der bei weitem überwiegenden Periode der menschlichen Evolution (schätzungsweise über 95 Prozent der gesamten Zeitspanne) das menschliche Leben, die Persönlichkeits- und Kulturentwicklung, von kleinen Gruppen einander persönlich bekannter Jäger und Sammler bestimmt war. In dieser Zeit erfolgten die wichtigsten Evolutionsschritte zum Homo sapiens, wie wir ihn heute kennen. Die Periode seit der Entdeckung von Ackerbau und Viehzucht, seit dem Beginn der Geschichtsschreibung hat den biologisch-genetischen Typus des Menschen nicht mehr entscheidend verändert. In dieser Tatsache wurzeln auch die Widersprüche zwischen biologischer und kultureller Evolution, in denen ich die Hauptursache seelischer Leiden und sozialer Störungen sehe. Auf diese Spannungen, die letzten Endes innerhalb der menschlichen Persönlichkeit zu lokalisieren sind, werden wir noch oft zurückkommen. Es gibt ja keine Volks- oder Gruppen»seele«, wie es die frühen, noch von der Romantik beeinflußten Völkerpsychologen glaubten[18], sondern nur einzelne Menschen, die Gruppen bilden und von Gruppen geprägt werden. Die Struktur dieser Gruppen mit ihren Mythen, Sitten, sprachlichen und religiösen Symbolen ist sicherlich eine Realität – eine symbolische Realität, an der kulturelle Mutation und Selektion ansetzen. Aber diese Realität ist untrennbar mit den einzelnen Menschen verknüpft, die ihre Positionen in dieser Struktur ausfüllen. Wie ein Organismus leben und handeln kann, während ständig die Moleküle ausgetauscht werden, die ihn aufbauen (so daß binnen eines Jahres buchstäblich jedes Element dieses Ganzen

[17] M. Balint, Die Urformen der Liebe und die Technik der Psychoanalyse, Bern und Stuttgart 1966

[18] Bis zu Wilhelm Wundt, Völkerpsychologie, Leipzig 1910, und z. T. selbst Sigmund Freud, Totem und Tabu, 1912

erneuert wurde), so wird auch die Macht einer Gruppenstruktur – im weiteren Sinn einer Kultur, einer Gesellschaft – nicht dadurch vermindert, daß die unentbehrlichen Träger dieser Struktur auswechselbar sind. Im Gegenteil: Gerade an ihnen erweist sich ihre Macht. Diese Macht ist so groß, daß sie in einer bestimmten Epoche der westlichen Gesellschaften ihren Ausdruck in der subjektiven Illusion und kollektiven Ideologie vom eigenständigen, selbstverantwortlichen, in Einsamkeit und Freiheit entscheidenden Individuum fand – in jenem bürgerlichen Bewußtsein, das nicht nur für Freud, sondern auch für viele andere Psychologen, Philosophen und Anthropologen der Bezugspunkt ihres Denkens wurde. Diese Ideologie entspricht dem Leitbild des Selfmademan, der sich vom Tellerwäscher zum Multimillionär hocharbeitet, des Kolonisators, der als einziger Weißer eine Plantage mit einigen hundert farbigen Arbeitern leitet. Sie hängt eng mit der spezifisch »kapitalistischen« Verwendung des Privateigentums zusammen, desgleichen mit der Mystifikation des Arbeiters, dem vorgespiegelt wird, es läge nur an ihm, wenn er die unbegrenzten Chancen des Individuums nicht ausnütze. Die orthodoxe Psychoanalyse hat diese bürgerlich-individualistische Ideologie insofern fortgeführt, als sie sich von einer Bewußtmachung der verdrängten infantilen Erlebnisse und Phantasien innerhalb der Übertragung eine Stärkung des individuellen Ich versprach. Nur nebenbei haben Analytiker den Kranken als Mitglied einer Gruppe und damit auch die ganze Gruppe, in der er lebte, behandelt. (Freuds Krankengeschichte vom kleinen Hans ist ja die erste analytische »Familienberatung«. In seinem Behandlungsbericht erwähnt der »Wolfsmann« ebenfalls viele Einzelheiten[19], die darauf hinweisen, daß Freud die Familiengruppe seiner Patienten durchaus gesehen hat, auch wenn er in der Theorie ganz individualistisch dachte. Auch Ferenczi zeigt in seinen Arbeiten eine Reihe von Hinweisen auf eine nicht mehr individuozentrierte Praxis[20].)

Die Tatsache, daß Homo sapiens in einer seit nahezu einer Million Jahren bereits kulturell geprägten, auf die Verinnerlichung von Gruppenstrukturen ausgerichteten Evolution als biologische Art entstanden ist, hat für die psychoanalytische Theorie entscheidende Konsequenzen. Sie kann nicht mehr davon ausgehen, daß der Widerspruch zwischen tierhaft-instinktivem

[19] Der Wolfsmann, vom Wolfsmann, Frankfurt 1972

[20] S. Ferenczi, Schriften zur Psychoanalyse, II, Frankfurt, S. 127f., 147f., 212f.

Triebanspruch und kulturellen Forderungen schlechthin für die Entstehung von Neurosen von entscheidender Bedeutung ist, denn das Triebleben des Menschen ist seiner biologischen Natur nach nicht kulturwidrig. Es muß genauer untersucht werden, welche kulturellen Forderungen vorliegen; es geht nicht mehr an, von Kultur schlechthin zu sprechen.

So sehr man von diesem Blickwinkel aus Freuds Kulturtheorie revidieren muß – vor allem seine Überzeugung, daß die Sublimierung libidinöser Energie notwendig sei, um kulturschöpferische Leistungen zu ermöglichen –, so wenig darf man über seine konkreten Beobachtungen hinweggehen, die zeigen, wie die triebhaften Wünsche seiner Patienten den verinnerlichten Gruppennormen widersprachen, welche ihre Ich-Entwicklung in der Kindheit bestimmt hatten. Freuds Konzeption wird durch die evolutions-theoretische Sicht der Psychoanalyse ebensowenig widerlegt, wie Einsteins Relativitätstheorie die Newtonsche Himmelsmechanik »widerlegte«. In beiden Fällen wird nur eine Theorie, die eine gewisse Zeit als umfassend galt, als Sonderfall erkannt, der nur für einen bestimmten Bereich unter genau umschriebenen Bedingungen zutrifft. Diese Bedingungen sind im Fall der Psychoanalyse Freuds die des ausgehenden 19. und beginnenden 20. Jahrhunderts in einem Milieu zahlungskräftiger Bürger einer Industriegesellschaft westlicher Prägung. Freud spricht – auch wenn er Kultur oder Gesellschaft schlechthin sagt – stets von *dieser* Kultur und *dieser* Gesellschaft.

Freud hat ganz richtig festgestellt, daß es für viele seiner Zeitgenossen nicht möglich war, unter den Anforderungen der viktorianischen Doppelmoral seelisch gesund zu bleiben. Er zog daraus den Schluß, daß »das ursprünglich Animalische unserer Natur[21]« nicht nur mit *diesen,* sondern mit kulturellen Forderungen schlechthin unvereinbar sei, ging aber noch einen Schritt weiter zu einer Kulturtheorie, welche – analog zu seiner Konzeption des psychischen Apparats, die das Es und nicht das Ich an den Anfang der Entwicklung stellt – in die Vorzeit zurückprojizierte, was tatsächlich ein Produkt einer späten gesellschaftlichen Entwicklung war. Der Ödipuskomplex in einer sexuell repressiven, nach Leistungszwängen orientierten Gesellschaft wurde so zum Beweggrund der menschlichen Kulturentwicklung schlechthin.

[21] S. Freud, Über Psychoanalyse (1909), Ges. Werke VIII, S. 59

Zunächst ist es wichtig, ein Ur-Modell der menschlichen Gesellschaft zu betrachten, das Freud von Charles Darwin entlehnt hat. Dessen Bild der »Urhorde« sieht so aus: »Wenn wir ... im Strome der Zeit weit genug zurückblicken und nach den *sozialen Gewohnheiten des Menschen, wie er jetzt existiert, schließen* (Hervorhebung W. S.), ist die wahrscheinlichste Ansicht die, daß der Mensch ursprünglich in kleinen Gesellschaften lebte, jeder Mann mit einer Frau oder, hatte er die Macht, mit mehreren, welche er eifersüchtig gegen alle anderen Männer verteidigte. Oder er mag kein soziales Tier gewesen sein und doch mit mehreren Frauen für sich allein gelebt haben wie der Gorilla; denn alle Eingeborenen stimmen darin überein, daß nur ein erwachsenes Männchen in einer Gruppe zu sehen ist. Wächst das junge Männchen heran, so findet ein Kampf um die Herrschaft statt, und der Stärkste setzt sich dann, indem er die anderen getötet oder vertrieben hat, als Oberhaupt der Gesellschaft fest[1].«

Dieser Schluß von den gegenwärtigen sozialen Gewohnheiten des viktorianischen Bürgers auf die im paläolithischen Urzustand herrschenden menschlichen Sitten muß Freud sehr angezogen haben. Wie bereits A. L. Kroeber in seiner detaillierten Kritik an Freuds Theorie gezeigt hat[2], ist die Vorstellung von einer solchen Urhorde weder durch die Beobachtungen an Menschenaffen noch durch die kulturanthropologischen Daten über die urtümlichsten Formen menschlicher Gesellung gestützt. Austausch in jeder Form, »Nächstenliebe«, wenn man will, sind in den archaischen Kulturen viel wichtiger als Eifersucht und gewaltsamer Frauenraub, ja als der raffgierige Egoismus überhaupt, der für Darwin und Freud primär der menschlichen »Natur« zuzugehören scheint, in Wirklichkeit aber einer kulturell geprägten Ideologie entspricht. Gerade über den Gorilla gibt es inzwischen eine sehr gründliche, auf genauer Beobachtung beruhende Feldstudie von Georg Schaller, die das darwinistisch-

[1] Ch. Darwin, The Descent of Man, Bd. II, Kap. 20, S. 603f., zit. n. S. Freud, Totem und Tabu, 1913 (Ges. Werke IX), zit. n. d. Taschenbuch-Ausgabe, Frankfurt 1961, S. 141

[2] A. L. Kroeber, Totem and Tabu, an Ethnologic Psychoanalysis, American Anthropologist 1920, S. 48ff.

freudsche Bild vom gewalttätigen, sexuell habgierigen Männchen, das alle Weibchen monopolisieren will, entschieden entkräftet[3].

Die menschliche Evolution ist schon seit Homo erectus (und damit seit mindestens einer halben Million Jahren) entscheidend von der Großwildjagd geprägt, welche die Kooperation mehrerer Männer erforderlich macht und damit eine Selektionsprämie auf freundschaftlichen Austausch, Bindungsfähigkeit und Kommunikation setzt. Die Feldforschung an Menschenaffen hat auf der anderen Seite sehr deutlich gezeigt, daß Rangstreitigkeiten von keiner höheren Tierspezies so mörderisch ausgetragen werden, wie es Darwins und Freuds Bild von der Urhorde demonstriert – schon gar nicht von Gorillas, die kaum je körperlich aggressiv werden, sondern durch ihr Drohverhalten Kämpfe fast völlig überflüssig machen.

Nach Schallers Beobachtungen ist es auch falsch, daß nur ein reifes Männchen bei der Gruppe der Frauen und Kinder bleibt. Tatsächlich leben mehrere Männchen unterschiedlichen Ranges in den kleinen Gruppen dieser mächtigen Affen, und es gibt offensichtlich *keinen* sexuellen Vorrang des dominierenden Männchens. Vielmehr sucht sich das brünstige Weibchen selbst den Sexualpartner aus, und der dominierende Gorilla bleibt ein äußerlich unbeteiligter Zuschauer, wenn die Wahl auf einen anderen fällt.

Die – wie deutlich geworden ist – imaginäre Urhorde hat laut Freud »natürlich keinen Raum für die Anfänge des Totemismus (und damit der Kultur, W. S.). Ein gewalttätiger, eifersüchtiger Vater, der alle Weibchen für sich behält und die heranwachsenden Söhne vertreibt.« In dieser Situation nun findet »das große Ereignis« statt, »mit dem die Kultur begann und das die Menschheit nie wieder hat zur Ruhe kommen lassen[4].« Denn jetzt findet jene zugleich »denkwürdige« und »verbrecherische« Tat statt, mit der für Freud die Kultur erst ihren Anfang nahm, »die sozialen Organisationen, die sittlichen Einschränkungen und die Religion.« Eines Tages »taten sich die ausgetriebenen Brüder zusammen, erschlugen und verzehrten den Vater und machten so der Vaterhorde ein Ende. Vereint wagten sie und brachten zustande, was dem einzelnen unmöglich geblieben wäre. (Vielleicht

[3] G. Schaller, The Mountain Gorilla, Chicago 1963. Vgl. auch W. Schmidbauer, Jäger und Sammler, München-Planegg 1972

[4] S. Freud, Totem und Tabu, 1913 (Ges. Werke IX), zit. n. d. Taschenbuch-Ausgabe, Frankfurt 1961, S. 158

hatte ein Kulturfortschritt, die Handhabung einer neuen Waffe, ihnen das Gefühl der Überlegenheit gegeben.) Daß sie den Getöteten auch verzehrten, ist für den kannibalen Wilden selbstverständlich. Der gewalttätige Urvater war gewiß das beneidete und gefürchtete Vorbild eines jeden aus der Brüderschar gewesen. Nun setzten sie im Akte des Verzehrens die Identifizierung mit ihm durch, eigneten sich ... ein Stück seiner Stärke an.« Die Wiederholung dieses archaischen, mörderischen Mahls ist für Freud die »Totemmahlzeit«, die er im Anschluß an Robertson Smith für das älteste Fest hielt, in dem ein sonst durch religiöse Tabus geschütztes Tier verzehrt wird.

Nach dieser blutigen Tat, welche den Haß der Söhne deutlich machte, kamen aber die bisher unterdrückten zärtlichen Regungen wieder zur Geltung. »Der Tote wurde nun stärker, als der Lebende gewesen war ... Was er früher durch seine Existenz verhindert hatte, das verboten sie sich jetzt selbst in der psychischen Situation des uns aus den Psychoanalysen so wohl bekannten *nachträglichen Gehorsams*. Sie widerriefen ihre Tat, indem sie die Tötung des Vaterersatzes, des Totem, für unerlaubt erklärten, und verzichteten auf deren Früchte, indem sie sich die freigewordenen Frauen versagten. So schufen sie aus dem Schuldbewußtsein des Sohnes die beiden fundamentalen Tabus des Totemismus ...[5]«

Es ist sehr bezeichnend, daß Freud bereits in der Beschreibung des Urverbrechens von einem »Kulturfortschritt« spricht, der durch die »Handhabung einer neuen Waffe« den vertriebenen Söhnen das Gefühl der Überlegenheit verlieh, obschon doch seine Theorie selbst postuliert, daß das Verbrechen am Anfang der kulturellen Bindungen stand. Bronislaw Malinowski hat zuerst auf diesen Zirkelschluß hingewiesen: Freud rüstet die Vor-Menschen des präkulturellen Stadiums mit einem wesentlichen Vorrat an kulturellen Hilfsmitteln aus, denn »ohne die gleichzeitige Existenz von Organisation, Moral und Religion ist keine materielle Kultur vorstellbar[6]«. Die Ursprünge der Kultur werden also durch einen Prozeß erklärt, der bereits Kultur voraussetzt, wobei Freud versucht, die Konzentration dieses Übergangs in einen einzigen, dramatischen Vatermord durch die Annahme einer »Massenpsyche« zu stützen, die mit einem schier unbegrenzten Gedächtnis ausgerüstet ist. In dieser Massenpsy-

[5] ebd., S. 159f.

[6] B. Malinowski, Geschlecht und Verdrängung in primitiven Gesellschaften, Hamburg 1962, S. 148

che lebt »das Schuldbewußtsein wegen einer Tat über viele Jahrtausende fort« und bleibt »in Generationen wirksam ... welche von dieser Tat nichts wissen konnten[7]«. Auf den solchen Gedankengängen zugrunde liegenden Lamarckismus werden wir noch zurückkommen (S. 29ff.). Freuds Theorie der kulturellen Evolution hängt von der Fiktion einer Massen- oder Gruppenseele ab. Für Freud kann die Völkerpsychologie »ohne die Annahme einer Massenpsyche, einer Kontinuität im Gefühlsleben der Menschen, welche gestattet, sich über die Unterbrechungen der seelischen Akte durch das Vergehen der Individuen hinwegzusetzen, ... überhaupt nicht bestehen. Setzten sich die psychischen Prozesse der einen Generation nicht auf die nächste fort, müßte jede ihre Einstellung zum Leben neu erwerben, so gäbe es auf diesem Gebiet keinen Fortschritt und so gut wie keine Entwicklung[8].«

Die Gesamtheit der sozialen Überlieferungen, materiellen Gegenstände, Gruppenstrukturen und symbolischen Prozesse, die man Kultur nennt, ist über-individuell, aber nicht psychologisch; sie ist von Menschen geformt, und formt im Wechsel der Generationen neue Menschen, aber sie hat keine psychische Realität, die über die Grenzen der individuellen Psyche hinausgeht. Allerdings kann der Mensch nur innerhalb dieser Struktur sich selbst verwirklichen, schöpferische Arbeit leisten, etwas tun, das über die Grenzen seiner individuellen Existenz hinaus wirkt.

Um Schuldgefühl zu empfinden, soziale Gesetze zu entwerfen, Feste zu feiern und symbolische Verbote zu erlassen, wie es Freuds Theorie des Totemismus und des Inzesttabus schildert, muß bereits eine recht hohe Kulturstufe erreicht sein. Innerseelische Konflikte können nur da auftreten, wo einsichtiges Probehandeln mit verinnerlichten Symbolen möglich ist. Tierische Instinktsequenzen mögen erfolgreich oder erfolglos sein, sie sind vermutlich (sicheres Wissen darüber läßt sich nicht gewinnen) von Lust und Unlust begleitet, aber sie geben keinen Raum für fortwirkende Konflikte und ein kulturschöpferisches Schuldgefühl. Der Vatermord kann deshalb nicht an der Schwelle der kulturellen Evolution gestanden haben. Entweder handelte es sich um eine instinktive Aggression – und dann konnte er nicht

[7] S. Freud, Totem und Tabu, 1913 (Ges. Werke IX), zit. n. d. Taschenbuch-Ausgabe, Frankfurt 1961, S. 175

[8] Geschlecht und Verdrängung in primitiven Gesellschaften, Hamburg 1962, S. 151, S. 175. Malinowski (ebd.) merkt hier an, daß alle von Freud zitierten Anthropologen – vor allem auch James Frazer – die Auffassung einer solchen fiktiven Massenpsyche ablehnen.

die weitreichenden, innerseelisch-konflikthaften Folgen haben, die Freud vermutet. Oder es war wirklich ein geplantes, mit überlegenen Waffen ausgeführtes Verbrechen – und dann konnte der totemistische Vatermord eben nicht am Anfang der Kultur stehen.

4. Freuds Neo-Lamarckismus

Wenn es darum geht, die Psychoanalyse evolutionstheoretisch zu untersuchen, darf ein Exkurs auf Freuds »lamarckistische Neigungen« nicht fehlen, die – wie Ernst Kris sagt – »von vielen von uns sehr bedauert« wurden[1]. Die Frage, warum Freud, der die Deszendenztheorie Darwins genau kannte und in seinen ersten wissenschaftlichen Arbeiten (die sich mit der Anatomie niederer Tiere befaßten), von phylogenetischen Gesichtspunkten ausging, später immer deutlicher neo-lamarckistische Gedanken äußerte, ist tatsächlich faszinierend genug. Lucille B. Ritvo hat dazu Material zusammengetragen, auf das ich mich im folgenden beziehe[2]. In seiner Selbstdarstellung beschreibt Freud, daß er schon als Gymnasiast von Darwins Theorie fasziniert war (Ges. Werke XIV, S. 34). Er rechnete Darwin neben Kopernikus und sich selbst zu den drei Denkern, welche die menschliche Eigenliebe am meisten verletzt haben (›Eine Schwierigkeit der Psychoanalyse‹, 1917).

Dennoch neigte er schon in der ›Traumdeutung‹ (1900) und mehr noch in ›Totem und Tabu‹ zu Spekulationen über die Vererbung erworbener Eigenschaften im Sinn von »Urerfahrungen«, die sich allmählich in »seelisch Angeborenem« niederschlagen. 1915, während seines Besuchs in Pápa, Ungarn, erörterte er sogar mit Sándor Ferenczi einen Plan, zusammen eine Arbeit über die Beziehungen zwischen Lamarckismus und Psychoanalyse zu schreiben (was übrigens die einzige psychologische Arbeit Freuds gewesen wäre, die er nicht allein verfaßt hätte – vielleicht ist sie auch deshalb nicht entstanden). Später, um 1916, wollte er diesen Plan wieder aufgreifen, »aber offenbar hielt ihn doch ein innerer Zweifel zurück, sich zu weit in fremde Bereiche vorzuwagen, da er etwas später Ferenczi mitteilte, er könne sich nicht entschließen, mit der Lamarck-Arbeit weiterzugehen, und wahrscheinlich würde keiner von ihnen beiden sie je schreiben[3]«.

[1] E. Kris, Freud and the History of Science, The Listener 55, 1956, S. 631–633

[2] L. B. Ritvo, Freuds neo-lamarckistische Darwin-Interpretation, Psyche 27, 1973, S. 460–474

[3] E. Jones, Leben und Werk von Sigmund Freud, Bern/Stuttgart 1960–1962, Bd. III, S. 366. Der Gedanke zu dieser gemeinsamen Arbeit scheint durch Ferenczis ›Versuch einer Genitaltheorie‹ ausgelöst worden zu sein, dessen erste Fassung

Ritvo hat darauf hingewiesen, daß Darwin selbst, unsicher und von steten Skrupeln hinsichtlich seiner Theorie geplagt, in den späteren Auflagen seines Werkes ›Über den Ursprung der Arten‹ die Deszendenztheorie mehr und mehr neo-lamarckistisch im Sinn einer Vererbung erworbener Eigenschaften interpretierte. Gerade in der Ausgabe seines Buchs über ›Die Abstammung des Menschen‹, die Freud besaß (der zweiten Auflage von 1874), schreibt er im Vorwort: »Ich darf die Gelegenheit benutzen, um zu bemerken, daß meine Kritiker häufig annehmen, ich schriebe alle Veränderungen der Körperstruktur und der Geisteskraft ausschließlich der natürlichen Auslese solcher Mutationen zu, die oft spontan genannt werden, während ich doch bereits in der ersten Ausgabe des ›Ursprungs der Arten‹ ausdrücklich festgestellt habe, daß den ererbten Wirkungen von Gebrauch und Nicht-Gebrauch für Körper und Geist große Bedeutung zukommt[4].« Darwin war also selbst ein Neo-Lamarckist, und es ist gut möglich, daß Freud gerade diese Gedanken von ihm übernommen und später nicht mehr korrigiert hat. Der britische Biologe C. D. Darlington hat in seiner historischen Darwin-Studie dem Begründer der Deszendenzlehre »intellektuellen Opportunismus« und eine »Bereitwilligkeit ... theoretische Positionen zu vermengen und Verwirrung vor seinen unkritischen Lesern durch eine lockere Schreibweise zu verbergen« vorgeworfen[5].

Obschon es mir wenig sinnvoll scheint, aufgrund biographischer Daten Darwin als Zwangscharakter mit einer schweren Angstneurose zu diagnostizieren und seine Arbeit über die natürliche Auslese als feindseligen Akt gegen seinen Vater zu deuten, wie es Phyllis Greenacre versucht hat[6], ist doch sehr deutlich, daß Darwin dazu neigte, seine Theorie durch eine Fülle von Beweismaterial eher zu ersticken als zu bekräftigen. Obschon sie bereits 1844 in ihren Grundzügen feststand, hat er mehrere Jahrzehnte gezögert, sie zu publizieren. Erst als Alfred Russel Wallace seine Priorität bedrohte, wagte er diesen Schritt. Später zog er sich von dem (richtigen) Standpunkt dieser Zeit zurück, der ihm allzu kühn scheinen mußte. Darwin konzedierte 1871 ausdrück-

er damals Freud vortrug und in dem lamarckistische Gedanken eine wichtige Rolle spielten. Die Denkart dieser Arbeit nennt Ferenczi selbst »naiv animistisch« (S. Ferenczi, Schriften zur Psychoanalyse, II, Frankfurt 1972, S. 378)

[4] Ch. Darwin, The Descent of Man and Selection in Relation to Sex, London [2]1874, zit. n. L. B. Ritvo, S. 465

[5] C. D. Darlington, Darwins Place in History, New York 1961, S. 59

[6] P. Greenacre, The Quest for the Father, New York 1963

lich, er habe »den Auswirkungen der natürlichen Selektion ... zuviel Bedeutung beigemessen«, weil er ohne die Kenntnis von Mendels (damals bereits vorliegendem, aber vergessenen) Werk nicht daran festhalten konnte, daß zufällige, individuelle Mutationen nicht durch Rückkreuzung mit der Masse der Individuen untergehen müßten[7]. Erst mit der Neubelebung der Vererbungstheorie und der experimentellen Untermauerung der Mutationsforschung wurde die Selektionstheorie glänzend gerechtfertigt. Diese Entwicklung setzte um 1900 ein und hatte einen ersten Höhepunkt, als T. H. Morgan – bisher ein Skeptiker – 1909 aufgrund seiner Arbeiten über die Taufliege Drosophila energisch für den Darwinismus eintrat. Seither haben praktisch alle Biologen von Rang den Lamarckismus aufgegeben und die Evolution durch Mutation und Selektion als grundlegende Theorie akzeptiert, wenn man von dem höchst fragwürdigen Zwischenspiel der Lyssenko-Lehre im stalinistischen Rußland absieht, die aus ideologischen Gründen (um rascher einen »sozialistischen Menschen« schaffen zu können) die Vererbung erworbener Eigenschaften postulierte.

Warum hat Freud diese Schritte nicht nachvollzogen, nachdem er anfänglich ein begeisterter Darwinist war? Mir scheint, daß Ritvos Hinweis auf die neo-larmarckistischen Einschränkungen, die Darwin selbst seiner Theorie auferlegte, diese bemerkenswerte Abwendung eines sonst so sehr der Biologie verpflichteten Forschers von zentralen Theorien dieser Disziplin nicht hinreichend erklären kann. Warum hat er für so zentrale Elemente seiner Lehre wie den Ödipuskomplex und die Sexualsymbole eine Vererbung erworbener Eigenschaften postuliert und trotz der Einwände seiner Schüler (Jones, Hartmann, Kris und Loewenstein) daran festgehalten, man müsse – wenn schon die biologische Forschung Lamarcks Lehre nicht stützte – aus psychologischen Gründen an solchen »phylogenetischen Konzeptionen« festhalten[8]?

Möglicherweise wurzelte Freuds lamarckistisches Denken in seinem Ungenügen an der eigenen Konzeption der Ich-Entwicklung. Er schwankte, ob er eine genetische Basis dieser Entwicklung annehmen sollte oder nicht. In ›Die endliche und die unendliche Analyse‹ (Ges. Werke XVI) vertrat er zwar die Möglichkeit

[7] L. B. Ritvo, Freuds neo-lamarckistische Darwin-Interpretation, Psyche 27, 1973, S. 467

[8] H. Hartmann/E. Kris/R. M. Loewenstein, Papers on Psychoanalytic Psychology, New York 1964, S. 96

angeborener Grundlagen von Ich-Veränderungen (eine Konzeption, aus der Hartmann direkt seine Theorie der konfliktfreien Ich-Sphäre ableitete). Doch blieb sein Denken von dem Gegensatz zwischen dem »angeborenen« Es und dem »erworbenen« Ich bestimmt – einem Gegensatz, den die moderne biopsychologische Forschung mehr und mehr als falsche Alternative enthüllt. »Die Erlebnisse des Ich scheinen zunächst für die Erbschaft verloren zu gehen«, sagt er. »Wenn sie sich aber häufig und stark genug bei vielen generationsweise aufeinanderfolgenden Individuen wiederholen, setzen sie sich sozusagen in die Erlebnisse des Es um, dessen Eindrücke durch Vererbung festgehalten werden. Somit beherbergt das erbliche Es in sich Reste ungezählt vieler Ich-Existenzen, und wenn das Ich sein Über-Ich aus dem Es schöpft, bringt es vielleicht nur ältere Ich-Gestalten wieder zum Vorschein, schafft ihnen eine Auferstehung[9].«

Offensichtlich hat Freud versucht, mit Hilfe neo-lamarckistischer Gedanken den von ihm empfundenen Widerspruch in seiner Konzeption der Systeme »Ich« und »Es« zu kitten. Die von ihm aufgestellte These, daß das menschliche Ich – also die realitätsorientierte, dem Überleben in der Außenwelt dienende psychische Struktur – sich jeweils im Lauf der individuellen Entwicklung aus einer »Rindenschicht« des angeborenen Es bilden müsse, schien ihm zu gewagt, wenn er den langen Katalog verschiedener Ich-Funktionen betrachtete, der sich allmählich ergab: Abwehr unerwünschter Triebansprüche, Einsatz des Angst-Signals, Realitätsorientierung, das Auffinden von Kompromissen zwischen den Ansprüchen des Es, des Über-Ich und der Außenwelt[10]. Dennoch ist für Freud das Ich immer nur die Rindenschicht des Es, die sich erst im Kontakt mit der Außenwelt herausbildet und gewissermaßen zur Agentur der Realität in einem primär realitätsblinden psychischen System wird. Gerade diese Realitätsblindheit läßt sich aber nicht mit der Theorie der Evolution vereinbaren, wonach eben die Überlegenheit eines biologischen Systems sein Überleben im Kampf ums Dasein bestimmt. Sobald man wirklich konsequent evolutionstheoretisch denkt, d.h. die Konzepte der Evolutionstheorie auch auf das Verhalten und die angeborenen Grundlagen der Verhaltens-

[9] S. Freud, Ges. Werke VIII, S. 267

[10] »Die Triebe im Es drängen auf sofortige, rücksichtslose Befriedigung, erreichen auf diese Weise nichts oder erzielen selbst fühlbare Schädigung. Es wird nun die Aufgabe des Ichs, diesen Mißerfolg zu verhüten ...« Zur Frage der Laienanalyse vgl. Ges. Werke XIV

steuerung anwendet, wird die Freudsche Konzeption des Es unhaltbar. Sie läßt außer acht, was bereits über die biologischen Vorteile einer auf Einsicht basierenden im Vergleich zur instinktiven Verhaltenssteuerung gesagt wurde. Und da die Einsicht solche biologischen Vorteile hat, ist sie auch ein Merkmal, auf das hin Mutation und Selektion arbeiten können, was zweifellos auch geschehen ist. Tatsächlich ist zu erwarten, daß das Ich eine starke genetische Basis hat, ein Eindruck, den Freud offensichtlich ebenfalls hatte, aus dem er aber keine eindeutigen theoretischen Konsequenzen zog.

In seiner Arbeit ›Das Ich und das Es‹ (1923) hat Freud den Es-Begriff eingeführt. Er übernahm ihn von Georg Groddeck, mit dem er darin übereinstimmte, »daß das, was wir unser Ich heißen, sich im Leben wesentlich passiv verhält, daß wir ... ›gelebt‹ werden von unbekannten, unbeherrschbaren Mächten[11]«.

Groddeck selbst folgte wohl dem Beispiel Nietzsches, bei dem »dieser grammatikalische Ausdruck für das Unpersönliche und sozusagen Naturnotwendige in unserem Wesen durchaus gebräuchlich ist[12]«. Bereits hier wird deutlich, wie sehr das Es-Konzept Freuds der fragwürdigen Unterscheidung von angeboren und erlernt, Erbe und Umwelt, nature and nurture verhaftet ist, die in der modernen Verhaltensforschung als »falsche Alternative« gilt[13]. Tatsächlich hat Freud sein Modell der Persönlichkeitsentwicklung, wonach sich aus dem angeborenen und anfänglich allumfassenden Es allmählich als Randzone das Ich bildet, nur durch widersprüchliche Hilfskonstruktionen aufrechterhalten können. Eine davon ist sein Neo-Lamarckismus, mit dem er sich in Gegensatz zur modernen Genetik und Biologie setzte.

In diesem Punkt ist kaum einer seiner Schüler Freud gefolgt, wohl aber ein prominenter »Abtrünniger«, Carl Gustav Jung, dessen Archetypus-Begriff eindeutig lamarckistische Züge enthält. Für ihn sind die Archetypen (»urtümliche Bilder«, die das Traumgeschehen, die Mythologie und das alchemistische Denken beherrschen) »gewissermaßen die psychischen Residuen unzähliger Erlebnisse desselben Typus[14]«. Ernest Jones, Heinz

[11] S. Freud, Ges. Werke XIII, S. 251

[12] ebd.

[13] W. Schmidbauer, Biologie und Ideologie, Hamburg 1973

[14] C. G. Jung, Seelenprobleme der Gegenwart, Zürich 1931, S. 69. In W. Schmidbauer, Mythos und Psychologie, München 1970, habe ich die sehr

Hartmann und viele andere unterstreichen, daß natürliche Auslese und Nichterblichkeit erworbener Eigenschaften ohne Schwierigkeiten mit dem psychoanalytischen Erfahrungsmaterial vereinbar sind[15]. Nur Anna Freud hat – ähnlich wie ihr Vater – neo-lamarckistisches Denken übernommen. In ›Das Ich und die Abwehrmechanismen‹ schreibt sie: »Das analytische Studium der Neurosen hat nun schon seit langem zu der Vermutung geführt, daß im Menschen eine Neigung zur Abweisung bestimmter Triebe, besonders der Sexualtriebe, ohne alle Erfahrung und ohne spezielle Auswahl als phylogenetische Erbschaft schon von vornherein vorhanden ist, d.h. als Niederschlag der Triebverdrängungen, die viele Generationen bereits geübt haben und die im individuellen Leben nur fortgesetzt, nicht neu eingeführt werden[16].«

Selbst wenn man von denselben Voraussetzungen ausgeht wie A. Freud und akzeptiert, daß es eine angeborene Neigung gibt, sexuelle Wünsche abzuwehren, ist es völlig unnötig, den Lamarckismus zu bemühen, um diese Neigung zu erklären. Sie kann ebensogut durch Mutation und Selektion entstanden sein, da für ein gruppenlebendes, in seiner Kindheitsperiode von den Eltern vollständig abhängiges Lebewesen die Leichtigkeit, mit der es Triebwünsche unterdrücken kann, die nicht den Wünschen der Familiengruppe entsprechen, einen ausgesprochenen Selektionsvorteil darstellt. Da es unmöglich ist, ein Kind ohne den Kontakt mit Erwachsenen aufzuziehen (es würde, wie die Hospitalismus-Studien von René A. Spitz[17] und anderen zeigen, schwerste geistige Schäden davontragen), wird ein Experimentum crucis über diese Vermutung A. Freuds nie angestellt werden. Ich persönlich glaube, daß man die These einer angeborenen Neigung zur Triebverdrängung auch in ihrer mit der Evolutionstheorie vereinbar gestalteten Form nicht akzeptieren sollte. Nicht nur nach dem Prinzip der Sparsamkeit grundlegender Annahmen (»principia praeter necessitatem non sunt multipli-

widersprüchlichen Auffassungen des Archetypus-Begriffs bei C. G. Jung ausführlich referiert und kritisiert.

[15] H. Hartmann, Ich-Psychologie und Anpassungsproblem, Stuttgart 1960. – E. Kris, Freud and the History of Science, The Listener 55, 1956, S. 631–633. – E. H. Erikson, Kindheit und Gesellschaft, Stuttgart 1950, zeigt ebenfalls, daß die Ich-Entwicklung in der Gruppe durch Identifizierung ganz ohne lamarckistische Zusatzhypothesen erklärt werden kann.

[16] A. Freud, Das Ich und die Abwehrmechanismen, Wien 1936 (Neuauflage München 1964), S. 181

[17] R. A. Spitz, Vom Säugling zum Kleinkind, Stuttgart 1969

canda«), sondern auch aus biologischen Überlegungen. Die Triebverdrängung, welche A. Freud offensichtlich anspricht, ist ja eine für das Überleben des Individuums letzten Endes schädliche Kontrollmaßnahme, da sie die verdrängte Regung dem weiteren Einfluß durch das Ich entzieht, sie nicht am Entwicklungsfortschritt der Persönlichkeit teilhaben läßt und ihre Energie für die konstruktiven Lebensäußerungen unbrauchbar macht. Eine spontan auftretende Neigung zu solchen Verdrängungen wäre unbiologisch.

Allenfalls kann man annehmen, daß die reaktive *Verdrängungsbereitschaft* eine angeborene Basis hat. Verdrängung ist eine Kontrollmaßnahme, die nicht von selbst auftritt, wie A. Freud anzunehmen scheint, allein durch die sexuelle Triebstärke oder Triebrichtung (im Sinn einer Perversion) ausgelöst. Man muß sie als letztes Mittel begreifen, das eingesetzt wird, wenn die Triebäußerung andere, für das Überleben noch wesentlichere Funktionen beeinträchtigen würde. So gesehen, läge der biologische »Sinn« an sich lebenswichtiger neurotischer, psychosomatischer und psychotischer Reaktionen darin, daß sie – sobald die volle Integrität des Organismus durch ungünstige Umstände (meist in der umgebenden Gruppe) gefährdet ist – Möglichkeiten für einen schrittweisen Rückzug bieten, Notfallsysteme, die etwa der Kreislaufreaktion des Erfrierenden gleichen, der seine Gliedmaßen dem Kältetod opfert, um die lebenswichtigen Organe (Herz, Gehirn, Lunge und Nieren) noch eine Zeitlang zu erhalten. Die Baumeister der Evolution können sehr wohl wie jene Architekten mittelalterlicher Festungen gearbeitet haben, die um den Kern der Burg eine Reihe von Vorwerken und Ringmauern legten, und selbst wenn der Belagerer die Festung erstürmt hatte, den Verteidigern noch die Möglichkeit boten, sich in den zentralen Wehrturm zurückzuziehen (den Bergfried). Dessen mächtige, fensterlose Mauern mochten noch für eine Weile denselben Schutz gewähren wie im Gebiet der psychischen Abwehr etwa eine katatone schizophrene Reaktion.

Die wissenschaftliche Tragweite solcher Vergleiche läßt sich schwer abschätzen. Die Auffassung psychischer Leiden als Ausdruck der Folgen von Kontroll- und Organisationsstörungen im Ich, die auf einer niedrigeren Ebene der Funktion ein neues Gleichgewicht herstellen, ist vor allem von Karl Menninger vertreten worden[18]. Er spricht von den »Stufen der Kontrollstö-

[18] K. Menninger, Das Leben als Balance, München 1968

rung«. Solche Theorien entsprechen dem evolutionstheoretischen Ansatz in der Biologie und Anthropologie gut, sie bedürfen aber weiterer Beweise. Sehr nützlich wären hier vor allem Forschungen über die frühest nachweisbaren Temperamentsunterschiede und »angeborene«, typische Bevorzugungen bestimmter Abwehrmechanismen vor dem Hintergrund einer ebenso gründlichen Untersuchung der jeweiligen Familiendynamik, ja möglicherweise sogar der pränatalen und unmittelbar postnatalen Einflüsse. Leider sind Genetiker, Biologen, Verhaltensforscher und Psychoanalytiker hier bisher meist getrennte Wege gegangen[19].

[19] Was schon allein der absurde Streit darüber zeigt, ob psychotische Reaktionen »angeboren« bzw. »genetisch bedingt« oder »erworben« bzw. »psychogen« sind. Genetische und familiendynamische Forschung, die geradezu nach einer Integration rufen, laufen bisher noch beziehungslos nebeneinander her.

5. Das Es

Es besteht ja keine natürliche Gegnerschaft zwischen Ich und Es, sie gehören zusammen und sind im Falle der Gesundheit praktisch nicht voneinander zu scheiden.
S. Freud[1]

Weil das Unbewußte in Freuds erster Theorie des seelischen Apparats dem Es in seiner zweiten Fassung nicht ganz entspricht, werden Mißverständnisse begünstigt. Sie lassen sich vielleicht am besten dadurch ausräumen, daß man verfolgt, wie der geniale Empiriker Freud immer wieder versucht hat, sein Begriffssystem den analytisch erarbeiteten Einsichten anzupassen.

Die analytische Theorie ging von der therapeutischen Praxis aus. Sie begann deshalb bei den Symptomen der damals wichtigsten Patientengruppe, den hysterischen Neurosen (die manches einbegriff, was man heute psychosomatische Krankheiten[2] oder sogar psychotische Reaktionen[3] nennen würde). Vom Symptom führte in der Theoriebildung ein direkter Weg zum Verdrängten, zum Unbewußten, zum Triebleben und damit zur (infantilen und genitalen) Sexualität. Diese frühe Phase der Theoriebildung, die der Erforschung des Unbewußten gewidmet war, ist auch jene, »da die Psychoanalyse die geistvollen Einwendungen zu hören bekam, der Mensch sei nicht bloß ein Sexualwesen, er kenne auch edlere und höhere Regungen. Man hätte hinzusetzen können, gehoben durch das Bewußtsein dieser höheren Regungen nehme er sich öfters das Recht heraus, Unsinn zu denken und Tatsachen zu vernachlässigen ... Es hat von allem Anfang an bei uns geheißen, der Mensch erkranke an dem Konflikt zwischen den Ansprüchen des Trieblebens und dem Widerstand, der sich in ihm dagegen erhebt, und wir hatten keinen Augenblick diese widerstehende, abweisende, verdrängende Instanz vergessen, die wir uns mit ihren besonderen Kräften, den Ichtrieben, ausge-

[1] S. Freud, Die Frage der Laienanalyse, Ges. Werke XIV, III

[2] Vgl. A. Mitscherlich, Krankheit als Konflikt I u. II, Frankfurt 1966

[3] Mit Recht bezeichnet Frederick M. Bram, Das Geschenk der Anna O., Psyche 27, 1973, S. 449–460, das Leiden der damals als hysterisch diagnostizierten Patientin als schizophrene Reaktion. Er legt allerdings die weitere, prognostisch weniger festgelegte Schizophrenie-Diagnose der amerikanischen Psychiatrie zugrunde.

stattet dachten und die eben mit dem Ich der populären Psychologie zusammenfiel[4].«

Inwieweit unterscheidet sich nun das Es der zweiten Theorie der Psyche von der ersten Theorie über das vom Ich kontrollierte Unbewußte? Ausgangspunkt der theoretischen Überlegungen war eine für die analytische Praxis sehr wichtige Beobachtung: der Widerstand, den offensichtlich das verdrängende Ich (und das Über-Ich) dem Bewußtwerden verdrängten Materials entgegensetzt. Dieser Widerstand ist meistens dem Patienten unbewußt. Er äußert sich in einem Versiegen der Einfälle, für das er keinen Grund oder nur Rationalisationen (etwa das schöne Wetter, das zum Baden verlocke) angeben kann, oder in Einfällen, die nichts mit dem angeschnittenen Thema zu tun haben, gelegentlich auch in körperlichen Empfindungen (in meiner Analyse waren Kreuzschmerzen ein ebenso zuverlässiges wie unangenehmes Widerstandszeichen). Man könnte nun sagen, da er unbewußt sei, müsse dieser Widerstand auch vom Unbewußten ausgehen, »eine zweideutige, unbrauchbare Antwort[5]«. Denn tatsächlich hat ja das Verdrängte eine starke Tendenz, zum Bewußtsein durchzudringen und sich auf diesem Weg ins Verhalten hinein zu entladen. Der Widerstand muß eine Äußerung des Ich sein, beziehungsweise des Über-Ich, der verinnerlichten Normen der Primärgruppe. Das heißt, daß sehr wichtige Teile des Ich und des Über-Ich unbewußt sind. Ich und bewußt, Verdrängtes und unbewußt fallen keineswegs zusammen. Das Unbewußte der ersten Theorie war mit dem Verdrängten weitgehend identisch. Im Gegensatz dazu wird in ›Das Ich und das Es‹ ein Bild der Abwehroperationen entworfen, wonach weite Teile der Ich-Funktionen ebenfalls unbewußt sein müssen. Das Es in dieser Theorie ist nun – topisch gesehen – kleiner als das unbewußt Psychische. Es enthält nicht die sehr bedeutsamen, unbewußten Anteile von Ich und Über-Ich[6]. Auf der anderen Seite ist das Es, dynamisch gesehen, »größer« als das frühere Unbewußte, weil es die Gesamtheit der Triebe verkörpert und nicht, wie das Unbewußte in der ersten Theorie, nur die Sexual- im Gegensatz zu den Ich-Trieben.

Freud hat ja zunächst (etwa bis 1920) den neurotischen Konflikt durch einen Gegensatz zwischen den auf die Arterhaltung

[4] S. Freud, Die Zerlegung der psychischen Persönlichkeit, Ges. Werke XV, S. 63

[5] S. Freud, Ges. Werke XV, S. 75

[6] S. Freud, Das Ich und das Es, Kap. I, Ges. Werke XIII

ausgerichteten Sexualtrieben und den auf Selbsterhaltung abzielenden Ich-Trieben interpretiert, wobei die letzteren eine zentrale Rolle in der Abwehr nicht akzeptabler Sexualwünsche spielten. Parallel zur Konzeption des Es entwickelte er auch eine neue Trieblehre, wiederum eine dualistische. Dem Lebenstrieb stellte er einen Todestrieb gegenüber, als dessen gegen die Umwelt gerichtete Äußerung er die Aggression ansah. Während aber in der ersten Konzeption nur der Sexualtrieb (der weitgehend mit dem Lebenstrieb identisch ist) im Unbewußten angesiedelt war, wird das Es vom Dualismus der Lebens- und Todestriebe beherrscht. Zu dem Primärprozeß, der im Es regiert, gehört auch, daß an sich konflikthafte, widersprüchliche Triebtendenzen im Es nebeneinander bestehen bleiben können.

Bewußt, vorbewußt, unbewußt

> *Wir haben ... zu ihm dieselbe Beziehung wie zu einem psychischen Vorgang bei einem anderen Menschen, nur daß er eben einer unserer eigenen ist.* S. *Freud*[7]

Was Freud hier von unbewußten psychischen Vorgängen sagt, ist so wesentlich für das Verständnis der psychoanalytischen Theorie, daß es an dieser Stelle nicht übergangen werden darf. Gerade in dem Satz, der unbewußte seelische Prozesse innerhalb der eigenen Person mit den Vorgängen in anderen Menschen vergleicht, wird die Wende verdeutlicht, welche eine psychoanalytische Psychologie den zwischenmenschlichen Beziehungen auferlegt. Besonders eindrucksvoll wird diese Verwandtschaft zwischen dem Erraten der Vorgänge im eigenen Unbewußten und dem psychischer (oft ebenfalls unbewußter) Prozesse bei anderen Menschen in der analytischen Gruppenpsychotherapie, wo gemeinsame Phantasien und gruppenbezogene Träume eine sehr wichtige Rolle spielen. Tatsächlich bedeutet die Entdekkung, daß unser bewußtes Ich zu einem wesentlichen Teil unserer Person keinen besseren Zugang hat als zu anderen Personen, ja zweierlei. Sie kränkt die narzißtische Selbstherrlichkeit des

[7] S. Freud, Ges. Werke XV, S. 77

Bewußtseins, das – auch in psychologischen Theorien[8] – bis heute nur ungern zugesteht, daß es seelische Vorgänge gibt, die es nicht verfolgen und kontrollieren kann. Auf der anderen Seite aber wird dadurch auch die Verbindung zu anderen Menschen enger geknüpft; tatsächlich sind sie uns ja so sehr und so wenig fremd wie das eigene Unbewußte.

Die Psychoanalyse ist zugleich der konzentrierteste Ausdruck und die Überwindung der bürgerlichen Ideologie vom selbstbestimmten, nur seinem Gewissen verantwortlichen Individuum, deren führende geistige Vertreter Luther, Descartes (»cogito, ergo sum« – der ganze Narzißmus des Bewußtseins liegt in dieser Formel), Leibniz (das selbstgenügsame Individuum als Monade, die in prästabilierter Harmonie mit anderen Monaden lebt) und Kant sind. Denn nur für dieses bürgerliche Individuum bedeutete es eine narzißtische Kränkung, wenn Freud ihm sagte: »Du vertraust darauf, daß du alles erfährst, was in deiner Seele vorgeht, wenn es nur wichtig genug ist, weil dein Bewußtsein es dir dann meldet. Und wenn du von etwas in deiner Seele keine Nachricht erhalten hast, nimmst du zuversichtlich an, es sei nicht in ihr enthalten. Ja, du gehst so weit, daß du ›seelisch‹ für identisch hältst mit ›bewußt‹, d.h. dir bekannt, trotz der augenscheinlichsten Beweise, daß in deinem Seelenleben beständig viel mehr vor sich gehen muß, als deinem Bewußtsein bekannt werden kann ... Wer kann, selbst wenn du nicht krank bist, ermessen, was sich alles in deiner Seele regt, wovon du nichts erfährst, oder worüber dir falsch berichtet wird? Du benimmst dich wie ein absoluter Herrscher, der es sich an den Informationen seiner obersten Hofämter genügen läßt und nicht zum Volk herabsteigt, um dessen Stimme zu hören. Geh in dich, in deine Tiefen und lerne dich erst kennen, dann wirst du verstehen, warum du krank werden mußt, und vielleicht vermeiden, krank zu werden[9].«

Freud sieht in der analytischen These, daß das »Ich nicht Herr sei in seinem eigenen Haus«, die dritte, schwerste, psychologische Kränkung der Eigenliebe des Menschen, welche nach Kopernikus und Darwin die moderne Wissenschaft mit sich gebracht habe. Ihr Kern sind die »beiden Aufklärungen, daß das Triebleben der Sexualität in uns nicht voll zu bändigen ist und daß die seelischen Vorgänge an sich unbewußt sind und nur

[8] Z.B. von H. Rohracher, Einführung in die Psychologie, München 1972

[9] S. Freud, Eine Schwierigkeit der Psychoanalyse, Ges. Werke XII, S. 8

durch eine unvollständige und unzuverlässige Wahrnehmung dem Ich zugänglich und ihm unterworfen werden[10]«. Tatsächlich darf man aber sicher sein, daß es sich hier nicht um eine Kränkung der menschlichen Eigenliebe schlechthin, sondern um eine narzißtische Verletzung speziell des bürgerlichen Individuums handelte. In der Tatsache, daß sie dieses Individuum zum Vertreter der biologischen Art Homo sapiens schlechthin macht, drückt sich die bürgerliche Grundhaltung der Psychoanalyse aus. Sie erweist sich auch in der Konzeption eines seelischen Apparats, der wie ein »moderner Staat« funktioniere, in dem eine »besonnene Oberschicht« die »genuß- und zerstörungssüchtige Masse« im Zaum halte[11]. Dabei wurde die Frage nicht gestellt, ob es nicht das Über-Ich ist, welches erst die blindlings genuß- und zerstörungssüchtigen Triebe schafft, ebenso wie es in dem »modernen Staat« von Freuds Gleichnis der Macht der Oberschicht sehr zustatten kommt, wenn die Massen genuß- und zerstörungssüchtig bleiben, ja dazu gemacht werden.

In vielen anderen Kulturen bzw. Kulturepochen wäre Freuds These, daß das Ich nicht Herr im eigenen Haus ist, keineswegs als narzißtische Kränkung empfunden worden[12]. Ebenso ist die unbeherrschbare Macht der Sexualität nur im bürgerlichen 19. Jahrhundert der Industriegesellschaften verleugnet und verdrängt worden. Freud hat sie nicht entdeckt, sondern wiederentdeckt. Was den kränkenden Charakter seiner Einsichten angeht, so liegt er vor allem im methodischen Bereich. Bereits Platon hatte ein ganz ähnliches Modell des seelischen Apparats entwickelt[13]; doch es blieb bei einem poetischen Bild, das den Betrachter fesseln mochte, ihn aber persönlich kaum betraf. Freud hingegen ging von der Praxis aus, und seine Praxis war revolutionär im vollen Sinn des Wortes. In ihr sah sich das bürgerliche Individuum hautnah mit seinem verleugneten und verdrängten Schatten konfrontiert. Es wurde unabweisbar angeleitet, jenen Descendus ad inferos anzutreten, den Freud im Bild des absoluten Herrschers andeutet, der gezwungen wird, auch einmal zu erfahren, was das Volk von ihm denkt. Und die Geschichte hat gezeigt, daß

[10] ebd., S. 9

[11] S. Freud, Meine Berührung mit Joseph Poppe-Lynkens, Ges. Werke XVI, S. 263

[12] Vgl. W. Schmidbauer, Psychotherapie – Ihr Weg von der Magie zur Wissenschaft, München 1971

[13] Epithymia als »wildes« Pferd (= Es), der Nous als Wagenlenker (= Ich), Thymos als »gutes« Pferd (= neutralisierte Libido bzw. Aggression oder »autonome-Ich-Energie«).

ein solcher Herrscher das nur dann erfährt, wenn er nicht mehr absolut herrscht.

Allerdings hat Freud den therapeutischen Prozeß noch in ein Bild gefaßt, das »Kulturarbeit etwa wie die Trockenlegung der Zuydersee« darstellt: »Wo Es war, soll Ich werden[14].« Das Bild ist kolonialistisch, es verspricht, daß sich das Ich nicht als Ganzes verändert, wenn es sich ins Es hinein erweitert, wie ja auch die fruchtbaren Äcker, welche die Holländer aus der Zuydersee gewannen, sich nicht von den Marschen unterscheiden, die seit Jahrhunderten bewirtschaftet werden. Aber die Praxis sieht anders aus; das Ich kolonisiert nicht das Es und unterwirft es sich, sondern beide werden im therapeutischen Prozeß verändert (siehe auch Kap. 14).

Die Einsicht, daß weite Gebiete von Ich und Über-Ich unbewußt sind und die früher angenommene Entsprechung von Ich und bewußt, verdrängt und unbewußt nicht aufrechtzuerhalten ist, hat Freud sehr beschäftigt. Sie ist ihm nicht leichtgefallen, ebensowenig wie lange Zeit vorher die Erkenntnis, daß es keineswegs immer reale Traumatisierungen der infantilen Sexualität sind – etwa die Verführung des Mädchens durch einen Erwachsenen –, die hysterische Symptome bewirken, sondern weit häufiger sexuelle Phantasien.

Ein Nachklang dieser mühevollen Revision des Verhältnisses bewußt–unbewußt findet sich in den persönlicher gehaltenen ›Vorlesungen zur Einführung in die Psychoanalyse (Neue Folge)‹, wo er sagt: »Zunächst sind wir geneigt, den Wert des Kriteriums der Bewußtheit, da es sich als so unzuverlässig erwiesen hat, recht herabzusetzen. Aber wir täten Unrecht daran. Es ist damit wie mit unserem Leben; es ist nicht viel wert, aber es ist alles, was wir haben. Ohne die Leuchte der Bewußtseinsqualität wären wir im Dunkeln der Tiefenpsychologie verloren; aber wir dürfen versuchen, uns neu zu orientieren[15].«

Diese Neu-Orientierung greift die herkömmliche Unterscheidung zwischen unbewußt im deskriptiven und im dynamischen Sinn auf. An sich sind ja die meisten bewußten Erlebnisse nur kurze Zeit bewußt, dann treten sie zurück, sind aber immer noch leicht zu aktivieren, wiederum bewußt zu machen. Solche psychischen Inhalte nennt der Analytiker vorbewußt. Wenn sich beispielsweise ein Redner verspricht, dann kann es sein, daß er

[14] S. Freud, Die Zerlegung der psychischen Persönlichkeit, Ges. Werke XV, S. 86

[15] ebd., S. 76

die Ursache spontan begreift, weil sie ihm vertraut ist – sie war nur zeitweise unbewußt, fand leicht, sobald sich das Interesse auf sie konzentrierte, Zugang zum Bewußtsein. Es kann aber auch geschehen, daß der Redner die unbewußte Absicht bestreitet, die sich in seinem Versprechen äußerte, jede Beziehung zu ihr ableugnet und möglicherweise – obschon seine Fehlleistung feststeht – sie als Zufall bewertet, ja sogar leugnet, sich überhaupt versprochen zu haben (diese Vielzahl der Abwehrformen ist für den Widerstand gegen unbewußt-verdrängte Inhalte typisch: »Erstens habe ich das nie gesagt, zweitens, wenn ich es gesagt habe, hat es nichts zu bedeuten, und drittens, was geht das Ganze denn gerade Sie an?«). Das Vorbewußte ist also nur im deskriptiven Sinn unbewußt, das Unbewußte im dynamischen Sinn. Es läßt sich nur nach Überwindung eines Wiederstandes in einen bewußten Inhalt übersetzen.

Neben diesen beiden Verwendungen – der deskriptiven (= vorbewußt) und der dynamischen (= unbewußt im engeren Sinn) – hat Freud diesen Begriff endlich noch in einer dritten topischen oder systematischen Bedeutung verwendet. Das Unbewußte ist dabei eher eine »seelische Provinz« als eine »Qualität des Seelischen[16]«. Die Entdeckung der unbewußten Anteile des Ich und des Über-Ich führte ihn nun dazu, das Konzept des Unbewußten aufzugeben, da die Unbewußtheit keineswegs sein Charakteristikum ist und auch andere Teile des psychischen Apparats im dynamischen Sinn unbewußt sein können. Der neue Name für das Unbewußte lautete Es.

Im Vergleich mit der ersten Theorie des seelischen Apparats, die vor allem in den Arbeiten ›Das Unbewußte‹ und ›Die Verdrängung‹ niedergelegt ist (Ges. Werke X), trennt Freud das Es vom Ich nicht mehr durch die »Zensurschranke«, wie er es mit dem Unbewußten und dem Vorbewußt-Bewußten tut. Vielmehr ist »das Ich ... vom Es nicht scharf getrennt, es fließt nach unten hin mit ihm zusammen. Aber auch das Verdrängte fließt mit dem Es zusammen, ist nur ein Teil von ihm. Das Verdrängte ist nur vom Ich durch die Verdrängungswiderstände scharf geschieden, durch das Es kann es mit ihm kommunizieren[17].« Da sich das Ich aus dem Es entwickelt, wie die Randzone eines Klümpchens lebender Substanz, ist dieses Zusammenfließen des (verdrängenden) Ich mit dem Aufenthalt des Verdrängten, dem Es, begreif-

[16] S. Freud, Ges. Werke XV, S. 78
[17] S. Freud, Das Ich und das Es, Ges. Werke XIII, S. 251

lich, obschon es beträchtliche systematische und begriffliche Schwierigkeiten bietet.

Ein grundlegender Widerspruch in Freuds Es-Konzeption liegt darin, daß er einerseits vermutet, Ich und Es seien »im Fall der Gesundheit praktisch nicht voneinander zu scheiden« (siehe S. 37), auf der anderen Seite aber feststellt, daß Es »läßt sich nur als Gegensatz zum Ich beschreiben[18]«. Tatsächlich behält ja das Es die Charakteristika des Unbewußten: Seine Inhalte sind Triebrepräsentanzen (»Wir stellen uns vor, es sei am Ende gegen das Somatische offen, nehme da die Triebbedürfnisse in sich auf, die in ihm ihren psychischen Ausdruck finden, wir können aber nicht sagen, in welchem Substrat[19]«). Sie werden durch den Primärvorgang beherrscht, wie er aus der Traumarbeit bekannt ist: *Verdichtung* unterschiedlicher Vorstellungen zu einem für das Wachbewußtsein unsinnigen Bild, *Verschiebung* des mit der Zensur unvereinbaren Materials auf nebensächliche, entstellte Vorstellungen. Vor allem die kindlichen Bedürfnisse – und von ihnen wiederum besonders die sexuellen – können im Es gespeichert werden, und zwar in der Form von Fixierungen auf bestimmte Stufen der Libidoentwicklung. Wenn sie verdrängt wurden, erweisen sie sich als erstaunlich widerstandsfähig gegen Veränderungen im Lauf der Zeit. »Für die Vorgänge im Es gelten die logischen Denkgesetze nicht, vor allem nicht der Satz des Widerspruchs. Gegensätzliche Regungen bestehen nebeneinander, ohne einander aufzuheben oder sich voneinander abzuziehen, höchstens daß sie unter dem herrschenden ökonomischen Zwang zur Abfuhr der Energie zu Kompromißbildungen zusammentreten[20].«

Der Primärvorgang im Es wird also vorwiegend durch seinen Gegensatz zu den logischen, bei Widersprüchen eine Konfliktlösung anstrebenden Sekundärvorgängen im Ich bestimmt. »Wir nähern uns dem Es mit Vergleichen, nennen es ein Chaos, einen Kessel voll brodelnder Erregungen[21].« Gleichzeitig widersprechen die Vorgänge im Es für Freud auch den apriorischen Kategorien von Raum und Zeit, welche die Philosophen für »notwendige Formen unserer seelischen Akte halten ... Im Es findet sich nichts, was der Zeitvorstellung entspricht, keine Anerkennung eines zeitlichen Ablaufs und ... keine Veränderung des seeli-

[18] S. Freud, Ges. Werke XV, S. 80
[19] ebd.
[20] ebd.
[21] ebd.

schen Vorgangs durch den Zeitablauf. Wunschregungen, die das Es nie überschritten haben, aber auch Eindrücke, die durch Verdrängung ins Es versenkt worden sind, sind virtuell unsterblich, verhalten sich nach Dezennien, als ob sie neu vorgefallen wären. Als Vergangenheit erkannt, entwertet und ihrer Energiebesetzung beraubt können sie erst werden, wenn sie durch die analytische Arbeit bewußt geworden sind, und darauf beruht nicht zum kleinsten Teil die therapeutische Wirkung der analytischen Behandlung[22].«

Fassen wir zusammen, welche Bedeutung der Begriff »unbewußt« in der vollentwickelten Theorie des psychischen Apparats hat (also in der »zweiten Topik« mit den Instanzen Es, Ich und Über-Ich und dem Dualismus von Lebens- und Todestrieben): Er wird nicht mehr als Substantiv gebraucht, verkörpert kein spezielles innerseelisches System, sondern umfaßt das ganze Es sowie Teile von Ich und Über-Ich. Die meisten zunächst dem Unbewußten zugeschriebenen Eigenschaften gelten aber auch für das Es. Analog weiterentwickelt wurde auch der Begriff »vorbewußt«. Er umfaßt ebenfalls nicht mehr, wie in der ersten topischen Theorie, eine eigene seelische Provinz, die vom Unbewußten durch die Zensurschranke getrennt ist, sondern wird zu einer adjektivischen Beschreibung, die auf beide psychischen Systeme angewendet werden kann, die Zugang zum Bewußtsein haben: Ich und Über-Ich sind zum Teil unbewußt, zum Teil vorbewußt[23].

Obschon es überflüssig scheint, möchte ich abschließend kurz auf den Begriff des »Unterbewußten« eingehen. Ich dachte längere Zeit, seine Verwendung sei ein sicheres Merkmal des Literaten, bis ich ihn auch von ausgebildeten Psychotherapeuten hörte. »Wenn jemand vom Unterbewußtsein spricht, weiß ich nicht, meint er es topisch, etwas, was in der Seele unterhalb des Bewußtseins liegt, oder qualitativ, ein anderes Bewußtsein, ein unterirdisches gleichsam. Wahrscheinlich macht er sich überhaupt nichts klar. Der einzig zulässige Gegensatz ist der zwischen bewußt und unbewußt[24].«

[22] ebd. S. 81

[23] Siehe auch J. Laplanche/J.-B. Pontalis, Das Vokabular der Psychoanalyse, Frankfurt 1973, S. 562f.

[24] S. Freud, Die Frage der Laien-Analyse, Ges. Werke XIV, II

6. Am Anfang war das Ich

So vom Es getrieben, vom Über-Ich eingeengt, von der Realität zurückgestoßen, ringt das Ich um die Bewältigung seiner ökonomischen Aufgabe, die Harmonie unter den Kräften und Einflüssen herzustellen, die in ihm und auf es wirken, und wir verstehen, warum wir so oft den Ausruf nicht unterdrücken können: Das Leben ist nicht leicht! S. Freud[1]

Wenn Ich und Es zu Beginn der seelischen Entwicklung ungeschieden sind, dann lassen sich zwei Totalaussagen wie »am Anfang ist alles Es« – das entspräche der Position Freuds – und »am Anfang ist alles Ich« gar nicht unterscheiden. Sie demonstrieren lediglich einen bestimmten Ausgangspunkt, und ich bin überzeugt, daß der zweite vom Standpunkt der Evolutionstheorie eher gerechtfertigt ist. Denn sicherlich muß am Anfang der Existenz eines Organismus ein dem Überleben dienendes Steuerungssystem stehen und nicht eines, dem das Überleben gleichgültig ist, wie definitionsgemäß dem Es. Bereits das menschliche Neugeborene verfügt über eine Reihe zweckmäßiger, der Umwelt – vor allem den Objekten, d. h. potentiellen Mutterpersonen – zugewandter Verhaltensweisen, die unter anderem von A. Peiper, H. F. R. Prechtl und W. Schleidt untersucht worden sind[2]. Die wichtigsten sind wohl der orale Suchautomatismus, ein rhythmisches Hin- und Herpendeln des Kopfes und der Saugreflex. Das Suchverhalten tritt spontan auf, kann jedoch auch durch Berührungen der Mundzone ausgelöst werden. Es handelt sich um ein auf Erbkoordinationen beruhendes Kopfdrehen, das dann endet, wenn der Säugling die Brustwarze in den Mund bekommen hat. Nur in den ersten Tagen nach der Geburt verläuft es als rhythmischer Automatismus. Dann wird es sehr

[1] S. Freud, Ges. Werke XV, S. 85

[2] A. Peiper, Instinkt und angeborenes Schema beim Säugling, Z. Tierpsychologie 8, 1951, S. 449–456. – H. F. R. Prechtl, Auslösende und steuernde Mechanismen des Saugaktes I u. II, Z. vgl. Physiologie 32, 1950, S. 252–262, u. 33, 1951, S. 53–62

schnell durch eine gezielte Brustsuche abgelöst. Der Säugling dreht sich der Reizquelle zu, wenn man ihn z.B. an der Wange mit der Brustwarze berührt, und sucht das Reizobjekt zu fassen.

Die Greifreflexe des Neugeborenen, die auftreten, wenn man die Handfläche berührt, dienten wohl ursprünglich dem Festklammern im Fell der Mutter (sie sind also ein Beleg dafür, wie Verhaltensweisen in der Evolution beständiger sein können als äußere, morphologische Merkmale). Bei Frühgeborenen kann man nicht nur einen verstärkten Greifreflex (so stark, daß die Säuglinge an einer aufgespannten Leine ohne Hilfe mit den Händen allein oder mit Händen und Füßen hängen bleiben können), sondern auch geordnete Kletterbewegungen beobachten. Sie verschwinden im weiteren Verlauf der Entwicklung wieder, ebenso wie der Gehautomatismus bei Neugeborenen verschwindet und das Kind dann später die willkürliche Körperbeherrschung allmählich erlernt.

Diese einerseits triebhaften, andrerseits umweltbezogenen und dem Überleben dienenden Verhaltensweisen des Säuglings passen nicht in das Freudsche Bild des Es als eines Kessels voll brodelnder, nur auf Abfuhr drängender Triebregungen, »das ohne Rücksicht auf diese übergewaltige Außenmacht im blinden Streben nach Triebbefriedigung der Vernichtung nicht entgehen würde[3]«.

Das Freudsche Konzept von Es und Ich ist insofern bewahrenswert, als es ein Stück evolutionstheoretischen Denkens richtig wiedergibt. Tatsächlich unterscheidet sich die menschliche Verhaltenssteuerung (sie können wir wohl als Aufgabe des »psychischen Apparats« definieren) grundlegend von der eines Tieres, bei dem Antrieb und Aktion durch instinktive Mechanismen zusammengeklammert sind. Beim Menschen beherrscht das Ich die Zugänge zur Motorik und hat »zwischen Bedürfnis und Handlung den Aufschub der Denkarbeit eingeschaltet, währenddessen es die Erinnerungsreste der Erfahrung verwertet[4]«. Auch Tiere werden durch Erfahrung und Lernen beeinflußt, doch sicherlich in geringerem Maß als der Mensch. Vor allem ist ihre Verhaltenssteuerung von vornherein weit mehr durch die Instinkte strukturiert, während die Verhaltenssteuerung des Menschen erst durch symbolische Prozesse ihre endgültige Struktur erhält.

[3] S. Freud, Ges. Werke XV, S. 82
[4] ebd.

Gerade dieses Strukturmodell wird aber von Freud nur teilweise akzeptiert. Er nimmt an, daß im Lauf der Ich-Entwicklung nur eine Randzone des Es differenziert und verfeinert wird, um die vielfältigen Aufgaben des Ich zu erfüllen, während das Es unverändert bleibt. Tatsächlich aber ist ein solches Entwicklungskonzept nicht plausibel, weil es – wie schon gesagt – auf der Zweiteilung von ererbten und erworbenen Merkmalen beruht und außerdem die sonst der Psychoanalyse teuere Einsicht aufgibt, daß innerhalb des psychischen Apparats jeder Teil vom anderen abhängt und durch dessen Veränderungen mit verändert wird.

Um den Gegensatz der evolutionstheoretischen, an der Ich-Autonomie und der primären Energieversorgung des Ich orientierten Auffassung zur Konzeption Freuds noch einmal zu veranschaulichen, stelle ich hier sein Schema der »Strukturverhältnisse der seelischen Persönlichkeit[5]« einer eigenen Skizze gegenüber. Sie zeigt, wie geringfügig die Veränderungen sein müssen, um Freuds Modell dem konsequent ich-psychologischen Denken anzupassen. Interessant ist noch, wie Freud seine eigene Zeichnung kritisch kommentiert hat. Er stellte fest: »Es ist gewiß schwer zu sagen, inwieweit die Zeichnung richtig ist; in einem Punkt ist sie es gewiß nicht. Der Raum, den das unbewußte Es einnimmt, müßte unvergleichlich größer sein als der des Ich oder des Vorbewußten[6].«

Warum, so möchte man fragen, hat Freud, wenn er sich dessen so sicher war, dennoch dem Ich in seiner Zeichnung mehr Raum gelassen als dem Es? Vielleicht hat sich, wie es manchmal der Fall ist, in der bildlichen Darstellung die unbewußte Überzeugung des Autors deutlicher ausgedrückt, als ihm lieb war, so daß er dann im Text sein Versehen zu korrigieren suchte. Freud selbst hat uns die Deutung solcher Fehlleistungen gelehrt. Daß faktisch im Interesse der Analytiker das Ich einen erheblich größeren Raum einnimmt als das Es, zeigt ein Blick in das Sachregister jedes wichtigeren neueren Werkes über Psychoanalyse. Jedenfalls ist die Tatsache, daß Freud in seiner Zeichnung dem Ich mehr Raum gab als dem Es, durch die Entwicklung der Psychoanalyse weit mehr bestätigt worden als sein Kommentar, wonach das Es einen »unvergleichlich größeren« Raum einnimmt als das Ich.

[5] ebd., S. 85
[6] ebd.

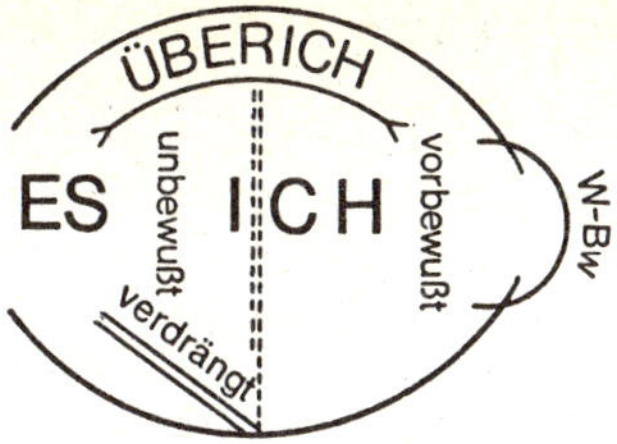

Freuds Schema
(Ges. Werke XV, S. 85).

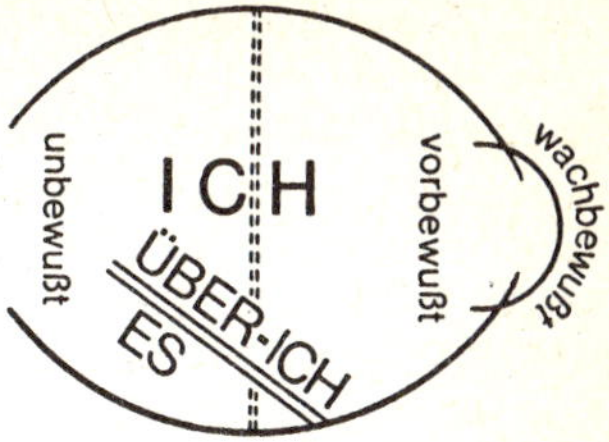

Das ich-psychologische Strukturmodell

Das hier entworfene ich-psychologische Strukturmodell ist nur als Verdeutlichung gedacht. Es soll zeigen, wie das Freudsche Modell vereinfacht werden kann. Sonst gelten für es alle Einschränkungen, die man gegenüber Schemazeichnungen über psychische Prozesse machen kann. Unvollständig ist es auch hinsichtlich der Gruppe, die diesen monadischen »psychischen Apparat« umgibt und sein Über-Ich ebenso gestaltet wie sein Es. Da das evolutionstheoretische Modell von ursprünglich konstruktiven Triebanlagen ausgeht, welche – im Gegensatz zur Konzeption Freuds – nicht kulturwidrig, sondern im Gegenteil kultursüchtig sind, kann es auf eine vom Über-Ich unabhängige, verdrängende Instanz verzichten.

Über-Ich und Es stehen sich gegenüber, bedingen einander und setzen die Dynamik der umgebenden Gruppe im weiteren Sinn der Kultur fort. Wie bereits in der Beschreibung der genetischen Veränderungen des Menschen im Zug der kulturellen Evolution gesagt wurde, war die biologische Folge einer zunehmend auf Mutation und Selektion von symbolischen (und nicht mehr genetischen) Traditionen ausgerichteten Evolution die Entwicklung eines genetisch einheitlichen Menschentypus – des Homo sapiens –, der biologisch auf die Verinnerlichung eines kulturellen Symbolsystems angewiesen und ohne sie nicht lebensfähig ist. Deshalb sind die menschlichen Ich-Funktionen auf kulturelle Traditionen angewiesen; sie verkümmern, wenn der kulturelle Einfluß ausbleibt.

Später soll noch gezeigt werden, daß dieses ich-psychologische Strukturmodell auch den neueren psychoanalytischen und ethologischen Forschungen über die menschlichen Antriebe besser entspricht als die Dualtrieblehre Freuds, in der vor allem der

Todes- bzw. Aggressionstrieb äußerst fragwürdig ist[7]. Die Kultursüchtigkeit der primären Triebnatur des Menschen ist gemeint, wenn hier von einer Priorität des Ich in der seelischen Entwicklung gesprochen wird. Die Funktionen der Ich-Es-Matrix sind von Anfang an objektbezogen. Obschon die Versuchung groß ist, sich schon hier den neueren Forschungen über den Narzißmus bzw. die »primäre Liebe«[8] zuzuwenden, will ich doch zunächst den Weg der analytischen Ich-Psychologie von Freud bis zu Hartmann und Rapaport nachzeichnen.

Das Ich und das Über-Ich

Das Ich hat im Denken Freuds eine viel längere Vorgeschichte als das Es. In seinen ersten Schriften taucht es bereits auf, und schon im ›Entwurf einer Psychologie‹ (1895) werden ihm spezifische Aufgaben zugeschrieben, die an die Ich-Funktionen der späteren Theorie erinnern. Anders als beim Unbewußten bzw. Es ist es nicht möglich, von zwei ganz verschiedenen Auffassungen des Ich in der Zeit vor 1920 und nach der Wende zur zweiten Topik zu sprechen. Das Ich wird schrittweise genauer erfaßt, neue Aspekte – der Narzißmus, das Über-Ich – werden entdeckt.

In den ›Studien über Hysterie‹ beschreibt Freud bereits das »Ichbewußtsein«, welches als eine Art Engpaß wirkt: Es läßt jeweils nur eine einzige krankmachende Erinnerung passieren. Offensichtlich hatte Freud beobachtet, daß die Widerstände des Patienten zunehmen, wenn man ein Stück bisher unbewußten Materials vernachlässigt und nicht ausreichend durchgearbeitet hat. »Die eine im Durchbruch befindliche Erinnerung bleibt vor dem Kranken stehen, bis er sie in die Weite des Ichs aufgenommen hat.« Diese »Weite des Ichs« ist wohl der Bereich des Vorbewußten, während der Engpaß das Ichbewußtsein – später Wachbewußtsein – ist, in dessen volle Aufmerksamkeit die unbewußten Inhalte treten müssen, ehe sie ihrer libidinösen Besetzung beraubt und dem Vorbewußten angegliedert werden können. Freud hat später die Formel »daran habe ich nie gedacht« als zuverlässiges Zeichen beschrieben, daß die Analyse unbewußtes

[7] W. Schmidbauer, Die sogenannte Aggression, Hamburg 1972, S. 135f.
[8] M. Balint, Die Urformen der Liebe und die Technik der Psychoanalyse, Bern und Stuttgart 1966.

Material zutage gefördert habe, indem sie den Patienten eben veranlaßte, »daran zu denken«, d.h. einen Inhalt in das enge, jedoch helle Licht des Bewußtseins zu rücken[9].

Schon 1895 enthielt Freuds Ich-Begriff zwei Grundannahmen:

1. Die Unterscheidung zwischen einem Ichbewußtsein, das wie ein Engpaß wirkt, und der »Weite des Ichs«. Sie nimmt den später formulierten Unterschied zwischen den Systemen Vorbewußt – Wachbewußt vorweg.

2. Die Hypothese, daß die Widerstände gegen das Aufdecken des unbewußten Materials von einem »abwehrlustigen Ich« ausgehen. Es läßt sich zwar unter dem Einfluß beschwörenden Zuredens eine Weile täuschen (Freud pflegte, nachdem er die Hypnose aufgegeben hatte, seinen Patienten die Hand auf die Stirn zu legen und ihnen nach Bernheims Vorbild zu versichern, sie könnten sich gewiß erinnern, wenn sie sich nur angestrengt bemühten). Doch stellte er fest, daß das Ich »in allen ernsteren Fällen ... sich wieder auf seine Absichten (besinnt) und ... seinen Widerstand fortsetzt[10]«.

In dem erst sehr viel später publizierten, aber 1895 niedergelegten ›Entwurf einer Psychologie‹ finden sich bereits »die drei Annäherungswege an die Psychologie, die er später den topographischen, den dynamischen und den ökonomischen genannt hat ... Die Funktionen, welche den Inhalt des Ich-Begriffs ausmachen, werden von anderen seelischen Prozessen abgegrenzt. Der Unterschied zwischen Primär- und Sekundärprozessen ist klar umrissen. Eine der Funktionen, die Abwehr, stand zu jener Zeit im Vordergrund seiner Forschung[11]«.

Hartmann spricht hier das von Freud im ›Entwurf einer Psychologie‹ skizzierte Schema der hysterischen Abwehr an. Es geht noch von einem durchaus an Herbart orientierten Bild aus. Das Ich als »herrschende Vorstellungsmasse« wird durch eine unverträgliche Vorstellung bedroht, die aus diesem Grund verdrängt werden muß. Doch hat Herbart diesen Prozeß vom Schreibtisch aus beschrieben und seine ganze Energie darein gesetzt, ihn mathematisch zu formulieren[12], während Freud ihm in der klinischen Praxis nachspürte und auf diese Weise dem seelischen

[9] S. Freud, Ges. Werke I, S. 295.

[10] S. Freud, Studien über Hysterie, Ges. Werke I, S. 280

[11] H. Hartmann, Die Entwicklung des Ich-Begriffs bei Freud, in: Ich-Psychologie – Studien zur psychoanalytischen Theorie, Stuttgart 1972, S. 265

[12] J. F. Herbart, Psychologie als Wissenschaft, neu gegründet auf Erfahrung, Methaphysik und Mathematik, 2 Bde., 1824/25

Konflikt jene Einsichten abrang, die wirklich im Alltagsleben eine Rolle spielen. Während die auf Introspektion abgestellten, philosophischen Psychologen des 19. Jahrhunderts sonst ihre Einsichten im entspannten Innenleben des hoch über den Niederungen des Lebens stehenden Gelehrten suchten, war Freud in seiner täglichen Arbeit mit Konflikten konfrontiert, die ihn wirklich mit einem »Widerstreit der Affekte« bekannt machten und von ihm den Mut verlangten, sich mit unbewußten Vorstellungen auseinanderzusetzen[13].

Im ›Entwurf einer Psychologie‹ faßt Freud die »herrschende Vorstellungsmasse« bereits als »Organisation von Neuronen«, »Organisation von Vorstellungen« auf und nennt sie das Ich. Er weist darauf hin, daß bei der hysterischen Abwehr nach »einem Ichvorgang sich Folgen einstellen, die wir nur bei Primärvorgängen gewohnt sind[14]«. Denn in der Symptombildung, die ja nach Freuds damaliger Konzeption auf der Verschiebung des nicht zugelassenen Affektes auf ein symbolisches Symptom beruhte, läßt das Ich einen Primärvorgang zu, statt den Konflikt wahrzunehmen. Hier handelt es sich um einen der Vorgänge, die Hartmann »janusköpfig« genannt hat[15], weil dabei – wie etwa in dem auch von Anna Freud[16] beschriebenen Abwehrmechanismus der Verschiebung – ein Primärvorgang verwendet wird, um einen Sekundärvorgang zu ersetzen (im Fall der hysterischen Abwehr die bewußte Aufmerksamkeit und Auseinandersetzung mit dem Konflikt).

Im ›Entwurf‹ beschreibt Freud, wie das Ich durch einen Angriff von innen überrascht wird und nur einen »Primärvorgang zulassen« kann. Die »Organisation von Vorstellungen« wird durch mehrere Merkmale charakterisiert, von denen Hartmann in seiner Entwicklungsgeschichte des Freudschen Ich-Begriffs nur den ökonomischen Aspekt – die konstante Besetzung durch endogene (= Trieb-)Energie – erwähnt[17]. Weitere Merkmale sind die Bahnung assoziativer Wege innerhalb dieser Neuronengruppe (eine Vorwegnahme der »synthetischen Funktion« des Ich, der »Zug zur Synthese seiner Inhalte, zur Zusammenfassung

[13] S. Freud, Studien über Hysterie, Ges. Werke I, wo der »moralische Mut« und der »Widerstreit der Affekte« vor allem im Fall Lucy R. besprochen werden.

[14] S. Freud, Aus den Anfängen der Psychoanalyse, S. 432

[15] H. Hartmann, Ich-Psychologie – Studien zur psychoanalytischen Theorie, Stuttgart 1972, S. 172

[16] A. Freud, Das Ich und die Abwehrmechanismen, München 1963

[17] H. Hartmann, Ich-Psychologie – Studien zur psychoanalytischen Theorie, Stuttgart 1972, S. 265

und Vereinheitlichung seiner seelischen Vorgänge[18]«, wenn man will, zur Bildung von Gestalten) sowie die Unterscheidung zwischen einem konstanten und einem veränderlichen Teil des Ich.

Freud hat diesen Entwurf einer Psychologie nie veröffentlicht. Er ist aber von großem historischem Interesse, weil er die Kontinuität seines Denkens demonstriert, das sich seit 1895 weitgehend vom Ich ab- und der Analyse des Unbewußten, der Triebe und der frühkindlichen Sexualität zuwandte. Dorer[19] und Hartmann[20] haben gezeigt, daß Freud hier noch sehr seinen psychologischen Lehrern verpflichtet war, vor allem Meynert, der zwischen einem primären und einem sekundären Ich unterschied. Dabei ist das primäre Ich genetisch früh und unbewußt; das sekundäre Ich überlagert es. Der Kern dieses Ich wird laut Meynert durch die Abgrenzung des kindlichen Körpers von der Umgebung bestimmt (Freud konzipierte später das »Körper-Ich« als Keimstufe der Ich-Entwicklung).

Hartmann schreibt die große Überlegenheit von Freuds späterer Konzeption des Ich dem scheinbaren Umweg über die Erforschung der Triebe und des unbewußten Seelenlebens zu. Dieser lange Weg hat Freud Einsichten erlaubt, welche spezifische Definitionen der seelischen Dynamik möglich machten. Die theoretischen Kapitel der ›Traumdeutung‹ und damit des grundlegenden Werkes der ersten Topik sind von einem Bild des seelischen Apparats bestimmt, in dem das Ich keine Rolle spielt, sondern psychische Prozesse je nach ihrer Zugehörigkeit zu den Systemen Unbewußt, Vorbewußt, Bewußt unterschieden werden. Allenfalls kann man das Ich als Abwehrinstanz in der »Zensur« wiederfinden, welche das Unbewußte vom Vorbewußten trennt, doch handelt es sich hier nur um eine isolierte Funktion, die dem vollen Reichtum der Aufgaben des Ich in der zweiten Topik ebensowenig gerecht wird wie den Andeutungen im ›Entwurf‹.

Das Ich als libidinös besetzte Organisation erscheint nur als Träger des Schlafwunsches; indirekt kann man annehmen, daß es damit in eine enge funktionelle Beziehung zum Traum als dem »Hüter des Schlafes« eingeht. In der Zeit zwischen der ›Traum-

[18] S. Freud, Ges. Werke XV, S. 82

[19] M. Dorer, Historische Grundlagen der Psychoanalyse, Leipzig 1932. Wie viele ausschließlich theoretisch orientierte Kritiker Freuds hat Dorer dessen klinische Originalität übersehen und versucht, die analytischen Konzepte vorwiegend aus früheren Theorien zu erklären.

[20] H. Hartmann, Ich-Psychologie – Studien zur psychoanalytischen Theorie, Stuttgart 1972, S. 267

deutung‹ (1900)[21] und der ›Einführung des Narzißmus‹ (1914)[22] bleibt Freud weitgehend bei einem dynamischen, eng mit der individuellen Anpassung verbundenen und sehr variablen Ich-Begriff. Dieses Ich ist keine topisch genau umschriebene Instanz und spielt in den ökonomischen Überlegungen hinsichtlich der Konstanz der psychischen Energie keine entscheidende Rolle.

Wie »offen« Freuds Ich-Psychologie damals war, zeigt etwa seine Unterscheidung eines Lust-Ich von einem Real-Ich parallel zu den beiden grundlegenden Prinzipien des psychischen Geschehens, dem Lust- und dem Realitätsprinzip. Für unsere evolutionstheoretische Betrachtung ist diese Konzeption sehr interessant, denn in ihr wird die seelische Entwicklung mit der Ich-Entwicklung identifiziert. Sie geht von einem Lust-Ich aus, das »nichts anderes kann als *wünschen,* nach Lustgewinn arbeiten und der Unlust ausweichen[23]«. Allerdings unterwerfen sich die Triebe, die zunächst allein nach dem Lustprinzip funktionieren, zunehmend dem Realitätsprinzip, wobei diese Entwicklung für die Sexualtriebe weniger schnell und weniger vollständig abläuft als für die Ich-Triebe, die leichter »erziehbar« sind. Das Real-Ich hat endlich gelernt, »nach Nutzen zu streben und sich gegen Schaden zu sichern[24]«.

Wenn man hier hinzufügt, daß die Frage, welche Antriebe leichter »erziehbar« sind, keine biologische, sondern eine kulturanthropologische und sozialpsychologische Antwort verlangt (das heißt die Entwicklung vom Lust- zum Real-Ich ein gruppendynamischer Prozeß ist), dann hat man eine erste Annäherung an unser Modell der Ich-Entwicklung gewonnen. Lust und Schmerz sind durch »angeborene«, biologische Merkmale zunächst festgelegt, doch steckt bereits in dieser biologischen Anlage ein Kern, der dazu führt, daß Lust- und Realprinzip in einem sehr großen Umfang sozial festgelegt werden. Als von Natur aus soziales Wesen ist Homo sapiens von Geburt an darauf programmiert, einen sehr wesentlichen Teil seiner Lust in Form sozialer Zuwendung und Anerkennung zu suchen, so daß die Konsequenzen des Lustprinzips unmittelbar zu sozialer Abhängigkeit führen. Die entstehende Gestalt des Real-Ich wird also entscheidend davon geprägt, was in der umgebenden sozialen Gruppe

[21] S. Freud, Die Traumdeutung, Ges. Werke II u. III

[22] S. Freud, Ges. Werke X

[23] S. Freud, Formulierungen über die zwei Prinzipien des psychischen Geschehens, Ges. Werke VIII, S. 235

[24] ebd.

gefordert wird. Das Real-Ich (und letzten Endes das Ich schlechthin) ist somit die *nach innen fortgeführte symbolische Struktur der Primärgruppe.*

Diese Struktur unterliegt ihrerseits einem Evolutionsprozeß (beileibe nicht im fortschrittsgläubigen Sinn des 19. Jahrhunderts – die kulturelle Evolution kennt, ebenso wie die biologische, ja vielleicht noch mehr, Sackgassen, Regressionen, Notfallslösungen, in denen der einzelne mißbraucht, sein Glück geopfert wird, um das Ganze zu erhalten). Die Widersprüche zwischen den natürlichen Anlagen der Ich-Entwicklung, also dem Resultat der biologischen Evolution, und den sozialen Strukturen (dem Ergebnis der kulturellen Evolution) führen zu jenen Verhaltensstörungen und Anpassungsschwierigkeiten, welche man heute in den Industriegesellschaften »seelische Krankheiten« nennt. Diese Widersprüche haben in den letzten Jahrtausenden, seit der neolithischen Revolution, in der durch die Erfindung der Schrift, verbunden mit Seßhaftigkeit, Vorratswirtschaft und Arbeitsteilung das Tempo der Kulturentwicklung enorm beschleunigt wurde, stark zugenommen und die menschliche Anpassungsfähigkeit teilweise überfordert.

Zurück zur Ich-Psychologie Freuds. Aus der geschilderten, wenig systematischen Übergangsphase tritt sie mit der ›Einführung des Narzißmus‹ und einer stärkeren Betonung der Identifizierungen, welche das Ich aufbauen, in eine neue Periode ein. Diese erreicht endlich ihren Höhepunkt in der voll ausgebildeten »zweiten Topik« (Das Ich und das Es, 1920). Mit der Einführung des Narzißmus verlor der Gegensatz von Ich-Trieben und Sexualtrieben, der zunächst Freuds Libidotheorie bestimmte, seine Grundlage[25]. Zugleich gewann das Ich eine neue Bedeutung. Freud nahm an, daß es sich wie ein äußeres Objekt selbst als Liebesobjekt anbieten kann, und entlehnte für diesen Vorgang aus der griechischen Mythologie das Bild des in sein Spiegelbild verliebten Jünglings. »In seltenen Fällen kann man erkennen, daß das Ich ... sich benimmt, als ob es in sich selbst verliebt wäre ... Aber das ist nur eine extreme Übersteigerung eines normalen Sachverhaltes. Man lernt verstehen, daß das Ich immer das Hauptreservoir der Libido ist, von dem libidinöse Besetzungen der Objekte ausgehen, und in das dieselben wieder zurückkehren, während der Großteil der Libido stetig im Ich verbleibt. Es

[25] So sagt Freud rückblickend selbst in ›Angst und Triebleben‹, Ges. Werke XV, S. 109

wird also unausgesetzt Ichlibido in Objektlibido umgewandelt und Objektlibido in Ichlibido[26].«

Die ›Einführung des Narzißmus‹ hat zwar die Aufmerksamkeit auf das Ich hingelenkt, aber auch die Unterscheidung zwischen Ich und Es erschwert. Das gilt vor allem für Freuds Aussage, das Ich sei das »Hauptreservoir der Libido«, während er an anderer Stelle dem Es dieselbe Rolle zuschreibt[27]. Hartmann hat diesen Widerspruch dadurch zu überwinden versucht, daß er auf zwei unterschiedliche Bedeutungen der Aussage »libidinöse Besetzung des Ich« hinwies. Einmal bezieht sie sich auf die Funktionen und Besetzungen des Ich als eines seelischen Systems im Unterschied zu anderen Teilen der Persönlichkeit, zum anderen jedoch auf die Besetzung der eigenen Person im Gegensatz zu anderen Menschen (Objekten).

Die Aussage, daß zu Beginn des Lebens die gesamte Libido im Ich ruhe (der »primäre Narzißmus« bei Freud), interpretiert Hartmann nun als Besetzung der eigenen Person, die der Zuwendung zu den Objekten vorausgeht – wenn aus keinem anderen Grund, dann aus dem, daß zu diesem Zeitpunkt (dem der Geburt) von einem psychischen System »Ich« noch keine Rede sein kann. Allerdings wird Hartmanns Versöhnungsversuch durch Freud selbst Lügen gestraft, der noch 1932 das Ich als »Hauptreservoir der Libido« anspricht und hier wieder die (von unserem Standpunkt aus prophetische) Identifizierung von Ich und Es andeutet, die sich in seinen Arbeiten nicht selten findet. (Vgl. S. 37.) Festzuhalten bleibt die angesichts dieser Vermengung von »Ich« als psychischer Instanz und »Ich« als »eigene Person« von Hartmann eingeführte Unterscheidung zwischen Ich und Selbst, wobei der primäre Narzißmus von Hartmann als libidinöse Besetzung des Selbst aufgefaßt wird[28].

[26] ebd.

[27] Ökonomisch »mußte das Ich ... als ein großes Libidoreservoir angesehen werden, aus dem Libido auf die Objekte entsandt wird und das immer bereit ist, die von den Objekten zurückströmende Libido aufzunehmen«, sagt Freud, ›Psychoanalyse‹ und ›Libidotheorie‹, Ges. Werke XIII, S. 231, vgl. auch ›Zur Einführung des Narzißmus‹, Ges. Werke X, S. 142f.

[28] Vielleicht ist es nützlich, sich hier den kritischen Kommentar von Laplanche und Pontalis zu vergegenwärtigen: »Hartmann ... nimmt durch eine rein begriffliche Unterscheidung die Antwort auf wesentliche Fragen vorweg. Ganz allgemein besteht die Gefahr, daß die Ichkonzeption der Psychoanalyse teilweise mißverstanden wird, wenn man die spezifisch psychoanalytische Auffassung ganz einfach neben andere traditionelle Auffassungen stellt, und um so mehr, wenn man einfach verschiedene Bedeutungen in ebenso vielen verschiedenen Worten ausdrücken will. Freud greift nicht nur auf klassische Auffassungen zurück, wenn er

Bedeutungsvoll, vor allem in Hinblick auf die Ich-Entwicklung, sind die Forschungen Freuds über ›Trauer und Melancholie‹ (1915), in denen der Begriff der Identifizierung erheblich erweitert wird. Bisher hatte er ihn vor allem angewendet, um die Neigung hysterischer Patienten zu beschreiben, in ihren Symptomen eine andere, eindrucksvoll kranke Person nachzuahmen. Möglicherweise ist ja das von Charcot eingehend beschriebene Krankenbild des »großen hysterischen Anfalls« mit Krämpfen, Arc de cercle (einem kreisförmigen Krümmen des Körpers, der nurmehr mit den Füßen und dem Hinterkopf abgestützt wird) und stoßenden Bewegungen des Unterleibs zum Teil durch die Identifizierung der hysterischen Patienten mit den epileptischen Kranken entstanden, die in denselben Sälen untergebracht waren. Jetzt wird die Identifizierung mehr als der Ausdruck einer Beziehung zu einer anderen Person, durch die der eine oder andere Zug übernommen wird. Das Ich kann durch frühkindliche Identifizierungen tiefgreifend verändert werden; sie hinterlassen Spuren, die weit über eine Symptomwahl hinausgehen.

Die Lernpsychologie beschreibt solche Vorgänge als Lernen am Modell oder Vorbildlernen. Sie beruhen sicherlich auf einer angeborenen Triebgrundlage. Wie die Beobachtung von Kleinkindern zeigt, imitieren diese oft – und zwar bereits in jener Periode beginnender Perfektionierung der motorischen Koordination vor dem Sprechenlernen – spontan Gesten des Erwachsenen, seinen Gesichtsausdruck, seine Handlungen. Hier liegt offensichtlich ein inhaltlich unspezifisches, gerade für ein gruppenlebendes, auf kulturelles Lernen angewiesenes Wesen wie den Menschen hochwichtiges Triebverhalten vor, das man in die Formel fassen kann »Die Beziehungsperson imitieren«. Ein solches Verhaltensprogramm findet sich bereits bei Primaten; »nachäffen«, in der Regel sehr abschätzig gebraucht, ist im Grund ein Vorgang, der an der Wurzel der menschlichen Kulturfähigkeit liegt[29].

z.B. dem Organismus der Umgebung, das Subjekt dem Objekt, das Innere dem Äußeren gegenüberstellt, sondern er verwendet auf diesen verschiedenen Ebenen den gleichen Ausdruck *Ich,* ja er spielt sogar mit der Vieldeutigkeit dieser Verwendung, was zeigt, daß er für sein Gebiet keine der Bedeutungen ausschließt, die der Ausdruck ›Ich‹ hat.« (Das Vokabular der Psychoanalyse, Frankfurt 1973, S. 186)

[29] Der Nachahmungsinstinkt bzw. -trieb scheint bei Primaten unter anderem das korrekte Mutterverhalten zu übermitteln: Hediger berichtet von einer Schimpansen-Mutter, die ihr Erstgeborenes kopfunter trug. Als sie eine erfahrene Mutter sah, die ihr Baby richtig hielt, korrigierte sie sich sofort. Vgl. G. Schaller, The Mountain Gorilla, Chicago 1963

Dieser Nachahmungs- oder Identifizierungstrieb ist sicherlich auch eng mit den unter »Empathie« in der Ausdruckspsychologie beschriebenen Phänomenen verwandt. Wie der Weitspringer in der Arena halten auch die Zuschauer den Atem an und reißen die Arme hoch. Ein guter Teil des Genusses an der Betrachtung motorischer Geschicklichkeit (Sport, vor allem Fußball und Leichtathletik) und rhythmischer Bewegung (Tanz, Ballett) liegt darin, daß der Betrachter sich mit den Bewegungsabläufen teilweise identifiziert. Dieses biologisch sehr wertvolle und durch die kulturelle Evolution weiter verstärkte Nachahmungsverhalten, das kulturspezifische Lernvorgänge ebenso wie die mitmenschliche Teilnahme (das »Mitleid«) begründet und stark durch angeborene Faktoren bestimmt wird, kann dann verhängnisvoll werden, wenn die Beziehungspersonen, mit denen Identifizierungen in der Kindheit stattfinden, wegen eigener neurotischer oder psychotischer Merkmale »unverdaulich« sind.

Im zweiten Weltkrieg hat Anna Freud nachgewiesen, daß Kleinkinder im Bombenkrieg nur dann starke Ängste hatten, wenn sich auch ihre Mütter sehr fürchteten. E. R. Hagman zeigte, daß sich Kinder im Vorschulalter signifikant häufiger vor denselben Dingen fürchten wie ihre Mütter (z.B. Spinnen, Schlangen, Gewitter, Dunkelheit)[30]. Man kann sagen, daß auf dem Weg der Identifizierung in einem unbewußten Lernvorgang für das Kind der Affekt der Eltern, mit dem diese über bestimmte Themen sprechen, zum natürlichen Merkmal des besprochenen Gegenstandes wird – gleichgültig, ob es sich um die Genitalien oder Ausscheidungen des Kindes, um andere Menschen (etwa Juden, Neger usw.) oder abstrakte Begriffe (Gesetz, Staat) handelt. Das Kind beginnt sehr früh, »mütterliche Gesten, Modulationen der mütterlichen Stimme und andere sichtbare und hörbare Manifestationen der Mutter wahrzunehmen, zu beantworten und zu imitieren. Wir können unterstellen, daß die bloße Imitation solcher affektiver Ausdrucksphänomene der Eltern das Kind in seinen eigenen Entäußerungsmustern so weit beeinflussen kann, daß es zur Induktion der gleichen affektiven Phänomene kommt[31]«.

Freud hat diesen Identifizierungsvorgang an einem archaischen Vorbild orientiert: der Einverleibung des Objekts (bei-

[30] E. R. Hagman, A Study of Fears in Preschool Age, J. Exp. Education 1, 1932. – H. E. Richter, Eltern, Kind und Neurose, Stuttgart 1963 (Taschenbuch Hamburg 1969)

[31] E. Jacobsen, The Self and the Object World, 1954

spielsweise der Mutter) auf oral-kannibalische Weise, eine Auffassung, die von Karl Abraham und Melanie Klein weiterentwikkelt worden ist[32]. Dieses Vorstadium der Objektwahl spielt in der Deutung eine große Rolle, die Freud der Melancholie gibt: Der Kranke identifiziert sich mit dem verlorenen Objekt und regrediert auf die archaische Identifizierung durch Einverleibung. Das auf diese Weise introjizierte Objekt beschreibt Freud personifizierend, wie später auch das Ich selbst. Es wird schlecht behandelt und gar im Selbstmord zu töten versucht.

Die Analyse der Melancholie und der manisch-depressiven Erkrankungen hat Freuds Ich-Psychologie noch in einer anderen Richtung wesentlich gefördert. Sie führte ihn zur Theorie des Über-Ich. Er leitet sie aus der Spaltbarkeit des Ich ab, das sich selbst zum Objekt machen kann, »sich behandeln, wie andere Objekte, sich beobachten, kritisieren[33]«. Der zweite Ausgangspunkt ist die Übersteigerung dieser Spaltbarkeit bei den Geisteskrankheiten, die er mit einem Kristall vergleicht. Wenn er zerbricht, so geschieht es nicht willkürlich, sondern die Bruchlinie entspricht einer inneren Gliederung. Die »gesprungene« Struktur des Psychotikers läßt nun diese Grenzen deutlich hervortreten, vor allem – was das Über-Ich angeht – das Gefühl, dauernd beobachtet, kontrolliert, kritisiert zu werden, das bis zum halluzinatorischen Hören jener Personen geht, welche die Resultate ihrer Beobachtung verkünden. »Wie wäre es, wenn diese Wahnsinnigen recht hätten, wenn bei uns allen eine solche beobachtende und strafandrohende Instanz im Ich vorhanden wäre, die sich bei ihnen nur scharf vom Ich gesondert hätte und irrtümlicherweise in die äußere Realität verschoben worden wäre[34]?«

Die Trennung einer beobachtenden Instanz vom Ich führt Freud zu der Auffassung, daß neben der Selbstbeobachtung das »Richten und Strafen« die Aufgabe dieses Über-Ich sei, und

[32] S. Freud, Trauer und Melancholie, Ges. Werke X, S. 436f. – K. Abraham, Selected Papers on Psychoanalysis, 2 Bde., New York 1957. – M. Klein, Die Psychoanalyse des Kindes, Wien 1932

[33] S. Freud, Die Zerlegung der psychischen Persönlichkeit, Ges. Werke XV, S. 64

[34] ebd., S. 65. – Dem psychoanalytisch geschulten Leser wird auffallen, daß ich mich an Freuds ›Neue Folge der Vorlesungen zur Einführung in die Psychoanalyse‹ orientiere, die sonst wegen ihres populären Charakters weniger zitiert werden als ›Das Ich und das Es‹. Immerhin handelt es sich um die letzte systematische Zusammenfassung seiner Theorie, die Freud selbst noch fertiggestellt hat; er war einer der wenigen Autoren, die ihre Gedanken anschaulich machen konnten, ohne sie zu vereinfachen – eine Fähigkeit, die der Leser etwa bei H. Hartmann schmerzlich vermißt.

somit das Gewissen eine seiner Funktionen. Es läge nahe, nun zu sagen, daß es sich bei dieser beobachtenden, beurteilenden und strafenden Instanz um das Gewissen selbst handle. Freud ist vorsichtiger als viele Interpreten der Psychoanalyse, er hält daran fest, daß das Gewissen nur eine der Funktionen des Über-Ich ist, die Selbstbeobachtung hingegen eine andere[35].

Das Über-Ich erinnert übrigens verblüffend an den – Freud wohl unbekannten – Terminus »Über-Uns«, den Johann Christian Heinroth (1773–1843) prägte. Als niedrigste psychische Funktionsebene sah Heinroth die Instinktkräfte an, deren Ziel Lust sei – das Freudsche Es –, als mittlere das Ich, das nach Sicherheit gegenüber der Außenwelt strebe (Realitätsprinzip im Gegensatz zum Lustprinzip), als höchste das Über-Uns, das er theologisch als Vertreter einer höheren, auf Nächstenliebe ausgerichteten Ordnung auffaßte, welcher dem selbstsüchtigen Ich entgegentritt[36].

Gerade am Vergleich mit Heinroths Konzeption wird deutlich, wie wenig die Formulierung einer Theorie besagt und wieviel von der konkreten Methode abhängt, mit deren Hilfe man das Material für diese Theorie sammelt und sie überprüft. Heinroths Vorgehen unterschied sich nicht sehr von dem eines Bußpredigers; er suchte seine Patienten zu überzeugen, daß sie ihre Sünden einsehen müßten, um wieder in den Stand der Gnade und damit in psychische Gesundheit zurückzukehren[37]. Freud moralisierte nicht, sondern er wollte wissen, woher die neurotischen Symptome kommen und wie man sie auf wissenschaftlichem Weg beseitigen könne. Daß seine Ausdrucksweise angreifbar ist, weil sie lange Ketten von Lernprozessen und sozialen Interaktionen in bildhafte Kurzformeln zusammenfaßt, hat er wohl gewußt.

35 ebd., S. 65. Diese Theorie der Reflexion ist besonders dann interessant, wenn man die Entstehung des Über-Ich als jenen gruppendynamischen Prozeß auffaßt, um den es sich ja tatsächlich handelt. Sprachlich ist der Zusammenhang zwischen Gewissen und Bewußtsein sehr eng, im Englischen (conscience) wie im Deutschen. Hamlets Monolog »So makes conscience cowards of us all« wurde zuerst mit »So macht Gewissen ... « und dann mit »So macht Bewußtsein Feige aus uns allen« übersetzt.

36 Vgl. W. Schmidbauer, Psychotherapie – Ihr Weg von der Magie zur Wissenschaft, München 1971, S. 205, Sowie F. Alexander/S. T. Selesnick, Geschichte der Psychiatrie, Konstanz 1969

37 Für Heinroth gehen alle psychischen Störungen aus dem Trieb zum Bösen hervor, während »der Glaube bis in die tiefsten Wurzeln unserer irdischen Existenz dringt und uns festigt und stärkt. Solange er unseren Körper erfüllt, gibt er uns Schutz gegen alle geistigen Störungen und Versuchungen.« Vgl. E. Kraepelin, Hundert Jahre Psychiatrie, Berlin 1918

Wie häufig in seinen Darstellungen, legt er diesen Einwand einem imaginären Gesprächspartner in den Mund. »Jetzt (nach der Einführung des Über-Ich) bin ich darauf gefaßt, daß Sie mich höhnisch fragen, ob unsere Ich-Psychologie überhaupt darauf hinausläuft, gebräuchliche Abstraktionen wörtlich zu nehmen und zu vergröbern, sie aus Begriffen in Dinge zu verwandeln, womit nicht viel gewonnen wäre[38].«

Freud antwortet auf diese Kritik mit zwei Einwänden: einmal, daß man in der Ich-Psychologie weniger neu entdecken als vielmehr Altbekanntes neu auffassen und anordnen müsse, zum zweiten, daß das Verständnis gerade der Melancholie und andrerseits der Manie durch die Konzeption eines Über-Ich sehr gefördert werden könne. Im melancholischen Anfall, der depressiven Reaktion, »wird ... das Über-Ich überstreng, beschimpft, erniedrigt, mißhandelt das arme Ich, läßt es die schwersten Strafen erwarten, macht ihm Vorwürfe wegen längst vergangener Handlungen, die zu ihrer Zeit leichtgenommen wurden, als hätte es das ganze Intervall über Anklagen gesammelt und nur seine gegenwärtige Erstarkung abgewartet, um mit ihnen hervorzutreten und auf Grund dieser Anklagen zu verurteilen[39]«. Mit der ihm eigenen Ironie fügt Freud hinzu, »es ist eine sehr merkwürdige Erfahrung, die Moralität, die uns angeblich von Gott verliehen und so tief eingepflanzt wurde, als periodisches Phänomen zu sehen. Denn nach einer gewissen Anzahl von Monaten ist der ganze moralische Spuk vorüber, die Kritik des Über-Ichs schweigt, das Ich ist rehabilitiert und genießt wieder alle Menschenrechte bis zum nächsten Anfall. Ja bei manchen Formen der Erkrankung findet in der Zwischenzeit etwas Gegenteiliges statt; das Ich befindet sich in einem seligen Rauschzustand, es triumphiert, als hätte das Über-Ich alle Kraft verloren oder wäre mit dem Ich zusammengeflossen, und dieses freigewordene, manische Ich gestattet sich wirklich hemmungslos die Befriedigung aller seiner Gelüste[40]«.

Das kleine Kind hat kein Über-Ich. Dessen Rolle wird zunächst durch die elterlichen Einflüsse ausgefüllt, welche den Versuchen des Kindes, nach seinem Lustprinzip zu leben, Grenzen setzen. Solange die Realangst vor Liebesverlust oder Strafe das Kind beherrscht, ist das Über-Ich nicht vorhanden. Erst

[38] S. Freud, Die Zerlegung der psychischen Persönlichkeit, Ges. Werke XV, S. 66

[39] ebd.

[40] ebd., S. 67

später bildet sich aus, was Freud, die »sekundäre Situation« nennt. Das Über-Ich beobachtet, lenkt und bedroht das Kind nun genauso wie vormals die Eltern. Es hat »die Macht, die Leistung und selbst die Methoden der Elterninstanz« übernommen, wobei es (ein für die Praxis sehr wesentlicher Gesichtspunkt, der allerdings auch Freuds Neigung beleuchtet, reale Elternfehler in der Erziehung gering einzuschätzen) »in einseitiger Auswahl nur die Härte und Strenge der Eltern, ihre verbietende und strafende Funktion aufgegriffen zu haben« scheint[41].

Als Grundlage der Über-Ich-Entwicklung bzw. der Umwandlung der Elternbeziehung in das Über-Ich betrachtet Freud die Identifizierung, welche er als »Angleichung eines Ichs an ein fremdes« bestimmt, in deren Folge dies erste Ich sich in bestimmten Hinsichten so benimmt wie das andere, es nachahmt, gewissermaßen in sich aufnimmt[42]. Die Identifizierung kann freilich nicht in ihrer Entstehung auf solche oral-kannibalischen Phantasien zurückgeführt werden, da sie – wie gezeigt wurde – einen Selektionsvorteil bietet und somit (wofür auch die Beobachtungsdaten an Kindern sprechen) mit großer Wahrscheinlichkeit genetisch bedingt ist.

Aber die Einverleibungs-Phantasie mit ihrer archaischen Ambivalenz der Gewinnung und Zerstörung eines zugleich begehrten und gefürchteten Objekts spielt, wie das analytische Material bezeugt, eine große Rolle in der Verarbeitung der Identifizierung, mit deren mächtigem Einfluß das Ich offensichtlich häufig nicht ohne die Regression zu oralen Phantasien zurechtkommt.

Das spontane, beim Kind und teilweise noch beim Erwachsenen unreflektierte und häufig völlig unbewußte Streben nach Angleichung, welches die Identifizierung enthält, unterscheidet Freud ausdrücklich von der normalen, freundschaftlichen oder erotischen Beziehung zu anderen Menschen, der »Objektwahl«. Wenn ein Kind die Mutter als Objekt wählt, dann will es sie nur haben, besitzen; wenn es sich hingegen mit ihr identifiziert, dann will es so *sein* wie sie. Im zweiten Fall wird das Ich verändert, im ersten nimmt es nur eine bestimmte Orientierung ein.

[41] ebd., S. 68
[42] ebd., S. 69

7. Das Erbe des Ödipuskomplexes

Denn viele Menschen sahen auch in Träumen sich zugesellt der Mutter: Doch wer dies alles für nichtig achtet, trägt die Last des Lebens leicht. *Sophokles*[1]

In der Betrachtung des Über-Ich läßt sich unsere evolutionstheoretische Argumentation weiterführen. Sie geht von den in verschiedenen Kulturen durchaus unterschiedlichen Formen der Introjektion der Elternbilder aus. Freud sieht im Über-Ich den »Erben des Ödipuskomplexes«. Das Kind muß auf die intensiven Objektbesetzungen und Gefühlsbindungen verzichten, die es auf die Eltern richtete. Um sich für diesen Objektverlust zu entschädigen, der unter dem Eindruck der Unfähigkeit, von den Erwachsenen sexuell ernstgenommen zu werden (und unter dem Druck der Kastrationsangst) erfolgt, werden die sicherlich schon vorhandenen Identifizierungen mit den Eltern im kindlichen Ich so sehr verstärkt, daß sie die Rolle einer unabhängigen, mit eigenen Machtbefugnissen ausgerüsteten psychischen Instanz spielen können. Solche Identifizierungen wiederholen sich auch im späteren Leben öfter, wenn hochgeschätzte Objekte preisgegeben werden müssen; nie aber wird das Ereignis wieder eine solche Macht haben wie in der Kindheit (die Periode des Ödipuskomplexes setzt Freud zwischen dem dritten und fünften Lebensjahr an; nachher tritt das Kind in die Latenzphase ein), in der die Eltern für allmächtig und allwissend gehalten werden. Auch später noch kann sich das Kind mit den Eltern identifizieren, doch wird auf diese Weise nun mehr das Ich und nicht das Über-Ich beeinflußt.

Diese Auffassung der Identifizierung als kontinuierlicher Prozeß, bei dem »das Kind seine Eltern zu verschiedenen Zeiten verschieden einschätzt[2]«, ist wichtig genug, um sie hier zu unterstreichen. Sie nähert die Freudsche Auffassung der Lernpsychologie an, wonach die elterlichen Verhaltensnormen tatsächlich in vielen kleinen Lernschritten verinnerlicht und so eine Kopie der elterlichen Verhaltensmatrix aufgebaut wird, die offensichtlich

[1] Vers 955 ff. der Hungerschen Übersetzung des König Ödipus
[2] S. Freud, Ges. Werke XV, S. 70

mit dem Untergang des Ödipuskomplexes schrittweise an Einfluß gewinnt, d.h. libidinös besetzt wird. Noch ein dritter Aspekt des Über-Ich neben seinen Funktionen der Selbstbeobachtung und der Gewissensinstanz ist wichtig. Es trägt auch das Ich-Ideal – eine Gruppe von Vorstellungen, an denen sich das Ich mißt, bewertet, denen es nachstrebt und deren Ansprüche auf eine immer weiter gehende Vollkommenheit und Selbstverwirklichung es erfüllen möchte[3]. Dieses Ich-Ideal ist ebenfalls ein Niederschlag der Identifizierung mit den Eltern, in dem weniger ihre kontrollierende Funktion zum Ausdruck kommt als die Bewunderung, welche das Kind für sie empfand. Eine zweite Wurzel des Ich-Ideals liegt im kindlichen Narzißmus, denn was der Erwachsene »als sein Ideal vor sich hin projiziert, ist der Ersatz für den verlorenen Narzißmus seiner Kindheit, in der er sein eigenes Ideal war[4]«. In der Spannung zwischen Ich und Ich-Ideal sieht Freud übrigens die entscheidende Wurzel des Minderwertigkeitsgefühls, die er in einem zentralen Punkt als gruppendynamischen Vorgang definiert: »Das Kind fühlt sich minderwertig, wenn es merkt, daß es nicht geliebt wird, und ebenso der Erwachsene[5].«

Hier nimmt Freud ein zentrales Merkmal der narzißtischen Persönlichkeitsstörungen vorweg, die heute in der psychotherapeutischen Praxis eine große Rolle spielen. Der narzißtische Mangel, der an der Wurzel dieser Leiden liegt, beruht gerade darauf, daß die Primärgruppe – in den Industriegesellschaften meist die Mutter als (alleingelassene) Agentin der Kinderaufzucht – dem Kind das akzeptierende Widerspiegeln des eigenen Selbst versagt, das es dann später an toten (wie der mythische Narziß) und lebendigen »Spiegeln« vergeblich und zwanghaft finden möchte[6].

Zurück zur sozialen Dynamik der Über-Ich-Entwicklung. Sie wird dadurch bestimmt, daß Eltern und andere Erzieher im Umgang mit Kindern meist den Vorschriften ihres eigenen Über-Ich folgen (heute, im Zug der antiautoritären Bewegung, manchmal auch Reaktionsbildungen gegen das eigene Über-

[3] S. Freud, Ges. Werke XIII (›Das Ich und das Es‹)

[4] S. Freud, Zur Einführung des Narzißmus, Ges. Werke X, S. 161. – Kritisch wäre hier zu fragen, ob die Allmachtsträume, die man bei Kleinkindern beobachten kann, nicht Ausdruck einer Reaktionsbildung gegen das schmerzhaft empfundene Gefühl der eigenen Ohnmacht und Abhängigkeit sind.

[5] S. Freud, Ges. Werke XV, S. 72

[6] Vgl. H. Kohut, Formen und Umformungen des Narzißmus, Psyche 20, 1966, S. 561f.

Ich[7]). Sie erinnern sich nicht mehr an die Schwierigkeiten der eigenen Kindheit, haben sich – oft unter beträchtlichen Opfern – mit den Eltern identifiziert und gestalten deshalb das Über-Ich ihrer Kinder nicht nach dem Vorbild ihrer ganzen Persönlichkeit, sondern nach dem des eigenen Über-Ich. Dieses »wird zum Träger der Tradition, all der zeitbeständigen Wertungen, die sich auf diesem Weg über Generationen fortgepflanzt haben ... Wahrscheinlich sündigen die sogenannten materialistischen Geschichtsauffassungen darin, daß sie diesen Faktor unterschätzen. Sie tun ihn mit der Bemerkung ab, daß die ›Ideologien‹ der Menschen nichts anderes sind als Ergebnis und Überbau ihrer aktuellen ökonomischen Verhältnisse. Das ist die Wahrheit, aber sehr wahrscheinlich nicht die ganze Wahrheit. Die Menschheit lebt nie ganz in der Gegenwart, in den Ideologien des Über-Ichs lebt die Vergangenheit, die Tradition der Rasse und des Volkes fort, die den Einflüssen der Gegenwart, neuen Veränderungen, nur langsam weicht, und solange sie durch das Über-Ich wirkt, eine mächtige, von den ökonomischen Verhältnissen unabhängige Rolle im Menschenleben spielt[8]«.

Diese Theorie der von Über-Ich zu Über-Ich weitergereichten kulturellen Traditionen ist ein sehr wesentlicher Beitrag der Psychoanalyse zur Erforschung der kulturellen Evolution. In diesem Prozeß kann allerdings – parallel zur Gestalt des Ödipuskomplexes, das heißt der innerfamiliären Gefühlsbeziehungen in der frühen Kindheit – auch das Über-Ich verschiedene Gestalten annehmen. Erste Hinweise darauf erbrachte Bronislaw Malinowskis Studie über die Bewohner der Trobriand-Inseln, welche ein matrilineares Verwandtschaftssystem haben. Auf der Grundlage seiner mehrjährigen Feldforschungen forderte Malinowski damals, nicht nur einen, sondern mehrere »Kernkomplexe« anzuerkennen und den klassischen Ödipuskomplex als spezifisches Produkt der patriarchalischen Kleinfamilie und nicht als biologische Notwendigkeit der menschlichen Entwicklung bzw. kulturstiftendes Ur-Ereignis anzusehen[9].

Der Kernkomplex auf den Trobriand-Inseln, sagte Malinowski, beruht auf dem Dreieck Bruder–Schwester–Kind, da die Trobriander keine väterliche Blutsverwandtschaft anerkennen und

[7] Vgl. W. Schmidbauer, Erziehung ohne Angst, Kap. II u. V, München 1972, S. 25f. und 72f.

[8] S. Freud, Ges. Werke XV, S. 73/74

[9] B. Malinowski, Sex and Repression in Savage Society, London 1927, deutsch: Geschlecht und Verdrängung in primitiven Gesellschaften, Hamburg 1962

das Kind eher der Autorität des Onkels als jener des Vaters unterworfen ist. Dementsprechend wird auch die Beziehung zum Onkel sehr ambivalent, während die zum Vater eher kameradschaftlich-verständnisvoll ist. Tatsächlich erlebt das Kind den Vater als nicht mit sich verwandt, da die Trobriander davon ausgehen, daß die Kinder durch Geister gezeugt werden, die in den Uterus eindringen und denen der biologische Vater nur den Weg bahnt.

Malinowski fand auch noch andere Daten, welche einer Universalität des Ödipuskomplexes widersprechen, z.B. die starke inzestuöse Faszination zwischen Bruder und Schwester, die weit über die ödipale Faszination hinauszugehen scheint und auch mit größerer Angst abgewehrt wird. In diesem Zusammenhang ist auch meine Forschung über das Ödipus-Motiv in Mythologie und Literatur von Interesse. Sie hat ergeben, daß der Inzest per se zwar ein sehr häufiges mythologisches Thema ist, jedoch der Mutter-Sohn-Inzest eine relativ seltene Form. Nach dem Bruder-Schwester- und dem Vater-Tochter-Inzest erscheint er erst an dritter Stelle[10].

Ernest Jones hat Malinowskis Relativierung des Ödipuskomplexes heftig angegriffen[11], ohne allerdings dem speziellen Problem gerecht zu werden, das immer dann entsteht, wenn man theoretische Folgerungen aus einem empirischen Material kritisiert, zu dem die eigene Methode keinen Zugang hat. Für Jones scheint der Ödipuskomplex in seiner klassischen Form ein Dogma, was ihn für die Fruchtbarkeit von Malinowskis Analyse blind machte (der ja gezeigt hatte, daß der grundsätzliche Inhalt des Ödipuskomplexes – die infantilen Gefühlsbeziehungen, die Unfähigkeit der Erwachsenen, das Kind sexuell ernst zu nehmen, die Inzestschranke – offensichtlich unter unterschiedlichen kulturellen Formen fortbestehen können). Dabei ging Jones mit den aus der Feldforschung gewonnenen Daten des Anthropologen um wie mit dem Traum eines Patienten[12]. Die Verleugnung der Blutsverwandtschaft mit dem Vater, ja selbst das gesamte matrili-

[10] W. Schmidbauer, Mythos und Psychologie, München 1970, S. 102ff.

[11] E. Jones, Mother-Right and Sexual Ignorance of Savages, in: Essays in Applied Psychoanalysis, Bd. II, S. 145f., New York 1964 (Erstveröffentlichung 1924)

[12] Eine Kritik über derartige, ungerechtfertigte Ausweitungen der psychoanalytischen Deutungstechnik auf Mythen, soziale Institutionen und Kunstwerke, wobei die (Vor-)Urteile des Analytikers die sonst in der Traumdeutung unerläßlichen freien Assoziationen ersetzen, findet sich auch bei W. Schmidbauer, Mythos und Psychologie, München 1970, S. 63f.

neare Verwandtschaftssystem der Trobriander interpretierte er als Folgen einer Abwehr der universalen Vater-Sohn-Ambivalenz, die hier auf den Onkel verschoben werde, aber nichtsdestoweniger existent sei. Mit solchen Deutungen ist wahrscheinlich nicht viel zu gewinnen, da ungeklärt bleibt, warum dann andere Gesellschaften auf diese Abwehr verzichten und offen patriarchalisch strukturiert sind. Auf der anderen Seite ist es schwer vorstellbar, wie aus der individuellen, unbewußten Verleugnung der Verwandtschaft mit dem Vater als Abwehr der ödipalen Aggressionen gegen ihn eine komplexe soziale Institution werden soll.

Anne Parsons[13] hat darauf hingewiesen, daß die Widersprüche zwischen Malinowski und Jones keinen Widerspruch der anthropologischen zu den psychoanalytischen Daten enthalten müssen, sobald man akzeptiert, daß die ödipale Grundkonstellation auch dann ihre psychologische Bedeutung behält, wenn es sich nicht mehr um die biologischen Eltern handelt, sondern um Ersatzpersonen, welche durch die soziale Struktur der betreffenden Kultur mitbestimmt werden[14]. Bei diesem Versöhnungsversuch (und auch schon bei Malinowski) bleibt allerdings die Frage offen, ob das ödipale Modell überhaupt von einer Kultur auf eine andere übertragen werden kann, da es ja bestimmte Einstellungen zur kindlichen Sexualität und eine abgrenzbare Kernfamilie voraussetzt. Paul Parin und seine Mitarbeiter taten einen ersten Schritt, hier mehr Klarheit zu gewinnen. Er kann vielleicht zeigen, wie die Mißverständnisse zwischen Anthropologen, die Daten der Feldforschung auswerten, und Psychoanalytikern überwunden werden. Parin und seine Mitarbeiter sind ausgebildete Psychoanalytiker, die Feldforschung unternommen haben, allerdings in stark durch Akkulturation veränderten Populationen. Ihre Studie über die Dogon in Westafrika ergibt eine spezifische Form des Ödipuskomplexes und der Über-Ich-Bildung, welche die kulturelle Abhängigkeit des Freudschen Konzeptes ebenso unterstreicht wie die interkulturelle Verwendbarkeit der psychoanalytischen Methode, Daten über seelische Vorgänge zu gewinnen[15].

[13] A. Parsons, Is the Oedipus Complex Universal?, in: Muensterberger/Axelrad, The Psychoanalytic Study of Society, Bd. III, S. 278f., New York 1964

[14] Ansätze dazu finden sich durchaus schon bei Freud, der in seinen Krankengeschichten (vor allem im ›Wolfsmann‹) ausführlich untersucht, wie die Dynamik der ödipalen Situation durch die Einflüsse von Hausmädchen, Gouvernanten, Dienern usw. verändert werden kann.

[15] P. Parin/F. Morgenthaler, Charakteranalytischer Deutungsversuch am Ver-

Hier ist besonders die unterschiedliche Sozialisation bei den Dogon anzuführen. Während in der europäischen Kultur die vollständige Introjektion der familiären Normen mit allen Mitteln erzwungen wird, vermeidet man sie bei den Dogon zugunsten einer lebenslangen Bindung an die soziale Gruppe. Intimpersönliche, die Gruppe ausschließende Objektbeziehungen werden stark eingeschränkt, das Kind nimmt bereits vor dem Beginn der phallischen Phase (also vor der ödipalen Periode) vielfältige, tragende und das ganze Leben aufrechterhaltene Kontakte zur weiteren sozialen Umwelt auf. Dieser Wechsel der Objekte, der in Europa ein Stück Trauerarbeit enthält, ist in Westafrika unkompliziert, da das Dogon-Kind von vielen »Müttern« gepflegt und gestillt wurde[16].

Die Gruppe wirkt nicht nur in der Kindheit, sondern auch noch nach der Pubertät mit Lohn und Strafe auf den einzelnen ein; die früh entwickelten, starken Bindungen an die Primärgruppe bleiben das ganze Leben lang bestehen und werden, parallel zur Persönlichkeitsentwicklung, nur verändert und verfeinert. So übernimmt das »Gruppen-Ich«, von dem Parin und seine Mitarbeiter sprechen, wichtige Teilaspekte der Rolle des Über-Ich. Die Bezeichnung »Gruppen-Ich«, so sagen die Schweizer Analytiker, »nimmt darauf Rücksicht, daß Identifikationen nicht nur, wie bei uns, in der Zeit der Formung der Persönlichkeit, sondern zeitlebens die größte Rolle spielen; identifikatorische Beziehungen bringen den Dogon mehr libidinöse Befriedigung als objektgerichtete Strebungen.«

Dem Gruppen-Ich entspricht das Clan-Gewissen; enge Bindungen an Einzelpersonen werden als bedrohlich erlebt und vermieden. Leistungen, die in Europa das Über-Ich erbringt, werden zeitlebens den konkreten Einflüssen der Gruppe überlassen, dem Kriterium, ob ein Verhalten die Ältesten traurig oder böse stimmen könnte.

Die Studie von Parin und mehr noch ihre Interpretation durch

halten »primitiver« Afrikaner, Psyche 10, 1956, S. 311. – Dies./G. Parin-Matthey, Die Weißen denken zuviel, Zürich 1963. Auf die umstrittenen Beiträge von Geza Roheim kann ich hier nicht eingehen. Gegen sie lassen sich m. E. kulturanthropologische und analytische Einwände anführen.

[16] Hier handelt es sich möglicherweise um ein für frühe Phasen der menschlichen Evolution typisches Geschehen. Auch in Primaten-Gruppen spielen »Tanten«, d.h. nichtblutsverwandte weibliche Tiere, die Affenbabies betreuen, eine wichtige Rolle. I. Eibl-Eibesfeldt, Die Ko-Buschmanngesellschaft, München 1972, beschreibt eine ähnliche Sozialisation in Gruppen mit verteilter Mutterfunktion bei diesen auf altsteinzeitlicher Kulturstufe lebenden Jägern und Sammlern.

Harold Lincke[17] eröffnen eine fesselnde Perspektive: den Zusammenhang zwischen der Macht verinnerlichter Normen bzw. der introjizierten Elternimagines und der kulturellen Evolution. Ihr archaisches Stadium verdeutlichen vielleicht die Dogon. Sie kommen ihm immerhin näher, als es eine bloße Rekonstruktion vermag. Die Menschen stehen, wie bei uns vorwiegend die Kinder, unter dem ständigen Druck einer Realangst vor der Mißbilligung durch die Gruppe, die Eltern sind ebenso wie die Kinder in das Gehäuse einer unverrückbaren Tradition eingefangen, die fast jedes Gebiet des Erlebens und Verhaltens durch Bräuche, Gesetze, Riten, mythologische Erklärungen regelt. Niemand denkt daran, sein eigenes Leben abweichend von dieser vorgezeichneten Bahn zu gestalten.

In solchen Gruppenstrukturen haben sich wohl 99 Prozent der kulturellen Evolution abgespielt. Dennoch ist den Europäern durch ihre individualistische Ideologisierung die Gruppe als natürliches Medium biologischer, kultureller und endlich auch individueller Entwicklung fast aus den Augen verschwunden. Heute entdecken sie sie (etwa in gruppendynamischen Übungen) überrascht wieder, bald verängstigt, bald befreit[18]. Die traditionsbestimmte und ihrer Traditionen sichere Kultur, welche in den primitiven Gesellschaften weitgehend mit der Gruppe persönlich bekannter Menschen zusammenfällt, in der sich das tägliche Leben abspielt, zieht einen großen Teil der narzißtischen Libido auf sich, die in der anonymen Massengesellschaft den Eltern als den primären Objekten des Kindes vorbehalten bleibt. Deshalb, so vermutet Lincke, wird auch die Macht der Introjekte vermindert, die Libido verteilt sich auf die gesamte Gruppe, die den einzelnen in jeder Lebensentscheidung führt und trägt.

Ich möchte im folgenden Linckes Gedanken zur Über-Ich-Entwicklung mit meinen eigenen Vorstellungen über die kulturelle Evolution des sozialen Verhaltens verbinden. Linckes recht verkürzte Darstellung der kulturellen Evolution erweitere ich dabei durch die Einbeziehung des paläolithischen Stadiums der Jäger- und Sammler-Kulturen um jene Zeit, die man als synchrone Periode der biologischen und kulturellen Evolution ansehen kann. In den Hochkulturen – seit der neolithischen Revolution mit Ackerbau und Städtegründung – hat dann die asynchrone,

[17] H. Lincke, Das Über-Ich – eine gefährliche Krankheit, Psyche 24, 1970, S. 375 f.
[18] Vgl. W. Schmidbauer, Sensitivitätstraining und analytische Gruppendynamik, München 1973

gespaltene Periode der Evolution begonnen, in der biologische Dispositionen und kulturelle Forderungen mehr und mehr auseinanderklafften. Das positiv beschleunigte Entwicklungstempo der kulturellen Evolution hat (wohl seit der Entdeckung der Schrift) den gemächlichen Zweischritt der biologischen Evolution weit überholt.

Die soziale Organisation der altsteinzeitlichen Kulturen ist nicht hierarchisch, sondern egalitär. Es gibt keine dauernden Führer, die absolute Autorität beanspruchen können, sondern nur sachbezogene Autorität, die auf besonderer Tüchtigkeit (etwa in der Jagd oder in schamanistischen Praktiken) oder Erfahrung beruht. Da Jäger und Sammler die örtlichen Nahrungsquellen ziemlich rasch erschöpfen, sind sie zu ständigem Umherziehen gezwungen. Unter diesen Umständen ist Besitz vor allem eine Last; niemand kann mehr besitzen, als er tragen will. Das persönliche Eigentum war deshalb während der weit überwiegenden Zeit der menschlichen Evolution auf ein Minimum beschränkt, das wohl gleichzeitig auch das Optimum darstellt.

Für die Über-Ich-Entwicklung muß das eine Reihe wichtiger Folgen gehabt haben. Das egalitäre Sozialsystem, wo das Kind schon im Krabbelalter von einem Windschirm zum anderen kriecht, überall freundlich begrüßt, von stillenden Müttern hochgenommen und kurz an die Brust gelegt, »verdünnt« gewissermaßen den Einfluß der Eltern. Sie werden nicht, wie in der isolierten Kernfamilie, zu den mächtigen, idealisierten Trägern des Schutzes vor einer feindseligen Umwelt, sondern sind nur ein besonders deutliches, besonders zuverlässiges Element in einer allgemein als schützend erlebten Gruppe. Die Gefühlsbindungen des Kindes im Sinn einer »primären Liebe« (M. Balint) oder des »primären Narzißmus« (S. Freud, dessen Konzept Lincke übernimmt) werden auf die ganze Gruppe verteilt und konzentrieren sich nicht auf die Eltern. Daher sind die Erwachsenen später auch mehr an die Gruppe gebunden als an die verinnerlichten Elternbilder.

Wahrscheinlich besteht ein enger Zusammenhang zwischen dem Über-Ich und einer durch Besitzunterschiede und Ausbeutung bestimmten Gesellschaft. Diese ist rein funktional erst seit der neolithischen Revolution vor rund zehntausend Jahren möglich geworden. Damals wurden die ersten Gruppen von Jägern und Sammlern seßhaft, sie entdeckten den Ackerbau und die Zucht zahmer Tiere, beides Erfindungen, welche einen großen Wandel in der psychischen Einstellung bedeutet haben müssen.

Denn der Ackerbau setzt voraus, daß ein Teil des Sammelertrags nicht mehr, wie es in den urtümlichen Jäger- und Sammler-Kulturen üblich ist, sofort verbraucht wird. Man muß vielmehr diesen Teil – das Saatgut – aufbewahren und zu einem geeigneten Zeitpunkt »wegwerfen«, d.h. aussäen. Diese kulturgeschichtliche Leistung entspricht psychologisch einem Verzicht auf sofortige Befriedigung und einem Planen über Zeiträume, wie es in Jäger- und Sammler-Kulturen ungewöhnlich ist.

Die Feldforscher haben beschrieben, wie beim Morgengrauen oft kein Bissen Nahrung im Lager eines solchen Volkes ist; sie haben auch die ungewöhnliche Sorglosigkeit dieser Menschen geschildert, die von der Hand in den Mund leben und ihrer Jagdbeute so sicher sind, »als ob sie in einen Stall eingeschlossen wäre[19]«. Nicht nur Vorratswirtschaft ist meist unbekannt, sondern auch pflegliche Behandlung der Pflanzen, von deren Ertrag man lebt, oder schonende Jagd der Tiere (z.B. Verzicht auf die Tötung von Muttertieren). Von Fruchtbäumen werden ganze Äste abgebrochen, um die Ernte leichter transportieren zu können. Der Schritt vom Jäger, den alle Tiere fürchten, zum Tierzüchter, der seine Haustiere zähmt und für seine Zwecke abrichtet, muß ebenfalls einen wichtigen psychischen Schritt zu aufgeschobener Befriedigung bedeutet haben (in Hungerzeiten nicht die Muttertiere aufessen, sondern warten, bis sie Junge werfen, usw.).

Mit Ackerbau und Viehzucht wurden erheblich größere Ansammlungen von Menschen möglich. Jäger und Sammler können nie Gruppen bilden, deren Größe etwa hundert Mann überschreitet und die dauernd zusammenbleiben. Die örtlichen Nahrungsquellen sind so rasch erschöpft, daß die große Gruppe sich aufspalten muß, weil ein Tagesmarsch nicht mehr genügt, um noch unberührte Gebiete zu erreichen. Durch die Vorratswirtschaft und Überschußproduktion der Ackerbauern wurde eine arbeitsteilige Gesellschaft möglich, durch die Seßhaftigkeit die Tendenz zur Maximierung von Besitz und endlich auch zur Ausbeutung des Menschen durch den Menschen. Die egalitäre Gesellschaftsform der Jäger und Sammler erlag dem Druck der kulturellen Selektion (denn naturgemäß hält der Ackerbauer und Viehzüchter die angrenzenden Jäger- und Sammler-Völker, die

[19] Ausführlichere Angaben über die ethnographischen Forschungen an Jägern und Sammlern sowie ihre evolutionstheoretischen Konsequenzen in W. Schmidbauer, Jäger und Sammler, München-Planegg 1972, sowie in R. B. Lee/I. De Vore. (Hrsg.), Man the Hunter, Chicago 1968

ohne Hemmungen seine Ernten plündern und sein Vieh erbeuten, weil sie seinen Eigentumsbegriff nicht teilen, für »schädliches Raubgesindel[20]«). Vor allem sind die altsteinzeitlichen Kulturen den neolithischen dadurch unterlegen, daß sie keine berufsmäßigen Totschläger (lies: Soldaten) unterhalten können und nicht imstande sind, dem stärkeren Bevölkerungsdruck der seßhaften Kulturen zu widerstehen (aus diesem Grund kann man die Zeit schon absehen, in der es überhaupt keine Jäger- und Sammler-Kulturen mehr geben wird; erst jüngst hat Colin M. Turnbull eine erschütternde Studie über den sozialen Untergang eines Jäger- und Sammler-Volkes vorgelegt, in der die funktionelle Wehrlosigkeit dieser Kulturstufe wieder deutlich wird[21]).

Der »zwischen Bedürfnis und Handlung« eingeschaltete »Aufschub der Denkarbeit«, von dem Freud (Ges. Werke XV, S. 82) spricht, muß also durch die neolithische Revolution erheblich verstärkt worden sein. Die Macht des Über-Ich nahm zu, denn mit dem Verlust einer egalitären sozialen Struktur müssen auch soziale Unterschiede verinnerlicht werden. Das kann nicht gut geschehen, wenn die ganze Gruppe die Objektbeziehungen des heranwachsenden Kindes trägt. Es muß vielmehr dazu gebracht werden, die Normen einer bestimmten Klasse zu verinnerlichen, und findet hier sein Vorbild in den Eltern, deren Persönlichkeit es in sich aufnimmt. Der Sklave braucht kein Über-Ich im europäischen Sinn (daher auch die gängige Formel der Kolonisatoren, die von den Eingeborenen sagten, »sie sind wie Kinder«), da er von äußerem Druck und Realangst beherrscht wird. Der Herr jedoch benötigt eines, wenn er nicht seine autoritäre Rolle verlieren will. In der seit dem Neolithikum mehr und mehr hierarchisch strukturierten Gesellschaft mußten die Väter (Könige, Götter) jene Macht gewinnen, die früher eher geschwisterlich und überindividuell auf die ganze Gruppe verteilt wurde[22].

[20] Noch 1907 stand im Brockhaus-Lexikon s. v. Australier zu lesen, daß man sich in diesem Land des »lästigen Raubgesindels« (d. h. der ursprünglichen, rechtmäßigen Besitzer) dadurch entledigte, daß man vergiftetes Mehl unter die Eingeborenen verteilte – ein Beweis, wie hartnäckig an der charakteristischen Haltung des Ackerbauern gegenüber dem Jäger und Sammler festgehalten wird.

[21] C. M. Turnbull, Das Volk ohne Liebe, Hamburg 1973

[22] Die Kongo-Pygmäen – ein Jäger- und Sammler-Volk – haben keine Rechtsordnung, keinen Ältestenrat; wer heute Einfluß hat, kann ihn morgen verlieren. Dennoch werden Streitigkeiten geschlichtet, »ohne daß jemand als Verbrecher abgestempelt und bestraft wird ... Bei der Schlichtung kommt es ihnen einzig darauf an, die Harmonie innerhalb der Stammesgruppe wiederherzustellen. Das

Evolutionstheoretisch betrachtet, hängt also offenbar die Tatsache, daß das Über-Ich der »Erbe des Ödipus-Komplexes« ist, eng mit dem zentralen Merkmal der neolithischen Revolution zusammen. Der Sohn mußte nun tatsächlich ein Erbe antreten, ein Erbe an Besitz, an Machtstellung, die ihn möglicherweise über seinesgleichen erhob. Damit wurden die gesellschaftlichen Strukturen komplexer, die eigene Gruppe nicht mehr zum Träger der Kultur schlechthin, sondern zum Träger spezifischer Interessen in einer Gesellschaft, die zwar nach außen eine mehr oder weniger geschlossene Front bildete, jedoch nach innen nicht mehr einheitlich war, sondern Klassen- und Familieninteressen kannte. Der primär auf die ganze Gruppe bezogenen Liebe bzw. narzißtischen Libido des Kindes wurden Grenzen gesetzt; zugleich erhöhte sich die Bedeutung der engeren Familie, vor allem der Eltern.

Die Über-Ich-Bildung ist, so gesehen, nicht zwangsläufig das Resultat der ödipalen Gefühlsbindungen. Diese können (und sind es wohl auch in den Kulturen der Jäger und Sammler, und auch später noch in »primitiven« Gesellschaften) sehr wohl auf eine ganze Gruppe verteilt werden, die dann als »Gruppengewissen« die Aufgaben des Über-Ich erfüllt. Das Über-Ich selbst »ist seinem Wesen nach eine Symptom- oder Kompromißbildung... Was dieses ›Symptom‹ aber zu einem ganz besonders tückischen macht, ist der Umstand, daß sein Fehlen in unserer Kultur noch schlimmere Folgen hat als sein Besitz[23]«.

Zusammen mit dem endgültigen Verzicht auf die ödipalen Liebesobjekte schließt die Über-Ich-Bildung ja ein (teilweise) lebenslanges Festhalten an ihnen ein. Der äußerlichen Befreiung steht eine innere Unterwerfung gegenüber, die verinnerlichten Normen sind unerbittlicher, man kann ihnen weniger leicht entgehen als der realen äußeren Macht. Das Über-Ich als im Sinn des Durchschnitts »normales« Symptom tritt in Konflikt mit dem Ich, dem seine archaischen Strafgebote nicht mehr wirklichkeitsgerecht scheinen. Wie kann es sich gegen Schuldgefühle, Ängste und den als eigene Minderwertigkeit empfundenen Druck eines omnipotenten Ich-Ideals zur Wehr setzen[24]?

einzige Unrecht besteht in ihren Augen darin, daß es überhaupt zum Streit hat kommen können.« C. M. Turnbull, Das Volk ohne Liebe, Hamburg 1973, S. 128

[23] H. Lincke, Das Über-Ich – eine gefährliche Krankheit, Psyche 24, 1970, S. 382

[24] Zwei kritische Einwände müssen hier angesprochen werden: einmal die schier unausweichliche Neigung, Bezeichnungen einer psychischen Instanz zu

Während die neolithische Revolution der erste Schritt zum Aufbau einer Über-Ich-geprägten Gesellschaft war, sind später noch viele weitere Schritte erfolgt, die alle dazu beitrugen, die Macht des Über-Ich zu fördern. Mit dem Sieg des Bürgertums und seiner auf Handelsfreiheit und individuelle Gewinnmaximierung ausgerichteten, liberalen Ideologie verlor die starre feudalistische Ordnung ihre auf überkommenen Regeln und äußerem Zwang beruhende Autorität. Luthers christliche Ethik und Kants kategorischer Imperativ sind die sublimsten Ausdrucksformen dieses Umschwungs, in dem – wie bei Kant – die Macht des Über-Ich den unangreifbaren Gesetzen zur Seite gestellt wurde, welche den gestirnten Himmel beherrschen. Luther forderte, daß der einzelne aus der Heiligen Schrift seine persönlichen Glaubensüberzeugungen schöpfen und sich nicht mehr dem autoritären Dogma des Papstes beugen sollte. Das Über-Ich wurde Erziehungsziel in einer immer größer werdenden Schicht der Bevölkerung. Die industrielle Revolution setzte diesen Prozeß fort, denn je komplizierter die Maschinen, je verantwortungsvoller die Tätigkeit der Arbeiter und Angestellten wurde, desto bedeutsamer waren auch ihre verinnerlichten Normen. Daher auch die zunehmende »Verbürgerlichung« der Arbeiterklasse in den westlichen Industriegesellschaften.

H. Marcuse[25] hat darauf hingewiesen, daß das Realitätsprinzip in unserer gegenwärtigen Gesellschaft vor allem ein Leistungsprinzip ist. Wie vor allem E. H. Erikson[26] zeigt, werden Initiative, Ordnung und Leistung von der Latenzphase an – also nach dem Untergang des Ödipus-Komplexes – zur Abwehr von Minderwertigkeits- und Schuldgefühlen eingesetzt, die sich seit der Aufrichtung des Über-Ich bemerkbar machen. Die Industriegesellschaft fördert diese Abwehrformen nach dem Prinzip von Lohn (für ihr Vorhandensein) und Strafe (für ihr Fehlen). Die menschliche Leistungsfähigkeit hat sicherlich komplexe Wurzeln. Man kann sie nicht eindeutig als Abwehrmechanismus charakterisieren, weil ein ganzes Spektrum weitgehend kon-

personifizieren, innerseelische Dynamik in Gruppendynamik umzuwandeln. Es ist also nötig, sich bewußt zu bleiben, daß »Introjekt«, »Über-Ich« und ähnliche Ausdrücke nur Sammelbegriffe für Strukturen sind, die aus zahlreichen einzelnen Lernprozessen aufgebaut werden. Zum zweiten wird hier das Über-Ich einseitiger als bei Freud als verbietende bzw. gebietende Instanz hingestellt, seine Funktion der Selbstbeobachtung und Reflexion vernachlässigt.

[25] H. Marcuse, Triebstruktur und Gesellschaft, Frankfurt 1965

[26] E. H. Erikson, Kindheit und Gesellschaft, Stuttgart 1957

fliktfreier Ich-Funktionen in ihrem Dienst steht. Lincke vermutet, daß in der Abwehr der Über-Ich-Ängste ein noch weit ursprünglicherer, elementarer Abwehrmechanismus eine Rolle spielt: die Identifizierung mit dem Angreifer. Das hieße, daß das Ich mit einem Introjekt ähnlich umgehen kann, wie es primär mit dem leibhaftigen Vorbild für dieses Introjekt umging. Das Kind ist in der Beziehung zu seinen Eltern stets der Schwächere; durch Identifikation mit dem Aggressor – dem strafenden Elternteil – kann es einen Teil seiner Ängste bewältigen. Die Praxis der Psychoanalyse zeigt oft genug, daß gerade der weniger geliebte, aber im Verhältnis der Eltern letzten Endes dominierende Elternteil die Über-Ich-Formation bestimmt, weil das Kind, in seinen Identifizierungswünschen vor die Wahl gestellt, Hammer oder Amboß zu sein, sich eher mit dem Aggressor als dem Angegriffenen identifiziert[27].

Die Lösung dieses Ambivalenzkonflikts durch christliche Glaubensinhalte ist eine der zentralen Funktionen dieser Religion, die wahrscheinlich ihren Siegeszug mitbestimmt hat. Im Anschluß an K. R. Eissler hat Lincke hier vor allem auf die Bedeutung des zweimal wiederholten Sohnesopfers hingewiesen, die bereits Freud in ›Totem und Tabu‹ analysiert hat. Für Eissler geht die jüdische Religion auf jenen Augenblick zurück, da »Abraham sich bedingungslos dem Gebote Gottes unterordnete und in idealer Gefügigkeit sich bereit erklärte, seinen Sohn zu opfern ... Wie grundlegend die Abraham-Episode ist, ersieht man aus ihrer Wiederholung im Christus-Mythos ... Wieder wird in diesem Mythos der gewaltsame Tod eines Sohnes verlangt, und in diesem Augenblick, in dem er sich vollzieht, ist das Christentum geboren[28].« Eissler glaubt, daß dieses mythische Vorbild nicht ohne reale Folgen blieb, da der dem »umgekehrten ödipalen Ambivalenzkonflikt« entstammende Todeswunsch gegen den Sohn sanktioniert wurde. Er vermutet, daß die periodische »Opferung« der Jugend auf den europäischen Schlachtfel-

[27] In einem von mir beobachteten Fall führte das zu einer schweren Identitätskrise, weil der dominierende Elternteil – ein genial begabter, tyrannischer und unbeherrschter Künstler – so ambivalent erlebt wurde, daß die Tochter in der Adoleszenz dieses Introjekt projektiv abwehren mußte (sie glaubte sich von einem Lehrer, der viele Züge ihres Vaters aufwies, mit erotischen Anträgen verfolgt). Dieses Mädchen schilderte mir, wie es nur die Wahl zwischen dem (so sagte sie) Hammer und dem Amboß gehabt habe: ihrem Vater, der die Mutter betrog, beschimpfte und schlug, oder der Mutter, die das alles depressiv über sich ergehen ließ und ihre eigenen Ängste durch berufliche Leistungen bewältigte.

[28] K. R. Eissler, Zur Notlage unserer Zeit, Psyche 22, 1962, S. 641 f.

dern und die besonders ausgeprägte Kriegsneigung der christlichen Völker hier ihre Wurzeln haben.

Lincke geht noch einen Schritt weiter. Er sieht in den christlichen Dogmen der Trinität, wonach Sohn und Vater *ein* Gott sind, eine Bewältigung des Über-Ich-Konflikts durch Identifizierung mit dem Aggressor – dem verinnerlichten Vater in der Form des Über-Ich. Diese Identifizierung verleiht dem Über-Ich eine rücksichtslose Stärke, die es im Kampf mit den Trieben unnachgiebig, für Revisionen unzugänglich, gegenüber Schwächeren grausam macht. »Das mit dem Über-Ich identifizierte Ich verhält sich der Umwelt gegenüber genauso grausam und selbstherrlich wie das Über-Ich ursprünglich gegenüber dem Ich[29]«. Die Beziehungen dieses Prozesses zur Bildung des »autoritären Charakters« sind sehr eng[30]. Zu den Merkmalen dieses Persönlichkeitstypus gehört eine rigide, auf strikte Beachtung sozialer Konventionen ausgerichtete Moral, verbunden mit Vorurteilen gegenüber andersdenkenden Minderheiten und manchmal bösartigen Strafforderungen, wenn die eigenen Normen verletzt werden.

Alle diese Eigenschaften hängen mit der Identifizierung mit dem Aggressor – den »autoritären«, hart erziehenden Eltern und später ihren Introjekten – zusammen. Allerdings handelt es sich hier nicht um ein Geschehen, das im Leben jedes einzelnen ablaufen muß, sondern um eine spezifische Familiendynamik, die allerdings in mancher Hinsicht dem gesellschaftlich geforderten Normensystem entspricht (obschon man auf der anderen Seite nicht übersehen darf, daß keineswegs alle Familien autoritär erziehen). Daß man hier pluralistisch denken muß, hat die Studie von David Mantell[31] gezeigt, aus der die Fortexistenz des autoritären Charakters bis in die Gegenwart ebenso deutlich wird wie die Tatsache, daß es auch (seltener genutzte) Chancen zu einer freiheitlichen Erziehung gibt. Jedenfalls ist die Identifizierung mit dem Über-Ich als Abwehrform von Schuld- und Minderwertigkeitsgefühlen oder Strafängsten kein schicksalhafter, individueller Prozeß, sondern ein gruppendynamisch bestimmter Vorgang. Die Familiengruppe und ihre Geschichte (beide mit der Dynamik und Geschichte der gesamten Gesellschaft verwoben) bestimmen, ob diese Abwehrform notwendig wird oder nicht.

[29] H. Lincke, Das Über-Ich – eine gefährliche Krankheit, Psyche 24, 1970, S. 383
[30] T. W. Adorno, Die autoritäre Persönlichkeit, Frankfurt 1959
[31] D. M. Mantell, Familie und Aggression, Frankfurt 1972

Mantells Vergleich von freiwilligen Vietnamkämpfern, von denen jeder bereits mehrere Menschen (oft auch Frauen oder Kinder) getötet hatte, und Kriegsdienstverweigerern zeigt sehr deutlich die Familiendynamik der Verinnerlichung eines aggressiven Über-Ich: Einen strengen, kalten, autoritären Vater, der brutal zuschlägt, eine Mutter, die Feinfühligkeit als Schwäche und Zärtlichkeit als Gefühlsduselei ablehnt; starre, willkürliche Disziplin. Als Fall Nr. 217 einen Vietnamesen mit einer Spezialwaffe aus 1000 m Entfernung erschoß, hatte er »das Gefühl wie bei einer Party, einfach ein verrückter, glücklicher Schuß«.

Die Kindheit der Kriegsdienstverweigerer, die ein Über-Ich verinnerlicht hatten, das es ihnen ermöglichte, sich gegen die herrschenden Normen der Gesellschaft zu engagieren und sich kritisch von den Vorschriften der Mächtigen abzugrenzen (beides Dinge, die dem autoritären Charakter nicht möglich sind), war von einer intakten Kommunikation zwischen Eltern und Kindern bestimmt. Die Basis des Familienlebens waren vernünftige Gespräche, Diskussionen, gegenseitige Anteilnahme, Wärme, unautoritäres Verhalten. Diese äußere Kommunikationsbereitschaft in der Familiengruppe setzt sich offenbar in den Identifizierungs-Prozessen fort: das Über-Ich kann in einen lebendigen Dialog zum Ich treten.

Der Identifizierung mit einem unbewußt gewordenen Über-Ich, das den willkürlich disziplinierenden Maßnahmen der Eltern entspricht (das Kind wird »aus Prinzip« gemaßregelt, damit es »lernt zu parieren«), führt auch dazu, daß autoritäre Persönlichkeiten die Welt von dunklen, nie aufzuhellenden Kräften gesteuert sehen und an der Möglichkeit einer rationalen Erklärung der menschlichen Entwicklung und Geschichte zweifeln. Die Familiengruppe bleibt für alle Gefühle, Neigungen und Verhaltensansätze des Kindes, die nicht den herrschenden sozialen Normen entsprechen, erfahrungsunfähig. Normalerweise wird in der Pubertät das Ich des Heranwachsenden gelegentlich von Triebdurchbrüchen überwältigt, es strukturiert sich neu, überwindet kindliche Anpassungsformen. Manchmal aber bleibt das Ich »Sieger« in dem Abwehrkampf, es kann die Es-Regungen permanent unter Kontrolle halten, sehr zum Schaden seiner inneren Flexibilität und Entwicklungsfähigkeit. Von diesen Menschen hat die Familiendynamik ein so rigides Bild entworfen und dieses Bild mit autoritären Maßnahmen und Freiheitsentzug durchgesetzt, daß das Antriebsleben gewissermaßen erstarrt und verkümmert, da nurmehr jene Tendenzen zugelassen werden, die dem Über-Ich entsprechen. »Ich-Instanzen, die dem Pubertätsansturm standgehalten haben, ohne nachzugeben, bleiben gewöhnlich auch im ganzen späteren Leben unnachgiebig, unangreifbar und für Revisionen, die die veränderliche Realität verlangen würde, unzugänglich[32]«.

Diese Starre der Ich-Funktionen entspricht dem von Lincke beschriebenen Prozeß der Identifizierung mit dem Über-Ich, der das im Grunde schwach gebliebene Ich seine Stärke entlehnt. Eine solche in sich fragwürdige Stärke, die zu einem zwanghaften Streben nach Beherrschung und Kontrolle der Umwelt führt, um sicherer zu werden, ist auch ein typisches Kennzeichen der autoritären Persönlichkeit. Sie kann ihre unbewußten Ängste nur dadurch bewältigen, daß sie über andere Menschen herrscht – im kleinen Kreis der Familie über die Ehefrau und die Kinder, im größeren Rahmen der Gesellschaft durch das Streben nach institutioneller und politischer Macht. Lehrbeispiele für solche Vorgänge bietet die Geschichte des Faschismus, der die Ideologie der autoritären Persönlichkeit am reinsten vertreten hat. Joseph Goebbels gesteht etwa: »Oft quält mich eine tiefe Depression. Man kann sie nur überwinden, wenn man wieder vor die Massen tritt, diese sind die Quelle unserer Macht[33]«. Weil sie nicht aus echter Ich-Stärke heraus »stark« ist, muß die autoritäre Persönlichkeit zwanghaft stärker sein als andere.

Das eingeengte Ich, das sich in der Identifizierung mit dem Über-Ich seine Stärke verschafft, sucht – selbst entwicklungsgestört und anpassungsunfähig – alloplastisch alles, was in seinen Einflußbereich gelangt, zu unterwerfen und zu verändern. Diesem Drang verdankt die christlich geprägte Welt ihre enormen technischen Fortschritte. Sie haben zur Industriekultur und zum Kolonialismus geführt, zur Zähmung der Naturkäfte wie zur Unterwerfung ganzer Erdteile unter eine technische Zivilisation, die allmählich alle übrigen Kulturformen aufzulösen droht wie Kristalle im Wasser. Die hohe Selektionsprämie, welche in der kulturellen Evolution auf aggressives Sich-Durchsetzen nach außen steht, wird durch seelische Verkümmerungserscheinungen erkauft, die mit diesem Zwang zur Umwelt-Beherrschung und -Veränderung, zur Kolonisation im weitesten Sinn einhergingen. Dieser Selektionsprämie verdankt die westliche Welt ihren kulturellen »Erfolg«, der so lange anhielt, wie der alloplastische Abwehrmodus, lieber die Umwelt zu verändern als sich selbst,

[32] A. Freud, Das Ich und die Abwehrmechanismen, München 1963, S. 117
[33] J. Goebbels, Vom Kaiserhof zur Reichskanzlei, München 1934, S. 120

positive Werte erbrachte. Heute ist er durch seine Schattenseiten (die Gefahr einer nuklearen Katastrophe oder einer irreversiblen Zerstörung der natürlichen Regenerationsprozesse in der Umwelt) gefährlich geworden, durch sein eigengesetzliches Weiterlaufen teilweise jeder Kontrolle entglitten. Zu den wichtigsten Risiken der interkulturellen Selektion scheint es zu gehören, daß eine Kultur gerade dann Höchstleistungen erzielen und sich nach außen erfolgreich durchsetzen kann, wenn sie ihren individuellen Trägern ein gutes Stück persönliches Glück versagt und den Bogen so weit spannt, daß er in nicht wenigen Fällen sogar zerbricht, d.h. das überforderte Individuum bzw. die Familiengruppe neurotisch oder psychotisch reagieren. Die Identifizierung mit dem Aggressor als Abwehrform von Über-Ich-Ängsten muß naturgemäß aggressiv machen. Im religiösen Bereich entspricht der Lösung des Ödipus-Komplexes durch das Aufrichten eines strengen, mächtigen Über-Ich der Monotheismus, in dem ein Vater-Gott mit unumschränkter Macht ausgestattet wird. Es ist nun historisch sehr interessant, daß sich ein enger Zusammenhang zwischen Monotheismus, Intoleranz und aggressiven Eroberungskriegen beobachten läßt. Diese Kriege treten nicht als kurzlebiger Überfall, sondern als dauernde Kolonisation auf, wie das Über-Ich in der seelischen Entwicklung ebenfalls. Der »Heilige Krieg«, den die Religionsgeschichte kennt – Joshua führte ihn im Dienste des ersten Monotheismus –, war auch der erste genau dokumentierte Völkermord. Denn der Gott Moses' hatte befohlen, was man auch als Motto über einen Atomkrieg setzen könnte: dem Besiegten keine Gnade – dem Sieger keine Beute. Männer, Frauen und Kinder wurden hingeschlachtet, Städte in Brand gesetzt. Alle anderen antiken Eroberer hätten allenfalls die Männer getötet, Frauen und Kinder jedoch als Sklaven behalten. Die aggressive Rigidität, welche eine solche intolerante, monotheistische Glaubenshaltung entfalten kann, ist später immer wieder in der Geschichte deutlich geworden – in den heiligen Kriegen der Mohammedaner ebenso wie in den Kreuzzügen der Christen oder in den Taten der Konquistadoren und Kolonisatoren: Engherzigkeit, Grausamkeit, starres Bewußtsein der eigenen Überlegenheit, wie sie in ihrer jüngsten, verhängnisvollsten Inkarnation auch die »Herrenmenschen« der nationalsozialistischen Ideologie beherrschten.

Es liegt nun eine geschichtliche Ironie in der Tatsache, »daß dieses Es-feindliche Ich die Überflußgesellschaft schuf, wo es doch eigentlich auf Sparsamkeit eingestellt ist; es schuf, obwohl seiner Natur gemäß puritanisch-genußfeindlich, die Wohlstandsgesellschaft; und es schuf den Massenartikel und Konformismus, während ihm im Grunde die Persönlichkeitswerte heilig sind. Es wird, ähnlich dem Zauberlehrling, die gerufenen Geister nicht mehr los. Es ist wie die Wiederkehr des Verdrängten. Die alloplastische Form der Anpassung führt sich selber ad absurdum[34]«. Die Identifizierung mit dem Über-Ich, eine historisch höchst erfolgreiche Form der Abwehr dieses »Symptoms«, scheitert an ihren eigenen (Er)Folgen – nicht an Aufklärung, Analyse oder Wissenschaft. Mit ihr wird auch die Institution des Christentums hinfällig. Dieses Versagen einer bisher funktionierenden Über-Ich-Abwehr führt dazu, daß das Ich sich wiederum geschwächt und hilflos fühlt; die alten Wege sind versperrt, erfolgversprechende neue scheinen noch nicht gangbar. Ein Ausweg ist hier der Drogenkonsum, der die Über- Ich-Ängste vermindert und eine rauschhafte Befreiung ermöglicht[35]. Tatsächlich läßt sich ja ein steiles Ansteigen des Konsums legaler (Alkohol) und illegaler (Haschisch, Opiate, Halluzinogene) Rauschdrogen beobachten. Hochrechnungen ergaben, daß bei einer Fortsetzung der statistischen Trends etwa im Jahr 2100 die Zahl der Süchtigen mit der Zahl der Gesamtbevölkerung identisch sein wird. Das Ideal der eigenständigen, in Einsamkeit und Freiheit entscheidenden Persönlichkeit verblaßt, während die identifikatorischen Beziehungen zur Gruppe betont werden – nicht als vorübergehendes Stadium in der Kindheit, sondern als lebenslange Realsituation. Im Gegensatz zu Lincke[36] möchte ich diese Tendenz aber nicht nur negativ als Ausdruck einer Neigung zur Massenbildung und zum Konformismus sowie als Verlust an Persönlichkeitswerten ansehen[37]. Tatsächlich bedeutet diese Rückkehr zu einem mehr oder weniger funktionierenden Grup-

[34] H. Lincke, Das Über-Ich – eine gefährliche Krankheit, Psyche 24, 1970, S. 386. Der Abbau des auf Sparsamkeit und Triebverzicht programmierten, puritanischen Über-Ich der hochkapitalistischen Epoche zu dem konsum- und sexualfreundlichen Verhaltensideal der Gegenwart ohne eine echte Triebbefreiung ist von H. Marcuse als »repressive Entsublimierung« beschrieben worden. Dabei wird die Kontrollfunktion des Über-Ich nicht durch ein »Gruppengewissen«, sondern durch den Einfluß der Massenmedien und »Werbeträger« teilweise ersetzt.

[35] Vgl. J. vom Scheidt, Innenweltverschmutzung, München 1973

[36] H. Lincke, Das Über-Ich – eine gefährliche Krankheit, Psyche 24, 1970, S. 386

[37] Das gilt nur dann, wenn die identifikatorischen Prozesse keine realen Menschen betreffen, sondern durch die Massenmedien vermittelte, meist auf Reklamezwecke zugeschnittene »Idole«. Die Identifizierung mit diesen kann die Ich-Entwicklung ebenso blockieren wie die Identifizierung mit dem Über-Ich.

penleben Chance und Gefahr zugleich. Die Gruppe bedroht ja keineswegs notwendig die Selbstverwirklichung des einzelnen Mitglieds, im Gegenteil: Sie kann diese auch tragen und fördern. Eine emanzipatorische Psychologie kann heute meiner Ansicht nach nur eine gruppendynamische Konzeption haben; das gilt auch für die Psychoanalyse. Die Gruppe ermöglicht durch ihre verteilten Übertragungsbeziehungen ein ganzes Netz von Identifikationen und ein erheblich höheres Maß an realistischer Auseinandersetzung als die Kleinfamilie (oder, in engem Zusammenhang damit, die klassische Situation der psychoanalytischen Therapie).

Ein erster Ansatz zur erhöhten Bedeutung der Kernfamilie findet sich in den hierarchischen Unterschieden und Klassengegensätzen der neolithischen Stadtkulturen. Die Bedeutung der Eltern nahm zu, die der Gemeinschaft ab. Dennoch waren diese Kulturen noch traditionsgeleitet, die Familien groß, eine breite Verteilung der Liebes- und Haß-Gefühle des Kindes auf die einzelnen Angehörigen möglich. Die Identifikationen mit den Eltern wurden durch die Fülle anderer, ebenfalls »standesgemäßer« Vorbilder und die Konstanz der sozialen Umwelt dauernd von außen getragen und erreichten nicht die starke, narzißtische und libidinöse Besetzung, wie sie für die gegenwärtige Situation typisch sind.

Die Kleinfamilie mit ihrer hohen Mobilität und ihrem großen Freiheitsgrad, sich ihre Bekannten selbst auszusuchen, den Freundeskreis frei zu gestalten, die Wohnung nach Belieben zu wechseln, wurde den Anforderungen der Industriegesellschaft am meisten gerecht. Sie gestaltet sich heute mehr und mehr zur Konsumgemeinschaft, in der die Fülle der produzierten Güter selbstbezogen ausgekostet werden kann (wobei parallel dazu die Kernfamilie als Konsumgemeinschaft der Industrie den größten Umsatz sichert)[38]. Dieser Prozeß hatte mehrere Folgen. Einmal wurde es für die häufiger den Wohnort wechselnden Kinder viel schwieriger, vertrauensvolle Objektbeziehungen außerhalb der Familie zu finden. Sie blieben (und bleiben) auf die Eltern ange-

[38] Die individuelle bzw. der Kleinfamilie vorbehaltene Nutzung der Konsumgüter hat ihre eigenen ideologischen Konsequenzen, die sich etwa in Formeln ausdrücken wie: Frauen und Autos (Fotoapparate, Angelruten, Musikinstrumente, usw.) verleiht man nicht. Daneben ist die extensive Nutzung der Konsumgüter (z. B. von Kühltruhen, Waschmaschinen, Fernsehgeräten, Kraftwagen) in der Kleinfamilie höchst unökonomisch und letzten Endes umweltgefährdend. Vgl. dazu W. Schmidbauer, Homo consumens, Stuttgart 1972

wiesen. Damit wird die Gefahr einer krankmachenden Familiendynamik gesteigert, weil das Kind einer gestörten Mutter bzw. eines tyrannischen Vaters nicht mehr »aus dem Felde gehen« und andere Beziehungspersonen suchen kann, was ihm in der Großfamilie (und noch erheblich besser in den Gruppen der archaischen Kulturen) viel leichter möglich war.

Tatsächlich betont die moderne Familienforschung vor allem an schizophren reagierenden Menschen die Bedeutung eines »Gummizauns«, der die schizophrene Familie von der Gesamtgesellschaft isoliert. Im Rahmen der Theorie des »double bind« unterstreicht sie das Verbot, die von widersprüchlichen Kommunikationen beherrschte Familienszene zu verlassen[39]. Parallel dazu wurden die Eltern libidinös stärker besetzt und damit die Schwierigkeiten einer Trennung von ihnen erhöht. Die immer ausgedehntere Berufsausbildung verlängerte darüber hinaus die Dauer der realen, materiellen Abhängigkeit von den Eltern und verschärfte somit die Konflikte bei der emotionalen Ablösung und der Integration des Über-Ich in die eigene Identität. Mit der libidinösen Besetzung der Eltern in der frühen Kindheit steigt aber auch die Enttäuschung an ihnen und damit die Aggression gegen sie bzw. Eltern-Surrogate (das »Establishment«, die Polizisten-»Bullen« und – in einer sehr logischen Konsequenz – das Fortbestehen kolonialistischer Tendenzen in der Politik).

[39] G. Bateson et al., Schizophrenie und Familie, Frankfurt 1969

8. Autonomie und Konflikt

Im folgenden soll die weitere Entwicklung der psychoanalytischen Ich-Psychologie geschildert werden: Freuds strukturelles Modell und die Fortführung dieses Modells durch Heinz Hartmann, David Rapaport und andere Autoren. Ich will auch zeigen, warum einige Analytiker diese systematisierte Ich-Psychologie für einen Rückschritt der analytischen Theorie halten. Die begrifflich orientierten, weitgehend abstrakten Konzeptionen von Hartmann und Rapaport wirken tatsächlich »schematischer als das uns aus Freuds Werk bekannte (Persönlichkeitsmodell) ... Wir pflegen Ich und Es für separate, sich deutlich voneinander unterscheidende Instanzen oder Strukturen zu halten ... Freuds Entwurf (scheint) lebensnaher[1]«. Wahrscheinlich ist es konstruktiver, Freuds Widersprüche immer wieder als Denkanstoß zu akzeptieren, als sie – wie es Harmann versucht – begrifflich zu bereinigen.

Man kann davon ausgehen, daß Freuds erste Theorie des psychischen Apparates mehr funktionell, seine zweite Topik mehr strukturell ausgerichtet war. Deshalb läßt sich auch nicht einfach von einem neuen Konzept sprechen, das ein altes in jedem Punkt ablöst. »Funktionell« bedeutet in diesem Zusammenhang, daß sich Freud an den *seelischen Funktionen* des Primärvorgangs (im Unbewußten) und des Sekundärvorganges (im Vorbewußt-Bewußten) orientierte. Das strukturelle Modell ist hingegen am *Konflikt* orientiert, es sucht die an der Konfliktbearbeitung beteiligten seelischen Kräfte bzw. Instanzen systematisch zu fassen und in ihrer Entwicklungsgeschichte zu verfolgen: das Über-Ich als Ideal- und Verbotssystem, das auch die Selbstbeobachtung besorgt, das Ich als Agentur der Realität und Verwalter der Motorik, das Es als Triebmasse.

Die neuen Instanzen machen die psychischen »Provinzen« des Vorbewußten, Unbewußten und Wachbewußten nicht überflüssig, sie decken sich auch nicht mit ihnen. Freud hat das in ein geographisches Gleichnis gekleidet. Man kann nicht erwarten, daß in einem Staat, in dem dreierlei Rassen wohnen, jede nur ganz bestimmte Gebiete besiedelt, obschon sich auf der anderen Seite sicherlich Zusammenhänge zwischen Siedlungsgebiet, Be-

[1] R. Waelder, Hemmung, Symptom und Angst – vierzig Jahre später, Psyche 23, 1970, S. 88

schäftigung und Rasse finden lassen. Die wichtigsten Merkmale und Aufgaben der jetzt von Freud strukturell konzipierten Ich-Instanz sind:

1. Das Bewußtsein als der »Ich-Kern«; damit fällt das Ich mit dem System Omega (›Entwurf einer Psychologie‹) oder dem Bewußten zusammen, desgleichen der größte Teil des Vorbewußten.

2. Das Ich ist zusätzlich zu einem großen Teil unbewußt; das gilt vor allem für die Abwehrtätigkeit gegen vom Über-Ich oder von der sozialen Umwelt abgelehnte Triebansprüche. Diese Abwehrtechniken sind nicht nur im deskriptiven Sinn unbewußt – das Wachbewußtsein bemerkt nichts von ihnen –, sondern auch im dynamischen, sie entfalten Wirkungen, die jenen des Verdrängten gleichen, können zu einem zwanghaften, unrealistischen Verhalten führen.

3. Das Ich muß drei Herren dienen: der Außenwelt, den Trieben und dem Über-Ich. »Als Grenzwesen will das Ich zwischen der Welt und dem Es vermitteln, das Es der Welt gefügig machen und die Welt mittels seiner Muskelaktionen dem Es-Wunsch gerecht machen[2].«

4. Die Ich-Entwicklung zielt darauf ab, eine zunehmende Triebkontrolle zu sichern, wobei das Ich den Einfluß der Außenwelt beim Es geltend macht, notfalls durch Appell an die Lust-Unlust-Instanz mit Hilfe des Angst-Signals. Auf diese Weise wird das Realitätsprinzip an die Stelle des Lustprinzips gesetzt, wobei »die Wahrnehmung für das Ich die Rolle (spielt), welche im Es dem Trieb zufällt[3]«.

5. Neben der Wahrnehmung und der Kontrolle über die Motilität, die beide bereits erwähnt wurden, sind das Denken, die Antizipation und zeitliche Ordnung seelischer Vorgänge und Realitätsprüfung weitere wichtige Ich-Funktionen. Diese Funktionen können zu Gegensatzpaaren angeordnet werden: »Widerstand gegen die Triebe und Befriedigung der Triebe, Einsicht und Rationalisierung, objektive Kenntnis und systematische Entstellung, Widerstand und Aufhebung der Widerstände«[4] – sämtlich Zeichen für die ambivalent zwischen Anerkennung der Autonomie des Ich und Beschreibung seiner Heteronomie schwebende Darstellung Freuds.

[2] S. Freud, Das Ich und das Es, Ges. Werke XIII, S. 286

[3] ebd., S. 252

[4] J. Laplanche/J.-B. Pontalis, Das Vokabular der Psychoanalyse, Frankfurt 1973, I, S. 196

In der von Hartmann, Kris, Loewenstein, Rapaport und anderen gewonnenen Konzeption einer analytischen Ich-Psychologie wird dieser Schwebezustand zugunsten einer komplexeren, aber zugleich auch mehr statischen Konzeption aufgegeben. Sie ist bei Hartmann, dem Star-Theoretiker dieser Richtung, keineswegs widerspruchsfrei und einheitlich formuliert. Er spricht von einer »konfliktfreien Sphäre« des Ich, in der die einzelnen Ich-Funktionen arbeiten[5]. Damit werde die Psychoanalyse zu einer allgemeinen Psychologie. Die »so beschriebenen Ich-Funktionen (der konfliktfreien Sphäre) können unter Umständen sekundär in Konflikte verschiedener Art einbezogen werden[6]«. Ein Beispiel wäre die Intelligenz in ihrer Funktion zur realitätsgerechten Lösung von Problemen auf der einen, die Intellektualisierung als Abwehrmechanismus auf der anderen Seite. Dabei ist ganz klar, daß intelligente Menschen auch die Intellektualisierung besser in den Dienst der Abwehr stellen können als minderbegabte. Der Ausdruck »konfliktfreie Sphäre« betrifft also nur einen Durchschnitt des Funktionierens.

Einen wesentlichen Anstoß bezieht Hartmanns Konzept aus Freuds Aussage in ›Die endliche und die unendliche Analyse‹, wo dieser einen erblichen Kern des Ich (und nicht nur der Triebe) annimmt. Davon ausgehend, entwickelte Hartmann (der schon sehr früh Zwillingsforschung betrieben hat) die These einer *primären Autonomie* des Ich, die sich auf eben diesen hereditären Kern der Ich-Anlagen bezieht. Mit Freud nimmt er dabei auch einen solchen Kern der Abwehrmechanismen (und nicht nur der Wahrnehmungs- und Intelligenzleistungen) an[7]. Aber auch diese primäre Autonomie des Ich, die Freuds Randzonen-Bild deutlich widerspricht, sucht Hartmann mit einem »Andrerseits« der Auffassung Freuds wieder anzugleichen, denn es »können viele, wenn auch nicht alle Ich-Aktivitäten genetisch auf Determinanten im Es oder auf Konflikte zwischen Ich und Es zurückgeführt werden[8]«.

Sie erwerben freilich im Verlauf der Ich-Entwicklung dann »einen gewissen Betrag an Autonomie von diesen genetischen Faktoren. Die Errungenschaften des Ichs können unter manchen

[5] H. Hartmann, Ich-Psychologie und Anpassungsproblem, Stuttgart 1939, [2]1960

[6] H. Hartmann, Ich-Psychologie – Studien zur psychoanalytischen Theorie, Stuttgart 1972, S. 10

[7] ebd., S. 128, 154, 177f.

[8] ebd., S. 11

Umständen reversibel sein, aber es ist wichtig zu wissen, daß unter normalen Bedingungen viele von ihnen das nicht sind. Das Ausmaß, in dem ihre Aktivitäten funktionell unabhängig von ihren Ursprüngen geworden sind, ist wesentlich für das ungestörte Funktionieren des Ichs, und so ist es das Ausmaß, in dem sie gegen Regression und Triebhaftwerdung geschützt sind[9]«.

Diese Unabhängigkeit der Ich-Funktionen von ihren konfliktuösen Quellen nennt Hartmann die »sekundäre Autonomie« des Ich und verweist ausdrücklich auf deren Entsprechung zum Konzept der »funktionellen Autonomie« eines Motivs in der Persönlichkeitspsychologie von Gordon W. Allport[10]. Allport versteht darunter die Verselbständigung einer ursprünglich aus andersartigen Motiven begonnenen Tätigkeit, die autonom motivierende Kraft gewinnt. Beispiel: Ein Mann fährt zur See, um Geld zu verdienen, gewinnt Freude daran und bleibt auch nach einer Erbschaft dem Matrosenberuf treu.

Insgesamt sieht Hartmann die Ich-Funktionen ganz ähnlich wie Freud. Das Ich kontrolliert die Motorik, organisiert die Wahrnehmungen und Erinnerungen der Außenwelt, dient als schützende Schranke gegen übermäßige Reize von außen (die durch Einordnung und Erklärung ihres bedrohlichen Charakters entkleidet werden) und von innen (indem es den Triebansprüchen Einhalt gebietet). Es prüft die Realität, sucht sie wie ein Scheinwerfer auf angemessene Möglichkeiten der Triebbefriedigung ab, plant gezielte Handlungen im Gegensatz zu bloßer motorischer Entladung. Zusammenfassend beschreibt Hartmann die Umweg-Leistungen des Ich, die eine genauere, sichere Form biologischer Anpassung erlauben, indem sie den Organismus mehr und mehr unabhängig von unmittelbaren Reaktionen auf äußere Reize machen. Im Dienst dieser »Verinnerlichung« stehen auch das Gefahrensignal und andere, antizipierende Funktionen. Hier folgt Hartmann Anna Freud, die von einer primär feindlichen Einstellung des Ich zu den Trieben spricht – eine Auffassung, die Freud nicht teilte und die dem evolutionstheoretischen Konzept kraß widerspricht[11]. Ebenso wichtig wie die aufschiebenden und verinnerlichenden Tätigkeiten des Ich ist

[9] ebd.

[10] ebd., S. 154, und G. W. Allport, Persönlichkeit, Stuttgart 1949

[11] Die Aufzählung der Ich-Funktionen nach Hartmann, Ich-Psychologie – Studien zur psychoanalytischen Theorie, Stuttgart 1972, S. 120f. – A. Freud, Das Ich und die Abwehrmechanismen, München 1963

seine koordinierende, integrierende, synthetische Funktion, die ebenfalls bereits Freud erwähnt[12].

Hartmann nennt also kaum andere Ich-Funktionen als Freud, aber er setzt neue Akzente: Während den Kliniker vor allem die (im Mittelpunkt des therapeutischen Umgangs mit Widerstand und Übertragung stehenden) Abwehrfunktionen des Ich interessieren, beschäftigen den Theoretiker jene Ich-Funktionen, die auch im Rahmen einer allgemeinen Psychologie bedeutsam sind. Er interessiert sich für die Ich-Entwicklung, die gegenseitigen Einflüsse von Es und Ich und die Energieversorgung des Ich[13]. Es geht Hartmann dabei auch darum, »Irrtümer in der Perspektive, die bei bloßer Berücksichtigung des pathologischen Gesichtspunktes unvermeidlich sind«, zu korrigieren[14].

Neu an Hartmanns Konzept und zugleich ein erster Schritt zur evolutionstheoretisch konzipierten Ich-Psychologie ist seine Annahme eines autonomen Faktors in der Ich-Entwicklung. Damit ist das Ich nicht mehr nur ein Produkt der Einwirkung der Realität auf die Triebe, sondern es hat einen teilweise unabhängigen Ursprung. »Das heißt natürlich nicht, daß das Ich als ein definitives psychisches System angeboren ist«, sagt Hartmann. »Es besagt vielmehr, daß man die Entwicklung dieses Systems nicht nur auf den Einfluß der Realität und der Triebe zurückführen kann, sondern auch auf eine Gruppe von Faktoren, die sich nicht mit den beiden genannten identifizieren läßt[15].« Damit ist die Auffassung des Ich als Randzone des Es aufgegeben. Nicht alle bei der Geburt eines Menschen vorhandenen Anlagen zur psychischen Entwicklung gehören dem Es an. Beide, Ich wie Es, entwickeln sich »als Ergebnis einer Differenzierung aus einer Matrix tierischer Instinkte ... aus dieser Matrix hat sich ... nicht nur das für den Menschen spezifische ›Organ‹ der Anpassung, das Ich, entwickelt, sondern auch das Es. Die Abwendung von der Realität, die für das menschliche Es so charakteristisch ist, stammt von dieser Differenzierung, ist aber keineswegs eine direkte Fortsetzung dessen, was wir über die Instinkte der niederen Tiere wissen[16]«. Als Beweis, daß Freud selbst zumindest einen ersten Schritt in dieser Richtung ging, zitiert Hartmann

[12] S. Freud, Ges. Werke XV

[13] H. Hartmann, Ich-Psychologie – Studien zur psychoanalytischen Theorie, Stuttgart 1972, S. 11f. und 121f.

[14] ebd., S. 122

[15] ebd., S. 125

[16] ebd., S. 125

eine seiner Äußerungen aus dem Jahr 1937: »Wenn wir von ›archaischer Erbschaft‹ sprechen, denken wir gewöhnlich nur an das Es und scheinen anzunehmen, daß ein Ich am Beginn des Eigenlebens noch nicht vorhanden ist. Aber wir wollen nicht übersehen, daß Es und Ich ursprünglich eins sind, und es bedeutet noch keine mystische Überschätzung der Erblichkeit, wenn wir für glaubwürdig halten, daß dem noch nicht existierenden Ich bereits festgelegt ist, welche Entwicklungsrichtungen, Tendenzen und Reaktionen es späterhin zum Vorschein bringen wird[17].« Allerdings hat Freud die »archaische Erbschaft« des Ich im Gegensatz zu den angeborenen Einflüssen auf das Es neolamarckistisch aufgefaßt und so eine doppelte Form der über-individuellen, biologischen Tradition angenommen.

Das Problem der Energie-Quellen des Ich

In der ersten Topik Freuds war die Energie-Versorgung des Ich gesichert: Den Sexualtrieben standen die auf Selbsterhaltung gerichteten Ich-Triebe gegenüber. In der zweiten Topik bleibt die Frage nach den Ich-Energien weitgehend unbeantwortet. Wenn das Ich die Folge der Interaktion des Es mit der Außenwelt ist, woher soll es eine Energie beziehen, die fähig ist, im Inneren des psychischen Apparats wirksam zu werden? Energetisch gesehen, befände sich ein solches Ich in der Lage eines Armen, der einem reichen Kapitalisten unbequeme Vorschriften machen soll, gleichzeitig aber auf dessen Mittel angewiesen ist, um nicht zu verhungern.

Freud hat als Ausweg vorgeschlagen, daß es dem Ich gelingt, sich dem Es als Objekt anzubieten (der Arme ist schön, der Reiche verliebt sich in ihn und unterstützt den Geliebten trotz seiner unbequemen Forderungen) und die erhaltene libidinöse Besetzung zu desexualisieren. Damit wird eine nicht an spezifische Triebziele gebundene Energie frei, mit der das Ich arbeiten kann. Hartmann hat diese Konzeption ausgebaut und ergänzt. Nicht nur Libido kann desexualisiert bzw. sublimiert werden, sondern auch Energien des Aggressionstriebs können entaggressiviert und in den Dienst des Ich gestellt werden. Beide Prozesse

[17] S. Freud, Die endliche und die unendliche Analyse, Ges. Werke XVI, S. 86

faßt Hartmann nach einem Vorschlag von Karl Menninger[18] als »Neutralisation« zusammen, wobei der »Neutralisationsprozeß durch Vermittlung des Ichs ... (wahrscheinlich auch schon durch seine autonomen Vorstadien)« stattfindet[19]. Die neutralisierten Energien stehen einander näher als die primären Triebe, können aber einzelne Eigenschaften ihrer libidinösen oder aggressiven Quellen beibehalten.

Auf eine Frage bleibt Hartmann die Antwort schuldig: Stammt tatsächlich alle dem Ich zur Verfügung stehende Energie aus den Trieben? Der Gedanke, daß die von ihm unterstrichenen, autonomen Ich-Funktionen einen eigenen energetischen Aspekt haben, wird erwogen, zu einer Antwort kommt Hartmann nicht. Er läßt die Frage jedoch offen: Gleichgültig, ob nun die Ich-Energien ausschließlich oder nur teilweise auf die Triebe zurückzuführen sind, das Ich hat, wenn es sich einmal bildete, die Verfügungsgewalt über unabhängige, psychische Energie und gewinnt so die Merkmale eines isolierten psychischen Systems. Dauernd wird triebhafte in neutralisierte Energie verwandelt, die Ich-Energie steht einer Vielzahl unterschiedlicher Ich-Funktionen zur Verfügung, sie wird auf Objekte gerichtet, narzißtisch verwendet oder in der Abwehr unerwünschter Triebabsichten zum Aufbau von Gegenbesetzungen benützt[20].

Das Konzept der Neutralisierung erinnert etwas an Alchemie, worauf Kritiker Hartmanns hingewiesen haben. Zelmanowits erklärt das ganze Konzept für ein Mißverständnis. Freud selbst hätte eine »Enttrieblichung« niemals konzipiert; sein Begriff der Desexualisierung beziehe sich nur auf die Verwandlung objektgerichteter Libido in narzißtische. Zelmanowits wirft Hartmann vor, er unterstelle in seinem Neutralisierungskonzept eine Reihe rein begrifflicher, hochgradig abstrakter Veränderungen an den betroffenen Triebenergien, die sich nicht durch Beobachtung erweisen lassen. Damit erwecke er den Eindruck von Wissen, das »einzig im Studium der Biophysikochemie der Triebe fort-

[18] K. Menninger, Man Against Himself, New York 1938

[19] H. Hartmann, Ich-Psychologie – Studien zur psychoanalytischen Theorie, Stuttgart 1972, S. 133

[20] ebd., S. 134. Dort verspricht Hartmann, im 12. Kapitel eine »entscheidende Antwort« auf diese Frage zu geben, bleibt sie jedoch wiederum schuldig und verharrt in Vermutungen über »den zweifachen (oder wahrscheinlich dreifachen) Ursprung neutralisierter Energie« (S. 235), wobei der dritte Ursprung eben die »primäre Ich-Energie« wäre, welche Hartmann wiederum nur als Möglichkeit in einer Fußnote andeutet.

geschrittener Biologe sich einer Tages zu erwerben hoffen könne[21]«. Gegen das von Hartmann postulierte Kontinuum zwischen triebhafter und völlig neutralisierter Energie wendet Zelmanowits ein, daß Triebe in der Psychoanalyse als Manifestationen körperlicher Vorgänge aufgefaßt werden, »eine Enttrieblichung ... würde einen energetischen Vorgang von seinen körperlichen Quellen abschneiden[22]«.

Festzuhalten bleibt, daß im Rahmen von Hartmanns Ich-Psychologie der Prozeß der Neutralisierung nie genügend geklärt wurde. Die Formulierungen bleiben unverbindlich und unklar, sie verlegen ein ungelöstes Problem auf immer neue begriffliche Ebenen. Einerseits soll das Maß der Neutralisierung ein Beweis für die Stärke des Ich sein, andererseits spielen auch die Trieb-Gegensätze in ihr eine wichtige Rolle, wobei die Lebenstriebe an der Desaggressivierung der Todes- bzw. Aggressionstriebe mitbeteiligt sind und auf der anderen Seite die Todestriebe die Lebenstriebe desexualisieren helfen: Triebfusion bedingt eine teilweise Neutralisierung[23]. Ein weiterer Weg ist die Umsetzung von Objektlibido in narzißtische Libido, die dem Ich wieder zur freien Verfügung steht.

Für alle diese Annahmen gilt der Einwand, daß die Hypothese einer Umwandlung bzw. Neutralisierung von Triebenergien, um sie in den Dienst der Abwehrinstanz zu stellen, »lediglich eine Schwierigkeit der Doktrin in einen seinerseits problematischen Begriff zu verlagern scheint[24]«.

Durch die Verschmelzung zweier Triebe soll etwas ganz Neues entstehen, das das Ich mit Energie versorgt. Diese Annahme scheint begrifflich verwickelt und sachlich unhaltbar, gerade wenn man davon ausgeht, daß die Triebe primär körperliche Forderungen sind, die den Organismus zu biologisch sinnvollen Leistungen veranlassen sollen. Vollends absurd scheint, daß die entstehende Energie eine seelische Struktur versorgt, welche »et-

[21] J. Zelmanowits, David Rapaports Gesammelte Schriften, Psyche 25, 1971, S. 400f.

[22] ebd., S. 405. Gegen diese Kritik, die den inneren Widerspruch des Neutralisierungsprozesses aufgreift, läßt sich wiederum einwenden, daß *alle* psychischen Vorgänge *auch* Manifestationen körperlicher Vorgänge sind, also auch die Prozesse im Ich.

[23] S. Freud, Das Ich und das Es, Ges. Werke XIII. – E. Jacobson, The Self and the Object World, Psychoanal. Study of the Child 9, 1954, S. 95f.

[24] J. Laplanche/J.-B. Pontalis, Das Vokabular der Psychoanalyse, I, Frankfurt 1973, S. 197

was den Trieben Entgegengesetztes und von ihnen Verschiedenes« ist[25], eine »primär triebfeindliche« Instanz[26].

Hartmann hat das Problem einer primären, autonomen Ich-Energie durch verwickelte theoretische Debatten umgangen. Doch blieb er von dieser einfacheren und biologisch plausibleren Konzeption nicht ganz unberührt. S. O. Hoffmann, der meinen Eindruck teilt, daß »Hartmann ständig ... um das Konzept eigener Ich-Triebe ›herumtheoretisiert[27]‹«, hat darauf hingewiesen, wie oft Hartmann den ersten Schritt zu dieser Annahme tat und wie sehr er immer ihre Konsequenzen scheute. Ich werde später noch zeigen, daß dafür vor allem der Mangel eines sozialpsychologischen und gruppendynamischen Konzeptes der Ich-Entwicklung bei Hartmann verantwortlich ist. Für eine »konfliktfreie Ich-Sphäre« scheint jedenfalls kaum eine bessere Form der Energie-Versorgung denkbar als eine autonome Ich-Energie. In seiner zuerst 1955 publizierten Studie über die Sublimierung wiederholt Hartmann, daß ihn Freuds Vermutung über die angeborenen Grundlagen der Ich-Funktionen zu der Annahme einer primären Autonomie des Ich geführt habe. Diese habe »den Boden ... (dafür) vorbereitet, daß ... ein Teil der seelischen Energie – wir können nicht abschätzen, wie viel oder wie wenig – nicht primär Triebenergie ist, sondern vom ersten Anfang an dem Ich oder seinen angeborenen Vorläufern, die später zu spezifischen Ich-Funktionen werden, angehört, und vielleicht auch jenen Apparaten, die allmählich unter den Einfluß des Ichs gelangen und wiederum auf seine Entwicklung einwirken[28]«. Hartmann nennt das eine anziehende Hypothese, die ebensowenig bewiesen werden könne wie die, daß alle seelische Energie von den Trieben herkomme und letzten Endes zur Physiologie zurückführe.

Nachdrücklicher in eine ähnliche Richtung zielten schon früher von verschiedenen Analytikern geäußerte Theorien. Als erster hat Ives Hendrick[29] sein Ungenügen an der statisch-struktu-

[25] R. Loewenstein, Von den vitalen oder somatischen Trieben, Int. Z. Psychoanal. 25, 1940, S. 174f.

[26] A. Freud, Das Ich und die Abwehrmechanismen, München 1963. – D. Rapaport, The Autonomy of the Ego, in: Coll. Pap., New York 1967, S. 357f.

[27] S. O. Hoffmann, Neutralisierung oder autonome Ich-Energien, Psyche 26, 1972, S. 412

[28] H. Hartmann, Ich-Psychologie – Studien zur psychoanalytischen Theorie, Stuttgart 1972, S. 232

[29] I. Hendrick, Instinct and the Ego during Infancy, Psychoanal. Quart. 11, 1942, S. 33f.

rellen Konzeption des Ich durch Hartmann geäußert und ihre dynamische Ergänzung vorgeschlagen. Demnach verfügt das Ich über eine eigene Triebquelle, den »instinct to master«, in dem die Freudsche Konzeption eines Bemächtigungstriebes wieder auftaucht. Da hier der erste Schritt zu einem evolutionstheoretisch außerordentlich bedeutsamen Konzept vorliegt, ist es notwendig, länger bei Hendrick zu verweilen und Freuds frühere Ansichten über den Bemächtigungstrieb heranzuziehen.

Ehe Freud die Dualtrieblehre von Lebens- und Todestrieben entwickelte (die in vieler Hinsicht das fragwürdigste, am wenigsten mit dem empirischen Material der Analyse verknüpfte Stück seines Denkens verkörpert)[30], sprach er gelegentlich vom Bemächtigungstrieb als einer allgemeinen Aktivität, die sich von Anfang an auf äußere Objekte richte. Dieser Trieb sei von der Sexualität unabhängig, könne aber schon frühzeitig mit ihr in enge Verbindungen treten.

Das gilt etwa für den Schritt der allein durch den Bemächtigungstrieb getragenen kindlichen Grausamkeit (die nicht das Leiden des anderen zum Ziel hat, sondern nicht mit diesem Leiden rechnet) zum voll entwickelten Sadismus[31].

Die Identifizierung von Bemächtigungstrieb und Aktivität schlechthin durch Freud wird aus seinen Gedanken über ›Die Disposition zur Zwangsneurose‹ deutlich, wo er den Gegensatz zwischen aktiv und passiv auf der analsadistischen Stufe der Libidoentwicklung behandelt. Die Passivität entspricht dabei der Analerotik, während »die Aktivität vom gemeinen Bemächtigungstrieb beigestellt (wird), den wir eben Sadismus heißen, wenn wir ihn im Dienst der Sexualfunktion finden[32]«. »Träger« dieses Bemächtigungstriebes (analog zu den erogenen Zonen und der Libido) ist die Körpermuskulatur.

Mit der Einführung des Todestriebes in ›Jenseits des Lustprinzips‹ ordnet Freud den Bemächtigungstrieb neu ein. Dabei gibt er den Charakter einer primär auf (konstruktive) Aktivität gerichteten Triebkraft preis. Er beschreibt das Verlangen, sich eines

[30] Es wäre fesselnd zu überlegen, ob Freud, wenn er den Schritt zur zweiten Topik *vor* der Konzeption des Todestriebes getan hätte, nicht den Bemächtigungstrieb bzw. die Ich-Triebe beibehalten und als autonome, primäre Energiequelle des Ich definiert hätte.

[31] S. Freud, Drei Abhandlungen zur Sexualtheorie, Ges. Werke V, S. 46

[32] S. Freud, Die Disposition zur Zwangsneurose, Ges. Werke VIII, S. 448. Bemerkenswert ist hier das Adjektiv »gemein« – Freud scheint diesen Bemächtigungstrieb für eine so selbstverständliche Sache gehalten zu haben, daß er nur auf seine sadistische Verwendung als psychodynamisch »interessant« verwies.

Objekts zu bemächtigen, als Form des Todestriebes »im Dienst« des Sexualtriebes. Auf der oralen Stufe der Libido-Organisation fällt die »Liebesbemächtigung noch mit der Vernichtung des Objekts zusammen«, während sich später der sadistische Trieb abspaltet und endlich »auf der Stufe des Genitalprimats zum Zwecke der Fortpflanzung die Funktion (übernimmt), das Sexualobjekt so weit zu bewältigen, als es die Ausführung des Geschlechtsaktes erfordert[33]«.

Tatsächlich sind weder Tiere noch der Mensch auf sadistische Bemächtigung des Sexualpartners angewiesen, da Männer und Frauen gleichermaßen sexuelle Lust empfinden bzw. mit kopulationsfördernden instinktiven Mechanismen ausgerüstet sind (bei sehr vielen Tierrassen sind die aggressiven Reaktionen ein wesentliches »Hindernis« im Paarungsverhalten; komplexe Verhaltensformen bzw. Signalgeber mußten entwickelt werden, um während der Kopulation jene aggressiven Reaktionen auszuschalten, die Freud für eine *Voraussetzung* der Kopulation hält). Freuds in ›Jenseits des Lustprinzips‹ entworfene Revision des Bemächtigungstriebes ist – wie das Todestriebkonzept selbst[34] – Ausdruck einer gesellschaftlich bestimmten Haltung, welche tatsächlich vielen Betroffenen einen »Todestrieb« in ihr Es pflanzte und angesichts der sexualfeindlichen Ideologie des viktorianischen Bürgertums erotischen Austausch im Unbewußten zur sadistischen Überwältigung des Sexualobjektes verbog.

Ives Hendrick hat den Bemächtigungstrieb wieder aufgegriffen und ihm eindeutig die Gestalt einer auf Ich-Entwicklung und Ich-Erweiterung ausgerichteten, triebhaften Tendenz gegeben. Damit wird zum ersten Mal nach der Einführung des Es als »Ort der Triebe« deutlich, daß menschliche Antriebe nicht primär Ich-feindlich und damit dem Realitätsprinzip und der Kulturentwicklung entgegengerichtet sind. Der Unterschied zwischen Ich-Funktion und Trieb wird aufgehoben; die Funktion ist dynamisch konzipiert, der Trieb auf den Aufbau von Ich-Leistungen und nichts anderes ausgerichtet[35].

Hendricks Definition des Bemächtigungstriebes als von einem »angeborenen Trieb, etwas zu tun und zu lernen, wie man es

[33] S. Freud, Jenseits des Lustprinzips, Ges. Werke XIII, S. 58

[34] Vgl. W. Schmidbauer, Die sogenannte Aggression, Hamburg 1972

[35] I. Hendrick, Instinct and the Ego during Infancy, Psychoanal. Quart. 11, 1942, S. 33f. – Ders., The Discussion of the »instinct to master«, Psychoanal. Quart., 12, 1943, S. 563f. – W. Schmidbauer, Zur Anthropologie der Aggression, Therapie der Gegenwart 107, 1968, S. 154

tut[36]« stellt eine enge Beziehung zu dem ethologischen Konzept der Neugieraktivität her, die unter anderem von Konrad Lorenz als spezifischer Instinkt höherer Tiere beschrieben worden ist[37] und sicherlich eine sehr wesentliche Rolle im menschlichen Verhalten spielt[38]. Im Rahmen des evolutionstheoretischen Konzepts wird diese Neugieraktivität, die den Menschen zur konfliktfreien, aktiven Veränderung seiner Umwelt, zu ihrer Erforschung und zur Bestimmung seines Platzes in ihr führt, zur ersten Vertreterin spezifisch kulturstiftender und kulturerhaltender Antriebe. Bereits Menschenaffen sind ja bekanntlich, allein durch Neugier motiviert, zu erstaunlichen aktiven Lernleistungen befähigt[39].

Für Hendrick ist, wiederum in guter Übereinstimmung mit den ethologischen Konzeptionen, der Bemächtigungstrieb ursprünglich asexuell; nur sekundär wird er (etwa beim Sadismus) mit libidinösen Elementen verknüpft. Die subjektive Seite der Bemächtigung (und auch der Neugieraktivität schlechthin) ist die »Funktionslust« – ein primärer Lustgewinn, der »angestrebt wird durch die wirksame Verwendung des Zentralnervensystems zur Durchführung gut integrierter Ich-Funktionen, die das Individuum befähigen, seine Umgebung zu kontrollieren oder zu ändern[40]«.

Damit überwindet Hendrick die Auffassung einer Verwandlung von libidinösen bzw. aggressiven Energien in desexualisierte, entaggressivierte, enttrieblichte oder neutralisierte Antriebe. Das Ich wird nicht durch Angst, welche die Lust-Unlust-Instanz wachruft, dazu gezwungen, eine realitätsgerechte Abfuhr von Es-Trieben zu erreichen[41], sondern wendet sich primär lustvoll der Umwelt zu und setzt sich mit ihr auseinander. Diese Theorie vermeidet nicht nur die aus biologischen und physiologischen

[36] I. Hendrick, Instinct and the Ego during Infancy, Psychoanal. Quart. 11, 1942, S. 33f., S. 40

[37] K. Lorenz, Über tierisches und menschliches Verhalten, Ges. Abhandlungen I u. II, München 1965

[38] Der Mensch hat offenbar ein Bedürfnis, größere Areale zu erforschen als Tiere in einer vergleichbaren ökologischen Situation. Vgl. I. De Vore, Die Evolution der menschlichen Gesellschaft, in: W. Schmidbauer (Hrsg.): Evolutionstheorie und Verhaltensforschung, Hamburg 1974. Dort weist De Vore u. a. darauf hin, daß Paviane ein erheblich geringeres Territorium durchstreifen als (in einer ähnlichen ökologischen Situation lebende) primitive Jäger und Sammler.

[39] Vgl. R. M. Yerkes, Chimpanzees, New Haven 1948

[40] I. Hendrick, Work and the Pleasure Principle, Psychoanal. Quart. 12, 1943, S. 311

[41] S. Freud, Hemmung, Symptom und Angst, Ges. Werke XIV

Gründen fragwürdige Annahme einer Verwandlung aus körperlichen Spannungsquellen stammender Energie in eine neutralisierte Form, in der sich eben dieselbe Energie in den Dienst der Abwehr stellen läßt. Sie wird auch den Beobachtungen an Kindern gerechter, die sich ursprünglich neugierig der Umwelt zuwenden und deren Aktivitäten keineswegs allein durch libidinösen oder aggressiven Lustgewinn erklärt werden können, sondern vorwiegend durch die »Funktionslust«, welche ja die subjektive Seite der Neugieraktivität bzw. des Bemächtigungstriebes ist[42].

Daß es eine »Ich-Lust« gibt, die klar von der »Es-Lust« getrennt werden kann, wurde auch in einer seit 1943 stattfindenden Diskussion von Hendricks Auffassungen durch Robert Waelder konzediert. Dennoch waren sich die beteiligten Analytiker – unter anderem Waelder, Menninger, French, Bibring und Hartmann – einig, daß man an der Konzeption des Ich als streng von den Trieben getrennter Organisation zur Trieb-Abfuhr festhalten müsse. Toleriert und von Karl Menninger sogar akzeptiert wurde aber Hendricks »Arbeitsprinzip«, das er – neben dem Realitäts- und dem Lustprinzip – als drittes Prinzip des seelischen Geschehens auffaßt[43]. Demnach ist Arbeit nicht primär durch sexuelle oder aggressive Triebe motiviert, sondern durch ein Bedürfnis, die muskulären, intellektuellen und Wahrnehmungs-Funktionen des Organismus richtig einzusetzen, unabhängig davon, welche sekundären Bedürfnisse – selbsterhaltende, aggressive, libidinöse – die erzielte Leistung erfüllt.

Auch nachdem Hendricks theoretischer Angriff gewissermaßen abgeschlagen war, bestand das Konzept eines ausschließlich von neutralisierter Energie versorgten oder lediglich auf Abfuhr- und Abwehr-Funktionen beschränkten Ich nicht unangefoch-

[42] Der Begriff der Funktionslust wurde von K. Bühler, Die Krise der Psychologie, Jena 1929, eingeführt und von ihm vor allem im Rahmen seiner Spieltheorie weiterentwickelt.

[43] I. Hendrick, Work and the Pleasure Principle, Psychoanal. Quart. 12, 1943, S. 311f. Wenn man Freuds stets nur en passant gegebene Hinweise auf den Bemächtigungstrieb und die Aktivität betrachtet, so gewinnt man den Eindruck, daß er diese Prozesse nicht deshalb theoretisch weitgehend ausklammerte, weil er sie nicht anerkannte, sondern nur, weil er sie für zu selbstverständlich hielt und es ihm in seinen Arbeiten immer mehr darum ging, Neuentdecktes zu beschreiben als eine systematische Theorie zu liefern. Ein Stück Ungenügen an der gegenwärtigen analytischen Ich-Psychologie läßt sich dann darauf zurückführen, daß hier dieses Neu-Entdeckte als systematische Theorie (z.B. von Hartmann) ausgebaut und somit faktisch nur der Buchstabe, nicht aber der Geist von Freuds Werk verstanden wurde.

ten. Spätere Kritiker stellten die Frage, wie es denn um den energetischen Aspekt jener undifferenzierten Ich-Es-Matrix bestellt sei, die laut Hartmann[44] am Anfang der seelischen Entwicklung steht. Dieses Ich-Es kann ja nur von einer ebenso undifferenzierten, nicht nach triebhaften und neutralisierten Komponenten geschiedenen Energie versorgt werden.

Hartmann hat zugegeben, daß es schwierig sei, »mit Sicherheit zu bestimmen, wann Neutralisierung beim Kind einsetzt[45]«. Er nimmt jedoch an, daß sie sehr früh beginnt, und zwar schon »bevor das Ich endgültig als System entwickelt ist und bevor konstante Objekte konstituiert sind – denn es ist wahrscheinlich, daß diese Leistungen bereits einen gewissen Grad von Neutralisierung voraussetzen[46]«. Gerade die Forschung über die früheste Ich-Organisation von Kindern führte S. Lustman[47] aber dazu, zwei Jahre nach dieser Äußerung Hartmanns erneut die Frage zu stellen, was in diesen Frühstadien neutralisiert werden solle und welche Vorstellungen man über diesen Prozeß überhaupt entwickeln könne. Lustman postulierte eine primär neutrale Ich-Energie, um diese frühen Leistungen des Ich zu erklären, durch welche erst eine erfolgreiche Neutralisierung möglich werde.

Wie schon früher E. Jacobson äußerte, zu Beginn der Ich-Entwicklung müsse Energie in einem undifferenzierten Zustand vorliegen, sah auch Lustman keine Möglichkeit, der Annahme einer primär neutralen, dem Ich konfliktfrei verfügbaren Energie noch länger auszuweichen.

Der führende theoretische Vertreter einer primär autonomen Energie-Versorgung des Ich ist heute R. W. White[48], der Hendricks und Lustmans Forderungen aufgegriffen hat. Er verbindet sie mit einer Entwicklungstheorie des Ich, revidiert allerdings nicht – und in diesem Punkt geht das evolutionstheoretische

[44] H. Hartmann, Ich-Psychologie – Studien zur psychoanalytischen Theorie, Stuttgart 1972, S. 125

[45] ebd., S. 233 (Erstveröffentlichung 1955)

[46] ebd., S. 233

[47] S. Lustman, Psychic Energy and Mechanism of Defense, Psychoanal. Study of the Child 12, 1957, S. 151f. (Deutsch in: Psyche 23, 1969, S. 170f.).

[48] R. W. White, Competence and the Psychosexual Stages of Development, in: Jones (Hrsg.), Nebraska Symposion on Motivation, Lincoln 1960, S. 97f. – Ders., Ego and Reality in Psychoanalytic Theory: A Proposal Regarding Independent Ego Energies, Psychol. Issues 3, Monograph Nr. 11, 1963. Ein ausführliches Referat, auf das ich mich teilweise stütze, gibt S. O. Hoffmann, Neutralisierung oder autonome Ich-Energien? – Der Beitrag von R. W. White, Psyche 26, 1972, S. 405f.

Konzept der Ich-Psychologie über seinen Ansatz hinaus – die Vorstellungen über das Es und die Rolle der Triebe. Damit steht er zwischen Hendricks, der die Ich-Energien als »Bemächtigungstrieb« auffaßt, und Hartmann, der die Neutralität vieler Ich-Leistungen in bezug auf Triebziele dadurch erklärt, daß er von einer neutralisierten Energie spricht.

Die Quelle dieser Energie sieht White im Ich, ohne doch einen umschriebenen Ich-Trieb einzuführen. Inwieweit es sinnvoll ist, eine motivierende Energie nicht triebhaften Ursprungs anzunehmen (und nicht, wie es ökonomischer scheint, die Triebe selbst als primäre Ich-Funktionen anzusehen), wird noch diskutiert werden (S. 145 ff.). Vorerst möchte ich Whites Konzeption, die heute von einer Minderheit progressiver Analytiker ganz oder teilweise akzeptiert wird, in ihren für meinen Ausgangspunkt wesentlichen Aspekten darstellen.

White geht von den Aktivitäten höherer Tiere und kleiner Kinder aus. Er stellt die Resultate einer langen Reihe von Verhaltensforschern (u. a. Butler, Harlow, Carr, Hebb und Miles) und Kinderpsychologen (Charlotte und Karl Bühler, Gesell, Groos, Piaget u. a.) den analytischen Auffassungen gegenüber, die sich aus Rekonstruktionen der Ich-Entwicklung unter therapeutischen Gesichtspunkten ableiten lassen. Die direkte Beobachtung von Kindern und höheren Tieren zeigt deutlich, daß diese ihre Umwelt unablässig erforschen und manipulieren, wobei alle Zeichen dafür sprechen, daß dieser Vorgang mit Lust verbunden ist. Freud hat demgegenüber den Wechsel vom Lust- zum Realitätsprinzip ausschließlich als Folge von Triebversagungen beschrieben, als Prozeß eines unlustvollen, durch Angst erzwungenen Annehmens der Wirklichkeit.

White hält diesen Ausgangspunkt für gänzlich ungeeignet, die Beziehungen zwischen dem Ich und der Realität zu erfassen. Freuds Modell werde überhaupt nur dadurch plausibel, daß ständig jene Aktions- und Struktur-Konzeptionen zusätzlich »eingeschmuggelt« würden, wie sie sich von selbst ergeben müssen, wenn man davon ausgeht, daß ein Realitätsbewußtsein im Ich nicht passiv, sondern durch aktive, lustvolle, von einer autonomen Ich-Energie getragene Auseinandersetzung entsteht.

Jedenfalls sprechen die zahlreichen experimentellen Befunde, die White anführt, ebenso wie die Studien an Tieren dafür, daß Exploration und Auseinandersetzung mit der Umwelt keine sekundären Frustrationsfolgen, sondern primäre, autonome Aktivitäten sind.

White sucht seine eigenen Vorstellungen in einer Motivationstheorie zu fassen, deren zentrale Begriffe Effektanz (effectance – »Wirkungsdrang«) und Kompetenz (competence – »Leistungsfähigkeit«) sind. Die Effektanz ist das Motiv des ständigen Explorierens. Sie wird besonders aus der Neigung des Kleinkindes deutlich, bei jenen Aktivitäten zu verweilen, durch die es Wirkungen erzielt – sei es in der Manipulation der Umwelt (z.B. Schütteln einer Rassel, Schlagen eines tönenden Metallgegenstandes usw.), sei es im eigenen Körpergefühl und in der Beziehung zum Raum (Schaukeln, Fortbewegung).

Diesem Motiv, Wirkungen zu erzielen, steht als Effekt das Wirkungsempfinden (feeling of efficacy) zur Seite, wobei die Effektanz die treibende Kraft, das Wirkungsempfinden die mit den erzielten Effekten verbundene Befriedigung anspricht. Eine durchgängige Beziehung zu somatischen Reizquellen oder Mustern motorischer Entladung bestreitet White allerdings[49]. Begrifflich setzt er die Effektanz, den Wirkungsdrang, mit der »inhärenten Energie des Nervensystems« gleich. Damit schließt er im Grunde die Identität der Effektanz mit den »Trieben« bzw. mit jenem Anteil der Triebenergie ein, der sich primär nicht in spezifischen Appetenzen, sondern in einer allgemeinen Erhöhung des Aktivierungsniveaus ausdrückt. Er hängt nach dem bisherigen Wissen der Neurophysiologen eng mit den Funktionen des Stammhirns zusammen[50].

Für White ist »Effektanz ... eine Bereitschaft, die Eigenheiten der Umwelt zu erforschen; sie führt zu einem sich anhäufenden Wissen über das, was mit der Umwelt gemacht werden kann und was nicht. Ihre biologische Bedeutung liegt in eben dieser Eigenart – nämlich in der Entwicklung von Kompetenz. Triebenergien führen natürlich auch zu Aktionen, zu Wirkungen, zu Wissen über die Umwelt und tragen so zur Kompetenz bei. Aber ihr Beitrag ist naturgemäß enger als der neutraler Energien, die jederzeit bereit sind, Explorationen um ihrer selbst willen durchzuführen[51]«.

[49] R. W. White, Ego and Reality in Psychoanalytic Theory: A Proposal Regarding Independent Ego Energies, Psychol. Issues 3, Monograph Nr. 11, 1963, S. 185

[50] Ein Sammelreferat neurophysiologischer Studien zum Antriebsproblem gibt D. Ploog, Verhaltensforschung und Psychiatrie, in: Psychiatrie der Gegenwart, Berlin 1964

[51] R. W. White, Ego and Reality in Psychoanalytic Theory: A Proposal Regarding Independent Ego Energies, Psychol. Issues 3, Monograph Nr. 11, 1963, S. 185/186, zitiert nach der Übersetzung von S. O. Hoffmann, Neutralisierung

Kompetenz ist das Ergebnis einer langen Geschichte von Interaktionen mit der Umwelt. Ihre subjektive Seite, das Kompetenzgefühl (sense of competence) betrifft das bewußte und teilweise auch unbewußte Selbstvertrauen im Umgang mit der Realität.

Sehr produktiv ist der Gedanke von White, daß dieses Vertrauen prinzipiell für belebte Objekte ebenso gilt wie für die unbelebte Umwelt. Damit wird das von Erik H. Erikson[52] beschriebene Urvertrauen zu einem Teilstück des Kompetenzgefühls. Es entspricht der inneren Sicherheit, daß man vertrauensvolle Beziehungen zu anderen Menschen anknüpfen kann. Schwere Einbußen dieses Kompetenzgefühls sind für White ein disponierender Faktor für psychotische Reaktionen.

White hat gezeigt, daß es nicht angeht, primäre, autonome Ich-Energien in der Betrachtung der Dynamik menschlichen Verhaltens abzustreiten. Seine Theorie bleibt jedoch ein unbefriedigender Kompromiß, weil er nicht parallel dazu auch das Es-Konzept revidiert hat und die autonomen Ich-Energien einfach neben die Triebe stellt, als ob beide nichts miteinander zu schaffen hätten.

Strukturbildende Faktoren der Ich-Entwicklung

Nachdem wir uns bisher vorwiegend mit dem energetischen Aspekt des Ich in der neueren analytischen Theoriebildung befaßt haben, soll jetzt sein Aufbau genauer untersucht werden. Eine gründliche Darstellung dieses Aspekts bietet David Rapaport, der sich – mehr noch als Heinz Hartmann – für die »geordneten Denkprozesse des Ichs, die auf die Erwerbung von gültigem Wissen ausgerichtet sind[53]«, interessierte. Seine analytische Denkpsychologie setzt sich nichts Geringeres zum Ziel, als die apriorischen Kategorien der Erkenntnis, wie sie zuerst Immanuel Kant beschrieben hat, in den Griff zu bekommen. Auch Rapaport leistet der orthodoxen Trieblehre seinen Tribut. Die unter-

oder autonome Ich-Energien? – Der Beitrag von R. W. White, Psyche 26, 1972, S. 416

[52] E. H. Erikson, Kindheit und Gesellschaft, Stuttgart 1965

[53] D. Rapaport, Collected Papers, hrsg. v. Merton M. Gill, New York 1967, S. 297

suchten Denkprozesse werden durch die Triebe motiviert. Er plädiert aber, wie schon vor ihm Heinz Hartmann, für ein doppelgleisiges Denken, einen geteilten Forschungsansatz, der sowohl das Prinzip der unbewußten Determination und der genetischen Reduktion (beispielsweise künstlerischer Leistungen auf sublimierte Libido) anerkennt wie auch die funktionale Autonomie des Ich, denn »was immer durch Entwicklung entsteht, ist als ein geschlossenes System anzusehen, dessen Regeln und Beziehungen einer Erforschung in sich selbst zugänglich sind[54]«.

Der Aufbau des Ich wird auch für Rapaport zunächst einmal durch konstitutionelle Faktoren bestimmt, angeborene Reaktionsmuster, die den von Hartmann beschriebenen, primär autonomen Kernen der Ich-Entwicklung entsprechen: Wahrnehmung, Gedächtnis, Motilität, Abwehr (letztere zumindest in ihren Ansätzen). Die leitende Rolle im weiteren Fortschreiten der Ich-Organisation spielen für Rapaport die Gegenbesetzungen, mit denen die Impulskontrolle beginnt. Sie bedingen den Fortschritt von der sofortigen, regressiv-halluzinierten Wunscherfüllung, deren Reste Freud in seiner ersten Topik im Traumerleben findet, zur Identität des denkenden, konkrete Befriedigungsmöglichkeiten abwägenden Wachbewußtseins[55]. Diese Gegenbesetzungen entsprechen dem von Freud als zentrale Ich-Leistung angesprochenen »Reizschutz« nach innen, wobei sie durch die allmähliche Reifung organischer Kontrollsysteme getragen werden. Für Rapaport sind also prinzipiell alle Abwehrprozesse Systeme von Gegenbesetzungen, die sich – entsprechend der Antriebs-Differenzierung in Partialtriebe – ihrerseits differenzieren und auf diese Weise ihre primäre Organisation als animalisches Gedächtnis in eine »conceptual organization« überführen[56].

Damit löst sich die Verknüpfung bestimmter Vorstellungsbesetzungen mit spezifischen Trieben. Begriffliche, räumliche und zeitliche Bezugsrahmen entfalten sich, die den Beziehungsmustern in der umgebenden Wirklichkeit entsprechen und ökonomisch als kontrollierende Verteilung der Gegenbesetzungs-Energien aufgefaßt werden. Während bei Kindern und – wie

[54] ebd.

[55] Tatsächlich spricht S. Freud, Die Traumdeutung, Ges. Werke II u. III, S. 607, bereits von einer »Denkidentität« im Gegensatz zur träumerisch-halluzinierten Wunscherfüllung in der »Wahrnehmungsidentität«.

[56] D. Rapaport, Collected Papers, hrsg. v. Merton M. Gill, New York 1967, S. 632f.

Rapaport im Gefolge von Heinz Werner und Claude Levy-Bruhl annimmt, was aber heute umstritten ist[57] – Primitiven Affekt und Vorstellung, quantitative und qualitative Seite einer Triebrepräsentanz noch ungeschieden sind (primäres Erleben, globale, synkretistische Auffassung, »participation mystique«) werden nun die Sekundärprozesse immer mächtiger. Den Freudschen Primärprozeß halluzinatorischer Wunscherfüllung sieht Rapaport als primitiven »kognitiven Akt«.

Affekt- und Vorstellungsrepräsentanzen von Triebzielen hängen sehr eng mit den aufschiebenden, hemmenden und verzögernden Ich-Funktionen zusammen. Tatsächlich wird nur ein gehemmter Trieb als Affekt erlebt, die unmittelbare Befriedigung läßt dieses Erleben nicht zu. Die Affekte werden einerseits Signale von Ich-Leistungen, andrerseits selbst Ich-Funktionen, weil sie es dem Ich gestatten, passives Erleiden in aktiven Handlungsansatz umzuwandeln. So wird die Angst, die in einer traumatischen Situation hilflos erlitten wird, in ein Signal umgewandelt, welches dem Ich dazu dient, Wiederholungen dieser Situation zu vermeiden. Das Ich kann die kritische Strenge des Über-Ich in ein »gutes Gewissen« umformen und den Druck sexueller oder aggressiver Motive in geplante, zielbewußt und lustvoll durchgeführte Handlungen kanalisieren.

Obschon die Gegenbesetzungen bzw. Abwehrmechanismen einen entscheidenden Einfluß auf das Verhalten besitzen, unterscheidet sie Rapaport von den Motiven, das heißt den »Beweggründen« des Verhaltens. Seine Kriterien dafür entsprechen (um die psychoanalytische Dimension ergänzt) der Unterscheidung zwischen primären und sekundären Motiven, wobei er den Abwehrmechanismen einen kausalen, aber keinen motivationalen Einfluß zuschreibt, denn sie haben Besetzungen mit zielgehemmter Energie (während Motive mit Triebenergie besetzt sind), permanente (und nicht wie Motive zyklische) Wirkungen, kein Objekt und zeigen endlich keine Verschiebung und keine Selektivität[58].

Die menschliche Entwicklung schreitet von einem anfänglichen Stadium der Heteronomie und Abhängigkeit zu Autono-

[57] H. Werner, Entwicklungspsychologie, München ²1953, C. Levy-Bruhl, Die geistige Welt der Primitiven, München 1927. Gegenargumente z.B. bei C. Lévi-Strauss, Das wilde Denken, Frankfurt 1970, und B. Malinowski, Sex, Culture, Myth, London 1963

[58] D. Rapaport, Collected Papers, hrsg. v. Merton M. Gill, New York 1967, S. 866f., 889f.

mie und zunehmender Unabhängigkeit fort. Rapaport ergänzt diese Dialektik durch den Gegensatz zwischen Passivität und Aktivität[59], was gerade im Licht der Betrachtungen Whites unrichtig scheint: das kleine Kind ist zwar ein abhängiges, zugleich aber auch ein höchst aktives Wesen. Aktivität scheint Rapaport jener Maßstab zu sein, »gemäß welchem das Ich als autonome Apparatur in den Zusammenstoß zwischen der Triebforderung und der Realität eintritt und ihn in einen innerseelischen Konflikt verwandelt[60]«. Aktivität ist für ihn eng mit der Ich-Autonomie verwandt, den Fähigkeiten, Triebentladungen aufzuschieben und Umweghandlungen vorzunehmen.

Die Aktivität des Ich gegenüber den Triebspannungen nimmt dabei zwei Formen an: entweder eine Abfuhr mit Hilfe der Ich-Funktionen – vor allem Wahrnehmung und Motorik – nach dem »Probehandeln« des Denkens oder Abwehr – Verhütung bzw. Verschiebung der Triebabfuhr. Es scheint dabei, daß für die optimale Ich-Funktion ein Gleichgewicht zwischen äußerer Reizzufuhr (stimulus nutriment) und Abwehrorganisation bestehen muß. Unter extremen Bedingungen können die Triebe eine Stärke gewinnen, durch die das Ich zur Aufgabe seiner Autonomie gezwungen wird. Als Beispiel nennt Rapaport die Symptome kataton-schizophrener Reaktionen, in denen eine maximale Blockade der libidinösen und aggressiven Antriebe zur »Reiz-Sklaverei« führt. Der Kranke imitiert Bewegungen (Echopraxis), Worte oder Laute (Echolalie) und verharrt längere Zeit passiv in aufgezwungenen Haltungen (Flexibilitas cerea, wächserne Biegsamkeit). Wolfgang Loch hat hier ergänzend darauf hingewiesen, daß die Experimente mit Reizisolation (sensory deprivation) in schalldichten, abgedunkelten und ein Minimum an taktilen Erfahrungen gewährenden Kammern deutlich gezeigt haben, wie sehr das Ich auf ständige Reizzufuhr angewiesen ist, um seine Autonomie aufrechtzuerhalten[61]. Außenweltreize sind

[59] Er sieht eine »passive« narzißtische Orientierung genetisch der »aktiven« libidinösen Organisation vorangehen, ebd., S. 550

[60] ebd., S. 382

[61] W. Loch, Determinanten des Ichs – Beiträge David Rapaports zur psychoanalytischen Ich-Psychologie, Psyche 25, 1971, S. 374f. – D. O. Hebb, The Motivating Effects of Exteroceptive Stimulation, Amer. Psychologist 13, 1958, S. 109f.

Interessant sind in diesem Zusammenhang kulturvergleichende Überlegungen. Eben jene »sensory deprivation«, die von den amerikanischen Versuchspersonen mit massiven Verlusten an Ich-Autonomie und deutlichen Regressionserscheinungen (z.B. Halluzinationen) beantwortet wurde, wird ja in der indischen und zen-buddhistischen Meditation bewußt gesucht, um Samadhi – den Zustand der

offensichtlich einer der zentralen »proximalen Garanten« der Ich-Autonomie. Das menschliche Ich ist biologisch darauf programmiert, ständigen Reizzustrom zu erhalten. »Ich-Autonomie gegenüber dem Es und Ich-Autonomie gegenüber der Umwelt garantieren sich gegenseitig nur innerhalb eines optimalen Bereiches«, sagt Rapaport[62].

Entwicklung oder Verzerrung der Psychoanalyse?

Die von Hartmann, Kris, Loewenstein, Rapaport und anderen getragene Weiterentwicklung der analytischen Ich-Psychologie wird nicht durchweg als Fortschritt anerkannt. Am deutlichsten formuliert hat die Zweifel am Sinn dieser Richtung analytischen Denkens wohl Joseph Zelmanowits[63]. Seine exemplarische Gegenüberstellung des ursprünglichen Modells von Sigmund Freud und seiner Abwandlungen soll den Ausgangspunkt einer Überlegung bilden, die vielleicht so zusammengefaßt werden kann: Diese begrifflich verfeinerte Theorie mußte unbefriedigend bleiben, weil sie nicht radikal genug war. Das Entwicklungs-Potential der Freudschen Theorie wird von ihr nicht ausgeschöpft, sondern in endlosen begrifflichen Klärungen immer mehr eingeschränkt. Freud verzichtete auf scharfe Grenzen zwischen Ich und Es, weil er wohl spürte, daß es sich möglicherweise um zwei Seiten einer Struktur, um zwei verschiedene »Aggregatzustände« eines Vorganges handelte.

Zelmanowits erster Einwand gilt der Hartmannschen Hypothese einer undifferenzierten Entwicklungsphase des Ich, in der es »als Ergebnis einer Differenzierung aus einer Matrix tierischer Instinkte« entsteht[64].

Zwar sei es richtig, sagt Hartmann, daß es – wie bereits Freud

Erleuchtung, der oft als maximale Ich-Autonomie beschrieben wird – zu erlangen und zusammen mit den Triebwünschen auch die Realität als solche zu überwinden. Das scheint auf die kulturelle bzw. religionspsychologische Relativität der Ich-Autonomie hinzuweisen.

[62] D. Rapaport, Collected Papers, hrsg. v. Merton M. Gill, New York 1967, S. 741

[63] J. Zelmanowits, David Rapaports Gesammelte Schriften, Psyche 25, 1971, S. 400

[64] H. Hartmann, Bemerkungen zur psychoanalytischen Theorie des Ichs, Psyche 18, 1964, S. 335 (Erstveröffentlichung 1949)

meinte – am Anfang der Entwicklung kein Ich gebe, doch gäbe es dann, streng genommen, in dieser undifferenzierten Phase auch kein Es. »Hier haben wir bereits eine nicht unerhebliche Abweichung vom klassischen psychoanalytischen Denken und darüber hinaus eine Aussage, die sogar bei einem Anfänger Anstoß erregen müßte. Das Es entspricht bekanntlich den körperlichen Bedürfnissen. Wie soll man sich eine Entwicklungsphase vorstellen, in der es noch gar nicht vorhanden ist[65]?«

Diese Einwände von Zelmanowits treffen einen Kern des Problems, nämlich die Abspaltung des Ich von den körperlich begründeten Trieben. Tatsächlich ist es nicht gut begründbar, warum ein Steuerungsvorgang (z.B. gezieltes, durch Denktätigkeit vorbereitetes Handeln) den eigenen Antriebskräften prinzipiell feindlich gegenüberstehen sollte, wie es Rapaport (und auch schon Anna Freud) behaupten[66]. Unser Wissen über die neurophysiologischen Grundlagen der menschlichen Verhaltenskontrolle[67] spricht vielmehr dafür, daß es sich um ganzheitliche, systembezogene Vorgänge handelt, bei denen die körperlichen Bedürfnisse, die Wahrnehmungstätigkeit und die Motilität lückenlos integriert werden. Aus dem von Zelmanowits gezeigten Dilemma der Hartmannschen Ich-Psychologie gibt es nun zwei Auswege: die Rückkehr zu der Freudschen Auffassung, um die energetische Versorgung des Ich und seine Abhängigkeit von den Trieben wieder klarzustellen, oder die Progression zu einer konsequenten Ich-Psychologie, in der die Triebe als primäre Ich-Funktionen bewertet werden und der Primärvorgang als primitiver Ansatz zur Realitätsorientierung gilt. Das Es entsteht dann sekundär im Lauf der Ich-Entwicklung aus den durch die umgebende Gruppe von dieser Entwicklung ausgeschlossenen, unbewußt gewordenen Triebanteilen. Zelmanowits ist sich offensichtlich nicht bewußt, wie nahe er dieser Auffassung der Triebe als Ich-Funktionen und Ich-Organisatoren kommt. Er sagt zu Hartmanns Konzept der »Matrix tierischer Instinkte«, aus denen durch Differenzierung das Ich als spezifisches Organ der Anpassung und das Es hervorgehen[68]: »Die tierischen Instinkte, wie die Wanderungen oder der Nestbau der Vögel, wer-

[65] J. Zelmanowits, David Rapaports Gesammelte Schriften, Psyche 25, 1971, S. 400f. (Erstveröffentlichung in Psychiatry 31, 1968, S. 292f.)

[66] D. Rapaport, Collected Papers, hrsg. v. Merton M. Gill, New York, 1967

[67] Vgl. P. London, Behavior Control, New York 1970

[68] Evolutionstheoretisch ausgedrückt: Diese Matrix ist bereits das Organ der Anpassung, ebenso wie die tierischen Instinkte!

den gewöhnlich als nichterlernte, angeborene Ichfunktionen betrachtet, die der Umweltanpassung dienen. Wie die Differenzierung eines tierischen Instinkts ein Es ergeben soll, bleibt eine verzwickte Frage[69].« Wenn es beim Menschen etwas gibt, das den tierischen Instinkten entspricht, dann sind es sicherlich die *Triebe;* wenn Zelmanowits die Instinkte der Tiere als Ich-Funktionen bewertet, dann impliziert er damit genau jene Konzeption der Triebe, auf die eine konsequente Weiterführung von Freuds und Hartmanns Gedanken hinausläuft.

Auch die Kritik an der Autonomie des Ich bei Hartmann und Rapaport ist durchaus berechtigt. Der Versuch, eine solche Autonomie anzunehmen und gleichzeitig am Triebkonzept festzuhalten, muß an seinen inneren Widersprüchen scheitern. Zelmanowits hat das scharfsinnig gezeigt. Bei Freud schickt das Es gewissermaßen durch das Ich und seine Wahrnehmungsapparate der Außenwelt Fühler entgegen. Die Wahrnehmung ist, so gesehen, eine Fortsetzung des Triebes in das entstehende Ich hinein. Die Strukturlehre von Hartmann und Rapaport mit ihrer Betonung der konfliktfreien und autonomen Ich-Funktionen vermag diesen Vorgang nicht angemessen zu beschreiben, da sie eine grundsätzliche Feindschaft zwischen dem Ich und den Trieben annimmt (und dabei notgedrungen die primär autonomen, vorbewußten, steuerungsfähigen Triebfunktionen des Ich nicht mit den sekundären, unentwickelten, chaotisch oder destruktiv gewordenen Antrieben im verdrängten Es in Einklang bringen kann).

Die Antwort auf diese Problematik betrifft den Kern der Anpassungsleistungen und damit auch der Autonomie des Ich. »Was ist es denn, das sich der Umwelt einordnet und anpaßt und umgekehrt die Umwelt verändern muß, so daß sie seinen Zwekken dienlich wird? Darauf gibt es nur eine Antwort: Es sind die Körperbedürfnisse, die ihren psychischen Ausdruck im Es finden. Sie sind es, die sich hinter der Wahrnehmung und, psychologisch gesehen, hinter dem ganzen Spektrum intellektueller Funktionen wie auch der Motilität verbergen. Das untergräbt die beiden Stützen, auf welchen der Begriff des autonomen Ichs ruht[70].« Damit hat Zelmanowits den inneren Widerspruch in Hartmanns Theorie aufgespürt: Wie kann ein Ich autonom sein, das energetisch vollständig vom Es abhängt?

[69] J. Zelmanowits, David Rapaports Gesammelte Schriften, Psyche 25, 1971, S. 401

[70] ebd., S. 403

Nicht nur die primäre, sondern auch die sekundäre Autonomie des Ich im Sinn von Hartmann hält Zelmanowits für eine verfehlte Hypothese. Die Reaktionsbildungen gegen verdrängte Triebansprüche des Es (zum Beispiel eine betont feindselige Einstellung zu Homosexuellen wegen verdrängter eigener homoerotischer Neigungen oder übertriebenes Mitleid als Reaktionsbildung auf analsadistische Tendenzen) hält Hartmann für einen Fall sekundärer Autonomie, weil es sich hier um relativ stabile und unter normalen Umständen nicht umkehrbare Vorgänge handle. Die Autonomie vom Es erklärt Zelmanowits aber gerade in diesem Fall für sehr zweifelhaft, weil die Veränderung im Ich und die Gegenbesetzung, mit der die Reaktionsbildung aufrechterhalten wird, ohne den Gegendruck aus dem Es nicht denkbar sind. Beobachtbare Folgen sind Starre und Einschränkung des Ich und Durchbrüche des Abgewehrten. »Der Begriff der sekundären Autonomie verstellt also den Blick auf die psychische Dynamik, der für die Psychoanalyse unentbehrlich ist[71].«

Für Rapaport gelten dieselben Einschränkungen, da er sich ja in allen Grundfragen auf Hartmann bezieht. Zelmanowits kritisiert an ihm noch zusätzlich, daß er als akademischer Psychologe nicht die Erfahrung hatte, die man nur durch die analytische Praxis selbst erwirbt, und deshalb zu »einigermaßen abstrusen Vorstellungen über das psychoanalytische Material[72]« gekommen sei.

Ebenso kritisiert Zelmanowits die (auch von Anna Freud vertretene) Ansicht Rapaports, das Ich stehe den Trieben feindlich gegenüber, seine Aufgabe sei es, »sie zu bekämpfen[73]«. Die zugrundeliegende Anthropologie ist unreflektiert-dialektisch. Der Mensch wäre seinen Trieben – »nicht geheuere(n) Dinge(n) ... die wir ... Impulse oder Triebe nennen« völlig ausgeliefert, wenn er sie nicht durch einen abhängig von ihnen entwickelten, phylogenetisch überlieferten Apparat kontrollieren könnte. Diesen Apparat nennt Rapaport autonom, weil er »einen gewissen Grad von Beständigkeit und Zuverlässigkeit besitzt ... (er) kann nicht

[71] ebd. Zu fragen ist hier, ob diese klinisch orientierte Kritik allgemeinpsychologisch genügend fundiert ist: Neben den ständig bedrohten, dynamisch »aktiven« Reaktionsbildungen gibt es sicher (mehr) Formen, die tatsächlich »funktionell autonom« geworden sind.

[72] J. Zelmanowits, David Rapaports Gesammelte Schriften, Psyche 25, 1971, S. 405

[73] D. Rapaport, Collected Papers, hrsg. v. Merton M. Gill, New York 1967, S. 358

und braucht auch nicht bei jedem Zusammenstoß mit den Kräften des Es gänzlich neu geschaffen zu werden[74]«.

Zelmanowits entgegnet sarkastisch, »daß auf Grund solchen Argumentierens der Verdauungstrakt auch autonom genannt werden könnte, da er beständig ist und normalerweise zuverlässig funktioniert und nicht bei jedem Akt von Nahrungsaufnahme neu geschaffen werden muß[75]«. Der von Hartmann und Rapaport unterstrichenen, relativen Autonomie des Ich gegenüber den Trieben und der Außenwelt setzt er die ursprüngliche Identität von Es und Ich entgegen, ihrem strukturellen Konzept die dynamische Auffassung Freuds, wonach das Ich, nach drei Seiten abhängig, aber weder gegenüber dem Es noch gegenüber dem Über-Ich und der Außenwelt scharf abgegrenzt (vielmehr allen dreien genetisch und/oder ökonomisch verbunden), eine vermittelnde Rolle spielt und ein Gleichgewicht einreguliert, um »die günstigste und gefahrloseste Art der Befriedigung mit Rücksicht auf die Außenwelt herauszufinden[76]«.

Der grundlegende, meiner Ansicht nach durchaus berechtigte kritische Vorwurf von Zelmanowits gegen die Ich-Psychologie von Hartmann und Rapaport richtet sich gegen ihre biologische Unzulänglichkeit und ihre teilweise Preisgabe des dynamischen Gesichtspunktes. Ein überzeugendes Beispiel dieses Denkens, in dem strukturelle Hypothesen ohne Rücksicht auf biologische Tatsachen entwickelt werden, ist Rapaports Modell »primitiver psychischer Funktion«, das dem Freudschen Primärvorgang entsprechen soll, tatsächlich aber etwas ganz anderes bedeutet. Rapaport sagt: »Nach diesem Modell kommt es, wenn Triebspannung eintritt und das bedürfnisbefriedigende Objekt abwesend ist, statt der Spannungsabfuhr, die stattfände, wenn das bedürfnisbefriedigende Objekt – die Brust z. B. – vorhanden wäre, zu einer neuen Verteilung der Spannung, d. h. der Energien. Wir beschreiben diese neue Energieverteilung, indem wir sagen, der Trieb, der nicht befriedigt werden kann, werde verdrängt. Metapsychologisch definieren wir Verdrängung folgendermaßen: Gegen die Besetzung ... des verdrängten Triebes wird eine Gegenbesetzung aufgerichtet ... Anstelle der zunächst durch Abwesenheit des Objekts und später durch Verdrängung verhinder-

[74] ebd., S. 359

[75] J. Zelmanowits, David Rapaports Gesammelte Schriften, Psyche 25, 1971, S. 405/406

[76] S. Freud, Abriß der Psychoanalyse, Ges. Werke XVII, S. 70

ten Triebabfuhr entstehen ... Vorstellungsbilder in Gestalt wunscherfüllender Halluzinationen[77].«

Damit verkennt Rapaport völlig die weit logischere Fassung des Primärvorgangs durch Freud[78] und ersetzt sie durch ein widersinniges Konzept. Denn wenn der Säugling seinen ungestillten Hunger verdrängen und versuchen würde, ihn halluzinatorisch zu befriedigen, dann wäre der Mensch wohl schon längst ausgestorben. Außerdem kann man sich, wie Zelmanowits vermerkt, nicht vorstellen, welche Triebkraft nun für die halluzinatorische Befriedigung sorgen soll, wenn man bedenkt, daß der Verdrängungsprozeß ja gerade darin besteht, die Vorstellungsrepräsentanz des Triebes aus dem Bewußtsein auszuschließen[79].

Endlich muß auch der Anspruch zurückgewiesen werden, die Psachoanalyse sei zu Freuds Lebzeiten oder doch bis zum Zeitpunkt der zweiten Topik eine reine Trieb- oder Es-Psychologie gewesen, die erst in den vierziger und fünfziger Jahren durch die neue Ich-Psychologie ergänzt wurde. Ich habe bereits versucht, diesen Irrtum durch eine Entwicklungsgeschichte von Freuds Ich-Konzept zu korrigieren. Jedenfalls ist Rapaport im Unrecht, wenn er das Ich als »hilflosen Reiter auf dem Es-Pferd« schildert[80]. Ganz abgesehen davon, daß das Gleichnis von Pferd und

[77] D. Rapaport, Collected Papers, hrsg. v. Merton M. Gill, New York 1967, S. 363

[78] S. Freud, Formulierungen über die zwei Prinzipien des psychischen Geschehens (1911), Ges. Werke VIII, S. 231: »Ich greife auf Gedankengänge zurück, die ich an anderer Stelle (im allgemeinen Abschnitt der Traumdeutung) entwickelt habe, wenn ich supponiere, daß der psychische Ruhezustand anfänglich durch die gebieterischen Forderungen der inneren Bedürfnisse gestört wurde. In diesem Fall wurde das Gedachte ... einfach halluzinatorisch gesetzt, wie es heute noch allnächtlich mit unseren Traumgedanken geschieht. Erst das Ausbleiben der erwarteten Befriedigung ... hatte zur Folge, daß dieser Versuch der Befriedigung auf halluzinatorischem Wege aufgegeben wurde. Anstatt seiner mußte sich der psychische Apparat entschließen, die realen Verhältnisse der Außenwelt vorzustellen.« Auch diese Konzeption, die immerhin widerspruchsfrei ist, scheint aus biologischen Gründen angreifbar. Es ist schwer vorzustellen, daß ein so perfekter Steuerungsapparat wie das menschliche Bewußtsein von den Konstrukteuren der Evolution primär auf biologisch wertlose, halluzinatorische Befriedigung und erst sekundär auf realistische Orientierung hin »entworfen« sein sollte. Die halluzinierte Befriedigung ist also eher ein Nebenprodukt (der Traum als »Hüter des Schlafs«) als der primäre Vorgang.

[79] J. Zelmanowits, David Rapaports Gesammelte Schriften, Psyche 25, 1971, S. 407

[80] D. Rapaport, Collected Papers, hrsg. v. Merton M. Gill, New York 1967, S. 407

Reiter zwar von Freud selbst gebraucht wurde, aber erst 1933[81] und nicht im Sinn einer Hilflosigkeit des Reiters – Freud hat auch immer wieder die Macht des Ich unterstrichen und darauf hingewiesen, daß man mit einer reinen Es-Psychologie niemals den neurotischen Konflikt klären hätte können. 1901 beschrieb er das Ich als durchaus »autonom«: »Es ist eine psychische Instanz ... welche, durch die Lebenserfahrung belehrt, einen beherrschenden und hemmenden Einfluß auf die seelischen Regungen mit eifersüchtiger Strenge festhält und die durch ihre Stellung zum Bewußtsein und zur willkürlichen Motilität mit den größten Mitteln psychischer Macht ausgestattet ist[82].«

Die Diskussion über die analytische Ich-Psychologie, die ich hier in einem kleinen Ausschnitt wiederzugeben versuchte, kann zumindest zeigen, daß es auf diesem Gebiet noch keine allgemeine Übereinkunft gibt. Vielleicht werden die Historiker der Psychoanalyse in einem Jahrhundert feststellen, daß die Fixierung der analytischen Theoriebildung an die zweite Topik und die Dualtrieblehre Freuds eine sterile und sich in begrifflichen Auseinandersetzungen erschöpfende Phase der wissenschaftlichen Diskussion einleitete und erst der Rückgriff auf die früheren Schriften Freuds die Analyse aus dieser Sackgasse befreite. Jedenfalls mußten die Versuche von Hartmann und Rapaport, Freuds widerspruchsvolle und sich schlecht in den Rahmen einer allgemeinen Psychologie einfügende Aussagen über das Ich zu korrigieren, deshalb scheitern, weil sie individualisierend vorgingen und soziale ebenso wie biologische Gesichtspunkte weitgehend ausklammerten.

So wurden zwar einige Widersprüche der Instanzen-Theorie Freuds korrigiert, doch dienten diese Korrekturen letzten Endes nur dazu, die eigentlichen Probleme zu verdunkeln, mit denen Freud noch gerungen hat. Bildlich gesprochen, haben die Strukturtheoretiker das von Freud errichtete Gebäude, an dem die Unvollständigkeit der Fundamente und die heterogene Bauweise ebenso deutlich waren wie die Risse in den Mauern, mit einer undurchsichtigen Putzschicht überzogen und die immer wieder aufbrechenden Schwierigkeiten durch unermüdlichen Gebrauch von Zusatzannahmen verdeckt.

Diese Theoretiker haben vernachlässigt, daß die Ich-Entwick-

[81] S. Freud, Neue Folge der Vorlesungen zur Einführung in die Psychoanalyse, Ges. Werke XV, S. 83

[82] S. Freud, Über den Traum, Ges. Werke II/III, S. 692

lung nicht in einer »durchschnittlich zu erwartenden Umwelt[83]« stattfindet, sondern in radikal unterschiedlichen, durch den Druck der kulturellen Evolution vielfach deformierten, widersprüchlichen Familiengruppen und Gesellschaftsstrukturen. Deshalb mußte ihnen die Aufgabe des Ich ebenso unklar bleiben wie seine Energieversorgung. Daher ist es auch kein Widerspruch, wenn Peter Fürstenau[84] Heinz Hartmann Biologismus und Soziologieblindheit vorwirft, während Zelmanowits seine »Entbiologisierung« der psychoanalytischen Theorie kritisiert[85]. Beide Mängel gehen Hand in Hand. Die biologischen Gesetzmäßigkeiten, denen Homo sapiens als von Natur aus soziales, gruppenlebendes Tier unterliegt, wurden ebenso vernachlässigt wie die höchst realen sozialen Einflüsse auf die Ich-Entwicklung und die Unterschiede in den gesellschaftlichen und Gruppen-Strukturen, die Trieb- und Ich-Schicksale zugleich bestimmen. So kommt es, daß in der analytischen Psychologie als *Voraussetzung der Ich-Entwicklung schon postuliert wird, was tatsächlich erst ihr Resultat unter bestimmten historischen und gesellschaftlichen Bedingungen ist.* Der Todestrieb, die destruktive Aggression, das von vielgestaltigen, perversen Sexualwünschen angefüllte Es – sie alle sind Folgen, nicht Voraussetzungen der Ich-Entwicklung innerhalb sozialer Gruppen, deren unbewußte Dynamik die klassische Ich-Psychologie mit wenigen Ausnahmen einfach ausklammerte. Dadurch, daß sie Folgen mit Voraussetzungen verwechselte und das Produkt einer Entwicklung zum größten Teil bereits in die (hypothetische) Ausgangssituation dieser Entwicklung hineinverlegte, hat sich die »orthodoxe« Ich-Psychologie ihrer eigenen Entwicklungschancen beraubt. Sie mußte statisch bleiben, sie konnte gesellschaftliche, kulturelle und gruppendynamische Einflüsse nicht bearbeiten und integrieren, weil sie die Bedingungen einer umrissenen Stufe der Desintegration von biologischer und kultureller Evolution in ihre Prämissen aufgenommen und als Eigenschaften des Menschen schlechthin verabsolutiert hatte.

In dieses Dilemma konnte die Ich-Psychologie nur geraten, weil sie die Bedeutung der biologischen *und* der kulturellen Evolution gleichermaßen vernachlässigte. So blieb ihr Blickwin-

[83] H. Hartmann, Ich-Psychologie und Anpassungsproblem, Stuttgart 1939, ²1960

[84] P. Fürstenau, Ich-Psychologie und Anpassungsproblem. Eine Auseinandersetzung mit Heinz Hartmann, Jahrbuch der Psychoanalyse, Bd. 3, 1964, S. 30f.

[85] J. Zelmanowits, David Rapaports Gesammelte Schriften, Psyche 25, 1971, S. 405

kel auf das Individuum eingeengt, das geschichtslos und isoliert um seine Anpassung an eine anonyme Umwelt kämpft: Die Ohnmacht dieses bürgerlichen Individuums in der Gegenwart ist zugleich auch die Ohnmacht dieser Theorie, in der die epochalen Entdeckungen Freuds erstarrten, statt weiterentwickelt und damit ganz natürlicherweise ergänzt, relativiert, revidiert und in ihrer Gültigkeit teils eingeschränkt teils erweitert zu werden.

Es ist nur logisch, daß sich die strukturpsychologische Konzeption des Individuums in dieser evolutionstheoretisch orientierten Betrachtungsweise vereinfacht, während die *gesamte* Theorie durch Einbeziehung der biologischen Entwicklung des Trieblebens und der sozialen Dynamik und symbolischen Strukturierung menschlicher Gruppen ausgeweitet und differenziert wird. Der wesentliche Mangel der orthodoxen Ich-Psychologie ist ja eben, daß sie versucht, alle diese Prozesse gewissermaßen in das Individuum zurückzuverlegen und mit Hilfe immer komplizierter werdender Differenzierungen jene Gesetze einzuschmuggeln, die sich aus einer evolutionstheoretischen Betrachtung von selbst ergeben. Ein Beispiel dafür sind die heute in der analytischen Literatur viel diskutierten »narzißtischen Störungen«, in denen mutatis mutandis die Trauma-Theorie Freuds wiederentdeckt und in eine frühere Lebensperiode verlegt wurde[86]. Hier wird die Ich-Entwicklung als Interaktionsprozeß zwischen dem Kind und seiner mitmenschlichen Umgebung neu erkannt – und damit die orthodoxe Ich-Psychologie in vielen Punkten revidiert. Die Fruchtbarkeit eines solchen Ansatzes zeigen seine praktischen Konsequenzen: das bessere Verständnis und die Ansätze zur Therapie einer Reihe von Leiden, die man bisher für unzugänglich hielt – darunter die narzißtischen Persönlichkeitsstörungen und die schizophrenen Reaktionen. Wenn Heinz Kohut die Entwicklungsschicksale des Narzißmus verfolgt und die entsprechenden Persönlichkeitsstörungen etwa auf das Fehlen adäquater, bestätigender Reaktionen der sozialen Umwelt (z. B. des das kindliche Dasein freudig widerspiegelnden Lächelns der Mutter[87]) zurückführt, dann tritt die orthodoxe Ich-Psychologie vollständig in den Hintergrund.

[86] Vgl. M. Balint, Die Urformen der Liebe und die Technik der Psychoanalyse, Stuttgart 1965 (das Buch enthält Arbeiten von Balint aus früheren Jahren, zurück bis 1935). – H. Kohut, Formen und Umformungen des Narzißmus, Psyche 20, 1960, S. 561 f. – W. R. Fairbairn, A Revised Psychopathology of the Psychoses and Psychoneuroses, in: Psychoanalytic Studies of the Personality, London 1941

[87] H. Kohut, Narzißmus, Frankfurt 1973. – Ders.: Narzißmus und narzißtische Wut, Psyche 27, 1973, S. 513

Die narzißtischen Störungen bieten quasi ein Niemandsland, in dem sich neuartige, fruchtbare Überlegungen eher entwickeln können als auf anderen Gebieten. Im Rahmen eines grundsätzlich gruppendynamisch orientierten Modells der Ich-Entwicklung, wie es das Evolutions-Konzept verlangt, ist die große Bedeutung gerade der präödipalen Interaktionen zwischen dem Säugling bzw. Kleinkind und der Primärgruppe von vornherein zu erwarten. Aber auch noch die ödipale Problematik wird als Gruppenprozeß aufgefaßt, ebenso das weitere Lebensschicksal und endlich sogar die Therapie.

Die theoretischen Grundannahmen gehen von der Evolution des Menschen aus, von ihrer einzigartigen Integration biologischer und symbolischer Mutationen und Selektionen. In ihr entstanden zunächst an symbolischen Traditionen orientierte, strukturierte und intensiv kommunizierende Gemeinschaften, die für Homo sapiens und seine Vorläufer zum »natürlichen« Milieu wurden. Parallel zur biologischen Auslese innerhalb dieser Gemeinschaften, welche den genetisch einheitlichen Typus Homo sapiens formte, unterlagen sie ihrerseits in ihren strukturierenden Merkmalen einer spezifischen kulturellen Evolution mit der Auslese günstiger Veränderungen.

Wenn ich dieses Modell zugrunde lege, dann folgt daraus, daß in dieser Evolution kein kulturfeindliches, selbstbezogenes und chaotisch-triebhaftes Es entstanden sein kann, wie es die orthodoxe Theorie der Psychoanalyse vermutet. Primär wäre es eine gänzlich unbiologische Annahme, daß die großen Baumeister der Evolution gerade in ihrem »erfolgreichsten« Modell – dem Menschen – so viele innere Widersprüche an den *Anfang* der Ich-Entwicklung gestellt haben. Vielmehr muß man davon ausgehen, daß ein so vollkommenes Verhaltenskontrollsystem wie das Bewußtsein primär Zugang zu allen bedeutsamen Vorgängen im seelischen Apparat hat. Verdrängung und Abwehr sind sekundär, sie erscheinen erst, wenn sich die Gruppe, von der das Kind vital abhängig ist, für bestimmte Bereiche seines primär gruppenbezogenen, sozialen und konstruktiven Trieblebens als unzugänglich erweist. »Verdrängung« ist zunächst ein gruppendynamischer Vorgang, ein Erlebnis- und Kommunikationsverbot, das später verinnerlicht und möglicherweise tradiert wird.

Ich gehe davon aus, daß während der weit überwiegenden Zeit der menschlichen Evolution die für eine Gruppenanpassung notwendigen Verdrängungen – das heißt Abspaltungen der individuell-genetisch festgelegten energetischen Ich-Funktionen – relativ geringfügig waren. Es handelte sich um einen durchaus sinnvollen Mechanismus, um Spannungen zwischen den biologischen »Traditionen« und aktuellen Kulturforderungen zunächst einmal zu überbrücken. Die genetische Variabilität war damals durch die harten Lebensbedingungen, die kleinen (oft Inzucht treibenden) Gruppen-Kulturen und den geringen Umfang der sozialen Isolate viel höher als seit der neolithischen Revolution (mit Ackerbau, Viehzucht, Seßhaftigkeit). Man kann annehmen, daß schwerwiegende Differenzen zwischen den genetisch angelegten Ich-Funktionen und den kulturellen Forderungen, die sich im Rahmen der kulturellen Konkurrenz als (für die Gruppenstruktur und die Symbolsysteme) überlebenswichtig erwiesen, bald auf dem Weg der biologischen Auslese beseitigt wurden. Kulturen mit zu weitgehenden Widersprüchen konnten nicht überleben; eine Folk-Kultur ohne schriftliche Traditionen kann binnen zweier Generationen erlöschen.

Die Veränderungen seit dem Neolithikum haben nun diesen ständigen Ausgleich zwischen biologischer und kultureller Evolution, der so lange befriedigend funktionierte, vollständig überfordert und zu der gegenwärtigen Situation geführt. Sie läßt sich durch Studien beschreiben wie das Midtown-Manhattan-Projekt von Leo Srole. Von hundert nach Kriterien der Stichproben-Theorie ausgewählten Bewohnern New Yorks (besonders unterprivilegierte Bevölkerungsgruppen wurden sogar ausgeschlossen) sind nur etwa zwanzig seelisch gesund. Rund sechzig weisen Zeichen leichterer seelischer Störungen auf, weitere zwanzig sind psychisch erheblich »krank«, leiden an ernsten neurotischen und psychotischen Reaktionen[88]. Ronald Laing hat einmal gesagt, daß die Wahrscheinlichkeit, daß ein heute geborenes Kind einmal in seinem Leben wegen seelischer Störungen in eine Nervenklinik muß, zehnmal größer ist als die, daß es einmal eine Universität besuchen wird[89]. Die Ursache dafür kann wohl nur darin liegen, daß sich seit dem Neolithikum die körperlichen Anlagen des Menschen – und damit die Natur seiner Ich-Funktionen – nicht entscheidend geändert haben, wohl aber seine Lebensbedingungen und damit die symbolischen Strukturen, die bewußte und unbewußte Gruppendynamik, in der unsere Kinder heranwachsen. Das ungeheuer beschleunigte Tempo der kulturellen Evolution hat die biologische Evolution praktisch arretiert. Ver-

[88] Leo Srole et al., Midtown Manhattan – Mental Health in the Metropolis, New York 1963

[89] R. Laing, Phänomenologie der Erfahrung, Frankfurt 1969

änderungen, die Generationen benötigen, haben keinen Sinn, wenn sich die soziale Umwelt in Jahren völlig verändern kann. Allerdings wurde diese Arretierung der biologischen Evolution bei beschleunigtem Fortschritt der kulturellen (zwischen den ersten merklichen Fortschritten in der Herstellung von Steinwerkzeugen liegen 500000 Jahre!) wohl erst zu einem Zeitpunkt möglich, als die genetisch vorprogrammierte Anpassungsfähigkeit des Menschen an kulturelle Prägungen einen Höhepunkt erreicht hatte. Er war endgültig und vollständig zum »Kulturtier« geworden. Doch die Kultur, auf die seine biologischen Anlagen zugeschnitten waren, blieb die der Jäger und Sammler. Damit wurden die Abwehrmechanismen, zunächst als Übergangslösungen – als eine Art Kitt zwischen biologischer und kultureller Evolution – entwickelt, dauernd beansprucht, oft über ihre maximale Leistungsfähigkeit hinaus. So ergab sich eine Situation, die ich bereits geschildert habe. Eine Kultur konnte gerade dann nach außen, in der Auseinandersetzung mit anderen Kulturen, besonders erfolgreich und daher von der Selektion begünstigt sein, wenn sie nach innen terroristisch das körperliche und seelische Wohl ihrer Träger vernachlässigte und viele von ihnen über ihren Bruchpunkt hinaus beanspruchte. So hat es selten eine expansivere Kultur (hier verstanden als in Symbolen und Traditionen fixierte Gesellschafts- und Gruppenstruktur) gegeben als die der Puritaner in den Neu-England-Staaten des 18. Jahrhunderts. Von ihnen sagt Ruth Benedict: »Die ... Geistlichen ... wären die letzten gewesen, die von ihren Zeitgenossen in den Kolonien als Psychopathen angesehen worden wären. Nur wenige Gruppen von Ansehen dürften jemals in irgendeiner Kultur eine solch vollkommene Diktatur über Geist und Gemüt ausgeübt haben, wie sie es taten. Sie waren einfach die Stimme Gottes ... Die Sündhaftigkeit, wie sie sie bei ihrer eigenen Bekehrung schilderten und von den ›Neubekehrten‹ verlangten, findet man in einer nur wenig vernünftigeren Zivilisation lediglich in Anstalten für Geisteskranke. Ohne ein Überzeugtsein von der eigenen Sündhaftigkeit, welches das Opfer, manchmal auf Jahre hinaus, mit Gewissensbissen und schrecklichen Angstzuständen zu Boden drückte, gab es bei ihnen keine Erlösung. Es war Pflicht des Geistlichen, die Angst vor der Hölle in die Seele auch des kleinsten Kindes zu pflanzen ...[90]«

Die Dynamik solcher kultureller Entwicklungen ist nicht ge-

[90] Ruth Benedict, Urformen der Kultur, Hamburg 1955, S. 209

plant; ihre wesentlichen Funktionen bleiben unreflektiert oder unbewußt. Es ist klar, daß eine Ich-Entwicklung, die in solchen normativ erstarrten Primärgruppen stattfindet, kaum eine einzige der energetischen Ich-Funktionen des Kindes unverändert läßt und endlich dem grausamen Über-Ich des Puritaners ein mühsam gebändigtes, zutiefst »sündhaftes« Es gegenübersteht.

Um zu zeigen, daß die hier geäußerten Vorschläge sich nicht nur deduktiv aus evolutionstheoretischen Überlegungen, sondern auch induktiv aus der Praxis analytischer Psychotherapie ergeben, wende ich mich jetzt den Beiträgen von Erik H. Erikson und R. W. White zu. Beide haben die Bedeutung der Ich-Entwicklung in bestimmten Gruppen oder Gesellschaften erkannt und untersucht.

9. Das Ich und die Gruppe

Wenn auf dem Gebiet der menschlichen Motivation die gleichen Ausdrücke während des Zeitraums eines halben Jahrhunderts benutzt worden sind, dann können sie nicht umhin, die Ideologien ihrer Ursprungstage widerzuspiegeln.
Erik H. Erikson[1]

Bereits Rapaport hat erkannt, daß Hartmanns schematische Annahme einer »durchschnittlich zu erwartenden Lebensbedingung[2]« keineswegs genügt, um zu einer vollständigen Theorie der Ich-Entwicklung zu kommen. Die Lebensbedingungen, mit denen die Triebe konfrontiert werden, sind sozialer Natur und damit schwerlich auf einen Durchschnitt zu bringen; sie sehen für ein Buschmann-Baby in der Kalahari ganz anders aus als für ein Eskimo-Kind, für das verwahrloste, von Hunger verfolgte Slum-Kind anders als für die körperlich bestens versorgten Babies der Mittelklasse, denen die Eltern bestimmte, kontinuierliche Entwicklungsleistungen abverlangen. Hartmann und seinen Mitautoren, die für Rapaport der »Rolle der Gesellschaft bei der Ich-Entwicklung[3]« nicht gerecht wurden, stellt er den Beitrag E. H. Eriksons gegenüber. Dieser hat durch seine psychoanalytisch orientierten Feldbeobachtungen bei amerikanischen Indianern (den Sioux und Yuroks) die psychosexuellen Organisationsstufen mit sozialen Einflüssen und Gruppenprozessen verknüpft. Dadurch wurde laut Rapaport der Ansatz zu einer Theorie der »Epigenese des Ich« geschaffen[4].

Tatsächlich künden Eriksons programmatische Forderungen eine Wende in der analytischen Ich-Psychologie an: »Von der

[1] E. H. Erikson, Jugend und Krise, Stuttgart 1970, S. 69

[2] H. Hartmann, Ich-Psychologie und Anpassungsproblem, Stuttgart 1970, S. 42

[3] D. Rapaport, Collected Papers, hrsg. v. Merton M. Gill, New York 1967, S. 612

[4] E. H. Erikson, Childhood and Tradition in Two American Indian Tribes, Psychoanal. Study of the Child 1, 1945. Deutsch in: Kindheit und Gesellschaft, Stuttgart 1969. – Ders., Identität und Lebenszyklus, Frankfurt 1966

Untersuchung der Auflösung des Ichs in einer amorphen Menge von anderen müssen wir uns dem Problem der Ursprünge des infantilen Ichs im sozialen Leben zuwenden[5].« Mit dieser »Auflösung« des Ich ist das von Freud in ›Massenpsychologie und Ich-Analyse‹ vorgeschlagene Modell gemeint. Freud stützte sich darin auf die »Massenpsychologie« des französischen Schriftstellers Gustave Le Bon, der einen (seltenen) Sonderfall sozialer Gruppierung für das zentrale Beispiel menschlichen Gruppenverhaltens nahm: die unstrukturierte Menge einander persönlich nicht bekannter, von fähigen Demagogen zu allen möglichen Taten und Untaten angestachelter Menschen. Dieser Mob wird deshalb zu Wachs in den Händen des demagogischen Führers, weil seine Angehörigen – so Freud – eben diesen Führer »in ihr Über-Ich eingeführt und sich auf Grund dieser Gemeinsamkeit in ihrem Ich miteinander identifiziert haben[6]«.

Diesen auflösenden Einflüssen auf das Ich in der Masse stellt Erikson in seinen Studien die prägenden Einflüsse der Gruppenstruktur auf das kindliche Ich gegenüber. »Statt zu betonen, was der Druck der sozialen Organisation dem Kind zu verweigern imstande ist, möchten wir klären, was die soziale Ordnung zuerst dem Säugling gewähren kann, indem sie ihn am Leben erhält und, während sie seine Bedürfnisse auf spezifische Weisen verwaltet, ihn in einen bestimmten kulturellen Stil einführt. Statt triebhafte ›Gegebenheiten‹ wie das ödipale Dreieck als ein unabänderliches Schema für irrationales Verhalten beim Menschen hinzunehmen, erforschen wir die Art, in der Gesellschaftsformen die Struktur der Familie mitbestimmen[7]«.

Eriksons Arbeit zeigt, wie fruchtbar die Auseinandersetzung mit den überschaubaren »Primitivkulturen« für die analytische Theoriebildung ist. In solchen Gesellschaften ist die Kindererziehung auf ein fest umrissenes System von Traditionen abgestellt, wobei der Umgang mit der frühkindlichen Aktivität und Sexualität bereits dazu dient, die grundlegenden Merkmale dieser »Gruppenidentität« auf dem Weg der frühen körperlichen Erfahrungen im Ich des Kindes zu organisieren. Unter Gruppenidentität versteht Erikson das soziale Leitbild, mit dem sich die Angehörigen einer Gruppe »identisch« fühlen, d. h. identifizieren können (der Begriff ist also enger mit Freuds ›Massenpsycho-

[5] E. H. Erikson, Jugend und Krise, Stuttgart 1970, S. 44

[6] S. Freud, Massenpsychologie und Ich-Analyse, Ges. Werke XIII (Zit. n. Ges. Werke XV, S. 74)

[7] E. H. Erikson, Jugend und Krise, Stuttgart 1970, S. 44

logie und Ich-Analyse‹ verwandt, als man meinen möchte: Die Gruppenidentität entspricht dabei dem Ich-Ideal, d.h. dem positiv-vorbildhaften Aspekt des Über-Ich und wird von den einzelnen Mitgliedern auf dem Weg der Identifizierung erworben).

Um das Konzept der Gruppenidentität zu verdeutlichen, schildert Erikson einen Konflikt, an dem die Dialektik zweier unterschiedlicher Identitäten deutlich wird. In seiner Feldforschung bei den Sioux fand er einen grundlegenden Widerspruch zwischen der historischen Identität der Prärie-Indianer und der beruflichen bzw. Klassen-Identität der amerikanischen Beamten, welche die jungen Sioux »erziehen« sollten. Der Indianer erlebte sich als Büffeljäger in der grenzenlosen Weite mit unerschöpflicher Beute wartender Jagdgründe. Diese historische Identität hatte nie aufgehört, das Verhalten des besiegten Stammes zu bestimmen – seine passive Resistenz gegen die »Zivilisierung« ebenso wie die Träume von einer Wiederherstellung des ahistorischen Lebens schweifender Jäger.

Die Erzieher der jungen Sioux hingegen waren den Werten der amerikanischen Mittelklasse verpflichtet: Ihre Ziele galten einem umrissenen, wirtschaftlichen Fortschritt, einem durch ausdauernde Arbeit erkauften, ständigen Anstieg des Lebensstandards, der sich im Erwerb von Konsumgütern, in Bankkonten und einem eigenen Haus niederschlägt. Die Sioux-Kinder, gezwungen, nach beiden Lebensentwürfen aufzuwachsen, schienen oft wie gelähmt, weil ihnen das belebende Gefühl abging, daß ihre individuelle Art, Erfahrungen zu meistern und zu ordnen (was Freud die »synthetische Funktion des Ich« nannte) ein erfolgreicher und sinnvoller Beitrag zu einer Gruppenidentität war. Wenn man ein Kind beobachtet, das gehen lernt, dann würde Freud annehmen, daß es primär durch den libidinösen Lustgewinn der lokomotorischen Erotik angetrieben wird. Hendrick würde ergänzen, daß es sein Bedürfnis nach Meisterschaft über die motorischen Funktionen veranlaßt, unermüdlich seine Geschicklichkeit zu vervollkommnen. Erikson weist nun darauf hin, daß diese Vorgänge in keinem sozialen Vakuum stattfinden. Die Primärgruppe kann das Kind in seinem keimenden Bewußtsein, jemand zu sein, der gehen kann, fördern und unterstützen oder auch hemmen und einschränken. Sie wird diesem Bewußtsein aber auch die Koordinaten der eigenen Kultur aufprägen: das des Jägers, der die fliehende Beute hetzt, das des strebsamen Arbeiters, der es zu etwas bringt, das des »aufrechten Mannes«, das des sittlich gefährdeten Menschen, der »zu weit gehen kann[8]«.

In diesem gruppendynamischen Interaktionsprozeß verändern sich das Individuum und die Gruppe. Für das Kind wird das Bewußtsein, jemand zu sein, der gehen kann, zu einem der zahlreichen Entwicklungsschritte, die durch das Zusammenwirken von körperlicher Bemeisterung (Funktionslust) auf der einen, sozialer Anerkennung auf der anderen Seite zu einer realistischen Selbstachtung beitragen. Diese Selbstachtung wächst in vielen solcher kleinen Schritte (die durchaus dem Erwerb des Kompetenzgefühls im Sinn von White entsprechen) zu der Überzeugung, daß das Ich fähig ist, sich innerhalb einer sozialen Wirklichkeit zu organisieren und alle seine Erfahrungen zu einer Synthese zu führen, die Erikson Ich-Identität nennt.

Die Ich-Identität hängt eng mit der persönlichen Identität zusammen, muß aber doch von ihr unterschieden werden. Die persönliche Identität, das heißt das Gefühl, ein bestimmter Mensch und niemand sonst zu sein, beruht auf »der Wahrnehmung der Selbstgleichheit und Kontinuität der eigenen Existenz in Zeit und Raum; und auf der Wahrnehmung der Tatsache, daß andere unsere Gleichheit und Kontinuität anerkennen[9]«. Die Ich-Identität ist allerdings mehr als die reine Tatsache dieser doppelten Kontinuität; Erikson nennt sie die »Ich-Qualität« der individuellen Existenz. In ihrem subjektiven Aspekt entspricht sie dem »Bewußtwerden der Tatsache, daß die synthetisierenden Methoden des Ichs über eine Selbstgleichheit und Kontinuität verfügen, *einen Stil der eigenen Individualität,* und daß dieser Stil mit der Gleichheit und Kontinuität der *eigenen Bedeutung für signifikante andere* in der unmittelbaren Gemeinschaft überein*stimmt«.*

Die Interaktion zwischen dem Kind und der Primärgruppe, die Verinnerlichung von »Leitbildern« und »Lebenszielen[10]«, der Widerspruch zwischen dem persönlichen Selbst-Entwurf und den Gruppennormen spielen die zentrale Rolle in Eriksons Entwürfen psychischer Entwicklung und neurotischer wie psy-

[8] ebd., S. 46

[9] ebd., S. 47

[10] Tatsächlich hat Erikson in seiner Auffassung der Identitätsentwicklung in der Gruppe eher Ansichten Alfred Adlers als solche Sigmund Freuds fortgeführt. Adler war der erste Analytiker, der die Bedeutung der Familiengruppe für die kindliche Persönlichkeitsentwicklung betonte, vor allem im Bereich des »Selbstgefühls«, das eng mit der Eriksonschen Identität zusammenhängt.

chotischer Reaktionen. Doch hat Erikson niemals die vollen theoretischen Konsequenzen gezogen. Er fügt der klassischen Ich-Psychologie eine neue Dimension hinzu, in der er sich offensichtlich so frei bewegen kann, daß er nicht die Notwendigkeit spürt, nun die gesamte analytische Theorie zu revidieren.

Die Identitäts-Entwicklung im Lebenszyklus

Von grundlegender Bedeutung für eine evolutionstheoretisch orientierte Psychoanalyse ist zweifellos die Ich-Entwicklung des Kindes innerhalb einer bestimmten Gruppe. Die Primärgruppe vermittelt kulturelle Symbolsysteme an das Kind. Ihre Erlebnis- und Entwicklungsfähigkeit prägen und strukturieren das kindliche Ich, gestalten die Eigenschaften von Es und Über-Ich. Erikson versucht, in seiner Darstellung der »Epigenese der Identität« die Freudsche Konzeption der psychosexuellen Stadien mit seinen Ansichten über das soziale Wachstum in der Gruppe zu verbinden[11]. Dabei greifen Reifungs- und Umwelteinflüsse ineinander.

Ein Säugling kann schon etwas über die Art seines Strebens nach Autonomie verraten, wenn er sich unter Unlust-Äußerungen loswindet, sobald ein Erwachsener seine Hand festhält. Im allgemeinen aber erfährt erst das etwa zwei Jahre alte, lokomotorisch unabhängige Kind das Dilemma zwischen dem Empfinden, ein autonomes und zugleich ein abhängiges Wesen zu sein. Erst jetzt ist es für eine neue Form der Auseinandersetzung mit seiner Umwelt vorbereitet. Andererseits reagiert nun die Primärgruppe auch neuartig auf das Kind, teilt ihm ihre (kulturell überlieferten) Ideen zur Autonomie und Abhängigkeit mit. Wie das geschieht und was mitgeteilt wird, trägt entschieden dazu bei, das Ich des Kindes zu formen – seine Persönlichkeit, seine relative Leistungsfähigkeit und die Stärke seiner Vitalität[12]. In diesem Inter-

[11] E. H. Erikson, Kindheit und Gesellschaft, Stuttgart 1965, Teil II

[12] Analytisch gesprochen, ist die Persönlichkeit ein Teil oder besser ein Aspekt des Ich, da Über-Ich und Es keinen direkten Zugang zur Außenwelt haben

Eriksons Auffassung, daß die Vitalität (das heißt ja wohl vorwiegend die Triebstärke) in dieser Interaktion bestimmt wird, ist ein sehr produktiver und heute durch Tierexperimente bestätigter Gedanke (eine an Reizen reiche Umgebung macht z.B. Ratten »vitaler«, das heißt aktiver, als eine reizarme). Er entspricht aber nicht Freuds Auffassung, wonach die Triebstärke eine angeborene

aktionsprozeß verändert nicht nur die Primärgruppe das Kind, sondern dieses seinerseits die Primärgruppe. Gerade an der dynamischen Wechselwirkung dieser beiden Veränderungsprozesse erkennt man die gesunde Persönlichkeitsentwicklung. Auf diesen Vorgang hat zuerst Sandor Ferenczi hingewiesen, der 1928 von der »Anpassung der Familie an das Kind« sprach[13]. Die Anwesenheit eines kleinen Kindes übt einen starken Einfluß auf jede Gruppe aus, sie führt dazu, daß alle Familienmitglieder sich neu orientieren müssen, wenn die Gruppe bestehen bleiben soll (daher scheitern gar nicht selten Ehen an der Geburt eines Kindes).

Urvertrauen und Urmißtrauen (Säuglingsalter; »Gegenseitigkeit des Erkennens«)

Erikson nennt das Gefühl des Urvertrauens die Basis der geistigen Vitalität: eine alles durchdringende Haltung sich selbst und der Welt gegenüber, die sowohl das Zutrauen zu anderen Menschen wie auch das Gefühl der eigenen Vertrauenswürdigkeit und des Selbst-Vertrauens enthält. Dieses Urvertrauen hat, deskriptiv gesehen, drei Dimensionen: eine bewußte (der Introspektion zugängliche), eine vorbewußte (die durch Explorationen erhellt werden kann) und eine unbewußte (die nur rekonstruiert, durch psychologische Tests und analytische Deutungen erschlossen werden kann).

In einem häufigen Mißverständnis von Eriksons Konzeption wird das Urmißtrauen als krank, das Urvertrauen als gesund angesehen. Tatsächlich aber ist das Mißtrauen ebenso unerläßlich wie das Vertrauen. Es handelt sich bei den Eriksonschen Stadien der Epigenese des Ich nicht um Errungenschaften, die ein für allemal erworben und gesichert werden, sondern um dynamische Gegensätze. Ein Mensch ohne jedes Mißtrauen ist ebensowenig lebensfähig wie einer ohne jedes Vertrauen. Was das Kind und die Gruppe in einem bestimmten Stadium erreichen können, ist

Größe ist, an der dieser bis in seine letzten Arbeiten (z.B. ›Die endliche und die unendliche Analyse‹, Ges. Werke XVI) festhielt. Allerdings ist die Triebstärke sicher durch genetische Faktoren mitbestimmt.

[13] S. Ferenczi, Die Anpassung der Familie an das Kind, in: Schriften zur Psychoanalyse, II, Frankfurt 1972, S. 212f.

ein bestimmtes Verhältnis zwischen Vertrauen und Mißtrauen, das – wenn die positive Seite schwerer wiegt – beiden hilft, spätere Krisen konstruktiv zu lösen.

Die Vorstellung, daß in jedem Stadium etwas Neues, Gutes errungen wird, das allen Konflikten im Inneren und allen äußeren Veränderungen gegenüber unantastbar bleibt, hält Erikson für eine »Projektion jener Erfolgs- und Besitzideologie, die unsere privaten und öffentlichen Tagträume so gefährlich erfüllt, auf die kindliche Entwicklung[14]«. Wie häufig in der Psychoanalyse, macht auch hier die Extremform eines Merkmals in der psychischen Gestörtheit dessen Charakter erst deutlich. Beim Urmißtrauen handelt es sich um die völlige Verschlossenheit des Psychotikers, der nicht mehr auf Zuwendung reagiert, Speisen, Getränke und jede Bequemlichkeit ablehnt, sozial blind und taubstumm geworden zu sein scheint. Das zentrale Problem einer therapeutischen Einflußnahme liegt bei diesen schizophren reagierenden Kranken darin, sie mit dem Angebot zu erreichen, daß man ihnen helfen will und bereit ist, ihnen zu vertrauen. Aber auch bei vielen weniger kranken Menschen enthüllt die Analyse mißtrauische Züge. Sie begegnen primär jedem Menschen mit Angst, glauben, daß er ihnen übel will, und lassen sich erst durch längere, positive Erfahrungen eines anderen belehren. Die vom Urvertrauen getragene Haltung ist primär vertrauensvoll und ändert erst sekundär, wenn tatsächlich ein Grund zum Mißtrauen vorliegt, diese Einstellung.

Dieses Konzept des Urvertrauens erweitert die Freudsche Vorstellung über die orale Phase ganz wesentlich. Sicherlich haben die Analytiker schon früh geahnt, daß gerade die ersten, vor der von Freud so betonten Periode des Ödipuskomplexes gelegenen Einflüsse auf das Kind von zentraler Bedeutung sind. Schon Freud gebrauchte das Gleichnis vom Nadelstich, der eine Keimzelle schwer schädigen kann, während er den reifen Organismus nicht mehr verändert. Ferenzci sagt dasselbe mit einem anderen Bild: »In einem Raum, mit einer einzigen Kerze darin, kann eine Hand, nahe der Lichtquelle, den halben Raum verdunkeln. Ähnlich beim Kinde: Wenn Sie ihm nahe dem Lebensbeginn auch nur eine geringfügige Schädigung zufügen, so kann das einen Schatten auf sein ganzes Leben werfen[15]«. Aber die tatsächliche Natur der traumatischen Einflüsse in dieser Periode mußte

[14] E. H. Erikson, Jugend und Krise, Stuttgart 1970, S. 108.

[15] S. Ferenczi, Die Anpassung der Familie an das Kind, in: Schriften zur Psychoanalyse, II, Frankfurt 1972, S. 216

solange ganz im Dunkel bleiben, wie man ihren Interaktionscharakter nicht erkannte. Die Entwöhnung von der Brust war das einzige einschneidende Ereignis, das damals deutlich in seinen möglichen Gefahren erkannt wurde. Aber diese klar faßbare Veränderung in der kindlichen Libidoökonomie ist wohl weniger bedeutsam als der Stil des gesamten Austausches zwischen Mutter und Säugling (der sich freilich in der Krisensituation der Entwöhnung paradigmatisch verdeutlichen kann).

Diese Interaktion spielt sich auf verschiedenen Ebenen ab. Eine Mutter kann etwa durch betonte Sorgfalt und Aufopferung ihre unbewußten Todeswünsche gegen das Kind verraten. Horst Eberhard Richter hat diese Vorgänge ausführlich untersucht[16]. Sie zeigen, wie stark gerade die unbewußte Dynamik der Familiengruppe das kindliche Lebensschicksal prägen kann. Von Geburt an lebt das Neugeborene nur durch den Austausch mit seinen Bezugspersonen (dasselbe gilt bereits für die pränatale Periode, über die sich aber psychologische Einsichten nur schwer erarbeiten lassen). Dieser Austausch von Geben und Nehmen ist zunächst auf die Mundzone konzentriert. Der phylogenetisch als Ich-Funktion übermittelte Sauginstinkt (vgl. S. 46ff) wird zum Motor der Kontaktaufnahme des Kindes. Was die Mutter tut, hängt von ihrer Geschichte und von der Dynamik der Gruppe ab, in der sie lebt, von ihrer Einstellung zum Kind, zur Schwangerschaft, zu den ganzen neuen Aufgaben, die auf sie zukommen. Die erste, allgemeine Hinwendung zum Leben ist offensichtlich die orale Einverleibung, die gebieterische Neigung, an etwas zu saugen, bis eine unklar gespürte Spannung beseitigt ist, zunächst die einzige gezielte und lebensnotwendige Aktion des Säuglings. Diese Aktion muß bestimmte Reaktionen der Mutter provozieren; wenn diese fehlen, weil die Familiengruppe das Neugeborene nicht akzeptiert, dann besteht akute Lebensgefahr für das Baby.

René A. Spitz hat einen Fall primärer Ablehnung des Kindes beschrieben, der beim Neugeborenen binnen weniger Tage zu einem akuten Schockzustand führte, aus dem es nur mit Hilfe von Infusionen gerettet werden konnte. Die Mutter war ein junges Mädchen, das vom Sohn ihres Arbeitgebers verführt und nach einem einzigen Koitus schwanger geworden war, was sie und ihre Familie als strenge Katholiken mit starken Scham- und Schuldgefühlen erlebten. Die Entbindung verlief normal, doch

[16] H. E. Richter, Eltern, Kind und Neurose, Stuttgart 1963

das Kind trank nicht. Die Mutter benahm sich, als sei ihr das Baby völlig fremd und überhaupt kein lebendes Wesen. Sie zog sich vom Kind zurück, wobei ihr Körper, ihre Hände und ihr Gesicht starr und gespannt waren[17].

Die völlige, zunächst objektlose Ablehnung des Kindes ist ein relativ seltenes Ereignis (objektlos, weil nicht *dieses* Kind, sondern die Tatsache, überhaupt ein Kind zu haben, abgelehnt wird). Viel häufiger sind Mischungen zwischen positiven und negativen Gefühlen, zwischen Annehmen und Ablehnen des Kindes, ambivalente Haltungen, die sich in den verschiedensten Formen[18] ausdrücken können und ein wesentliches Merkmal gestörter Familien sind.

In der frühen Säuglingszeit sind durch das Fortschreiten der kulturellen Evolution zwei Risiko-Situationen geschaffen worden, auf die der Mensch, seiner biologischen Konstitution nach, nicht vorbereitet ist. Die eine ist der soziale Zwang, dem vielfach die Familiengruppe und vor allem die Mutter ausgesetzt ist, ein empfangenes Kind um fast jeden Preis auszutragen, zu gebären und zu versorgen. In den Jäger- und Sammler-Kulturen, welche die »natürliche« kulturelle Umgebung von Homo sapiens darstellen, gibt es keinen solchen Zwang, unerwünschte Kinder großzuziehen. Damit wird auch das Risiko einer ambivalenten Einstellung zum Säugling, unverhüllter oder verhüllter Ablehnung und kompensatorischer Überbeschützung des Babys stark vermindert. Gerade in den traumatischen Einflüssen während dieser Periode der Ich-Entwicklung sieht man heute eine wesentliche Teilursache schizophrener Reaktionen, narzißtischer Störungen und Borderline-Syndrome. Die staatliche Kinderpflege in Säuglingsheimen demonstriert ebenfalls ein solches phylogenetisch nicht »eingeplantes« Risiko: Durch die Versagung einer stabilen, frühkindlichen Objektbeziehung und die Verarmung des mitmenschlichen Dialogs schlechthin bleiben die Heimkinder in ihrer geistig-seelischen Entwicklung zurück und neigen später zu Verwahrlosung, Kriminalität und psychischen Krankheiten[19]. Ein weiteres, zusätzliches Risiko der frühen Ich-Ent-

[17] R. A. Spitz, Vom Säugling zum Kleinkind, Stuttgart 1967, S. 223

[18] Die partielle Ablehnung (»Sicher will ich ein Kind haben, aber es muß anders sein als dieses«) führt auch zu den spezifischen Kommunikationsstörungen z. B. des double bind, wenn sie – wie meist – nicht bewußt wird. Das »Es« dieser Kinder entspricht dann jenem Bereich ihrer dynamischen Ich-Funktionen, den die Familiengruppe ablehnte bzw. nicht akzeptierend erleben und widerspiegeln konnte.

[19] R. A. Spitz, Vom Säugling zum Kleinkind, Stuttgart 1967. – E. Schmalohr,

wicklung in den Industriegesellschaften habe ich bereits erwähnt: die Kleinfamilie, in der die ambivalenten Gefühle der überforderten Mutter viel stärker prägende Kraft gewinnen können als früher in der Großfamilie oder in den lockeren, egalitären Gruppen der Jäger und Sammler, in denen bereits das Krabbelkind viele »Tanten« kennt und stets auf solche Ersatzmütter ausweichen kann. Die Möglichkeit künstlicher Säuglingsernährung endlich ist ein weiteres, spezifisches Risiko in der oralen Phase. Der zu weite Flaschensauger, der Mangel an Hautkontakt zwischen Mutter und Kind, die unbefriedigenden Saugreize können alle zu einer oralen Frustration führen, die sich später beispielsweise in neurotischem Eßzwang und dem Bedürfnis dauernder Stimulation der Mundzone (durch Rauchen, Kaugummikauen usw.) niederschlägt.

Autonomie gegen Scham und Zweifel: die kulturelle Bestimmung der »analen Phase«

Für Freud ist die »anale Phase« vor allem durch die erogene Reizbarkeit der Analzone bestimmt. Um sich möglichst intensive Reize zu verschaffen, halten manche Kinder den Stuhl zurück, bis er heftige Muskelkontraktionen erregt und bei der Defäkation einen starken, teils schmerzlichen, mehr aber noch lustvollen Reiz ausübt. Der Darminhalt benimmt sich also wie der Vorläufer des Penis. Vom Säugling wird er als Teil des Körpers, als Geschenk, das man hergeben und behalten kann, erlebt. Später gewinnt er zusätzlich noch die Bedeutung des »Kindes[20]«.

Was die Interaktion des Kindes mit der Primärgruppe in dieser analen Phase angeht, so beschränkt sich Freud zunächst auf die Feststellung, »die Erzieher ahnen wiederum das Richtige, wenn sie solche Kinder, die sich diese Verrichtungen ›aufheben‹, schlimm nennen[21]«. Diese Parteinahme erinnert an seine Aussage in der Krankengeschichte des »kleinen Hans«, wo er den Eltern des Jungen ausdrücklich zubilligt, sie wären »übereingekommen, ihr erstes Kind mit nicht mehr Zwang zu erziehen als zur

Frühe Mutterentbehrung bei Mensch und Tier, München 1968. – W. Schmidbauer, Verwundbare Kindheit, München – Planegg 1973

[20] S. Freud, Drei Abhandlungen zur Sexualtheorie, Ges. Werke V

[21] S. Freud, Ges. Werke V, S. 87

Erhaltung guter Sitte unbedingt erforderlich werden sollte[22]«. Auf der nächsten Seite drückt sich diese »ohne Einschüchterung[23]« stattfindende Erziehung so aus: »Im Alter von 3½ Jahren wird er von der Mutter, die Hand am Penis, betroffen. Diese droht: ›Wenn du das machst, laß ich den Dr. A. kommen, der schneidet dir den Wiwimacher ab[24]‹«.

Offensichtlich hat Freud weniger die Verbote der Primärgruppe für traumatisierend gehalten als die sexuelle Verführung, in der er ja geraume Zeit die Ursache hysterischer Neurosen suchte. Für ihn ist es »eines der besten Vorzeichen späterer Absonderlichkeit oder Nervosität, wenn ein Säugling sich hartnäckig weigert, den Darm zu entleeren, wenn er auf den Topf gesetzt wird, also wenn es dem Pfleger beliebt, sondern diese Funktion seinem eigenen Belieben vorbehält[25]«. Wieviel solche Interaktionen über die Struktur und die Normen der Primärgruppe selbst verraten, bleibt hier ungesagt. Die Beobachtung ist wohl richtig, doch nicht eine konstitutionelle Anomalie, ein blindes Triebschicksal liegt vor, sondern eine Gruppendynamik, die wenig Gutes für die Ich-Entwicklung des Kindes verspricht.

Lou Andreas-Salomé rekonstruiert anhand der Geschichte der Sauberkeitserziehung, daß hier in der Regel die ersten Verbote und Gebote überhaupt ausgesprochen werden. Das Kind beginnt von nun an immer deutlicher zu erkennen, daß die Umwelt seinen Triebregungen auch feindlich gegenüberstehen kann. Es muß seine eigenen Wünsche und damit sein Ich von dieser Umwelt abgrenzen, die erste Verdrängung an seinen Lustmöglichkeiten vollziehen. Hier wird bereits deutlich, daß die Verdrängung kein privater und individueller, sondern ein Gruppenprozeß ist. Das Anale, so Lou Andreas-Salomé, kann im späteren Leben zum Symbol für alles Verwerfliche, vom »richtigen« Leben Auszuscheidende und Abzulehnende werden. Die Verwerfung der Analerotik beeinträchtigt dabei häufig den gesamten erotischen Bereich, sind doch beide Körperzonen eng benachbart und gleichermaßen tabuiert – »inter urinas et faeces nascimur«, wie der Kirchenvater sagt[26].

Erikson hat dieses Verständnis noch beträchtlich erweitert. Für ihn hängt in der analen Phase »alles davon ab, ob die kultu-

[22] S. Freud, Ges. Werke VII, S. 244
[23] ebd.
[24] ebd., S. 245
[25] S. Freud, Ges. Werke V, S. 87
[26] Lou Andreas-Salomé, »Anal« und »Sexual«, Imago 4, 1961

relle Umgebung etwas daraus machen will[27]«. In vielen archaischen Kulturen (darunter in allen mir bekannten Jäger- und Sammler-Kulturen) verzichtet man auf das strategische Unternehmen der Sauberkeitserziehung und überläßt es weitgehend dem natürlichen Imitationsdrang der Kinder, nicht die Wege oder die Hütte zu benützen, wenn sie sich entleeren wollen.

Da die Sauberkeitserziehung in den Hochkulturen vor allem durch den Wunsch der Pfleger bestimmt ist, nicht mehr Windeln und Wäsche reinigen zu müssen, wird ein wesentliches Motiv für die frühe Strenge im Umgang mit dem Kind unter den spärlich bekleideten Angehörigen der Primitivkulturen ohnedies hinfällig. Ein gewisses Maß an Ekel vor Fäkalien findet sich in vielen Kulturen (bereits Schimpansen reinigen sich mit Blättern, wenn sie Durchfall haben[28]). Andrerseits gibt es Berichte von Eskimos, wonach Mütter ihre beschmutzten Säuglinge durch Belecken reinigen. Jedenfalls ist das Ideal des makellos sauberen, sich in pünktlichen Abständen entleerenden und geruchlos desodorierten Körpers ein Produkt des Maschinenzeitalters. Dieses Leitbild kann zu sehr folgenschweren Zusammenstößen zwischen der lustvollen kindlichen Neugieraktivität und der Primärgruppe führen. Die Leistungsmöglichkeiten des Kindes und die Forderungen der Umwelt reichen ja weit über die Kontrolle der Schließmuskeln hinaus; sie betreffen die Kontrolle der Autonomie des Kindes, seines heftigen Wunsches, selbst festzuhalten und loszulassen, zu ergreifen und wegzuwerfen. In diesem Interaktionsprozeß kann sich der zwanghafte Typus des Neurotikers entwickeln, den Freud als »besonders ordentlich, sparsam und eigensinnig« kennzeichnet[29]. Im Umgang mit anderen Menschen – auch mit solchen, die er liebt –, mit Zeit und Geld ist er geizig, ordentlich, auf Ökonomie bedacht und peinlich genau.

Während die traumatisierenden Einflüsse im Bereich des Urvertrauens einen Mangel an Gegenseitigkeit, an bestätigendem Widerspiegeln der Existenz des Kindes in der nicht-verbalen Reaktion der Eltern enthalten, ist es im Bereich der Alternative Autonomie – Scham und Zweifel ein Zuviel an oft verfrühter, überstrenger Kontrolle. Darin kann sich eine bereits in der oralen Phase vorliegende Haltung der Gruppe erneut ausdrücken.

Das ambivalent erlebte, teilweise abgelehnte Kind bietet in seinen »Mängeln«, in seiner Unsauberkeit, in seinem Eigensinn

[27] E. H. Erikson, Jugend und Krise, Stuttgart 1970, S. 109
[28] J. van Lawick-Goodall, Wilde Schimpansen, Hamburg 1971
[29] S. Freud, Charakter und Analerotik, Ges. Werke VII, S. 203

einen Anlaß, zerstörerische Wut in der Form »wohlwollender Strenge« verdeckt auszuleben. Die ambivalente Haltung der Primärgruppe wird damit teilbar und aufgespalten. Die Haß-Komponente richtet sich gegen die leibhaften Äußerungen der kindlichen Analerotik und zu einem guten Stück gegen Neugieraktivität und expansive Motorik schlechthin, während das Wohlwollen der Gefügigkeit vorbehalten bleibt. Die wachsende Fähigkeit, sich selbst von der Umwelt abzugrenzen, Ich und Du zu trennen, kann so unter ungünstigen Umständen auch zu einer inneren Spaltung führen. Die Ambivalenz der Familiengruppe wird verinnerlicht. Typisch für die zwanghaften Reaktionen bleibt deshalb das unentschiedene Schwanken zwischen Anziehung und Abstoßung, positiven und negativen Gefühlen, Treue und Betrug, Bindung und Freiheit, Idealisierung und Verteufelung des Partners.

Die Primärgruppe nimmt durch starre, einfühllose Dressur dem Kind die frühen motorischen Ansätze zur Autonomie, sie hindert es, allmählich seine Aktivität und seine Schließmuskeln freiwillig und nach eigener Wahl zu zügeln. Damit geht auch ein Stück »Kompetenzgefühl« (vgl. S. 97f.) verloren. Das Empfinden, die Herrschaft über sich selbst eingeschränkt, ja vernichtet zu sehen, ohne die übermächtigen Eltern nichts zu sein, führt zu einem dauernden Hang zu Gefühlen der Schuld und des Zweifels[30], der Abhängigkeit und des Abhängigkeitsprotests.

Von großer Bedeutung ist hierbei, daß der Säugling und das Kleinkind um so eher ihr Streben nach Autonomie und ihr Gefühl aufgeben, autonom sein zu dürfen und doch akzeptiert zu werden, je mehr sich bereits in der frühesten Interaktion mit der Primärgruppe das Gleichgewicht von Urvertrauen und Urmißtrauen zur Seite des Mißtrauens hin verschoben hat. Das Kind muß sicher sein, daß es akzeptiert wird und bleibt, auch wenn es eigensinnig nimmt und gibt, festhält und ausstößt, wenn es nach eigenem Willen fortläuft und exploriert oder herkommt und Zärtlichkeiten sucht.

Dabei setzen sich auch die Entwicklungslinien von Urvertrauen und Urmißtrauen fort. Sie werden wie in einem polyphonen Musikstück nur durch die neue Thematik von Autonomie und Zweifel bzw. Scham ergänzt. Denn das Kind ist trotz seines Strebens nach Autonomie, ja gelegentlich gerade seinetwegen weiterhin vollständig abhängig von dem Schutz der Erwachse-

[30] E. H. Erikson, Jugend und Krise, Stuttgart 1970, S. 111

nen, die ihm Grenzen setzen, sinnvolle Aktivitäten unterstützen und es vor gefährlichen Folgen (der Neugieraktivität gegenüber einem bissigen Hund, einer Katze, einer Steckdose, einer laufenden Maschine usw.) bewahren.

Auch hier hat die kulturelle Evolution, verglichen mit ihrem Ausgangspunkt der Jäger- und Sammler-Kulturen, erheblich mehr Risiken mit sich gebracht. In den archaischen Kulturen bedeutet Besitz ja vorwiegend eine Bürde. Der einzelne kann nicht mehr Eigentum erwerben, als er bzw. seine Frau bereit sind zu tragen. Damit ist eine der wesentlichsten Einschränkungen, auf die kindliche Neugieraktivität in den Hochkulturen stößt, von vornherein ausgeschaltet. Das Kind kann nichts oder doch nur sehr wenig kaputtmachen, beschädigen, beschmutzen. Der Jäger hängt seine Waffen an einen Baum, die Mutter verwahrt Lederbeutel und Körbe in einem Winkel, und das explorierende Kind hat freie Bahn, wie man sie ihm in keinem modernen Haushalt gewährt. Es kann keine Kleider zerreißen, nicht unwillige Nachbarn verärgern. Eine Unmenge von Alltagsproblemen in den Familien unserer Zeit fällt einfach fort, von Problemen, die nur zu oft durch Einschränkungen und Strafen für das Kind »gelöst« werden.

Die Hochkultur mit ihren komplizierten Kulturgütern, Institutionen und Normensystemen braucht ein höheres Maß an »analen« Persönlichkeitsmerkmalen. Reichtum erzwingt Sparsamkeit, Vielfalt Ordnung, Eigentum auch Eigensinn. Freuds Trias (»sparsam, ordentlich, eigensinnig«) kann man als Gegenbild die immer wiederholten Klagen der Kolonisatoren und Missionare über den Charakter der »Primitiven« gegenüberstellen: Sie seien »wie große Kinder«, »schmutzig«, »lebten in den Tag hinein«. Ein gewisses Maß von Zweifel und Scham, von Sauberkeit, Selbstkritik und Ordnungsliebe ist offensichtlich in den Hochkulturen notwendig. Das hängt eng mit der Evolution des Über-Ich zusammen, die wir schon untersucht haben.

Während die Scham damit zu tun hat, daß man bloßgestellt wird und dem eigenen Ich-Ideal angesichts der kritischen oder höhnischen Äußerungen der Primärgruppe nicht entsprechen kann, hängt der Zweifel eng damit zusammen, daß Ambivalenzen verinnerlicht wurden. Jedes Ding hat demnach »zwei Seiten«, die immer beide bedacht und abgewogen sein wollen. Charakteristisch für die autonome Neugieraktivität ist ein Verhalten, in dem immer wieder neue Möglichkeiten erprobt werden. Bezeichnend für den Zweifel hingegen die Wiederholung, das zwanghafte Ritual, in dem einerseits den unheimlich gewordenen, von der Primärgruppe nicht akzeptierten aktiven (und nun destruktiven) Tendenzen entgegengehandelt wird und andererseits die ihrer selbst unsicher gewordene, da ständig von unbewußt destruktiven Neigungen bedrohte Selbstkontrolle sich in einer dauernden Repetition selbst zu bestätigen und ihrer Stärke zu versichern sucht.

Diese zwei Seiten lassen sich, wie es Erikson in seiner noch teilweise an Freuds Libido-Modell orientierten Betrachtung tut, mit dem »Vorn« und dem »Hinten«, vor allem dem »Hintern« verbinden. Die Rückseite des Körpers mit ihren libidinös besetzten Schließmuskeln und den Gesäßbacken ist für das Kind unsichtbar und doch interessant, weil sich auf sie der Wille (und die Strafen) der anderen richten[31].

»Der ›Hintern‹ ist der dunkle Kontinent des kleinen Wesens, ein Körpergebiet, das von denjenigen magisch beherrscht und wirksam angegriffen werden kann, die einem die Macht der Autonomie streitig machen und die die Produkte seiner Eingeweide als schlecht bezeichnen, die sich doch als ganz richtig angefühlt hatten, als man sie von sich gab. Dieses Urgefühl des Zweifels an allem, was man hinter sich gelassen hat, ist das Modell für den gewohnheitsmäßigen ›zweiten Blick‹, den man auf alles wirft, oder für andere, spätere, mehr verbale Formen des zwanghaften Zweifelns[32]«. Fortführungen dieses Zweifels an der Beschaffenheit dessen, was hinter dem Kind bleibt oder aus seinem Hintern kommt, sind die Ängste, daß man hinterrücks überfallen wird, daß andere hinter unserem Rücken uns »schlecht machen« – die geheimen, ungreifbaren Verfolger des paranoisch Reagierenden.

Es ist möglich, daß in der Pubertät aus passivem Erleiden Aktivität und Aktion werden. Das ungepflegte Aussehen des Gammlers, die anale Aggression in schmutzigen Schimpfworten, die Beschmutzung besetzter Hörsäle der Alma mater (der *Mutter* Universität) durch protestierende Studenten oder im Extremfall sogar des Saales eines »hohen Gerichts« sind Beispiele dafür. Es ist bezeichnend, daß im Zuge solcher Aktionen Zweifel und kritische Bedenken über ihren Sinn wie ausgelöscht erscheinen. Die verinnerlichte Spaltung, die Ambivalenz der Primärgruppe, welche das Kind nur als gefügiges Wesen akzeptierte und seine

[31] E. H. Erikson, Kindheit und Gesellschaft, Stuttgart 1965

[32] E. H. Erikson, Jugend und Krise, Stuttgart 1970, S. 114

Autonomie zum guten Teil ablehnte, wird in der Kampfsituation wieder überwunden. Jedem Zweifel kann abschwören, wer einen Gegner bekämpft, in dem die verbietenden, beschämenden, kritischen Eltern wiederauferstanden sind[33].

Die bisherigen, von psychoanalytischen Einsichten getragenen Empfehlungen zur Erziehung raten, was man kleinen Kindern ersparen soll – orale Frustration, Mangel an Objektbeziehungen, eine zu frühe oder zu strenge Reinlichkeitserziehung, übermäßiges Beschämen. Damit soll die Entfremdung des Kindes von seinem eigenen Körper und dessen Funktionen verhindert werden. Doch wird kaum gesagt, was man über das *Vermeiden* hinaus spontan und selbstsicher *tun* soll. Das hat zu dem Mißverständnis der »No-Frustration«-Erziehung oder der »Selbstregulation« geführt, in der dem Kind – um ihm Versagungen zu ersparen – endlich gar keine Grenzen mehr gesetzt werden. Man läßt es mit seiner Neugieraktivität und seinen sexuellen Impulsen allein, ohne ihm Unterstützung zu gewähren. Diese Haltung ist eine logische Folge der Auffassung des Menschen als triebhaftes, kulturfeindliches Wesen. Die »Kultursüchtigkeit« der menschlichen Antriebe wird übersehen, die Primärgruppe zieht sich zurück. Das gilt vor allem dann, wenn hinter der nicht frustrierenden Erziehung tatsächlich psychische Vernachlässigung, verbunden mit materieller Verwöhnung steht: Eltern, die ihren Kindern alles geben, alles gewähren – nur Zeit und Zuwendung dürfen diese nicht von ihnen verlangen[34]. Ein solche No-Frustration-Erziehung ist tatsächlich eine Erziehung durch besonders harte, ungemilderte Frustrationen. Denn weil das Kind niemals in der erleichternden, es tragenden und ihm über unerläßliche Versagungen hinweghelfenden Familiengruppe lernen konnte, mit Frustrationen konstruktiv und ohne zu verzweifeln umzugehen, hat es später große Schwierigkeiten, die unausweichlichen Versagungen seines Lebens zu bewältigen.

Das Konzept von Erikson muß noch um den Begriff der Pseudo-Autonomie erweitert werden. Wenn die Primärgruppe das suchende, neugierige Herangehen des Kindes an seine belebte und unbelebte Umwelt zurückweist und seine körperlichen Funktionen starr reglementiert, dann wird die Entwicklung zur Autonomie beeinträchtigt. Scham, Zweifel und die Gefahr unbe-

[33] Damit ist nichts über die politische Berechtigung der Protestbewegung gesagt, die ich für gegeben halte. Es geht darum, die Ursachen für das blinde Übermaß von Intoleranz und Aggression auf beiden Seiten zu beleuchten.

[34] Vgl. W. Schmidbauer, Erziehung ohne Angst, München 1972

wußt motivierter, destruktiver Reaktionen entstehen. Auf der anderen Seite kann eine Erziehung, welche dem Kind einfach freien Lauf läßt, ohne ihm zur Seite zu stehen und ihm engagiert und teilnahmsvoll Einsicht in die Struktur seiner Kultur und in die seelischen Vorgänge anderer Menschen zu vermitteln, zu einer Pseudo-Autonomie führen. Das selbstherrliche Individuum muß spätestens in der Pubertät scheitern, wenn es versucht, dauerhafte, befriedigende soziale Beziehungen anzuknüpfen. Es ist durch die vernachlässigende No-Frustration-Erziehung, durch das Aufwachsen in einem menschlichen Vakuum, nicht auf Frustrationen vorbereitet. Mit ihnen konfrontiert, wird es entweder explosiv-destruktiv reagieren oder sich in eine auf die Dauer zerstörerische Scheinwelt zurückziehen, in der nach wie vor alle Spannungen sofort gelöst werden können (im Fall der süchtigen Entwicklung).

Der Drogensüchtige ist ein typisches Beispiel für Pseudo-Autonomie. Nicht Scham und Zweifel hat er gegen seine Autonomie eingetauscht, sondern diese selbst durch ein Surrogat ersetzt, das ihn in jeder anderen Richtung unabhängig macht, in einer einzigen jedoch radikal versklavt. Er braucht sein Suchtmittel, um sich frei, losgelöst, selbstherrlich zu fühlen. In einem Pamphlet gegen die Konsumgesellschaft[35] habe ich zu zeigen versucht, wie sehr solche suchtartige Pseudo-Autonomie das Leben in den Industriegesellschaften schlechthin durchtränkt. Damit schließt sich der Kreis unserer Überlegungen. Denn gerade jene vernachlässigende Erziehung, welche das Kind nicht akzeptiert, trägt, begleitet und ihm Grenzen setzt, sondern es allein läßt und mit Konsumgütern abspeist, gehört zu den wesentlichen Teilursachen der süchtigen Persönlichkeitsentwicklung und auch des Konsumverhaltens in seinen exzessiven Formen.

Offenbar können die Eltern ihren Kindern nur jenes Autonomie-Gefühl vermitteln, das sie aus ihrem eigenen Leben gewinnen. Verhängnisvoll ist es vor allem, wenn die Primärgruppe das Kind benötigt, um die eigenen Probleme zu verdecken und zu »lösen«. Das kann geschehen, wenn ein Kind der Kitt in einer zerbrechenden Ehe sein muß, wenn es einen fehlenden Partner ersetzen soll oder zum »hübschen jüngeren Selbst« der Mutter aufgeputzt und eingeengt wird. Die Konflikte und Widersprüche in der Primärgruppe werden vom Kind verinnerlicht und wiederholen sich dann möglicherweise zwangsläufig in seinem Le-

[35] W. Schmidbauer, Homo consumens, Stuttgart 1972

bensschicksal. In der Vergangenheit fast jedes neurotisch oder psychotisch reagierenden Menschen finden sich solche ambivalenten Strukturen der Gruppendynamik, welche die kindliche Ich-Entwicklung bestimmt haben. Bei noch keinem einzigen psychisch gestörten Menschen, den ich genauer kennenlernen konnte, war die Kommunikation in der Primärgruppe intakt, emotional wie rational kohärent, ein Dialog zwischen Gleichberechtigten. Hier einige Äußerungen von Patienten:

»Meiner Mutter war der Vater immer zu grob, zu primitiv. Sie gab mir viel, was ich eigentlich nicht haben sollte, und ich durfte es Vater nicht sagen. Wir haben auch gemeinsam Pläne gemacht, wie wir fortgehen wollen, in eine andere Stadt. Wenn der Vater heimkam, hatte ich Angst vor ihm.« Dieser Patient war in seinem späteren Leben dauernd vom Zwang verfolgt, eine Rolle zu spielen, gut zu sein, Eindruck zu machen, und zwar jenen Eindruck des gepflegten Weltmannes, der offensichtlich dem erotischen Ideal der Mutter entsprach. Sexuell stark gehemmt und unfähig, für seine Interessen einzutreten, quälten ihn Ängste, zu versagen (bezeichnenderweise vor allem im Sprechen – der Vater stotterte und drückte sich ungepflegt aus), die sich bis zu paranoischen Phantasien steigerten, von anderen Menschen beobachtet, verfolgt und attackiert zu werden. Die destruktiv gewordene, verdrängte Aktivität zeigte sich in sadistischen Phantasien (der Patient benutzte sadistische Pornographie-Szenen als Onanie-Anreiz und identifizierte später die geprügelten Frauen als seine Mutter) und anderen Symptomhandlungen. Er pflegte etwa im verschlossenen Zimmer Schattenboxen zu treiben und sich den Beifall oder die Pfiffe der Menge vorzustellen, wenn er einen schon angeschlagenen Gegner brutal fertigmachte.

»Mein Vater war fünfzehn Jahre jünger als meine Mutter und hat sie ständig betrogen. Als er sie heiratete, gingen sie getrennt zum Standesamt, weil er sich nicht mit ihr sehen lassen wollte – er auf der linken Straßenseite, sie auf der rechten.« Beide Kinder aus dieser Ehe, die um der Kinder willen geschlossen und aufrechterhalten wurde, kamen später in Psychotherapie.

»Meine Mutter hat meinen Vater nie verstanden. Er hat sich etwa bei mir beklagt, daß sie ihm nie einen richtigen Zungenkuß geben wollte. Ich konnte das schon, als ich sieben Jahre alt war, und der Vater redete auch lieber mit mir. Er war viel toleranter. Später wurde er aber ganz unberechenbar, weil er immer soviel trank, und da habe ich mich auf die Seite meiner Mutter gestellt.« Diese Patientin, die später stark depressiv reagierte, erzählte auch ein charakteristisches Beispiel, wie Autonomie und Initiative eines Kindes durch die Primärgruppe zerstört werden können. Sie wollte auf die Straße zum Spielen. Die Mutter war dagegen; als das Kind auf seinem Wunsch beharrte, packte die Mutter es und schrie: »Wenn du jetzt gehen willst, mußt du gar nicht mehr wiederkommen!« Damit schob sie das verängstigte Kind trotz seines Sträubens aus der Tür und schloß ab. Die ausgeprägte Ambivalenz, die sich in diesem Verhalten der Mutter ebenso ausdrückt wie in der gesamten Dynamik der Primärgruppe, beherrschte das spätere Leben der Patientin, ihre Ehe und auch den Verlauf ihrer Analyse, in der sie zwischen heftiger Übertragungs-Abhängigkeit und wütendem Agieren ihres Protestes gegen diese Abhängigkeit schwankte.

Rollenspiel, Rollenerwartung und Initiative

Das letzte Beispiel zeigt, wie eng nicht nur die Autonomie, sondern auch die Initiative, welche man dem Kind zugesteht, von der Primärgruppe und ihrer Dynamik abhängen. Beide Male handelt es sich um Gefühls-Aspekte der Neugieraktivität, die abgewiesen oder hilflos in einen Leerraum hinein entladen wird, wenn die Familiengruppe für sie unzugänglich bleibt. Dieser Gesichtspunkt verdeutlicht auch, warum Eriksons Zusammenstellung über die Epigenese der Ich-Identität im Lebenszyklus hier aufgegriffen wird. Tatsächlich realisiert Erikson den ersten Schritt zu einer Interaktions-Theorie des Ichs, in dem die vielfältigen Beziehungen zwischen der Primärgruppe und der Ich-Entwicklung deutlich werden. Die von ihm beschriebenen Gegensätze innerhalb der Phasen des Lebenszyklus enthalten durchweg ein Stück des Ich-Schicksals der Neugieraktivität, des konstruktiven Angehens der Umwelt, wobei die produktive, zukunftweisende Seite ein konstitutives Merkmal des Ich, die unproduktive ein Anteil der dynamischen Spannung zwischen Über-Ich und Es wird.

Die Dialektik von Initiative und Schuldgefühl führt die Spannung zwischen Autonomie und Scham/Zweifel fort. Das Kind hat – mehr oder weniger sicher, mehr oder weniger befangen – die Überzeugung gewonnen, eine eigenständige Person zu sein. Es hat sich von anderen Menschen abgegrenzt, ihrem Willen den seinigen entgegengesetzt, obschon es noch intensiv mit seinen Eltern verbunden ist. Gegen Ende des dritten Jahres wird nun das Laufen sicherer. Das Kind kann seine Aufmerksamkeit vom motorischen Vollzug und seinen möglichen Hindernissen ab- und sich den Möglichkeiten zuwenden, die ihm dadurch erschlossen wurden. Sein Radius von Zielen erweitert sich, wie es sein Sprechen zu den unerschöpflichen Möglichkeiten der verbalen Kommunikation – ihrer Schönheit und ihres Mißverstehens – tut. Damit wird es ihm auch möglich, »seine Phantasie auf so viele Rollen auszudehnen, daß es sich unvermeidlicherweise selbst mit dem erschreckt, was es geträumt und sich ausgedacht hat. Trotzdem muß das Kind aus alledem mit einem Gefühl der Initiative hervorgehen, als Grundlage für einen der Wirklichkeit gerecht werdenden Ehrgeiz und ein Gefühl sinnvoller Zielgerichtetheit[36]«.

Erikson beschreibt diesen Prozeß in einer Art, die sehr deutlich macht, wie wichtig für sein Konzept die Aktivität als energetische, autonome Ich-Funktion ist: Eine Krise löst sich auf, das Kind erscheint liebevoller, entspannter, klarer im Urteil, auf eine neue Art vital, aktivierter und aktivierender, mit einem Energie-Überschuß, über den es frei verfügen kann. Freud hat hier von der »Frühblüte der kindlichen Sexualität«, der »phallischen Phase« gesprochen. Bei Erikson ist dieses Thema das zuletzt genannte in einer Reihe anderer »eindringender« Verhaltensweisen: »1. Das Eindringen in den Raum durch kraftvolle Fortbewegung; 2. das Eindringen in das Unbekannte durch verzehrende Neugier; 3. das Eindringen in anderer Leute Ohren und Denken durch aggressive Stimme; 4. das Eindringen auf oder in anderer Leute Körper durch körperlichen Angriff; 5. und, oft sehr schreckerregend, die Vorstellung vom Phallus, der in den weiblichen Körper eindringt[37].«

Die phallische Aktivität erscheint also nur als ein Sonderfall der Neugieraktivität schlechthin, der allerdings dann zentrale Bedeutung gewinnt, wenn die Primärgruppe sich gerade diesem Teil kindlicher Aktivität hemmend und verbietend in den Weg stellt. Dadurch wird seine Bedeutung im kindlichen Seelenleben enorm unterstrichen. Ein Kleinkind wird bereitwillig seine Puppe hergeben, mit der es immer spielen darf, aber nur unter heftigstem Protest eine Schere oder ein Messer dem Erwachsenen aushändigen, deren Handhabung ihm nicht gestattet wurde. Es

[36] E. H. Erikson, Jugend und Krise, Stuttgart 1970, S. 117
[37] ebd., S. 118

scheint zum Wesen der Neugieraktivität zu gehören (und sicherlich richten ihr biologisches »Programm« und damit ihre Bedeutung für die stammesgeschichtliche Anpassung sich gerade darauf), daß sie unerforschten Stellen in der Umwelt, dem »verbotenen Zimmer« besondere Aufmerksamkeit zuwendet.

Das verdeutlichen nicht nur Märchen, in denen ein riesiges Gebäude erforscht werden darf – nur ein einziges, kleines Zimmer nicht. Und natürlich wird nun gerade dieses Zimmer erforscht, in dem der Zauberer z.B. die zerhackten Menschen aufbewahrt (eine deutliche Anspielung auf die Kastrationsdrohung, mit der die Primärgruppe der Sexualforschung des Kindes begegnet). Es gibt auch entsprechende Tierbeobachtungen. Konrad Lorenz schildert etwa, wie er seine zahmen, jungen Kolkraben, deren unbändige Neugieraktivität er anschaulich beschreibt, in den Käfig zurücklocken wollte. Alle Leckerbissen versagten; die Vögel ahnten offenbar die Absicht. Erst als Lorenz seinen Fotoapparat, der die Neugier der Kolkraben stets erregte, aber sorgfältig vor ihren prüfenden Schnabelhieben verwahrt worden war, in den Käfig legte, ließ sich der Kolkrabe verführen. Neugier ist also in diesen Fällen ein mächtigerer Antrieb als die Nahrungssuche. Sie richtet sich ganz besonders auf sonst verbotene oder zumindest vorenthaltene Gebiete. Diese Tendenz kann offenbar erhalten bleiben, selbst wenn die Verbote der Gruppe zu einer Verdrängung geführt haben, die sie aus dem Bewußtsein ausschließt. Die hartnäckige »Wiederkehr des Verdrängten« spricht dafür.

Die durch ein Verbot verstärkte und konzentrierte Neugieraktivität des Kindes und die hartnäckige Beständigkeit unbewußter Inhalte und Triebregungen (im Gegensatz zu bewußten Wünschen) könnten zumindest teilweise parallele Phänomene sein. Der Sinn (d.h. der phylogenetische Anpassungswert) einer solchen Gesetzmäßigkeit mag darin liegen, daß die Neugieraktivität ohnedies die Aufgabe hat, die Umwelt zunächst einmal zu einer gegliederten Struktur zu machen, in der die Erfüllung primärer Bedürfnisse sicher möglich ist. Sie wäre demnach das urprimäre Bedürfnis, dessen Einfluß noch vor jenem von Hunger, Durst, Sexualität usw. liegt, ebenso urtümlich wie die Angst, die ja immer ein Stück Orientierungslosigkeit und damit auch eine »blinde Stelle« in der situativen Struktur enthält. Solche blinden Stellen, gewissermaßen weiße Flecken in der Umwelt des Individuums, soll eben die Neugieraktivität zunehmend verkleinern und eliminieren. Dabei ist es biologisch nützlich, wenn sie im

Motivationsfeld eine besondere Anziehungskraft gewinnen, gewissermaßen zu Kraftzentren werden, die Energie an sich ziehen. Eben das besagt ja auch die Theorie von den unbewußten »Komplexen«, die Libido an sich binden, welche auf diese Weise andersartiger Verwendung entzogen wird[38].

Zwischen drei und sechs Jahren, in jener Zeit, die Freud als Frühblüte der kindlichen Sexualität und Periode des Ödipuskomplexes charakterisierte, verändern sich auch die sozialen Beziehungen des Kindes grundlegend. Dieser Wandel reicht weit über das ödipale Dreieck hinaus. Er umfaßt auch den Beginn des Zusammenschlusses mit Gleichaltrigen, des sozialen Austausches, der den (oft schon sehr leidenschaftlichen und langdauernden) Kinderfreundschaften zugrunde liegt. In diesen viel weiteren Rahmen einer zunehmend sozial orientierten Aktivität, die über die Neugier hinaus auf den Aufbau eines Netzes sozialer Beziehungen abzielt, werden die spezifisch phallischen bzw. genitalen Erregungen integriert.

Wie die früheste, vor allem von der motorischen Funktionslust getragene Neugieraktivität des Krabbel- und Kleinkindes dazu dient, die räumliche Umwelt zu strukturieren und feste Beziehungen zu wenigen, erwachsenen Objekten zu knüpfen, so richtet sich die soziale Aktivität mit dem dritten Lebensjahr mehr und mehr auf den Kontakt mit Gleichaltrigen. Ein erweitertes Netz sozialer Beziehungen wird aufgebaut, das über die Eltern hinausgeht. Das bisher selbstgenügsame, vor allem an der Perfektionierung motorischer Tätigkeiten interessierte Kleinkind sucht den Kontakt mit Gleichaltrigen aktiv und trennt sich sehr ungern von ihnen. (Die Isolierung eines Kindes in der Kleinfamilie, das dann sehnsüchtig auf fremde Kinder zuläuft, denen es auf der Straße begegnet, ist ein evolutionär höchst junges und psychohygienisch gewiß riskantes Phänomen.) Mit dem Beginn des Rollenbewußtseins und der Initiative, Rollen zu erfragen und in der Phantasie oder im Spiel auch zu übernehmen, werden zwei Konfliktsituationen ermöglicht: der Ödipuskomplex, in dem das

[38] In ›Der Wahn und die Träume in W. Jensens Gradiva‹ äußert Freud einen Gedanken zur »Wiederkehr des Verdrängten«, welcher die energetische Besetzung solcher vom Erleben bewußt ausgeschlossener Inhalte zeigt. Er schildert den Asketen, der sexuelle Versuchungen durch das Bild des Kruzifixes vertreiben will und nun anstelle des Gekreuzigten das Bild einer nackten Frau erblickt. Das Verdrängte benützt demnach ähnliche assoziative Bahnen, um wiederzukehren, wie bei der Verdrängung verfolgt wurden; »in und hinter dem Verdrängenden macht sich endlich siegreich das Verdrängte geltend«. (S. Freud, Ges. Werke VII, 60f.)

Kind die sexuelle Rolle eines Elternteils übernimmt, und der »Penisneid«, in dem das Mädchen höchst reale soziale Vorrechte des Jungen zum ersten Mal wahrnimmt und nicht akzeptieren will.

Ob dieser Neid real auf das männliche Geschlechtsorgan gerichtet ist oder vorwiegend bzw. ausschließlich den sozialen Geschlechtsunterschied betrifft, ist schwierig zu entscheiden. Wenn man nur die Genitalfunktionen betrachtet, wäre ein Uterusneid ebenso denkbar, da der Mann unfähig ist, Kinder zu gebären. Die Feministen[39] sind wohl im Recht, wenn sie darauf hinweisen, wie unglaubwürdig eine Formulierung des Penisneides ist, in der die sozialen Privilegien des Mannes überhaupt nicht erwähnt und der ganze Konflikt auf die biologische Ebene reduziert wird. Auf der anderen Seite sollte man bedenken, daß die Genitalien während der phallischen Phase (und späterhin) nicht nur Instrumente realer oder phantasierter libidinöser Interaktionen sind, sondern auch, ja vor allem, eine enorme narzißtische[40] Besetzung tragen.

Das bedeutet, daß der Besitz sichtbarer, vorweisbarer Geschlechtsorgane im Zentrum narzißtischer Strebungen und Empfindlichkeiten des Kindes steht. Damit werden die realen, im psychoanalytischen Material nachweisbaren Kränkungen durch das Fehlen des Penis nicht mehr biologisierend erklärt, sondern gruppendynamisch faßbar. Der phallische Narzißmus, der Wunsch, die Bewunderung des Genitale (auch als eines Ortes erster Lustempfindung) zu erwecken, ist ein wichtiges Thema in der Reihe kindlicher Erwartungen nach unmittelbar bestätigender, akzeptierender Widerspiegelung seiner leiblichen Existenz und seiner seelischen wie körperlichen Funktionen. Die Thematik des Penisneides wird dabei zu einem Gruppenprozeß, in dem die elementare körperliche Beschaffenheit erst ihren Erlebniston erhält, ja für das kindliche Bewußtsein Realitätscharakter annimmt. Dabei kann sowohl der Junge entscheidend in seinem Narzißmus gekränkt werden (indem man ihn spüren läßt, wie klein seine Genitale im Vergleich zu dem des Vaters ist), wie auch das Mädchen. Für den Jungen ist es ein ebenso schwacher Trost, wenn man ihm versichert, daß sein Penis wachsen werde, wie es das Mädchen trösten kann, daß in seinem Inneren ein unsichtba-

[39] Z. B. K. Millet, Sexus und Herrschaft, München 1971. – G. Greer, Der weibliche Eunuch, Frankfurt 1971

[40] H. Kohut, Überlegungen zum Narzißmus und zur narzißtischen Wut, Psyche 27, S. 528 f., 1973

res Organ ist, das später dazu dienen wird, Kinder zu tragen und zu gebären[41]. (Die narzißtische Besetzung des Genitale trägt übrigens auch sehr dazu bei, die Kastrationsangst zu verschärfen.)

Was macht nun die Gruppe mit den Konfliktsituationen, die durch die Fähigkeit des heranwachsenden Kindes entstehen, fremde Rollen vom eigenen Ich abzugrenzen und sich spielerisch in diese Rollen zu versetzen? Das hängt auch davon ab, welche kulturellen Forderungen an die Primärgruppe gestellt werden. Wir haben bereits verfolgt, wie stark die rudimentäre Genitalität des Kindes in der phallischen Phase durch Verbote und Drohungen stimuliert werden kann (hinter denen nicht selten eine unbewußte verführerische Absicht steht: die Mutter reagiert auf die Onanie des kleinen Jungen mit einem so affektgeladenen Verbot, daß der Ton ihrer Stimme genau das Gegenteil von dem aussagen kann, was der Inhalt ihrer Worte fordert).

Der Ödipuskomplex ist keine (oder doch zumindest nicht nur) kindliche Phantasie, sondern eine höchst reale Familiendynamik, in dem die Kinder gar nicht selten genau jene Rollen übernehmen, welche ihnen ihre Eltern unbewußt abverlangen. Häufig sind es auf die eigenen Kinder gerichtete sexuelle Phantasien, in denen sich der Ödipuskomplex des Erwachsenen erneut konkretisiert. Zwei Strömungen laufen einander entgegen, beide undeutlich, zum großen Teil verdrängt: die ödipalen Neigungen des Kindes, die es in einer Art Rollenexperiment auf den Erwachsenen richtet, und die Wünsche des Erwachsenen, sich im (auch sexuellen) Kontakt mit dem Kind selbst zu verjüngen. Das Kind kann es nicht erwarten, jene Macht und Einsicht zu erobern, die es den Erwachsenen zuschreibt, während der Erwachsene sich in der ödipalen Dialektik zum Kind zurückwendet und auf diese Weise Alter und Tod zu überwinden hofft. Das Schuldgefühl, welches sich um diese Zeit zum ersten Mal beobachten läßt, hängt eng mit dieser Dialektik zusammen und verbindet bald als eine Art gemeinsamer Nenner die kindlichen und die Phantasien des Erwachsenen. In den auf Leistung und Konkurrenz abgestellten Gesellschaften, aus denen unsere Patienten kommen, spielt sich in der phallischen Phase auch der erste Versuch des Kindes ab, mit anderen in Wettbewerb zu treten, was häufig in den Familiengruppen »pädagogisch« ausgenützt wird. Geschwister, Nachbarskinder oder die eigene, idealisierte Kindheit wer-

[41] ebd., S. 529

den als Vorbilder gepriesen, denen das Kind nacheifern soll. Das Schuldgefühl verbindet sich so früh mit dem Empfinden, durch die eigene Initiative und Anstrengung ein solches Vorbild nicht erreichen zu können: im sexuellen Bereich, genital nicht ernstgenommen zu werden und unauslöschlich im Nachteil gegenüber dem Vater bzw. der Mutter zu sein; im Bereich der Aktivität, den älteren Menschen in kaum einer Hinsicht gewachsen zu sein. Während es in der analen Phase darum ging, die eigene Aktivität vor den kontrollierenden Eingriffen anderer Menschen abzugrenzen und zu schützen (an ihr und an den eroberten Dingen festzuhalten, sie nicht herzugeben[42]), führt die phallische Initiative zu einem vorwegnehmenden Anspruch: Das Kind will jene Positionen erreichen, die – anscheinend unangreifbar – von den Erwachsenen besetzt sind und mit ihrer überlegenen Ausrüstung verteidigt werden. Typisch sind Größenphantasien. Das Kind ist ein menschenfressender Riese, ein Bär, ein wilder Tiger, ein Walfisch, der mit Menschen umspringt wie mit Puppen, alle Verbote übertritt und mächtiger ist als alle Welt. In seinen Träumen hingegen fürchtet es sich vor wilden Tieren, Schlangen, dem Teufel, dem schwarzen Mann, Einbrechern und was sonst die Gruppe an Angstinhalten anbietet. Den Größenphantasien steht die Angst vor Beschädigung, Verletzung, der »Kastrationskomplex« gegenüber.

Weil das Kind nun soziale Rollen wahrnehmen und erproben kann, entwickeln sich auch die Grundlagen des Rollenvergleichs und – da aus dem Vergleich das Urteil erwächst – der Rollenkritik, die naturgemäß eng mit der Rollenverteilung und Dynamik der Primärgruppe verbunden sind. Um mit Freud zu sprechen: Diese Kritik und ihre Entwicklung begleiten den Untergang des Ödipuskomplexes; das Über-Ich tritt dessen Erbe an. Die kritische, vor allem das Ich kritisierende Instanz des Gewissens greift die schon vorher wirksamen Kontrollmechanismen der Beschämung und des Zweifels auf, verstärkt und verinnerlicht sie. So wird das Gewissen zum Herrscher über die Initiative, und wiederum hängt es von der spezifischen Gestalt der Primärgruppe ab, ob das Gewissen Initiative lähmt und zerstört oder sie reguliert und durch die von ihm geförderte Reflexion effektiver macht. Die »Bösartigkeit« des Über-Ich drückt sich in lähmenden Depressionen aus, die das Kind und den Erwachsenen immer

[42] Harald Schultz-Hencke, Lehrbuch der analytischen Psychotherapie, Stuttgart 1970, spricht von einem »retentiven Antriebserleben« in der analen Phase.

dann befallen, wenn ein bestimmtes Idealziel nicht erreicht wird. Vor der übergroßen Aufgabe verzweifelnd, resigniert das Ich und kann nun nicht mehr durch eine realistische Politik der kleinen Schritte, des allmählichen Einübens der notwendigen Fertigkeiten das gesteckte Ziel erreichen, selbst wenn dieses durchaus im Rahmen seiner Möglichkeiten läge.

Eine Mutter, deren Tochter ein solches bösartiges Über-Ich ausbildete, hatte das Mädchen symbiotisch an sich gefesselt und ihm jede eigene Identität verboten. Durch rigorose Spaltung der »guten« und »schlechten« Eigenschaften, euphorisches Lob auf der einen und destruktive Kritik auf der anderen Seite wurde die Ich-Entwicklung zu einer autonomen Persönlichkeit blockiert, die Tochter zum narzißtischen Sozialwerkzeug und hübschen jüngeren Selbst der Mutter aufgebaut. Nur im Rahmen psychotischer Reaktionen konnte sie wahnhaft ihre Ängste vor der verfolgenden, kastrierenden Mutter ausdrücken und gegen diese protestieren, kehrte nachher aber stets zur Mutter zurück.

Als die Patientin heiratete, gelang es ihr zum ersten Mal, sich von der Mutter zu distanzieren. Doch war ihr das nur möglich, weil sie eine ganz ähnliche, symbiotische Beziehung zu ihrem Mann einging. Dadurch gelang es ihr immerhin zum ersten Mal, aggressive Auseinandersetzungen mit ihrer Mutter durchzustehen und den destruktiven Anspruch der Mutter zu erkennen. Als diese einmal einsehen mußte, daß die symbiotische Beziehung zu ihrer Tochter nicht wiederherzustellen war, sagte sie wütend: »Was bist du schon? Ein Nichts!« Diese zerstörerische Prophezeiung suchte die Tochter später, als die Ehe in eine Krise geriet und ihr Mann sich zunehmend gegen ihre Ansprüche abgrenzte, unbewußt zu erfüllen. Sie verfiel in eine lähmende Depression, sah sich vollkommen vernichtet und kämpfte gegen die Vorstellung, lebenslang in eine Nervenheilanstalt gehen zu müssen. Ihre Initiative war vollständig gelähmt.

Diese Selbst-Lähmung durch ein bösartiges Über-Ich ist häufig auch die Wurzel neurotischer Arbeitshemmungen. Weil das Ideal einer vollkommenen Leistung nicht sofort erreicht wird, bleibt das Ich passiv und unternimmt gar nichts. Die Bösartigkeit des Über-Ich steht dabei in einer engen Beziehung zu der Verwandlung konstruktiver Neugieraktivität – also der zentralen energetischen Ich-Funktion – in destruktive Aggression und in einen selbstzerstörerischen »Todestrieb«. Dieses Triebschicksal, das für eine evolutionstheoretische Betrachtung der menschlichen Aggression sehr bedeutsam ist[43], soll noch gründlich untersucht werden.

Je nachdem, wie die bisherigen Interaktionen zwischen der Primärgruppe und dem Kind ausgesehen haben, kann die Einschränkung der phallischen Initiative (die weit über den sexuellen Bereich hinausgeht, jedoch in ihm einen besonders deutlichen Ausdruck findet, weil sich gegenüber den kindlichen Sexualproblemen die Gruppendynamik oft besonders eindrucksvoll konstelliert) zu verschiedenen Folgen führen. Häufig waren bereits frühere Stadien der Ich-Entwicklung gestört – Vertrauen und Autonomie sind schwerwiegend eingeschränkt. Dann treten zu den narzißtisch-schizoiden und zwanghaften Ich-Veränderungen solche »hysterischen« Charakters hinzu.

Wenn hingegen die Erlebnisunfähigkeit und Ablehnung der Familiengruppe erst jetzt das Kind schwer zu belasten beginnt, dann kann eine hysterische Verleugnung und Selbsteinschränkung die Folge sein, wie sie tatsächlich zu Freuds Zeit noch die Symptomatik der Neurosen beherrschte. Teilweise oder vollständige sexuelle Impotenz bzw. Frigidität können die unmittelbaren, eingeschränkte Initiative und panische Angst, sich durch konsequentes, gerichtetes Streben nach einer sozialen Identität selbst einzuengen und zu kastrieren, die mittelbaren Folgen sein. Solche Menschen erlernen oder erproben lieber zehn Berufe, als in einem einzigen wirklich konsequent ihre Identität zu suchen, und das gleiche gilt für ihre mitmenschlichen Beziehungen. Einengung und Angst durch das feindselige Über-Ich werden möglicherweise auch durch ein Zurschaustellen unermüdlicher Aktivität und Initiative verdeckt. »Viele Erwachsene haben das Gefühl, daß ihr Wert als Mensch völlig in dem besteht, was sie in der Zukunft ›anpacken‹ werden, und nicht in dem, was sie in der Gegenwart sind. Die Anspannung, die sich infolgedessen in ihren Körpern entwickelt, die immer ›in Gang‹ sind, mit laufendem Motor auch in Augenblicken der Ruhe, ist ein folgenschwerer Beitrag zu den vieldiskutierten psychosomatischen Krankheiten unserer Zeit. Es ist gerade so, als hätte die Kultur einen Menschen veranlaßt, übermäßige Reklame für sich selbst zu machen und sich so mit seiner eigenen Reklame zu identifizieren, daß nur noch die Krankheit eine Grenze setzen kann[44].«

Für die Spannung zwischen Initiative und Schuldgefühl, zwischen ihrer selbstsicheren Aktivität und zerstörerischer, verin-

[43] Vgl. auch W. Schmidbauer, Die sogenannte Aggression, Hamburg 1972

nerlichter Selbstkritik ist endlich noch eine kulturelle Veränderung von großer Bedeutung: Der Schritt zur »vaterlosen Gesellschaft«, zur Kleinfamilie, für das Kind von der kreativen Auseinandersetzung des Vaters mit der wirtschaftlichen und gesellschaftlichen Realität zur anonymen Abwesenheit des Vaters und nicht selten auch der Mutter[45].

Durch ihr eigenes Beispiel und durch die vorbildhaften Handlungsmodelle in Mythen und Märchen bieten in den statischen Gesellschaften die Erwachsenen den Kindern ein idealtypisches Ethos der Aktion an. Damit wird dem Kind, das allmählich die Aussichtslosigkeit seiner ödipalen Wünsche begreift, ein Ausweg für seine vitale Aktivität angeboten. In der Kleinfamilie ist das oft nicht mehr möglich. Wir haben schon gesehen, wie dadurch die Über-Ich-Bildung verstärkt wird. Es ist auch nicht mehr möglich, daß Vater und Sohn, Mutter und Tochter in gemeinsamer Arbeit, deren Wert für das Leben der Familie ohne weiteres einsichtig ist, ihre Rivalitäten und Haßgefühle überwinden. Dadurch ließe sich eher ein starkes, nicht strenges Gewissen aufbauen als durch die Gebote und Verbote, welche in der Kleinfamilie die oft einsame Auseinandersetzung des Kindes mit der Realität begleiten. Welche Folgen für die kindliche Entwicklung die Unmenge widerspruchsvoller, anschaulicher, doch rein passiv erlebter Vorbilder und Handlungsmodelle hat, welche den Kindern in den Massenmedien – vor allem im Fernsehen – angeboten wird, läßt sich noch nicht sagen.

[44] E. H. Erikson, Jugend und Krise, Stuttgart 1970, S. 123
[45] A. Mitscherlich, Auf dem Weg zur vaterlosen Gesellschaft, München 1963

Das Konzept der energetischen Ich-Funktionen als primärer, biologisch bedingter Motive menschlichen Handelns ist nur im Rahmen einer gruppendynamisch orientierten Theorie des Verhaltens sinnvoll. Erst in der Interaktion des Kindes mit seiner sozialen Umwelt scheiden sich Ich und Es, wobei die Psychoanalyse – ihrem klinischen Ausgangspunkt getreu – sich lange Zeit fast ausschließlich auf jene energetischen Ich-Funktionen konzentrierte, die von der Primärgruppe eingeengt, verworfen und demzufolge vom Kind verdrängt wurden. Sie konstituieren in der zweiten Topik Freuds das Es, welches »nur wünschen« kann, auf eine gänzlich unrealistische, nicht logisch kontrollierte und primärprozeßhaft bestimmte Weise. Wir haben bereits beschrieben, wie hier das Resultat der individuellen Entwicklung zu ihrem Anfang wurde, weil man die Bedeutung der Gruppe für das Individuum verkannte.

Die Theorie der energetischen Ich-Funktionen[1] macht nun eine ganze Reihe herkömmlicher, teilweise sehr umstrittener Auffassungen der Psychoanalyse überflüssig. Das gilt vor allem für die Sublimierungstheorie Freuds und die Neutralisationshypothese von Hartmann. Doch wirft sie auch einige neue Fragen auf. Robert W. White, den ich als Vorläufer eines evolutionstheoretischen Konzeptes ansehe, hat sein bereits erwähntes Kompetenz-Modell scharf von dem Trieb-Modell abgegrenzt. Triebe entstehen, sagte White, aus Mangelzuständen und machen sich als mächtige, andauernde innere Reize bemerkbar, die den Organismus aus seiner homöostatischen Ruhe herausreißen und Aktivitäten in Gang setzen, die letzten Endes das Defizit beseitigen; damit tritt Triebbefriedigung ein. Nach dem Triebkonzept stellt diese Befriedigung die motivierende Kraft dar, die als auslesendes Prinzip bestimmt, welche Verhaltensweisen beibehalten oder abgelegt werden. Was wir von der Welt wissen und in ihr tun, wird durch den Zwang zur Befriedigung ständig wiederauftauchender, zyklischer Bedürfnisse bestimmt.

Diese Theorie, die von vielen älteren Lernpsychologen (z.B. Skinner, Hull, Thorndike) vertreten wird und auch dem psycho-

[1] Wenn in Zukunft gelegentlich von »Antrieb« oder Trieb die Rede ist, sind durchweg solche »energetischen Ich-Funktionen« gemeint, die primär ebenso im Dienst des Ich stehen wie andere Ich-Funktionen.

analytischen Modell der Libidotheorie entspricht, reicht nun nicht aus, um eine ganze Reihe tierexperimenteller Befunde und auch Beobachtungen an Menschen zu erklären. Tiere können auch dann Lernprozesse absolvieren, wenn sie kein anderes Bedürfnis befriedigen als aktiv zu sein und ihre Umwelt zu explorieren[2]. Das gleiche gilt für Kinder. White weigert sich nun aber, hier einen neuen Trieb – etwa Neugieraktivität – anzunehmen, weil er diese »neuen« Triebe für allzu verschieden von den »alten« Trieben Sexualität, Hunger, Durst, Schmerzreduktion hält. Hier ist allerdings schon anzumerken, daß auch diese Triebe in sich sehr verschieden sind. Die Verwandtschaft zwischen Hunger und Durst etwa ist sehr eng; in beiden Fällen handelt es sich um lebensgefährliche Mangelzustände, welche die Existenz des Individuums unmittelbar bedrohen. Die Sexualität ist ebenfalls ein machtvoller, bei Tieren zyklisch durch Hormonausschüttung gesteigerter, beim Menschen weitgehend dauernd wirksamer Antrieb. Allerdings kann er ohne Bedrohung für das unmittelbare Überleben des Individuums von der Gruppe verleugnet und damit – ganz oder teilweise – verdrängt werden, da er sich primär nicht auf die Selbst-, sondern die Arterhaltung (und daneben auf die Stabilisierung von Paarbindungen[3]) richtet. Bei Hunger und Durst ist das nicht möglich.

Wenn man das Trieb-Konzept auf Aktivität, Manipulation und Exploration ausdehnt, dann verliert es seinen alten, präzisen Sinn eines durch viszerale Mangelzustände und körperliche Begierden geprägten Geschehens, sagt White[4]. Doch ist dieser Vorbehalt unschwer zu entkräften. White übersieht nämlich die Tatsache, daß viszerale Mangelzustände (z.B. der sprichwörtliche »leere Magen«) nur ein Aspekt des komplexen Triebgeschehens sind. Die neurophysiologische Forschung hat ganz eindeutig gezeigt, daß nicht der viszerale Mangelzustand den »Hungertrieb« ausmacht, und auch nicht das Streben nach Lustgewinn aus erogenen Zonen den »Sexualtrieb«, sondern daß beide von

[2] Vgl. H. Harlow, Mice, Monkeys, Men and Motives, Psychol. Rev. 60, 1953, S. 23–32. – R. A. Butler, Exploratory and Related Behavior, a New Trend in Animal Research, J. indiv. Psychol. 48, 1958, S. 111–120. – D. E. Berlyne, Novelty and Curiosity as Determinants of Exploratory Behavior, Brit. J. Psychol. 41, 1950, S. 68–80

[3] Vgl. W. Wickler, Sind wir Sünder, München 1969, der diese Funktion der Sexualität ausführlich und mit reichem Material aus der vergleichenden Verhaltensforschung schildert.

[4] R. W. White, Competence and the Psychosexual Stages of Development, in: Jones (Hrsg.), Nebraska Symposion on Motivation, Lincoln 1960, S. 102

einem zentralnervösen Apparat im Stammhirn gesteuert werden. Und das gleiche gilt für die Aktivität schlechthin, für Exploration und Manipulation der Umwelt, die in einem rückgekoppelten Prozeß zu einer ständigen Vervollkommnung der sensomotorischen Bewältigungsmechanismen von Tier und Mensch führen.

Wie stark der Aktivitätstrieb bei Tieren ist, zeigt sich an den Käfigreaktionen – dem monotonen Hin- und Herlaufen oder Schaukeln gefangener Tiere, die ihre motorischen Bedürfnisse auf keine andere Weise mehr loswerden können. Hier handelt es sich gewiß nicht um die »Effektanz«, d.h. die wirksame Veränderung der Umwelt, in welcher White die motivierende Kraft hinter der Neugieraktivität sieht, sondern um ein primäres, kontinuierliches, zentralnervös gesteuertes biologisches Bedürfnis, das sich nur in seinem Ziel, nicht aber in seiner Quelle von anderen Bedürfnissen – Hunger, Sexualität – unterscheidet. Hier wie dort ist die primäre Ursache eine endogene, zentralnervöse Reizquelle, deren Bedeutung seit den Forschungen von Erich von Holst klarer geworden ist[5]. Die Rückmeldungen von der Körperperipherie bzw. von viszeralen Organen oder erogenen Zonen dienen vorwiegend dazu, die Tätigkeit dieser primären Triebquelle zu steuern bzw. die Abfuhr triebspezifischer Energien zu ermöglichen. Die dem Psychoanalytiker bekannte »Libidinisierung der Körpermuskulatur«, die damit als Ganze zu einer »erogenen Zone« wird, drückt dasselbe in der Sprache der Libido-Theorie aus, verkennt aber die so wesentliche zentralnervöse Steuerung dieser Prozesse. An anderer Stelle habe ich erläutert, daß die Neugieraktivität beim Menschen das primäre Bedürfnis ist, während die (zerstörerische) Aggression reaktiv entsteht und nur durch die Umformung und Verdrängung anderer primärer Bedürfnisse einen scheinbar spontanen Charakter gewinnt[6]. Daß Neugieraktivität ein primäres Bedürfnis ist, wird zunächst einmal aus Tierbeobachtungen deutlich, in denen sie eine starke motivierende Kraft entfaltet.

Auf der anderen Seite ist nicht zu verkennen, daß die Befriedigung der Neugieraktivität anders aussieht als die der »klassischen« Triebe Sexualität oder Hunger. Während diese einen Mangel beseitigen – einen Mangel an Individuen in der Art oder einen Mangel an lebenswichtigen Stoffen im Individuum – ist die Neugieraktivität zentrifugal, sie richtet sich besonders auf neue,

[5] E. von Holst, Zur Verhaltensphysiologie bei Tieren und Menschen, Bd. I u. II, München 1969 u. 1971

[6] W. Schmidbauer, Die sogenannte Aggression, Hamburg 1972

unbekannte Objekte. Eine Komponente dieser Art läßt sich freilich auch in der Sexualität und im Hunger nachweisen: Beide Bereiche des Lebens lassen zumindest bei manchen Menschen eine Tendenz erkennen, bekannte und vertraute Sexualobjekte bzw. Speisen durch neue, unbekannte zu ersetzen. Dabei streitet häufig eine zentrifugale, progressive Tendenz mit einer zentripetalen, regressiven. Im Bereich des Hungers läßt sich die progressive mit der etwa im Rom der Kaiserzeit so oft beschriebenen Neigung verbinden, stets neue, raffiniertere und merkwürdigere Speisen auszudenken und zu konsumieren. Die regressive Tendenz kann man auf die Formel des Sprichworts bringen: »Was der Bauer nicht kennt, das frißt er nicht!« In der Sexualität lassen sich häufig erstaunliche Zunahmen von Libido und Potenz gegenüber einem neuen Sexualobjekt im Gegensatz z. B. zu der seit vielen Jahren vertrauten Ehefrau beobachten. Auf der anderen Seite kann es geschehen, daß mit dem Tod eines vertrauten Sexualpartners eine vorher durchaus bestehende sexuelle Aktivität ersatzlos verlöscht und auch kein Interesse besteht, sie wieder aufzunehmen.

Es wäre möglich, hier von Legierungen zwischen Sexualität bzw. Hunger mit Neugieraktivität zu sprechen. Diese Legierungen entsprächen – auf der Ebene energetischer Ich-Funktionen – jenen Verbindungen von Lebens- und Todestrieben, die in Freuds zweiter Topik eine so große Rolle spielen. Freuds Formulierungen zur Triebmischung sind ein sehr wichtiges Teilstück auch einer evolutionstheoretisch orientierten Konzeption. Sie weisen auf ein Antriebsmodell hin, das den höheren Wirbeltieren eigentümlich ist und sich sehr von den hierarchisch aufgebauten Instinkten der Insekten und niedrigen Wirbeltiere unterscheidet. Man könnte die Stellung eines Lebewesens in der Evolution teilweise sogar daran ablesen, inwieweit es zur »Triebmischung« fähig ist. Im Fall der klassischen Instinkthandlung versetzt die zentralnervöse Erregungsproduktion das Tier in einen Unruhezustand, der es dazu führt, daß es durch das sogenannte »Appetenzverhalten« aktiv die auslösende Situation für die »consummatory action«, wie sie Wallace Craig nennt, die »triebverzehrende Endhandlung« sucht. In diesem Appetenzverhalten werden sehr verschiedene Verhaltensmuster aktiviert, viele von ihnen sind erlernt. Das Lebewesen wartet ja in der Regel nicht passiv, bis die für sein Überleben notwendigen Milieuveränderungen (Annäherung eines Beutetiers, genießbarer Pflanzen usw.) eintreten. Es ist keine »Reflexmaschine«, die nur auf Umweltreize reagiert, sondern sucht von sich aus Gelegenheiten, die »triebverzehrende Endhandlung« ablaufen zu lassen, kehrt etwa an Orte zurück, wo es schon öfter Futter oder einen Sexualpartner fand, verbindet dabei ererbte (etwa Sichern) mit erlernten (etwa Klettern) Verhaltensweisen. Das Appetenzverhalten ist höchst variabel, die eigentliche Instinkthandlung, das »Ziel« des Verhaltens, bei den niedrigen Wirbeltieren kaum.

Gerade die ethologischen Forschungen zum Appetenzverhalten, welche die Bedeutung dieser motivationalen Komponente in der tierischen Verhaltenssteuerung eindeutig belegen[7], lassen eine Unterscheidung zwischen energetischen Ich-Funktionen (bzw. autonomen Ich-Energien im Sinn der Effektanz Whites oder des »Bemächtigungstriebes« von Hendrick) und Trieben wenig plausibel erscheinen. Denn Neugieraktivität (Schmidbauer), Effektanz (White), Bemächtigungstrieb (Hendrick) oder konstruktive Aggression (Ammon) entsprechen, ethologisch gesehen, einem unspezifischen, noch nicht auf konkrete, vitale Triebbedürfnisse festgelegten Appetenzverhalten. Es handelt sich also gar nicht um einen »neuen« eigenen Trieb bzw. eine neue Ich-Funktion, sondern um den unspezifisch-energetischen Aspekt, den man bereits bei den Instinkthandlungen der Wirbeltiere beobachten kann, um das Appetenzverhalten. Evolutionstheoretisch gesehen, läßt sich die Entwicklung (im Anschluß an die Auffassung von Paul Leyhausen[8]) so vorstellen: Je mehr die Verhaltenssteuerung durch Lernen erfolgt, desto stärker lösen sich Appetenzverhalten und triebverzehrende Endhandlung (Instinkthandlung, Erbkoordination) voneinander ab. Die zentralnervöse Produktion reaktionsspezifischer Energien nimmt die Form eines Aktivierungs-Reservoirs an, welches die für eine ontogenetische, durch Lernen vollzogene und aufgebaute Verhaltenssteuerung notwendige Energie liefert. Die auf umrissene Schlüsselreize ansprechenden angeborenen auslösenden Mechanismen (AAMs) werden zu Emotionen und Affekten, die ein breites Spektrum verschiedener Verhaltensweisen motivieren können.

Der biologische Sinn dieses neuartigen Antriebsapparates liegt vor allem darin, daß die Spielbreite möglicher Anpassungsformen erheblich gesteigert wird. Die Neugieraktivität und das von

[7] K. Lorenz, Über tierisches und menschliches Verhalten, Ges. Abhandlungen I u. II, München 1965

[8] P. Leyhausen/K. Lorenz, Antriebe tierischen und menschlichen Verhaltens, München 1968

ihr getragene explorierende und manipulative Verhalten sind zwar nicht von *aktuellem*, aber von sehr hohem *potentiellen* Überlebenswert. Das wird schon im Tierversuch deutlich: Eine Ratte, die ein Labyrinth, in dem sie keinerlei aktuelle Bedürfnisse befriedigen kann, auch nicht erforschen, sondern sich ruhig hinlegen würde, wäre benachteiligt, wenn später tatsächlich rasche Orientierung in diesem Labyrinth dem Überleben dienen könnte.

Wenn Einsicht in eine bestimmte Situation gewonnen werden kann, ist dieses zum »Probehandeln« in einer ungefährlichen und zunächst unverbindlichen Bewußtseinswelt erweiterte Lernen jeder anderen denkbaren Form einer Verhaltenssteuerung weit überlegen. Im unspezifischen Appetenzverhalten der Neugieraktivität findet dieses Lernen nun seine energetische Basis. Dabei muß man davon ausgehen, daß alle bei niedrigeren Tieren noch als umrissene Instinkthandlungen erkennbaren, ursprünglich triebverzehrenden Erbkoordinationen nicht etwa vollständig abgebaut worden sind – das widerspräche der Erfahrung in der Evolutionsforschung ebenso wie dem Sparsamkeitsprinzip der Evolution selbst –, sondern nur umgewandelt wurden.

Diese Verwandlung läuft darauf hinaus, daß sich die einzelnen, ursprünglich instinktiven Komponenten eines Funktionskreises verselbständigen und nicht mehr auf einen unmittelbaren biologischen »Zweck« gemünzt sind[9]. Daher »verfügt das Säugetier ... über einen ›Antriebsüberschuß‹, der es seine Umwelt in vielerlei Weise und Richtung erkunden und eine ›Welterfahrung‹ gewinnen läßt, die weit über das zur unmittelbaren Lebensfristung und Fortpflanzung Nötige hinausgeht[10]«.

Allerdings verwendet Leyhausen in diesem Zusammenhang noch den angreifbaren Begriff des »Instinktreichtums« der höheren Säuger. Hier besteht die Gefahr einer doppelgleisigen, widersprüchlichen Verwendung des Instinktbegriffs, auf die ich schon mehrmals hingewiesen habe[11]. Denn beim Menschen lassen sich ja vorwiegend affektive Zustände und emotionale Anmutungen bzw. Lustgefühle als »Motive« eruieren, nicht mehr die verhaltenskonstanten, starr ablaufenden »Instinkthandlungen«. Wo

[9] P. Leyhausen, Die Funktion der relativen Stimmungshierarchie, in: K. Lorenz/P. Leyhausen, Antriebe tierischen und menschlichen Verhaltens, München 1969, S. 272

[10] ebd., S. 272

[11] W. Schmidbauer, Methodenprobleme der Humanethologie, Studium Generale 24, 1971, S. 465 f. – Ders.: Biologie und Ideologie, Hamburg 1973

diese fehlen, halte ich es mit vielen anderen Ethologen für sinnlos, von Instinkten zu sprechen. Auf der anderen Seite steht durch die neurophysiologische Forschung von E. R. Hess, J. Delgado und anderen[12] fest, daß die Produktion zentralnervöser, aber oft nicht mehr aktions-, sondern affekt-spezifischer Energie sowohl den instinktiv wie den durch Einsicht gesteuerten Verhaltensweisen zugrunde liegt. Aber es ist eben etwas anderes, ob eine zentralnervöse Stimulation sofort zu einem bestimmten Verhalten führt oder ob sie zunächst einmal ein inneres Probehandeln, d.h. einen Denkprozeß auslöst. Die durch Erich von Holst in ihrem Aggressionszentrum stimulierten Hähne griffen sofort den Pfleger an, dem sie sonst immer freundlich begegneten[13]. In Delgados Experimenten mit Affen, bei denen die Impulse telemetrisch ausgelöst wurden, griff der gereizte Affe nicht seine »Freunde«, sondern seine »Feinde« an, d.h. Tiere, die auch sonst bevorzugt das Objekt seiner Aggressionen waren.

Die engen Funktionszusammenhänge zwischen den spezifischen Appetenzen (z.B. »Hunger« und »Libido«) und der unspezifischen Neugieraktivität sind heute wohl eindeutig erwiesen, aber noch nicht neurophysiologisch definierbar. Zwei Modelle lassen sich konstruieren:

1. Die Neugieraktivität verfügt über eine spezifische Energiequelle in Richtung auf Exploration, Manipulation und Reizsuche, die *neben* den übrigen aktionsspezifischen Energiequellen besteht.

2. Die Neugieraktivität beruht auf einer zusammenfassenden Apparatur, welche die überschüssige Produktion der übrigen, auf spezifische biologische Bedürfnisse ausgerichteten Energiequellen sammelt und in ein allgemeines »Aktivierungsniveau« umsetzt.

Es ist durchaus denkbar, daß erst beide Modelle zusammen ein korrektes Bild ergeben. Neben der spezifischen Energiequelle kann es durchaus sein, daß der Abzug von anderen, aktionsspezifischen Energien und die Legierung mit diesen zu wirksamen Motiven der Neugieraktivität werden. Die Neurophysiologie hat in diesem Zusammenhang die Theorie der »allgemeinen Aktivierung« entwickelt, für welche die Formatio reticularis im Stammhirn eine wichtige Rolle spielt. Sie steht in enger funktio-

[12] E. R. Hess, Psychologie in biologischer Sicht, Stuttgart 1970. – J. Delgado, Gehirnschrittmacher, Berlin 1971

[13] E. v. Holst, Ges. Abhandlungen, München 1968f.

neller Korrelation zum limbischen System und damit zu jenen Teilen des Althirns, in denen man die dem Affekt- und Antriebsgeschehen zugrundeliegenden Nervenfunktionen vermutet[14].

Die Triebquelle ist, das haben die Forschungen v. Holsts gezeigt, eine spontane, zentralnervöse Produktion von aktionsspezifischer Energie. Auf das Konzept der »oralen Phase« angewandt, besagt das: Der Säugling wird durch die endogene Produktion nervöser Energie zunächst zu einem Appetenzverhalten (der automatischen Brustsuche, vgl. S. 46ff) veranlaßt, an das sich, wenn der Mund die Brustwarze berührt, die Instinkthandlung des Saugaktes anschließt. Diese wird lustvoll erlebt und »befriedigt« den Säugling zusammen mit den Rückmeldungen aus den Eingeweiden und dem Gehirn (das z. B. den Blutzuckerspiegel prüft), welche eine Verminderung des »Hungers« angeben. Befriedigung des Hungers allein – z. B. durch eine Magensonde – genügt nicht, um das spontane Saugverhalten zu beenden, das dann im »Leerlauf«, z. B. am Daumen oder Kissenzipfel befriedigt wird. Doch wird der Säugling primär nicht deshalb aktiv und sucht die Brust, weil er dort orale Lust gewinnt, sondern weil er von einem angeborenen, auf der zentralnervösen Produktion aktionsspezifischer Energie basierenden Antriebsmechanismus dazu getrieben wird. Die orale Lust reguliert und »verstärkt« dann freilich dieses Verhalten.

Während in diesem Punkt also die Metapsychologie Freuds korrigiert werden muß, bleiben die analytischen Ergebnisse hinsichtlich der Bedeutung oraler Empfindungen (bzw. Fixierungen und Regressionen) für die psychische Entwicklung unangetastet.

Man könnte einwenden, es sei eine rein begriffliche und deshalb überflüssige Maßnahme, den Ausdruck »Trieb« durch »Ich-Funktion« zu ersetzen. Das trifft nicht zu. Die Neuformulierung der Theorie des psychischen Apparats erlaubt eine einfachere, klarere und umfassendere Beschreibung des Verhaltens von Organismen (die Kontinuität zwischen tierischen Instinkten – die ja Zelmanowits[15] selbst als Ich-Funktionen bezeichnet – und den menschlichen Trieben wird deutlicher herausgestellt). Weiter wird man auch in der konkreten therapeutischen Situation dem Patienten anders begegnen, wenn man davon ausgeht, daß der

[14] Anatomische und experimentelle Details unter ethologischen Gesichtspunkten gibt D. Ploog, Verhaltensforschung und Psychiatrie, in: Psychiatrie der Gegenwart, Berlin 1965

[15] J. Zelmanowits, David Rapaports Gesammelte Schriften, Psyche 25, 1971, S. 401

Mensch ein ursprünglich soziales Wesen ist, dessen primär soziable und konstruktive Ich-Funktionen erst durch eine destruktive Interaktion mit der Primärgruppe bzw. der Gesellschaft in unbewußte, chaotische Triebe verwandelt wurden, während die orthodoxe Psychoanalyse in ihm ja ein primär triebhaftes, asoziales Wesen sieht, das erst durch Verdrängung und Sublimierung unter äußerem Zwang sozial wird.

Es ist natürlich nicht zu leugnen, daß neben den Gemeinsamkeiten zwischen der energetischen Ich-Funktion Neugieraktivität und z. B. der Libido oder dem Hunger auch erhebliche Unterschiede bestehen. Die Neugieraktivität scheint mit keinem körperlichen Defizit zusammenzuhängen, und sie kann als »Verstärker« instrumentelles Lernen bewirken, ohne daß Triebreduktion oder eine triebverzehrende Endhandlung in einer Form erkennbar sind, wie sie etwa der sexuelle Orgasmus darstellt. Doch kann man aus diesem Unterschied keine so radikale Trennung konstruieren, wie es White tut, der die Effektanz als »neurogenes« den »viszerogenen« Bedürfnissen Libido, Hunger, Durst usw. gegenüberstellt und sie als das beschreibt, »was das sensori-neuro-muskuläre System tun will, wenn es sich nicht mit homöostatischen Geschäften abgibt[16]«. Er verkennt hier, daß *alle* psychologisch bedeutsamen Motive neurogen sind und die Neugieraktivität gar nicht getrennt von den anderen energetischen Ich-Funktionen betrachtet werden kann. Sie entspricht gewissermaßen dem »Spielniveau« der Motivation, zehrt von den unspezifischen Überschüssen, welche auch dann noch – mit einer mehr prospektiven Funktion – bestehen bleiben, wenn die vitalen Bedürfnisse befriedigt sind, welche das »Ernstniveau« der Motivation darstellen. Dabei ist auch das Spielniveau durchaus ernst zu nehmen, denn was auf ihm erworben wurde, bewährt sich häufig genug später in Ernstsituationen.

Meiner Ansicht nach wird eine Unterscheidung zwischen *verschiedenen Ebenen der Motivation* – d. h. der energetischen Ich-Funktionen – den Verhältnissen eher gerecht als die scharfe Trennung zwischen Effektanz und den »Trieben« (White) bzw. zwischen Trieb, Ich-Funktion und »neutralisierter« Triebenergie, die den Ich-Funktionen zur Verfügung steht (Hartmann).

1. Auf der grundlegenden Ebene sind jene Bedürfnisse einzuordnen, deren Nicht-Befriedigung in kurzer Zeit zu einer lebensgefährlichen Bedrohung der Homöostase führt. Ihre Ver-

[16] R. W. White, Competence and the Psychosexual Stages of Development, in: Jones (Hrsg.), Nebraska Symposion on Motivation, Lincoln 1960, S. 103

sagung versetzt den Organismus sehr rasch in einen Alarmzustand, in dem das betreffende Bedürfnis die gesamte verfügbare psychische Energie auf sich zieht. Man kann nur wenige Minuten auf Atemluft verzichten, nur wenige Tage auf Wasser, nur wenige Wochen auf Nahrung. Auch eine akute Harnverhaltung kann diese übermächtige motivierende Kraft gewinnen oder ein Mangel an Wärme.

2. Die Neugieraktivität herrscht in einem mittleren Bereich. Sie bereitet, wie schon geschildert, den homöostatisch notwendigen Bedürfnissen den Weg und sichert ihre künftige Befriedigung. Wie lange eine totale Frustration jeder Neugieraktivität beim Menschen ohne lebensgefährliche Folgen ertragen werden kann, läßt sich nur schwer sagen. Aber ich bin überzeugt, daß diese Zeitspanne kürzer ist als diejenige, in der eine völlige Versagung libidinöser Befriedigung ausgehalten wird. Die Experimente mit Reizentzug (sensory deprivation) demonstrieren, daß binnen weniger Stunden unerträgliche seelische Spannungen und gravierende psychopathologische Symptome auftreten, wenn jede Neugieraktivität systematisch unterbunden wird[17]. Die Mittelstellung der Neugieraktivität wird auch durchaus deutlich, daß sie sowohl die Befriedigung der Basis-Bedürfnisse auf einer Spielebene vorbereitet und unterstützt wie auch die sexuellen und sozialen Bedürfnisse – denn die Neugieraktivität richtet sich ja auf die belebte wie auf die unbelebte, die mitmenschliche wie die Welt der »Zwischenräume zwischen den Objekten«, von denen Balint spricht[18]. Völlige soziale Deprivation führt – je nach dem Alter des Menschen, auf den sie einwirkt – rasch (bei Säuglingen und Kleinkindern) oder in einiger Zeit zu schweren seelischen Störungen. Die Schäden durch soziale Deprivation und durch den vollständigen Reizentzug lehren eindeutig, daß die Neugieraktivität über ihre große Bedeutung auf der »Spielebene« der Motivation hinaus, die unter natürlichen Umständen überwiegt, von vitalem Interesse ist.

3. Soziale und sexuelle Bedürfnisse bestimmen den dritten Funktionskreis unseres Erlebens. Dabei dürfte der Wunsch, in einer Gruppe geborgen, anerkannt und akzeptiert zu werden, ebensoviel motivierende Kraft entfalten wie das Streben nach

[17] Auf die Bedeutung des »stimulus nutriment« für die Ich-Autonomie weist auch R. R. Holt in einer psychoanalytischen Auswertung der sensory deprivation-Experimente von Hebb et al. und Held et al. hin, vgl. R. R. Holt, Ego-Autonomy Re-Evaluated, Int. J. Psycho-Anal. 46, 1965, S. 158f.

[18] In seiner Untersuchung der »philobatischen« Regression, in: M. Balint, Therapeutische Aspekte der Regression, Stuttgart 1970

libidinöser Befriedigung. Beide Bedürfnisse, das soziale und das sexuelle, sind häufig miteinander und mit Neugieraktivität legiert. Die vollständige sexuelle Frustration wird dabei leichter ertragen als die totale soziale Frustration (die Alternative wäre hier nicht eine zölibatäre im Gegensatz zur sexuellen Partnerbeziehung, sondern die Wahl zwischen dem Verzicht auf sexuelle Selbstbefriedigung oder auf soziale Kontakte).

Durch eine solche Ordnung nach dem Frustrationsrisiko wird man naturgemäß den Bedeutungen der beschriebenen energetischen Ich-Funktionen im Alltagsleben nicht gerecht. Faktisch gewinnt dort jene Ich-Funktion die größte Bedeutung, die eine Versagung über den längsten Zeitraum ohne offenkundige körperliche oder seelische Schädigung zuläßt: die Sexualität. In der kindlichen Entwicklung – und damit in der Entstehung von Neurosen und Psychosen – ist das Schicksal der Neugieraktivität vielleicht noch bedeutungsvoller. Es entscheidet darüber, inwieweit ein Kind in der Primärgruppe seine konstruktiven und kreativen Ich-Funktionen entwickeln kann oder dabei scheitern und die gegenüber den Widerständen destruktiv gewordene Aggression verdrängen muß.

Das hier skizzierte, dreistufige Modell entspricht in großen Zügen der Ontogenese des Antriebslebens und auch den Freudschen Phasen der Libido-Entwicklung: Auf der ersten Stufe stehen der Hunger und andere homöostatisch wichtige Bedürfnisse (*Binnengleichgewicht* des Organismus, »orale« Phase des Einverleibens), die vom Beginn des individuellen Lebens an auftreten.

Auf der zweiten Stufe steht die Neugieraktivität, welche mit dem Beginn der motorischen Autonomie eine immer wichtigere Rolle im Leben des Kindes spielt und die Konflikte zwischen Behalten und Hergeben (des Stuhls), Unterordnung und Aufruhr (gegenüber den Erziehungsformen), Selbständigkeit und Fremdbestimmung prägt (*Umweltgleichgewicht,* sensomotorisches Gleichgewicht).

Auf der dritten Stufe endlich finden sich die sexuellen Bedürfnisse, die mit dem Beginn der ödipalen Problematik eine Frühblüte zeigen. Parallel dazu wird das Kind zunehmend zur differenzierenden Aufnahme sozialer Beziehungen fähig *(Soziales Gleichgewicht)*[19].

[19] Es ist klar, daß auch auf den beiden ersten Stufen die sozialen Beziehungen eine zentrale, lebensprägende Bedeutung für das Kleinkind bzw. den Säugling

Eriksons Neukonzeption der drei ersten Phasen der psychosexuellen Entwicklung haben wir bereits dargestellt, wobei wir seine Betrachtung der Wechselwirkungen zwischen Kind und Gesellschaft durch eine Betonung des gruppendynamischen Faktors und der möglichen Gefahren einer ambivalenten Haltung der Primärgruppe ergänzten. White teilt unsere Hochschätzung des Modells von Erikson, der ja bisher den am weitesten reichenden Versuch unternommen hat, die Ich-Psychologie durch gruppendynamische Gesichtspunkte zu ergänzen. Er erreicht die starke soziale Bezogenheit der »Kultur-Schule«, ohne doch von den biologischen Wurzeln des Verhaltens zu weit abzurücken[20]. Doch an einem Punkt scheint Eriksons Argumentation ergänzungsbedürftig; er versucht nämlich, die Aspekte der Neugieraktivität – Exploration, Manipulation usw. – in den einzelnen Entwicklungsstadien streng isomorph aufzufassen: Die orale Phase wird zur oral-sensorischen erweitert, wobei alles, was das Baby tut, den Charakter einer aufnehmenden, einverleibenden Erfahrung gewinnt; die »muskulär-anale« Phase wird vollständig unter den Nenner der Alternative Behalten – Hergeben gestellt und die lokomotorisch-genitale Phase unter das Generalthema des »Eindringens«.

White zweifelt daran, daß man durch solche Analogien wirklich erfassen kann, was ein Kind im Verlauf seiner Entwicklung tut. Es scheint ihm sinnvoller, visuelle Exploration, Manipulation, Fortbewegung und die vielen anderen Aspekte der Kompetenz als Funktionen anzusehen, die sich in ihrem eigenen Recht mehr oder weniger autonom entwickeln. Diese Auffassung fügt sich gut in das Modell der energetischen Ich-Funktionen, in dem über die einzelnen Komponenten der Neugieraktivität ja noch keine Aussage gemacht wurde. Sie ist hier nachzutragen, und es wird deutlich, daß die von Karl Bühler beschriebene »Funktionslust« in der Neugieraktivität eine ganz ähnliche Rolle spielt, wie es die Stimulation erogener Zonen in der Libidoentwicklung tut. In beiden Fällen wirken zentralnervöse Produktion aktionsspe-

haben, doch wird das Kind erst während der phallischen Phase mit den speziellen Problemen einer sozialen Homöostase von Kontakt und Distanz, Anziehung und Abstoßung, Abhängigkeit und Freiheit konfrontiert.

[20] R. W. White, Competence and the Psychosexual Stages of Development, in: Jones (Hrsg.), Nebraska Symposion on Motivation, Lincoln 1960, S. 107

zifischer Energie und afferente Information von der Peripherie in einem Funktionskreis zusammen.

Die orale Phase

Die orale Periode beherrscht das erste Lebensjahr. Karl Abraham[21] hat vorgeschlagen, sie in zwei Stadien zu unterteilen, ein oral-rezeptives, in dem das lustvolle Saugen vorherrscht, und ein oral-sadistisches oder »kannibalisches«, in dem der Drang zum Zubeißen eine wichtige Rolle spielt. Die Mundzone ist in dieser Phase der primäre Lustspender für das Kind und zugleich das wichtigste Organ, um Kontakt mit der Umwelt herzustellen; die Ich-Entwicklung vollzieht sich in der Auseinandersetzung mit den Erfahrungen, welche zunächst das Teilobjekt der Brust und dann die Mutter dem kindlichen Mund vermitteln. Die Beziehung des Kindes zur Welt schlechthin in der Dimension Urvertrauen – Mißtrauen wird durch diese Erlebnisse bestimmt (siehe S. 121f). Orale Aggression, orale Abhängigkeit und Rezeptivität entsprechen Fixierungen bzw. Reaktionsbildungen, die sich auf diese Periode der Entwicklung beziehen.

White akzeptiert das Modell des Kindes an der Mutterbrust als überzeugendes Kürzel der Situation im ersten Lebensjahr. Die Mutter wird zur wichtigsten Mittlerin zwischen dem Kind und der Realität (wobei die Primärgruppe der Mutter diese Mittlerrolle konstruktiv gestatten und sie mit ihr tragen oder sie in ihr alleinlassen kann). Die Abwehrmechanismen, welche in der oralen Phase eine zentrale Rolle spielen (Introjektion und Projektion) lassen sich ebenso leicht in einem oralen Modell formulieren wie das Interesse des Kindes an der Umwelt schlechthin, das Spitz[22] und Erikson[23] mit seinem Verhalten bei der Nahrungsaufnahme verbinden. Die Auseinandersetzung hinsichtlich der libidinösen Natur des Saugens ist bisher noch nicht beendet. Die orthodoxen Analytiker halten an ihr fest, während als erster Autor C. G. Jung das orale Verhalten dem Hunger zuordnete[24]

[21] K. Abraham, Selected Papers on Psychoanalysis, London 1927

[22] R. A. Spitz, Anaclitic Depression, Psychoanal. Study of the Child 2, 1946, S. 313–342

[23] E. H. Erikson, Kindheit und Gesellschaft, Stuttgart 1965

[24] C. G. Jung, Freud und die Psychoanalyse, Ges. Werke IV

und Sullivan die Bedeutung der Interaktion zwischen dem Kind an der Brust und seiner Mutter ausführlich beschreibt, jedoch mit keinem Wort von libidinösem Lustgewinn spricht[25]. Diese Frage läßt sich möglicherweise gar nicht in Form einer Alternative stellen. Der Mund ist beides, erogene Zone und Organ zur Nahrungsaufnahme. Das Saugverhalten wird der evolutionstheoretisch orientierte Betrachter als Erbkoordination im Dienst der Nahrungsaufnahme bewerten, die allerdings unschwer erotisch umfunktioniert werden kann. Viele bindungsstiftende Verhaltensweisen (z.B. Küssen) wurzeln im Brutpflegeverfahren[26].

Auch ausschließlich an der Direktbeobachtung von Säuglingen orientierte Forscher wie Gesell[27] haben die zentrale Bedeutung des Saugaktes für den Säugling in den ersten Lebensmonaten beschrieben und auf die Äußerungen von Ungeduld hingewiesen, wenn die erwartete Brust oder Flasche nicht rasch genung gereicht wird. White betont allerdings, daß diese Verhaltensweisen sich im Verlauf des ersten Lebensjahres erheblich verändern. Die Konzentration auf die orale Sphäre nimmt stark ab: dem Baby genügt es endlich, in vier Minuten einmal am Tag eine Flasche auszutrinken, während es früher fünfmal am Tag eine halbe Stunde damit verbrachte. Offensichtlich gewinnt die Neugieraktivität mit dem Reifen der neuromuskulären Strukturen zunehmend an Bedeutung und ersetzt oder überformt den oralen Antriebskreis. Die Eßgeräte werden erforscht, der Finger in den Breiteller getaucht. Der »Kampf um den Löffel«, den Levy[28] beschrieben hat, kann nun beginnen. Das Kind gibt den passiven oralen Lustgewinn und das erheblich raschere Sattwerden durch das Füttern auf und will selbst den Löffel handhaben. Diese Vorgänge sind ein Beweis dafür, daß die Auseinandersetzung um Autonomie oder Einschränkung durch Scham und Zweifel bereits in der oralen Periode beginnt. Auch ein Sauberkeitszwang kann sich schon beim Füttern äußern – indem die Mutter das Kind durch zwanghafte Kontrolle hindert, sich zu bekleckern –,

[25] H. S. Sullivan, The Interpersonal Theory of Psychiatry, New York 1953

[26] I. Eibl-Eibesfeldt, Liebe und Haß, München 1970

[27] A. Gesell/F. L. Ilg, Infant and Child in the Culture of Today, New York 1943

[28] D. M. Levy, Oppositional Syndromes and Oppositional Behavior, in: P. H. Hoch et al. (Hrsg.), Psychopatholgy of Childhood, New York 1955. Die Verwandlung von Passivität in Aktivität gehört zu den Prinzipien der seelischen Entwicklung des Individuums wie auch der kulturellen Evolution.

noch ehe die auf die Exkrete gerichtete Sauberkeitserziehung einsetzt.

Gesell und Ilg haben beschrieben, wie früh beim Säugling exploratorische Aktivitäten eine große Rolle spielen. Schon im Alter von 16 Wochen ist er außerhalb der Mahlzeiten mindestens eine halbe Stunde wach und beobachtet aufmerksam seine Umgebung. Das manipulative Spiel erreicht um die Mitte des ersten Lebensjahres einen Höhepunkt; ein klassisches (frühes) Beispiel ist die Handhabung einer Sicherheitsnadel durch ein 28 Wochen altes Kind. Es befingert sie, nimmt sie von einer Hand in die andere, steckt sie in den Mund und holt sie wieder heraus, schlägt sie gegen sein Stühlchen, läßt sie endlich außer Reichweite fallen und sucht vergeblich, sie wieder zu bekommen. Das Kind in diesem Alter, sagen die amerikanischen Entwicklungspsychologen, »ist niemals träge, weil es unter einem so zwingenden Drang steht, seine Hände für Manipulation und Exploration zu gebrauchen[29]«.

Während des ersten Lebensjahres werden laut Jean Piaget fünf der sechs Entwicklungsstadien der sensomotorischen Intelligenz durchlaufen. »Das Modell des saugenden Babys wird kaum Piagets Sohn gerecht, einem jugendlichen Galilei, der in seiner Wiege liegt und seinen Zelluloid-Schwan von verschiedenen Positionen über seinem Kopf fallen läßt, um zu sehen, wo er landet[30].« Auch die sozialen Aktivitäten des Säuglings im ersten Lebensjahr – vor allem des Krabbelkindes – lassen sich nicht auf den Nenner der Oralität bringen. Sie spielt zwar eine sehr wichtige Rolle, aber der Austausch von Objekten, das Fang- und Versteckspiel hinter Stühlen und Tischen und ähnliche Aktivitäten lassen sich durch dieses Modell kaum zureichend erklären. White nimmt an, daß das Kind soziale Spiele auch deshalb bevorzugt, weil es von belebten Objekten viel mehr Feedback in der Form von mimischen oder stimmlichen Reaktionen auf seine Reize empfängt. Wenn man von der wörtlichen Bedeutung des »Feedback« ausgeht, dann schließt sich hier der Kreis des »oralen« Austauschs. Sicherlich stellt das Kind an der Brust das wichtigste Modell der sozialen Interaktion im ersten Lebensjahr dar. Die Frage ist allerdings, ob man bei einem einzigen Modell bleiben muß, ob man nicht eine parallele Entwicklung von Orali-

[29] A. Gesell/F. L. Ilg, Infant and Child in the Culture of Today, New York 1943, S. 109

[30] R. W. White, Competence and the Psychosexual Stages of Development, in: Jones (Hrsg.), Nebraska Symposion on Motivation, Lincoln 1960, S. 112

tät und Neugieraktivität annehmen kann, die beide in losem funktionellem Zusammenhang stehen. Fragwürdig scheint es, die sechs Stunden intensiver Spielaktivität pro Tag als symbolischen Ausdruck libidinöser Bedürfnisse zu interpretieren, weil die manipulierten Gegenstände unter anderem auch einmal in den Mund gesteckt werden, oder die Beschreibung auf die Interaktion zwischen Mutter und Kind zu beschränken, weil die Primärgruppe in unserer Gesellschaft meist die Mutter damit beauftragt, für die lebenswichtigen Bedürfnisse des Säuglings zu sorgen.

Die anale Phase

Die Auffassung der analen Phase bei Freud und Erikson haben wir bereits beschrieben. Das Ziel dieser Entwicklung ist für Erikson »Selbstkontrolle ohne Verlust der Selbstachtung«, Autonomie und Stolz im Gegensatz zu Scham und Zweifel. Während Erikson diese Problematik weitgehend auf den Nenner von Behalten und Hergeben, Retention und Elimination bringt, fragt sich White, ob man nicht eher die Entwicklung der Motorik als nicht minder wichtiges Triebschicksal hier einbeziehen sollte[31].

Sauberkeitserziehung und analer Lustgewinn spielen seiner Ansicht nach eine eher periphere Rolle in der normalen Entwicklung; das Alltagsleben des Kindes wird von seinem unerschöpflichen Drang bestimmt, neue Bewegungen zu vervollkommnen und möglichst viele Dinge zu manipulieren, zu erreichen, kennenzulernen. Das Anderthalbjährige schleppt einen Stuhl, um Türklinken erreichen zu können, auf Tische zu klettern. Es will jedesmal, wenn der Vater oder die Mutter das Haus verläßt, ebenfalls aus der Tür laufen. Die Motorik wird zur Leitschiene von so wichtigen Ich-Funktionen wie Bemächtigung, Realitätskontrolle, Realitätsprüfung, Integration von Bewegungsmustern und Impulskontrolle. Das Kind wird ab dem zweiten Jahr mehr und mehr dazu neigen, Dinge selbst zu tun und Hilfe strikt

[31] ebd., S. 116. Der von White nicht erwähnte H. Schultz-Hencke spricht von einer motorisch-aggressiven Periode, B. Mittelmann, Motility in Infants, Children and Adults, Psychoanal. Study of the Child 9, 1954, S. 142f., konzipiert einen »motility urge«, der weitgehend der energetischen Ich-Funktion Neugieraktivität in dieser Lebensperiode entspricht.

abzulehnen. Wo die Primärgruppe das gestattet, setzt eine Entwicklung zu Selbstvertrauen und gesteigerter Selbst-Bestätigung ein, die eng mit der motorischen Entwicklung verknüpft ist und ein Stück Kompetenzgefühl vermittelt.

In der klassischen Entwicklungspsychologie ist diese Periode die Zeit des »Trotzalters« – wie ich an anderer Stelle beschrieben habe, ein soziales und kein biologisches Entwicklungsschicksal[32]. Das Kind vermag längere Zeitspannen miteinander verknüpfter Ereignisse und eigener Bewegungsfolgen zu überblikken. Der erfolgreiche Abschluß einer solchen Aktionsfolge wird als positiv, ihre Unterbrechung als höchst störend erlebt und häufig mit einem Wutanfall beantwortet. Während früher die einzelnen Aktionen des Kindes mehr für sich standen, jede ihren Wert in sich trug und Unterbrechungen (etwa einfaches Hochheben und Wegtragen des spielenden Kindes) kaum als negativ empfunden wurden, weil sich die Aufmerksamkeit sogleich neuen Reizen zuwandte, erlebt sich das Kind jetzt als Zentrum eigener Kräfte, was sich auch in seinem zunehmend zielsicheren Gebrauch der Worte »Ich« und »Nein« ausdrückt.

Autoren, die im Gegensatz zum klinischen Ansatz der Psychoanalyse rein deskriptiv die Interaktion zwischen Eltern und Kindern in dieser Periode beobachten, stellen fest, daß die Erwachsenen (in unserem Kulturkreis) sie für die schwierigste vor dem Schulalter halten. Gesell ergänzt, daß die »Prügelkurve in dieser Zeit einen Gipfel erreicht«. Wilhelm Stern[33], neben Piaget einer der Entwicklungspsychologen, die viele Informationen aus der Beobachtung ihrer eigenen Kinder schöpften, erläutert den Konflikt zwischen der Mittelklasse-Moral und dem heranwachsenden Kind an einer Szene, in der ihn seine Tochter aufforderte: »Vater, heb mir den Löffel auf.« Weil sie nicht »bitte« sagte und es auch nach der Aufforderung der strengen Eltern nicht tat, wurde die kleine Eva Stern ohne Essen ins Bett geschickt. Heute würden wir in einer solchen Auseinandersetzung ein typisches Beispiel der Auflösung einer Trotzreaktion durch autoritäre Erziehungsmaßnahmen sehen (denn es ist für einen Erwachsenen erheblich einfacher, sich vom Stuhl zu bücken und einen Löffel aufzuheben, als für ein Kind, das eigens von seinem Stuhl herunterklettern muß). Jedenfalls illustriert diese Auseinandersetzung ein Stück Entwicklung zu sozialer Kompetenz. Das Kind hat

[32] W. Schmidbauer, Erziehung ohne Angst, München 1972
[33] W. Stern, Psychologie der frühen Kindheit, Heidelberg, [7]1952

gelernt, einen Befehl zu geben, und sich zu weigern, einen zu empfangen. Das bedeutet sehr viel, und es hängt von der Reaktion der Familiengruppe ab, ob das Kind dieser Selbständigkeit froh wird und sie mit positiven Gefühlen verbinden kann, oder ob das Gegenteil der Fall ist.

In diesem Zusammenhang verweist White auf die schon erwähnte (S. 157) Arbeit von D. M. Levy, der unter dem Sammelnamen »oppositionelles Verhalten« verschiedene Reaktionsweisen beschreibt, die vom kindlichen Trotz bis zum Negativismus des kataton schizophren reagierenden Patienten reichen. Ihnen allen ist gemeinsam, daß sie nicht primär Aggression ausdrücken, sondern einen Versuch, äußeren Einflüssen zu widerstehen. Gerade diese Fähigkeit fehlt vielen Patienten mit schizophrener Reaktion, denen es nie gelungen ist, sich von einer verschlingenden Primärgruppe abzugrenzen. Solange das Verhalten eines Organismus vollständig von außen gesteuert wird, erhält er keine Möglichkeit, eine funktionsfähige innere Kontrolle zu entwickeln. Das Trotz-Verhalten während des zweiten und dritten Lebensjahres ist ein erster Versuch, soziale Autonomie zu erproben. Hildegard Hetzer[34] hat darauf hingewiesen, daß Kinder mit einer deutlichen Trotzperiode später unabhängiger sind als andere.

Die Formeln: »Ich will es selber machen!« und »Nein, das tue ich nicht!« sind Aspekte desselben Trends zur Autonomie, zur sozialen Kompetenz. Die Bedeutung der Primärgruppe für die Entwicklung der sozialen Kompetenz liegt vor allem darin, wie sie mit den Trotzreaktionen umgeht – ob sie dem Kind gestattet, sein eigenes Ich und seinen autonomen Willen abzugrenzen und sich doch geborgen zu fühlen, oder ob sie umgekehrt dem Kind mit Einsamkeit und Vernichtung droht, wenn es seinen Trotz und seine Selbstbehauptungsversuche nicht aufgibt. Im zweiten Fall wird das Kind daran gehindert, ein soziales Kompetenzgefühl zu entwickeln, sich von seiner Umwelt abzugrenzen und auf diese Weise ein funktionierendes System der Verhaltenskontrolle zu entwickeln (ein »starkes Ich«).

In diesem Zusammenhang versucht White eine Neu-Interpretation des von Freud beschriebenen »analen Charakters«. Sparsamkeit und Eigensinn lassen sich als Formen oppositionellen Verhaltens gegen den Zwang auffassen, rechtzeitig die Toilette

[34] H. Hetzer, Entwicklungsbedingte Erziehungsschwierigkeiten, Z. päd. Psychol. 30, 1929, S. 77–85

zu benutzen. Für die Ordnungsliebe gilt das nicht; sie entwickelt sich zunächst einmal spontan während des zweiten Lebenjahres als Interesse, Dinge aufzuräumen, sie an einen bestimmten Platz zu legen und auf diese Weise »mein« und »fremd« zu unterscheiden. Es handelt sich also um eine Komponente des Versuchs, Kontrolle über die Umwelt zu erlangen, wobei sich auch auf anderen Verhaltensgebieten die Neigung zur Ritualisierung bemerkbar macht: beim Umgang mit den Mahlzeiten (immer derselbe Teller, bestimmte Formen der Darbietung usw.), beim Anhören von Geschichten, beim Zubettbringen.

Diese Starre dient dazu, dem Kind ein Gefühl der Sicherheit und Kontrolle über die Umwelt zu vermitteln. Sie kann exzessiv werden, wenn ihm diese Sicherheit aus irgendwelchen Gründen fehlt (das gilt offenbar auch für autistische Kinder, die bereits durch kleine Veränderungen ihrer materiellen Umwelt zutiefst verstört und verängstigt werden können[35]). Eine andere auslösende Situation, in der die Ordnungsliebe zum Zwang wird, um das Gefühl der Kontrolle über die eigene Umwelt (und damit indirekt auch der Selbstkontrolle) zu behalten, ist der Zustand nach einer schweren Gehirnverletzung. K. Goldstein hat beschrieben[36], wie manche seiner hirnverletzten und in ihrer räumlich-optischen Merkfähigkeit beeinträchtigten Patienten mit Nachdruck darauf bestanden, daß ihre Besitztümer stets in derselben Ordnung untergebracht waren, so daß sich alles Notwendige ohne neue Ansprüche an die eigene Merkfähigkeit finden ließ.

Die Trias »analer« Eigenschaften entpuppt sich dann als Versuch, Tendenzen zu begegnen, welche die kindliche Kontrolle über die Umwelt beeinträchtigen. Es handelt sich in Whites Modell um die Reaktion auf einen Mangel an Kompetenzgefühl. Sparsamkeit, Eigensinn und Ordnungsliebe entstehen, wenn das Kind sich in seiner mitmenschlichen Umwelt unsicher fühlt – wenn ihm willkürlich Spielzeug weggenommen wird, wenn Zuwendung und Tadel, Lob und Strafe als inkonsequent und zufallsbedingt erlebt und Anforderungen an das Kind gestellt werden, die (noch) nicht seiner inneren Bereitschaft entsprechen. Die Sauberkeitsdressur ist hier nur ein Teilaspekt.

[35] L. Kanner, The Conception of Wholes and Parts in Early Infantile Autism, Amer. J. Psychiatry 108, 1951, S. 23f. Die Sicherheit, die dem autistischen Kind fehlt, ist offenbar jene, welche durch eine emotionale Bindung an die Primärgruppe ermöglicht wird.

[36] K. Goldstein, Human Nature Light of Psychopathology, Cambridge/Mass. 1940

Das Freudsche Modell des ödipalen Dreiecks ist von jüngeren Psychoanalytikern in verschiedenen Richtungen erweitert worden. Erich Fromm[37] spricht vom Kampf des Kindes gegen die irrationale, absolut gesetzte Autorität der Eltern; Karen Horney schreibt die Bindung an die Eltern eher dem dringlichen Wunsch nach Sicherheit zu als einer sexuellen Begehrlichkeit[38]. Beide Autoren haben sicher (wie Freud auch) Richtiges gesehen, aber ihre Auffassung konnte durch Erikson noch wesentlich erweitert werden, der die entscheidende Entwicklungskrise in diesem Stadium (vgl. S. 134ff) in dem Antagonismus von Initiative und Schuldgefühl sieht.

Das Kind kann sich nun weitgehend selbst versorgen – es holt sein Essen aus dem Kühlschrank, beschmiert Brote, zieht sich alleine an, trinkt die Limonade gleich aus der Flasche. Es ist ihm durch sein erweitertes soziales Wissen und seine gewissen Grenzen durchaus den motorischen Fähigkeiten der Erwachsenen entsprechende Beweglichkeit möglich geworden, sich mit den Erwachsenen zu vergleichen, mit ihnen zu rivalisieren und zu versuchen, auf die eine oder andere Art mit dem Größenunterschied und den Machtdifferenzen fertig zu werden, die seine Welt beherrschen. Daher ist es sicherlich nicht nur die Kastrationsangst, die zum Untergang des Ödipuskomplexes führt, sondern die Einsicht des Kindes, daß es von den Erwachsenen genital nicht ernst genommen werden kann.

Diese narzißtische Kränkung der phallischen Sexualität des Kindes macht – auch unabhängig von der Kastrationsangst, die früher so freigebig als »Erziehungsmittel« eingesetzt wurde (vgl. S. 138f) – ein wesentliches Stück der Konflikte während der phallischen Phase aus. Deshalb scheint auch eine gezielte Förderung der kindlichen Sexualität, wie sie manchmal beschrieben wird, höchst fragwürdig[39], vor allem, wenn der Erwachsene eigene sexuelle Bedürfnisse in das Kind projiziert.

Neben der Körpermotorik sind Sprachbeherrschung und Vorstellungskraft jene Aspekte der Kompetenz, die während der

[37] E. Fromm, Individual and Social Origins of Neurosis, Amer. Sociol. Rev. 9, 1944, S. 380f.

[38] K. Horney, Neue Wege der Psychoanalyse, Berlin 1932

[39] Vgl. W. Schmidbauer, Kindliche Sexualität zwischen Toleranz und Manipulation, Sexualmedizin 2, 1973, S. 458f.

phallischen Phase besonders große Entwicklungsfortschritte machen. Das Kind kann sich zum ersten Mal in verschiedene soziale Rollen hineindenken. Damit ist auch der Grund zur Identifizierungsfähigkeit gelegt, die ja die Ich- und Über-Ich-Entwicklung mitbestimmt (vgl. S. 135f.). Das primitive soziale Modell von Gehorsam und Aufruhr, Autonomie und Heteronomie, welches die anale Phase beherrschte (und übrigens den meisten Beobachtungen der Verhaltensforscher über tierische Sozietäten und ihre Hack- oder Dominanzordnung zugrundeliegt[40]), macht einem differenzierteren Konzept Platz, in dem unterschiedliche soziale Funktionen wahrgenommen und Konflikte erstmals verstanden werden können, indem das Kind sie mit Hilfe seiner wachsenden Einsichtsfähigkeit rekonstruiert. Daher fragt der kleine Junge erst jetzt seine Mutter, ob sie ihn heiraten wird – nicht nur wegen seiner keimenden phallischen Sexualität, sondern auch, weil er erst jetzt zu den komplizierten Denkprozessen fähig ist, die eine solche Phantasie voraussetzt.

Eriksons Modell des Antagonismus von Initiative und Schuldgefühl unterstreicht die genitale Unterlegenheit des Kindes. White wendet ein, daß Erikson zwei Argumente vermengt. Der Wunsch des Kindes, groß zu sein und alles zu können, was die Erwachsenen können, gehört in den Bereich des Kompetenzgefühls. Die sexuellen Konflikte müssen der Libido-Entwicklung zugerechnet werden. White bevorzugt eine pluralistische Auffassung und tadelt an dem psychoanalytischen Ödipus-Modell, daß hier wie im Kernkonflikt der analen Phase eine aussichtslose Situation gewählt wurde, in der die tragischen Schicksale der Kindheit besonders deutlich hervortreten. Das ist im Rahmen einer psychopathologisch ausgerichteten Orientierung durchaus berechtigt, nicht aber im Sinn einer allgemeinen Psychologie.

Auch die Entwicklung sozialer Kompetenz führt zu einer Reihe unausweichlicher Krisen, aber viele von ihnen können konstruktiv gelöst werden. Die neugierigen Fragen des Kindes finden vielleicht ihre Antwort, seine Aktivitäten werden bejaht und erlauben ihm, seinen Aktionsradius ohne Scham und Schuld zu erweitern, auch wenn es vorläufig nicht Auto fahren oder Küchenmaschinen bedienen kann. Das ödipale Modell kann, wenn man in ihm wirklich den Wendepunkt der Entwicklung sieht, allenfalls erklären, warum wir Scham- und Schuldgefühle

[40] Vgl. W. Schmidbauer (Hrsg.), Evolutionstheorie und Verhaltensforschung, Hamburg 1974

empfinden, nicht aber woher Autonomie und Initiative stammen sollen.

Ergänzt man die ödipale Dynamik durch die Dimension des Ich-Schicksals der Neugieraktivität, dann wird deutlich, daß auf vielen anderen Gebieten das Kind Kompromisse schließen, ja einen Sieg davontragen kann, der ihm ein stärkeres und erweitertes Gefühl der Kompetenz vermittelt.

Auf diese Weise wird es auch eher möglich, zwischen Scham und Schuld zu unterscheiden – zwei Begriffen, die häufig vermengt werden. Auf einen möglichen Ansatz zur strukturellen Unterscheidung haben G. Piers und M. B. Singer hingewiesen[41]:

Scham entsteht aus der Spannung zwischen dem Ich-Ideal (narzißtisches Ideal; bejahte Komponente der verinnerlichten Eltern) und dem Ich.

Schuld entsteht aus der Spannung zwischen dem Über-Ich und dem Ich (vor allem dem strafenden Aspekt des Über-Ich).

Scham entspricht dann einem Versagen im Erreichen eines *gewünschten* Ziels, während Schuldgefühle auftreten, wenn ein *verbotenes* Ziel angestrebt wurde. White ergänzt, daß Scham stets mit Inkompetenz verbunden ist – mit Minderwertigkeit und einem Verlust des Selbstwertgefühls. So ist es etwa möglich, die ödipale Situation durch Scham oder durch Schuld zu lösen. Die Eltern können die phallischen Wünsche des Kindes als verboten und strafwürdig, jedoch möglich hinstellen und ihren Vollzug mit mehr oder weniger deutlichen Kastrationsdrohungen belegen (wobei in der kindlichen Phantasie das Gefühl des Verbotenseins auf der einen, die Beobachtung eines weiblichen Genitale auf der anderen Seite bereits den »Kastrationskomplex« aufbauen können, auch wenn die Drohung selbst nie ausgesprochen wurde). Die ödipalen Phantasien werden dann unter dem Druck dieser Angst verdrängt. Mit Schuldgefühlen wird dann eventuell auch die gesamte Sphäre der phallischen Sexualität belegt. Eine mögliche Folge ist die teilweise Regression auf die anale Phase (Sexualität wird als Leistung empfunden, die man nur dann »hergeben« kann, wenn der Partner es mehr oder weniger deutlich verlangt).

Auf der anderen Seite ist es auch möglich, daß die Primärgruppe die ödipale Situation durch Beschämung zu bewältigen sucht. Dem Kind wird, wie in den progressivsten Experimenten der Sexualerziehung, nicht durch Verbote der Weg zur Erfüllung

[41] G. Piers et al., Shame and Guilt, Springfield/Ill., 1953

seiner ödipalen Wünsche versperrt, sondern man erklärt ihm oder läßt es sogar selbst ausprobieren, daß seine Geschlechtsorgane noch nicht geeignet sind, den Funktionen der Organe von Vater bzw. Mutter zu entsprechen – Penis oder Vagina sind zu klein, seine Wünsche unerfüllbar.

Beide Wege können taktvoll und taktlos beschritten werden: die Ablehnung nicht als verständnisvolle Grenzsetzung, sondern als drohend ausgesprochenes Verbot, der Hinweis auf die Mißverhältnisse der Genitalien nicht als freundlicher Trost, sondern als beschämende Ironie. Meist werden beide Techniken kombiniert. Das ändert aber nichts daran, daß sich die Scham stets auf Inkompetenz bezieht, das Schuldgefühl auf die Übertretung eines Ge- oder Verbotes.

Die Latenzphase

Mit dem Untergang des Ödipuskomplexes wird das Kind fähig, sich der realen Außenwelt zuzuwenden, bis die Umwandlungen der Pubertät die ödipale Situation wiederbeleben. Diese klassisch-analytische Auffassung der Latenz-Periode als vorwiegend negativ definiertem Zustand und Ruhepause für die Sexualentwicklung ist oft angegriffen worden. Kulturanthropologische Beobachtungen zeigten zuerst, daß es völlig falsch ist, in ihr einen von sexuellen Wünschen weitgehend freien Zeitabschnitt zu sehen. In manchen Gesellschaften geht die Frühblüte der Sexualität während des dritten und vierten Lebensjahres bruchlos in Formen über, die noch vor der Pubertät genitale Züge annehmen. Genauere Beobachtungen haben auch in unserer eigenen Kultur gezeigt, daß heftige, mit sexuellen Empfindungen verbundene Verliebtheit durchaus zur Situation des Kindes in der Latenzphase gehören kann.

Offensichtlich hat Freud die Bedeutung der Sexualität in diesem Punkt unterschätzt und die Aufmerksamkeit der Psychoanalytiker vor einer sehr bedeutsamen Entwicklungsperiode weitgehend abgelenkt. Erst relativ spät hat sich diese gleichgültige, undifferenzierte Haltung gegenüber der Latenzphase geändert, wurde die Ich-Entwicklung mehr und mehr als kontinuierlicher Lernprozeß erkannt. Sehr lehrreich sind in dieser Hinsicht die Beobachtungen an schizophren reagierenden Menschen, bei denen man oft schwerwiegende Ausfälle gerade jener Fähigkeiten beobachtet, die sonst in der Latenzperiode erworben werden.

Erikson wird dieser Tatsache gerecht, weil er die Bedeutung der realistisch eingeschätzten eigenen Tatkraft in dieser Periode unterstreicht. Gerade sie fehlt den meisten Patienten mit einer schizophrenen Reaktion, deren psychische »Muskulatur« unterentwickelt blieb, weil sie immer im Windschatten einer symbiotischen Bezugsperson lebten und deshalb alle eigenen, selbständigen Regungen als bedrohlich erfuhren. Dieser Prozeß führt dann zu Situationen wie der einer dreißigjährigen, schizophren reagierenden Frau, die kein Formular ausfüllen, kein Konto eröffnen, ja nicht einmal einen passenden Büstenhalter kaufen kann, weil alle Dinge stets ihre Mutter erledigte.

In der Latenzperiode erreicht das Kind jenen Wendepunkt, von dem an es ihm nicht mehr genügt, sich nur vorzustellen, wie es etwas tut und verändert (dieses Bedürfnis nach Macht und Kontrolle zeigen die Berufswünsche der Vierjährigen – Lokomotivführer, Raubtierbändiger, Zirkusreiterin usw.). Das Kind will nun tatsächlich etwas tun und verändern, es will sich nützlich fühlen, fähig, etwas zu leisten und konkrete Aufgaben richtig zu erfüllen. Die längere Aufmerksamkeitsspanne und das ausdauernde Pflichtbewußtsein in diesem Alter tragen dazu bei. Das Kind identifiziert sich nun mit Menschen, die etwa »können« – in der doppelten Bedeutung von Wissen und Leistung. Manchmal werden die Eltern entthront und der Lehrer bzw. die Lehrerin nimmt ihre Stelle ein. Die spezifische Gefahr liegt darin, daß die Mühen des Kindes nicht akzeptiert werden und die Primärgruppe oder Schule es überfordert. Dann können sich der Arbeitseifer und das aus der persönlichen Leistung gewonnene Selbstgefühl in ein lähmendes Gefühl der Unzulänglichkeit und der Aussichtslosigkeit jeder Anstrengung verwandeln (wobei frühere negative Einflüsse auf Vertrauen, Autonomie und Initiative eine wichtige Rolle spielen).

In ihrer Untersuchung der Über-Ich-Entwicklung haben Heinz Hartmann und seine Mitarbeiter[42] darauf hingewiesen, daß sich die rigiden Forderungen, welche unmittelbar dem elterlichen Über-Ich entnommen scheinen und die Moralauffassung von fünf- bis sechsjährigen Kindern oft zu einem Familienproblem machen, während der Latenzperiode allmählich mildern und flexibler werden. Das Ich beginnt das Über-Ich zu »verdau-

[42] H. Hartmann/E. Kris/R. Loewenstein, Notes on the Theory of Aggression, Psychoanal. Study of the Child 3/4, 1949, S. 9f.

en« und mit ihm zusammenzuarbeiten[43]. Die Verhaltensbeobachtungen von Gesell weisen ebenfalls auf deutliche Entwicklungsfortschritte vom sechsten bis zum achten Jahr hin. Charlotte Bühler verweist auf die Tatsache, daß eine erste Klasse in der Grundschule nicht als ganze Gruppe handeln kann, die Führer in ihr sehr schnell wechseln und die Kinder nicht fähig sind, ihre Kameraden in ein echtes Rangsystem zu bringen (während eine »Hackordnung« besteht). Elfjährige Kinder können diese Aufgaben leicht erfüllen. In Gesells Entwicklungsskalen beobachtet man ab neun Jahren die Fähigkeit der Kinder, ruhig in Gruppen miteinander zu spielen und (fast) alle Konflikte innerhalb der Gruppe ohne Einfluß von außen zu regeln.

Das Konzept der Latenzphase hängt vielleicht mit Freuds Vorstellungen von einer »Massenpsychologie« zusammen, welche die Tatsache verkennt, daß nicht die Masse, sondern die Kleingruppe das natürliche Lebenselement des Menschen ist. Gerade die sozialen Fertigkeiten, mit solchen Kleingruppen zurechtzukommen, werden während der Latenzphase ausgebildet, worauf vor allem Harry Stack Sullivan[44] hingewiesen hat, der Latenzphase mit »juvenile era« übersetzt (dem Alter zwischen sechs und zwölf Jahren). Als zentrale Probleme dieser Altersgruppe faßt Sullivan die Auseinandersetzung mit den Spielkameraden auf, in der Wettbewerb (competition) und die Fähigkeit, eigene und fremde Interessen zu versöhnen (compromise), eine zentrale Rolle spielen. Das Kind trifft in der Schulklasse und auf dem Spielplatz Altersgenossen, die ganz anders reagieren als seine Eltern, weniger Gehorsam fordern und weniger Schutz bieten. Sullivan hat beschrieben, wie sich die zunächst sehr wenig differenzierten sozialen Beziehungen in diesen Kindergruppen allmählich verfeinern, abgestuftere Reaktionen, Einsicht und Sensibilität eine größere Rolle spielen.

White stützt sein Kompetenzmodell dieser Periode vor allem auf die Beobachtungen von Jean Piaget, der die Entwicklung des Verständnisses von sozialen Spielregeln schildert[45]. Kurz nach dem Eintritt in die Latenzperiode beginnen Kinder den Sinn von Spielregeln zu begreifen, doch ist ihr Verständnis sehr starr. Die Regeln werden absolut genommen und gelten als unveränderlich, worin sich – analytisch gesprochen – die archaische Strenge des Über-Ich ausdrückt, die sich erst im weiteren Verlauf der

[43] H. A. Murray, Explorations in Personality, New York 1938
[44] H. S. Sullivan, The Interpersonal Theory of Psychiatry, New York 1953
[45] J. Piaget, The Moral Judgement of the Child, New York 1932

Latenzperiode mildert. Mit etwa neun Jahren macht sich ein Wandel im Verständnis der Spielregeln bemerkbar. Die Kinder erkennen ihre Gegenseitigkeit (offensichtlich hat die frühe Strenge des Über-Ich auch einen kognitiven Aspekt: Das Kind kann Regeln nur nach dem Alles-oder-nichts-Gesetz begreifen und sie nicht den Gegebenheiten einer bestimmten Situation anpassen). Deshalb sind neunjährige Kinder auch bereit, die Regeln zu verändern, wenn alle Teilnehmer einverstanden sind und sich auch an die neuen Regeln halten.

Nach weiteren zwei bis drei Jahren entwickelt sich ein erheblich verfeinertes Gefühl für Chancengleichheit und Fairneß. Die Kinder können es nun akzeptieren, daß man behinderten Spielern besondere Zugeständnisse macht. Das heißt, daß sie nun fähig sind, sich vorzustellen, daß die Menschen verschiedene Möglichkeiten haben und unterschiedlich beurteilt werden müssen. Damit ist die kognitiv bedingte Egozentrizität des Kindes überwunden – zumindest im Idealfall einer ungestörten, in mancher Hinsicht privilegierten Entwicklung, wie sie die Familie Piaget ihren Kindern gestatten konnte.

In vielen anderen Fällen wird das infantil-egozentrische Denken niemals überwunden. Die Kinderspiele, in denen die Regeln je nach den Behinderungen der Teilnehmer geändert werden, sind »sozialer« als die Spiele der Erwachsenen, wo keiner daran denkt, die Regeln zu ändern, um ein Handicap eines Teilnehmers auszugleichen. Die Anerkennung verschiedener menschlicher Wertsysteme ist unter den Erwachsenen ebenfalls weniger weit verbreitet, als man wünschen möchte.

Voraussetzung für die von Piaget nachgezeichneten, allmählich zu einer von Einsicht und Sensibilität geprägten Ethik führenden Entwicklungsschritte ist eine Primärgruppe, die den Kindern eben diese Ethik vorlebt. In ihr werden nicht, wie in vielen kranken Familien, abweichende Ansichten mit massiven Verboten und der Drohung mit Liebesentzug belegt. So bedrohte Kinder werden später Abweichungen von ihren eigenen, rigiden Normen fanatisch bekämpfen[46] oder – wenn sie etwa der sonst geliebte Sexualpartner vertritt – als existenzielle Bedrohung erleben, weil in ihrer Primärgruppe menschliche Gemeinsamkeit nur als schematische, zwanghafte Gleichheit der emotionalen und kognitiven »Weltanschauung« möglich war.

Im Alter zwischen neun und zwölf Jahren ist das Kind zum

[46] Dieses Verhalten gehört zu den Charakteristika der »autoritären Persönlichkeit«, wie sie Th. W. Adorno beschrieben hat.

ersten Mal zu stabilen, langdauernden Freundschaften fähig, in denen die Gefühle und Wünsche des Partners als ebenso wichtig erlebt werden wie die eigenen. White unterscheidet zwei Stadien in der Entwicklung sozialer Kompetenz während der Latenzperiode. Zwischen sechs und neun Jahren erweitert das Kind seinen sozialen Gesichtskreis über die engere Familie hinaus und sucht Eingang in die Gruppe seiner Altersgenossen, tritt in Wettbewerb mit ihnen, findet Wege, sich selbst vor seelischen und körperlichen Verletzungen durch sie zu schützen, ihre Absichten und seine Ziele in Übereinstimmung zu bringen. Die Gründe dafür sind teils gesellschaftlicher Natur (man schickt das Kind in die Schule), teils entwicklungsbedingt. Dem Kind wird die Wohnung zu eng, es will neue, interessantere Dinge kennenlernen. (Daraus wird wieder einmal die entwicklungsdynamische Bedeutung der Neugieraktivität erkennbar. Indem sie den Aufforderungscharakter des Bekannten verblassen läßt und das Kind antreibt, sich dem Unbekannten außerhalb seines bisherigen Aktionsbereiches zuzuwenden, wird sie zum Motor der Ich-Entwicklung.) Das Bedürfnis des Schulanfängers nach Sicherheit und Zuwendung, seine nach wie vor große Abhängigkeit von den Eltern werden jedoch bis zum Alter von etwa neun Jahren nach wie vor hauptsächlich in der engeren Familie befriedigt. Das heißt auch, daß die Bedeutung der ödipalen Situation und ihrer Bewältigungsformen nach wie vor recht groß ist.

Den aktivsten, selbstsichersten Kindern, die früh eine dominierende Position in Gruppen einnehmen, gelingt es schon bald, in den Gruppen ihrer Altersgenossen eine echte Alternative zur Familie zu finden. Die anderen Kinder folgen mit neun bis zwölf Jahren. Das »Wir«-Gefühl in der Gruppe schafft eine Alternative zur Familie, es fördert die Entwicklung zu seelischer Unabhängigkeit und erlaubt zum ersten Mal, daß in der Beziehung zu Gleichaltrigen die Schattenseiten und Grenzen der Primärgruppe als Medium der Sozialisation korrigiert werden können. Während Freud selbst offensichtlich diesen Gesichtspunkt kaum beachtet hat, spielt er in Sullivans interpersonell orientierter Theorie der seelischen Entwicklung eine wichtige Rolle.

Die Begegnung mit den sozialen Forderungen der Schule und der Altersgruppe kann das Kompetenzgefühl einerseits steigern, andrerseits aber auch vermindern. Wer seine Schulaufgaben meistert, gewinnt Selbstgefühl und soziale Anerkennung (er entdeckt den Weg, sich durch intellektuelle Brillanz durchzusetzen und auf diesem Weg emotionale Unsicherheit und Angst zu bewältigen). Ähnliches gilt für das soziale Durchsetzungsvermögen auf dem Spielplatz oder im Sport, für die Teilnahme an Gruppenaktivitäten jeder Art, welche ein »Wir«-Gefühl verleihen oder auf der anderen Seite Ablehnung, Beschämung und Spott herbeiführen können. Was in dieser Periode geschieht, übt einen mächtigen – korrigierenden oder verstärkenden – Einfluß auf die frühen Ich-Schicksale und damit auf die Persönlichkeitsentwicklung aus. Leichte frühkindliche Störungen können zu neurotischen Zügen gesteigert werden, wenn die Kompetenz im sozialen Bereich schwere Rückschläge erleidet und das Kind deshalb an diese frohen Erfahrungen fixiert bleibt. Erfolgreiche Aufnahme sozialer Beziehungen und ein ihnen entsprechendes Kompetenzgefühl hingegen vermögen diese frühkindlichen Fixierungen zu überwinden.

Die genitale Phase

»He who takes the ego to bed with him will never get a gold star for genital primacy.«
R. W. White[47]

Auf der genitalen Stufe der Libidoentwicklung erwartet das klassische Entwicklungsmodell der Psychoanalyse die »orgastische Potenz«. Daß Freud daneben die Bedeutung der Arbeitsfähigkeit durchaus anerkannte, zeigt seine lakonische Bemerkung über den Kern der psychischen Gesundheit: »Lieben und arbeiten können!« Der gesteigerte Triebdruck während der Pubertät belebt die ödipalen Wünsche neu, aktiviert die Abwehrmechanismen und ergänzt sie um einige bisher weniger verwendete Formen (z.B. die Intellektualisierung)[48]. Die interpersonelle Konzeption Sullivans fordert für die späte Adoleszenz als zentrale Aufgabe die Fähigkeit, stabile, auf Gegenseitigkeit basierende und beide Partner befriedigende soziale Beziehungen aufzubauen. Damit sind sicherlich bereits zwei wichtige Seiten der Kom-

[47] R. W. White, Competence and the Psychosexual Stages of Development, in: Jones (Hrsg.), Nebraska Symposion on Motivation, Lincoln 1960, S. 135.

[48] A. Freud, Das Ich und die Abwehrmechanismen, München 1963

petenz auf dieser Altersstufe erfaßt. Wesentlich ist jedoch noch ein dritter Aspekt, den White besonders betont: die Fortführung des »Arbeitsprinzips« in die Welt der Erwachsenen. Wer arbeiten kann, dem bietet diese Welt eine Fülle von Möglichkeiten, sein Selbstgefühl zu stärken, die ihrerseits ebenso die emotionale und sexuelle Sphäre beeinflussen können, wie die Arbeitsfähigkeit von ihr beeinflußt wird.

Die Kompetenz auf dem Gebiet der Arbeit ist vielleicht von den Psychoanalytikern unterbewertet worden, weil sie ihnen zu selbstverständlich war. Eine Therapie nach der analytischen Standardmethode setzt eine weitgehend intakte Arbeitsfähigkeit des Patienten schon voraus. Und wie die genitale Potenz, die befriedigende heterosexuelle Beziehung dem Heranwachsenden wie dem Erwachsenen gestatten, neben den genital bestimmten Spannungen auch ein gutes Stück der prägenitalen Libido abzureagieren, so bietet auch die Arbeitsfähigkeit reiche Möglichkeiten, innere Spannungen zu bewältigen, die sich sonst vielleicht zerstörerisch gegen das Ich richten.

Der wechselseitige Orgasmus, den Erikson als zentrales Ziel der Entwicklung in der Adoleszenz auffaßt – als Verschmelzung und Versöhnung der Gegensätze zwischen den Geschlechtern, zwischen Realität und Phantasie, zwischen Liebe und Haß – scheint White ein ganz ungenügendes Modell für die Ziele der Kompetenzentwicklung. Die kurzzeitige Auflösung des Ich-Bewußtseins in der orgastischen Hingabe ist für manche menschlichen Aktivitäten – Sexualität, künstlerische Inspiration, hingebungsvolles Spiel, religiöse Ekstase – zwar wünschenswert, nicht jedoch für die zielbewußte, kontinuierliche Veränderung der Realität, die Sphäre der Arbeit. In ihr sieht White den zentralen Bereich der Kompetenzentwicklung während der späten Adoleszenz. Sie erfordert ein bestimmtes Maß an Selbstkontrolle, Ausdauer, Unterordnung kurzfristigen Lustgewinns unter weitreichende Pläne. Selbst die künstlerischen Produktionen erfordern ja nach der ersten schöpferisch-regressiven Phase, in der das Ich sich des Primär- und Sekundärprozesses zugleich bedient, eine zweite Periode zielbewußter und selbstkritischer Arbeit.

Abschließend noch einige Bemerkungen zum Verhältnis von Whites Kompetenzmodell zu einer evolutionstheoretisch orientierten Neuformulierung der psychoanalytischen Metapsychologie. Das Kompetenzmodell ordnet sich harmonisch in die Auffassung ein, daß das Ich als primär autonomes, energetisch wohlversorgtes Zentrum der menschlichen Verhaltenssteuerung im

Zuge der Auseinandersetzung mit der mitmenschlichen und materiellen Realität geformt und differenziert wird. Es umfaßt jenen Aspekt des Verhaltens, der dazu führt, daß ein abhängiges und hilfloses Baby zu einem weitgehend unabhängigen Erwachsenen wird, der sich selbst helfen kann. Die in ständiger Interaktion zwischen Ich und Umwelt stattfindende Entwicklung der einzelnen Aspekte der Kompetenz umfaßt einfache Manipulationen, Wahrnehmung, Fortbewegung, Sprache, den Aufbau von Geschicklichkeiten, Organisationsfähigkeit, Selbstvertrauen, Erfolg im Umgang mit Menschen und vieles andere mehr.

Vom evolutionstheoretischen Standpunkt nicht akzeptabel ist hingegen Whites Konzeption einer eigenen Antriebskraft der Kompetenzentwicklung, die er als unabhängig von den Trieben auffaßt (»effectance motivation«)[49]. Eine Neuformulierung des Triebmodells im Sinn von energetischen Ich-Funktionen einschließlich der Neugieraktivität wird den Ergebnissen der Neurophysiologie (funktionelle Verwandtschaft zwischen den zentralnervösen Zentren, welche Hunger, Durst, Sexualität und Neugieraktivität steuern) gerechter. Sie erlaubt auch eine gemeinsame Betrachtungsweise der Instinktreaktionen von Tieren und der menschlichen Verhaltenssteuerung. In einem Kommentar zu Whites Theorie hat Fritz Heider festgestellt, daß die Bedeutung des Kompetenz-Aspektes für die Ich-Entwicklung zweifellos sehr groß ist, die Konzeption einer vollständig neuartigen Antriebsquelle jedoch fragwürdig. Wenn man das einfachste energetische Modell zugrunde legt – eine innere Spannung, die Richtung auf ein bestimmtes Ziel und eine Entladung bzw. Lösung der Spannung, sobald dieses Ziel erreicht ist –, dann läßt sich dieses Modell sehr wohl auf die Effektanz-Motivation anwenden[50]. Heider weist dabei ausdrücklich auf den Antriebscharakter der Neugier hin, die sich auf das Ziel richtet, Unbekanntes bekannter zu machen und Geheimnisse aufzudecken.

[49] R. W. White, Competence and the Psychosexual Stages of Development in: Jones (Hrsg.), Nebraska Symposion on Motivation, Lincoln 1960, S. 137.

[50] F. Heider, Comments on Dr. White's Paper, Nebraska Symposion on Motivation 1960, S. 141 f., Univ. of Nebraska Press 1960

Was kann uns bewegen, die Aggression als energetische Ich-Funktion zu fassen, die nur unter bestimmten Entwicklungsumständen teilweise in einen unbewußten, zerstörerischen Trieb umgewandelt wird? Vom Standpunkt der Evolutionstheorie ist es absurd, eine primär destruktive Motivationsquelle in einem lebenden Organismus zu erwarten. Es geht ebenfalls nicht an, die geglückte Ich-Entwicklung als Folge besonderer hemmender und kontrollierender Einflüsse der Umwelt hinzustellen, während die hypothetische »Natur« des Menschen in eine destruktive Richtung neige. Es gibt keine klinische Beobachtung, die nicht ohne die Annahme eines primären Destruktions-Triebes erklärt werden könnte, wie ja auch die ethologischen Beweise für einen spontanen Aggressionstrieb sehr dürftig sind. Viele Verhaltensforscher – darunter Konrad Lorenz' eigene Schüler[1] – halten die Instinkttheorie der Aggression aus guten Gründen für dubios und unzureichend.

Zu diesen theoretischen Einwänden, die ich an anderer Stelle zusammengefaßt habe[2], kommen nun noch Bedenken hinsichtlich der möglichen ideologischen Folgen einer solchen Triebtheorie der Aggression. In seinen Konsequenzen besagt dieses Konzept, daß ein Kind von Geburt an destruktiv-aggressiv ist und im Prozeß der Enkulturation »gezähmt« werden muß.

Nach dem Prinzip der Prophezeihung, die sich selbst erfüllt, kann auf diese Weise gerade das produziert werden, was man theoretisch erwartet. Wie sollen Eltern die Neugieraktivität ihrer Kinder wohlwollend und akzeptierend erleben und mittragen, wenn sie überzeugt sind, daß hinter ihr ein destruktiver Trieb steckt? Allerdings ziehen nicht alle Vertreter der Triebtheorie aggressiven Verhaltens diese pädagogischen Folgerungen. Alexander Mitscherlich gehört zu den vorsichtigen und kritischen Vertretern dieser Theorie. Faktisch dürfte sich seine Ansicht über eine Erziehung, die Urvertrauen und damit eine Neutralisierung der seiner Ansicht nach angeborenen Destruktivität erlaubt, nicht sehr von der W. Reichs und A. S. Neills[3] unterschei-

[1] Z. B. W. Wickler, Die Biologie der Zehn Gebote, München 1971

[2] W. Schmidbauer, Die sogenannte Aggression, Hamburg 1972. – E. Fromm, Anatomie der menschlichen Destruktivität, Stuttgart 1974

[3] A. S. Neill, Theorie und Praxis der antiautoritären Erziehung, Hamburg 1969.

den, die eine solche Triebtheorie ablehnen. Anders fällt das Urteil von Konrad Lorenz aus, der – eben weil er von einem Aggressionsinstinkt überzeugt ist – die antiautoritäre Erziehung pauschal als »Verbrechen« bewertet[4]; sein Schüler Paul Leyhausen[5] findet sogar »ethologische« Argumente, welche die Prügelstrafe nicht nur gerechtfertigt erscheinen lassen, sondern sie sogar gebieterisch fordern.

Die Einsicht in die entwicklungs- und konfliktbedingten Ursachen destruktiven Verhaltens eröffnet den Weg zu einem therapeutischen Eingreifen. Dieses wird ganz anders aussehen, wenn der Therapeut überzeugt ist, daß Neugieraktivität primär ein konstruktives Herangehen an Dinge und Menschen und kein zerstörerischer Trieb ist. In einer therapeutischen Methode, die von einer Triebtheorie der Aggression ausgeht, wird sich der Therapeut bemühen, Aggressionen möglichst zu kontrollieren. In der Theorie einer energetischen Ich-Funktion Aktivität steckt auch der praktische Ansatz zu einem therapeutischen Einsatz der eigenen, konstruktiven Aktivität des Therapeuten. Sie kann es den Patienten z.B. einer therapeutischen Gruppe ermöglichen, allmählich wieder destruktive Aggression in konstruktive Aktivität zurückzuverwandeln. In der Gruppe werden Aggressionen also nicht zugedeckt, sondern geäußert und – falls sie destruktiv sind – auf die grundlegenden Konflikte geprüft, die eine konstruktive Aktivität und Kreativität verhindern. An diesem Punkt wird auch deutlich, wie sehr das Todestriebkonzept bzw. die Instinkttheorie der Aggression die emanzipatorischen Möglichkeiten psychoanalytischer Arbeit blockieren können.

Wie aber kommt es zum Umschlag der gesunden Neugieraktivität in Destruktion? Voraussetzung ist nach den bisherigen Beobachtungen eine Primärgruppe, welche den Bedürfnissen des Kindes – vor allem seiner Neugieraktivität – erfahrungsunfähig gegenübersteht, sie übersieht, mißachtet oder ablehnt und bestraft. Diese Ablehnung eines sehr wesentlichen Bereichs des kindlichen Gefühls vom eigenen Ich, der eigenen Identität, muß dazu führen, daß ein größerer Bereich der Neugieraktivität von der weiteren Ich-Entwicklung ausgeschaltet und abgespalten

Vgl. zu einem Überblick der psychoanalytischen Erziehungslehre H. E. Richter, Eltern, Kind und Neurose, Stuttgart 1963, sowie W. Schmidbauer, Erziehung ohne Angst, München 1972.

[4] In einem Vortrag vor der Bayerischen Akademie der Wissenschaften, der vom Fernsehen aufgezeichnet wurde.

[5] P. Leyhausen/K. Lorenz, Antriebe tierischen und menschlichen Verhaltens, München 1968

wird. Diese Verdrängung ist also kein individueller, sondern primär ein Gruppenprozeß. Dadurch entsteht aus einer energetischen Ich-Funktion etwas, das sich später phänomenologisch als »Trieb« fassen läßt, als »dunkler« innerer Drang, der wie aus dem Nichts kommt, ohne Zusammenhang mit dem übrigen Erleben.

Offensichtlich richtet sich die nicht mehr in die strukturellen Zusammenhänge des Ich eingegliederte, sondern aus ihnen ausgeschlossene und mit einem primär in der Gruppe wurzelnden, sekundär im Über-Ich verinnerlichten Verbot belegte Neugieraktivität – ziellos geworden, da ihr ja von der Gruppe der Weg in die Realität versperrt wurde – nun gegen den Widerstand selbst, mit dem ihr die Primärgruppe begegnete. Diese Aggression kann nicht als rationale Aktivität vorgebracht werden. Ein Kind kann nicht mit seiner ablehnenden Mutter diskutieren, sondern es muß sich fügen. Als Reaktion gegen die ausgesprochenen oder unausgesprochenen Verbote der Primärgruppe, die vom Kind als tödliche Bedrohung erlebt werden, entsteht nun eine unbewußte, zerstörerische Tendenz, die unrealistisch, ohne klar faßbares Ziel und Objekt ist (wie man es auch beim typischen Wutanfall des Kleinkindes im Trotzalter beobachten kann, der an eine vorübergehende psychotische Reaktion erinnert).

Vielen Eltern ist nicht klar, wie oft sie Drohungen aussprechen, die von ihren Kindern buchstäblich mit Todesangst erlebt werden müssen. Denn für ein Kleinkind bedeuten Liebesentzug und Verlassenheit nach einem wohl angeborenen Gefühlsprogramm – dem narzißtischen »Sicherheitsprinzip« – ein Todesurteil. In den urtümlichsten Gesellschaften war es wohl auch so. Eine Mutter, die ihr Kind verstieß, verurteilte es zum Tod. In der ethisch-juristisch verwalteten Industriegesellschaft wird diese Drohung zu einem mächtigen Einfluß auf die kindliche Phantasie. Auf der anderen Seite fördert die Kontrolle der einzelnen Familie durch bürokratisch verwaltete Normen eine ambivalente Einstellung zu den Kindern.

Die Todesangst ruft nun reaktiv den Wunsch hervor, die Menschen zu beseitigen, welche eine so tödliche Drohung aussprechen. Dieser Wunsch ist nicht mehr bewußtseinsfähig; er wird verdrängt. Nur wenn später einmal – im extremen Fall – das Unbewußte in einer psychotischen Reaktion das Bewußtsein wieder überschwemmt, werden die Todesängste und Mordwünsche faßbar. Auch dann richten sie sich aber meist nicht auf die Primärgruppe, sondern werden in die jeweils umgebende Gruppe oder Gesellschaft projiziert. Der Kranke erlebt sich von

Feinden umgeben, die ihm ans Leben wollen und bei denen er die bevorzugte Stellung des symbiotischen Objektes erneut einnimmt. Er ist die Schlüsselfigur in einer gigantischen weltpolitischen Auseinandersetzung, in der es um Leben oder Tod geht.

Daß menschliche Neugieraktivität destruktiv werden und phänomenologisch als Zerstörungs- und Aggressionstrieb in Erscheinung treten kann, darf also nicht zu einer biologischen Erklärung führen, ehe die biographischen Möglichkeiten erschöpft sind. Wenn man den Menschen als isoliertes Individuum und nicht als Gruppenwesen sieht, dann ist es schon aus methodischen Gründen schwierig, jenes Erfahrungsmaterial zu sammeln, das die Aggressionstrieb-Theorie entkräftet. In dem gruppendynamischen Prozeß, durch den destruktive Aggression geschaffen wird, lehnt die Primärgruppe konstruktive Aktivitäten des Kindes ab, weil sie den Eltern bedrohlich erscheinen. Dem Kind bleibt kein anderer Abwehrmodus übrig als die Identifizierung mit dem Aggressor[6]. Es ist fähig, wichtige Teile seiner seelischen Mechanismen aus dem bewußten Erleben auszuklammern, sie gewissermaßen für die synthetischen Funktionen des Ich unerreichbar zu machen.

Doch werden diese seelischen Bereiche nicht untätig, wie Freud zuerst gesehen hat. Sie setzen ihre Tätigkeit fort, nun unabhängig von den Anpassungsleistungen des Ich. Damit wird das Sichwehren gegen einen Aggressor, gegen den man sich keine negativen Gefühle gestatten kann, wenn man überleben will, zu einem unbewußt-destruktiven »Komplex«, der dynamisch aktiv werden und das Verhalten erheblich beeinflussen kann. Das kann z.B. so aussehen, daß die sonst der Realitätsprüfung dienenden Ich-Funktionen – Wahrnehmung, Denken usw. – nicht mehr für das Ich, sondern gegen es arbeiten (der depressiv reagierende Patient nimmt nur mehr jene Aspekte der Wirklichkeit wahr, die mit Versagen, Schuld und Angst verknüpft werden können, und wird dadurch in seiner Selbstmordabsicht bestätigt).

Es scheint zum Wesen der Neugieraktivität zu gehören, daß sie sich gegen Schranken wendet, die einer zunehmenden Ich-Erweiterung (die ja immer eine Erweiterung der Einsicht in die eigene Psyche und in die Umwelt ist) entgegenstehen.

Diese Schranken sucht sie zu überwinden; darin liegt wohl auch der Schwerpunkt konstruktiv-aktiven Verhaltens und Erle-

[6] A. Freud, Das Ich und die Abwehrmechanismen, München 1963

bens. Auf der anderen Seite ist aber das Menschenkind vital abhängig. Es muß jede Verzichtleistung erbringen, um sich das Wohlwollen seiner Primärgruppe zu erhalten. Wenn nun dadurch die Neugieraktivität eingeschränkt und zugleich der Versuch, diese Schranken zu durchbrechen, mit einem Erlebnisverbot belegt wird, wird diese Aktivität unbewußt autonom. Destruktion, die sich ursprünglich nur gegen die Schranken richtete, welche die konstruktive Aktivität des Kindes verhinderten, wird zum Protest gegen eine Umwelt, die dem Kind ein falsches Selbst aufzwingt, und zugleich zum Protest gegen die eigene »falsche« Persönlichkeitsentwicklung. So kann der Mensch, wie es die psychotherapeutische Praxis jeden Tag zeigt, sein eigener Feind werden und mit einer zerstörerischen Wut gegen sich kämpfen. Doch nie sollte die Einsicht in die Tragik dieser Entwicklung, die nicht immer umkehrbar ist, zu einer fatalistischen Haltung führen. Diese spricht sich etwa in den Mutmaßungen aus, von irgend jemandem müsse dieser Kranke seine destruktiven Triebanlagen schon geerbt haben.

Wenn die natürlichen Anlagen des Menschen nicht kultur- und gruppenfeindlich sind, wie es die klassische Lehre Freuds besagt, woraus ergeben sich dann jene Konflikte, die zu selbstbeschädigendem Verhalten führen? Wenn nicht das Individuum primär krank ist und an naturgegebenen inneren Widersprüchen leidet, wie kann dann die Gruppe krank werden, auf deren destruktive Dynamik ja letzten Endes die psychischen Krankheiten zurückgehen? Hier, wo die klinische Erfahrung nicht weiterhilft, bietet die Theorie der kulturellen Evolution eine Erklärungsmöglichkeit. Die Dynamik menschlicher Gruppen wird nämlich nicht allein durch die Auseinandersetzung mit der natürlichen Umwelt bestimmt, sondern durch die Konkurrenz mit anderen Gruppen und durch die Verinnerlichung einer im Zuge dieser Konkurrenz entstandenen kulturellen Tradition.

Diese Tradition ist, wie bereits gezeigt wurde, für den Menschen lebenswichtig. In ihr werden Verhaltensregeln gespeichert, die für seine Existenz unentbehrlich scheinen (z. B. die Sprache, Kenntnis eßbarer Pflanzen, Jagdtechniken usw.). Zu diesem Grundstock an Traditionen kamen auch solche, die zum Bestehen in der interkulturellen Konkurrenz dienten. Dazu traten weitere, die seit dem Neolithikum den Menschen seiner Arbeit entfremdeten, Klassengegensätze aufbauten und im Dienst der Funktionsfähigkeit einer Großgruppe (der Gesellschaft, z. B. zunächst des einzelnen Stadtstaates) die Bedürfnisse des Individuums nicht mehr angemessen berücksichtigten. In der Dynamik der kulturellen Evolution muß man also die Wurzeln einer potentiell destruktiven Interaktion menschlicher Kleingruppen sehen.

Es gibt keine für immer festgelegte Natur des Menschen, auf die sich die vielen Gestalten der kulturellen Evolution zurückführen lassen. Die Tatsache, daß der Mensch die Natur verändert, gibt seiner Umwelt einen eigenständigen Charakter, der auf den Charakter der Menschen zurückwirkt. Der Widerspruch zwischen Triebbedürfnissen und Kultur ist inkonstant; die Dialektik der kulturellen Evolution läßt keine für immer gegebenen Konflikte zu. Weniger die Frustration festgelegter, biologischer Bedürfnisse des Kindes scheint in einer krankmachenden Gruppe wesentlich als die gestörte Kommunikation, die Unfähigkeit, wirklich miteinander in Austausch zu treten, aufeinander einzugehen, den anderen als Subjekt zu erkennen und anzuerkennen, statt ihn zum Objekt ihm fremder Bedürfnisse zu machen.

Die Bedeutung einer materiell fast vollständig neugestalteten Umwelt für den Menschen liegt darin, daß in ihr die Zahl der möglichen Lebensformen zu einem großen Risiko für die psychische Gesundheit des einzelnen und der Gruppe geworden ist. Die Isolation in einer Kleinwohnung, die entfremdete Arbeit, der radikal beschnittene Lebensraum, die Klassengegensätze zwischen Ausgebeuteten und Ausbeutern, zwischen Wissenden und Unwissenden – sie führen dazu, daß Kinder gezwungen werden, sich einer Primärgruppe zu fügen, die nicht gesünder sein kann als die Gesellschaft, die sie umgibt. Und diese Gesellschaft ist aus einem unbewußten Konkurrenzkampf entstanden, in dem sie sich gegen andere Sozietäten durchsetzte. In diesem Kampf mußte das Wohl der Individuen zurückstehen, schien es gleichgültig, ob die Anpassung leidvoll, ja manchmal selbstzerstörerisch war, solange die Kultur als Ganzes nur durchsetzungsfähig genug nach außen und innen blieb.

Die Einheit von Bedürfnis und Umwelt, von Natur und Kultur, welche auf dem Evolutions-Stadium der Jäger und Sammler (das für die menschliche Entwicklungsgeschichte von entscheidender Bedeutung ist)[7] gegeben war, ist seit der neolithischen Revolution aufgebrochen worden. Es kann kein Zurück mehr geben. Aber die Widersprüche zwischen der kulturellen und der

[7] Vgl. W. Schmidbauer, Jäger und Sammler, München-Planegg 1972

individuell-biologischen Evolution des Menschen, zwischen seinen existentiellen Bedürfnissen und den Formen, welche eine von der Konkurrenz der Kulturen und Großgruppen bestimmte Geschichte der Sozialisation in den Primärgruppen auferlegt, müssen erkannt werden, um ihren oft mörderischen Charakter zu mildern. Dieser Erkenntnisprozeß kann nur dialektisch und nicht reduktionistisch durchgeführt werden. Es geht nicht an, die kulturellen Forderungen und Widersprüche – noch dazu die einer ganz bestimmten Kultur – absolut zu setzen und die auftretenden Anpassungsstörungen einer biologisch begründeten Rückständigkeit der menschlichen Triebnatur anzulasten.

Freud hat die Fähigkeit, ein ursprünglich sexuelles Triebziel gegen ein anderes, nichtsexuelles, aber psychisch damit verwandtes Ziel umzutauschen, als Sublimierung beschrieben[1]. Was diesen Vorgang ermöglicht, ist nicht ganz klar; Freud hat sich nicht entschieden, ob die Fähigkeit zur Sublimierung kulturell erzwungen oder biologisch angelegt sei[2]. Immerhin liefert aber das Es nur widerwillig und unter Druck die Triebkraft zu schöpferischen Leistungen; ein überhaupt nicht kulturell eingeschränktes Es wäre für Freud auch nicht kreativ. Gerade an diesem Punkt hakt die evolutionstheoretische Kritik ein[3]: Wenn man die orthodox-psychoanalytische Betrachtungsweise auf das Phänomen z. B. der Kunst anwendet, muß man zu dem Schluß kommen, schöpferische Leistungen seien erst durch die Kulturentwicklung entstanden, die den Menschen zwingt, auf ein Stück unmittelbare Triebbefriedigung zu verzichten und es zu sublimieren – unter anderem in künstlerische, soziale oder wissenschaftliche Produktivität. Wenn nun Wissenschaft, Technik, Kulturleistung schlechthin durch Sublimierung erklärt werden, stellt sich die Frage, wie eine Stufe gesellschaftlicher Organisation beschaffen sein müßte, die ohne Technik, Religion, Kunst und Wissenschaft dennoch »Kultur« genug besäße, Triebverzichte zu fordern und damit Sublimierung zu ermöglichen bzw. zu erzwingen. Die Sublimierungstheorie enthält also einen Zirkelschluß: Die Kultur wird durch Sublimierung ermöglicht, gleichzeitig könnte aber nur eine schon bestehende Kultur Sublimierung ermöglichen.

Ein weiterer Einwand richtet sich gegen die in der Sublimierungshypothese eingeschlossene Behauptung, daß Askese in bezug auf primäre Bedürfnisse – vor allem sexueller Art – die künstlerische Produktivität steigern müsse. Das ist nun in der

[1] S. Freud, Die kulturelle Sexualmoral und die moderne Nervosität, Ges. Werke VII, S. 150

[2] »Wenn man dem ersten Eindruck nachgibt, ist man versucht zu sagen, die Sublimierung sei überhaupt ein von der Kultur erzwungenes Triebschicksal. Aber man tut besser, sich das noch häufiger zu überlegen«, sagt Freud in: Das Unbehagen in der Kultur, Ges. Werke XIV, S. 450

[3] W. Schmidbauer, Sage, was du verschweigst. Literatur und Psychoanalyse, Therapie der Gegenwart 109, 1970, S. 1699–1712. Dort greife ich ein u. a. von B. Malinowski vertretenes Argument auf.

Regel keineswegs der Fall, und es scheint bezeichnend, daß Freud für eine großangelegte Künstler-Pathographie Leonardo da Vinci gewählt hat, dessen Sexualfeindlichkeit biographisch faßbar ist, und nicht etwa Raffael, Rubens oder Tizian, die sämtlich ein vollentwickeltes Sexualleben führten und doch große Künstler waren.

Allerdings hat auch Freud schon gesehen, daß eine völlige Unterdrückung des Sexuallebens nicht die günstigste Voraussetzung für eine intensive Sublimierung sei, im Gegenteil: Die sexuelle Abstinenz bringe nur Schwächlinge, nicht Männer der Tat hervor[4]. Kreativität ist im evolutionstheoretischen Konzept ein Aspekt der Neugieraktivität, eine energetische Ich-Funktion, die vielleicht das am spezifischsten menschliche Merkmal bestimmt: die alloplastische Anpassung durch Veränderung der Umwelt. Sublimierung ist keine Vorbedingung von Kreativität, doch kann sie unter bestimmten gesellschaftlichen und gruppendynamischen Bedingungen zu einem häufig beobachtbaren Abwehrmechanismus werden[5].

Hartmann und seine Anhänger begreifen die Ich-Entwicklung als einen Prozeß fortschreitend differenzierter Abwehr. Die endlich erreichte Autonomie des Ich basiert auf der Widerstandskraft dieses Ich gegen regressive, triebhafte Tendenzen. Es handelt sich also um eine teils den Trieben abgerungene, teils aus einem autonomen Kern entwickelte Leistung. Von zentraler Bedeutung sind dabei Sublimierung (die sich vor allem auf sexuelle Tendenzen bezieht) und Neutralisierung (vor allem aggressiver Triebwünsche). Erst wenn das Ich im Lauf seiner Geschichte genügend sexuelle und aggressive Triebenergien gewissermaßen unschädlich gemacht, in eine kulturell verwendbare Form umgewandelt hat, kann es eigene Ziele anstreben.

Diese Auffassung widerspricht dem evolutionstheoretischen Konzept entschieden. Ein durch kulturelle Evolution entstandenes Ich ist gar nicht anders als *primär autonom, ohne Abwehrtätigkeit kultur- und gruppenbezogen* vorstellbar.

Hartmann faßt die Ich-Entwicklung als individual-psychologischen Prozeß, einen biologisch-naturgesetzlichen Vorgang, der auf eine »durchschnittlich zu erwartende Umwelt« abgestimmt sei, über die nichts Näheres mitgeteilt wird. Tatsächlich spielt sich die Ich-Entwicklung in ständiger Interaktion mit der

[4] S. Freud, Die kulturelle Sexualmoral und die moderne Nervosität, Ges. Werke VII

[5] A. Freud, Das Ich und die Abwehrmechanismen, München 1963

Primärgruppe ab. Sie ist primär *kein* Abwehrprozeß, *keine* Verteidigung gegenüber den Triebbedürfnissen, sondern eine fortschreitende Entfaltung und Erweiterung der Ich-Funktionen, die allerdings nur in einer »erleichternden Umwelt« (Winnicott) der Primärgruppe stattfinden kann. An die Stelle der Abwehr von Triebbedürfnissen tritt in diesem Konzept idealtypisch die angstfreie Kommunikation über sie. Wo sie in der Primärgruppe gelingt, schreitet die Ich-Entwicklung fort, wo sie scheitert, werden Abwehrmechanismen eingesetzt, entsteht ein »Es«.

Die motivierenden Energien des Menschen sind primär keine Triebe, keine kulturfeindlichen überlebensneutralen Mächte, die neutralisiert und sublimiert werden müssen, sondern energetische Ich-Funktionen, die eine autonome Ich-Entwicklung tragen. Diese allerdings ist auf eine Primärgruppe angewiesen, welche das Kind akzeptiert und ihm den Weg zu einer selbständigen Identität nicht verbaut, sondern es auf ihm hilfreich begleitet. Die seelisch krankmachende Bedeutung einer Primärgruppe, welche das Kind zum Objekt eigener Bedürfnisse macht und ihm sein Recht auf eine Subjektfindung nimmt, ist in den letzten Jahrzehnten immer deutlicher geworden. Zahlreiche empirische Studien bestätigen sie[6].

Die Einsicht in die naturgeschichtliche Tatsache, daß der Mensch niemals als isoliertes Individuum, sondern nur auf Grund seiner Entwicklung in einer sozialen Gruppe verstanden werden kann, muß zu einem grundlegenden Wandel in der analytischen Theorie führen. Aus dem reduktionistischen Modell der Triebpsychologie, in dem die Persönlichkeitsentwicklung nur eine Entwicklung der Abwehr kultur- und gruppenfeindlicher Triebwünsche ist, wird ein dialektisches Modell. Die von energetischen Ich-Funktionen getragene Ich-Entwicklung hängt ab von der Dynamik der Gruppe, in der sie sich vollzieht. Aus dem Pessimismus Freuds, der nur biologisches Unbehagen in einer erstarrten kulturellen Struktur sah, wird ein Realismus. In ihm wird deutlich, daß der Mensch ein primär kreatives, konstruktiv auf Dinge und Mitmenschen zugehendes Wesen ist,

[6] Zu nennen sind unter anderen Gregory Bateson, Don D. Jackson, Jay Haley, John Weakland, Lyman C. Wynne, Irving M. Ryckoff, Juliana Day, Stanley J. Hirsch, Theodore Lidz, Alice Cornelison, Stephen Fleck, Harold F. Searles, Murray Bowen, Ezra F. Vogel und Norman W. Bell in den Vereinigten Staaten (einen Ausschnitt aus ihrer Arbeit bringt der Sammelband von G. Bateson et al., Schizophrenie und Familie, Frankfurt 1968), Roland Laing, David Cooper, Aaron Esterson in Großbritannien, Maud Mannoni in Frankreich, Horst Eberhard Richter, Gerd Biermann in Westdeutschland, H. Gastager in Österreich.

zugleich aber ein gruppenabhängiges Wesen, dessen seelische und körperliche Gesundheit von seinem Gruppenschicksal von Kindheit an bestimmt werden. Ein naiver Optimismus liegt dieser Theorie ebenso fern wie ein fatalistischer Pessimismus, der auf eine unveränderliche Triebnatur des Menschen schiebt, was tatsächlich ein dialektischer Prozeß zwischen Natur und Kultur, Individuum und Gruppe, Herrschenden und Unterdrückten ist.

Das Gruppenkonzept verändert nicht nur die Theorie der Ich-Entwicklung, sondern auch die therapeutische Praxis. Was in Gruppen krank wurde, kann vielfach auch in der Gruppe wieder gesunden. Aufgabe der Behandlung ist heute in vielen Fällen – den narzißtischen Neurosen, bei psychosomatisch Kranken, depressiv oder schizophren reagierenden Patienten, Grenzfällen zwischen Neurose und Psychose – nicht die Aufhebung von Verdrängungen innerhalb eines relativ starken, realitätsangepaßten Ich, sondern eine nachholende Ich-Entwicklung in einer therapeutischen Gruppe oder einem psychotherapeutisch strukturierten Klinik-Milieu[7]. Auch die Einzelbehandlung wird anders aussehen, wenn der Analytiker die realen Einflüsse einer kranken Familiengruppe sieht und mitfühlend am Schicksal des Patienten Anteil nimmt. Wahrscheinlich läßt sich auch der emanzipatorische Auftrag der Psychoanalyse nur innerhalb eines Gruppenkonzeptes verwirklichen. Solange die soziale Umwelt der analytischen Ich-Befreiung und Ich-Erweiterung feindselig gegenübersteht, ist ein Behandlungserfolg nicht zu erwarten. Die Gruppe hingegen schafft ein freieres Areal, ein Gebiet, in dem die menschenfeindlichen Prägungen und Werte einer fast ausschließlich an Konsum und Leistung orientierten Gesellschaft nicht mehr gelten. Sie wird vielfach als zweite Familie erlebt – eine Familie, die nicht mehr verbietend, sondern freundlich ist, die ein bisher zerstörerisches Über-Ich allmählich zugunsten eines konstruktiveren abbaut. Die therapeutische Gruppe erweitert die Behandlungsmöglichkeiten in der Psychoanalyse erheblich. Sie macht auch Kranke behandlungsfähig, deren destruktive Aggressionen oder heftige Ängste in der Einzeltherapie nicht mehr aufgefangen und bearbeitet werden können. Während in einer Einzelbehandlung die Rollen von Therapeut und Patient, Helfer und Hilfsobjekt festgelegt sind, kann in der Gruppe der Kranke zum Therapeuten eines anderen werden und auf diese

[7] Vgl. W. Schmidbauer, Sensitivitätstraining und analytische Gruppendynamik, München 1973

Weise die narzißtische Kränkung leichter ertragen, überhaupt in Behandlung gehen zu müssen. Rivalisierende Auseinandersetzungen, die in der Einzelbehandlung zum Widerstand werden, können mit einem viel stärkeren Realitätscharakter bearbeitet werden.

In der klassischen Psychoanalyse muß der Einsicht in die krankmachenden kindlichen Konflikte ein Durcharbeiten des Widerstands vorausgehen, durch das dem Patienten eine beträchtliche seelische Arbeitsleistung abverlangt wird. Gerade die schwer ich-geschädigten Patienten mit psychotischen oder Grenzfall-Symptomen sind dazu oft nicht in der Lage. In der Gruppe ist es ihnen möglich, auch schon durch Einsicht in die Konflikte *anderer* die unbewußten Motive des eigenen Verhaltens besser zu verstehen[8].

[8] St. de Schill (Hrsg.), Psychoanalytische Therapie in Gruppen, Stuttgart 1972. – S.H. Foulkes, Gruppenanalytische Psychotherapie, München 1974. – I. D. Yalom, Gruppenpsychotherapie, Grundlagen und Methoden, München 1974

13. Narzißmus, Gruppe und Evolution

Aus einem wenig beachteten, vorwiegend als Barriere für den therapeutischen Weg der Analyse gewerteten Konzept ist der Narzißmus heute fast zum Mittelpunkt der psychoanalytischen Forschung geworden. Das Entwicklungsschicksal der Selbstliebe wird ebenso wichtig wie das Schicksal der Objektbeziehungen. Mehr und mehr verliert der Begriff dabei seinen wertenden, eher abschätzigen Beigeschmack, der ihm schon von seiner Etymologie her anhaftet. Den mythischen Narziß, Sohn einer Nymphe und eines Flußgottes, straften die Götter mit Selbstliebe, weil er einem lästigen Anbeter ein Schwert schickte, mit dem sich dieser tötete. Der wie gebannt in den Wasserspiegel einer Quelle schauende und sich endlich in unerfüllbarer Liebe tötende Narziß, aus dessen Blut eine weiße Blume mit rotgelben Herzblättern wird, gehörte zu den moralischen Lehrgestalten der Antike.

Freud hat den Begriff von P. Näcke übernommen, der ihn zuerst 1899 gebrauchte, um eine Arbeit von Havelock Ellis zu kommentieren, der 1898 als erster perverses autoerotisches Verhalten mit der Sage von Narziß in Verbindung brachte[1]. Schon vor der systematischen Arbeit ›Zur Einführung des Narzißmus‹ hat Freud im Zusammenhang mit der Objektwahl von Homosexuellen gesagt, daß diese sich »selbst zum Sexualobjekt« nehmen und »vom Narzißmus ausgehend« jugendliche, der eigenen Person ähnliche Männer suchen, »die sie so lieben wollen, wie die Mutter sie geliebt hat[2]«. Als Entwicklungsstufe der Sexualität ist der Narzißmus erstmals in Freuds Fallgeschichte über den Senatspräsidenten Schreber erwähnt worden. Er gewinnt dort die Bedeutung einer Stufe der sexuellen Entwicklung, die zwischen dem Autoerotismus und der Objektliebe liegt. Eine erste Vereinigung der vielgestaltigen, auf partiellen Lustgewinn gerichteten Sexualtriebe wird dadurch ermöglicht, daß »das in der Entwicklung begriffene Individuum ... zunächst sich selbst, seinen eigenen Körper zum Liebesobjekt« nimmt[3].

Diese Auffassung hat – ohne den Begriff des Narzißmus zu

[1] S. Freud, Zur Einführung des Narzißmus, Ges. Werke X, S. 141. – H. Ellis, Autoeroticism, a Psychological Study, New York 1898

[2] S. Freud, Drei Abhandlungen zur Sexualtheorie, Ges. Werke V, S. 44

[3] S. Freud, Psychoanalytische Bemerkungen über einen autobiographisch beschriebenen Fall von Paranoia, 1911, Ges. Werke VIII, S. 296

verwenden – Abraham schon früher geäußert, als er von der psychosexuellen Eigenart der Dementia praecox (heute: Schizophrenie) sprach. »Der Geisteskranke überträgt die gesamte Libido, die der Gesunde all den lebenden und unbelebten Objekten der Umgebung zuwendet, allein auf sich selbst, als auf sein einziges Sexualobjekt[4].« Er kehrt zum Autoerotismus zurück; dieser Regression entspricht Freuds Unterscheidung zwischen einem primären, ursprünglichen Narzißmus und einem sekundären, durch Libido-Rückzug von den Objekten bedingten. Freud grenzt allerdings zunächst den Narzißmus vom Autoerotismus ab. Auf die früheste, autoerotische Phase der Libido-Entwicklung, in der »die Sexualtriebe sich unabhängig voneinander auf anarchistische Weise befriedigen[5]«, folgt eine narzißtische, in der das Ich als Einheit geschaffen und libidinös besetzt wird. Der kindliche, primäre Narzißmus ist also ein Wendepunkt in der Ich-Entwicklung, in dem das Ich sich als erstes Objekt der Libido anbietet und damit in einer »neuen psychischen Aktion«, wie Freud in seiner Arbeit von 1914 sagt, geschaffen wird.

Neben dem Größenwahn des seelisch Kranken sind es der Glaube des Primitiven an die »Allmacht der Gedanken«, wie er sich etwa in der Magie ausdrückt, und die egozentrische Phantasie des Kindes, die Freud zur Vorstellung einer ursprünglichen Libidobesetzung des Ich führen. Von ihr wird später etwas an die Objekte abgegeben, aber die Ich-Besetzung verhält sich zur Objektlibido wie der Körper eines Protoplasmatierchens zu den von ihm ausgeschickten Pseudopodien: Die Objektbesetzungen können ausgeschickt und wieder zurückgezogen werden[6]. Freud sieht hier auch einen Gegensatz zwischen Ich- und Objekt-Libido. Je mehr die eine verbraucht, desto mehr verarmt die andere.

Wir werden noch zeigen, daß diese Auffassung sehr angreifbar ist. Die narzißtische Selbstliebe ist nämlich kein Hindernis, sondern eher die Voraussetzung gelingender Objektbeziehungen. Wer sich selbst nicht liebt, kann auch niemand anderen wirklich lieben; das oft tragische Scheitern jener »christlichen« Erziehung, die auf dem Weg über den Selbsthaß Nächstenliebe erzwingen wollte, lehrt das. Es ist interessant, daß Freud in diesem Zusammenhang die schizophrene Weltuntergangsvorstellung als

[4] K. Abraham, Die psychosexuellen Differenzen der Hysterie und der Dementia praecox, Zentralblatt für Nervenheilkunde und Psychiatrie 31, 1908, S. 530

[5] J. Laplanche/J. B. Pontalis, Das Vokabular der Psychoanalyse, Frankfurt 1973, S. 318

[6] S. Freud, Zur Einführung des Narzißmus, Ges. Werke X, S. 141

Extremfall der Ich-Libido-Entwicklung nennt und ihr die Verliebtheit, in der die eigene Persönlichkeit zugunsten einer Objektbesetzung aufgegeben wird, als Extrembeispiel der Objekt-Libido-Entwicklung gegenüberstellt. Er spricht sogar von »zwei Mechanismen dieses Weltuntergangs, wenn alle Libidobesetzung auf das geliebte Objekt abströmt, und wenn alle in das Ich zurückfließt[7]«.

Verliebtheit kann für ein primär wenig funktionstüchtiges Ich geradezu tödlich werden; schizophrene Reaktionen treten nicht selten gerade während der ersten Verliebtheit auf. Die beherrschende Angst ist dann die, »das eigene Ich zu verlieren«, wie es ein Patient beschrieb. In einem anderen Fall war das Gesprächsthema beim ersten ernsthaften Treffen mit einem Mädchen (ohne daß der Jugendliche nachher sagen konnte, wie er dazu kam) der gemeinsame Selbstmord. Der schizophren Kranke ist nicht deshalb unzugänglich und fast unerreichbar, weil er alle Libido von den Objekten zurückgezogen und im eigenen Ich gespeichert hat, sondern weil er aufgrund seines Ich-Schicksals in der Gruppe nicht fähig ist, überhaupt ein stabiles Ich aufzubauen. Die Weltuntergangs-Phantasie spiegelt den Zusammenbruch seiner Objektbeziehungen wider, der zugleich ein Ich-Zusammenbruch ist. Es dreht sich folglich mehr um ein Problem der Ich-Struktur – also der Verhaltenssteuerung selbst – als um eines der Antriebsverhältnisse. Dieser Gesichtspunkt ist Freuds Konzeption nicht fremd, obschon er 1914 ja noch kein ausgeprägteres Ich-Konzept hatte und analogisierend gutartige Formen des narzißtischen Rückzugs der Libido (z.B. bei einem Zahnweh des Verliebten) neben bösartige (in der schizophrenen Reaktion) stellt. Libidinöse Regungen werden verdrängt, wenn sie mit den Ich-Trieben in Konflikt geraten. Die Verdrängung geht »von der Selbstachtung des Ichs[8]« aus, von dem Ideal, das es in sich aufgerichtet hat. Diesem Ideal-Ich gilt nun die Selbstliebe, die in der Kindheit dem Ich selbst zukam; der Narzißmus hat sich auf es verschoben. »Der Mensch hat sich hier, wie jedesmal auf dem Gebiete der Libido, unfähig erwiesen, auf die einmal genossene Befriedigung zu verzichten. Er will die narzißtische Vollkommenheit seiner Kindheit nicht entbehren, und wenn er diese nicht festhalten konnte ... sucht er sie in der neuen Form des Ich-

[7] ebd., Die Problematik der Verliebtheit kannte Freud aus persönlichem Erleben, vgl. E. Jones, Sigmund Freud, Bern 1965

[8] S. Freud, Zur Einführung des Narzißmus, Ges. Werke X, S. 161. – Das Ideal-Ich, von dem Freud hier spricht, ist nicht mit dem Über-Ich identisch

Ideals wieder zu gewinnen. Was er als sein Ideal vor sich hin projiziert, ist der Ersatz für den verlorenen Narzißmus seiner Kindheit, in der er sein eigenes Ideal war[9].« Die Libido wird auf ein von außen aufgenommenes Ich-Ideal verschoben; parallel dazu sendet das Ich die libidinösen Objektbesetzungen aus. Objektbefriedigung und Idealerfüllung, sagt Freud, müssen diese Verarmung wiedergutmachen. Das Selbstgefühl setzt sich aus primären (Narzißmus-Reste) und sekundären Komponenten zusammen: der durch die Erfahrung bestätigten Macht (Erfüllung des Ich-Ideals) und der befriedigten Objekt-Libido.

Die Frage nach der Bedeutung des Narzißmus für die seelische Entwicklung ist zugleich auch die Frage nach der Natur der Ich-Entwicklung selbst. Die Entwicklung des Narzißmus ist keineswegs ein selbstbezogener, sondern ein außerordentlich stark mitmenschlich, also objektbezogener Vorgang. Das hängt eng mit einer Auffassung der Ich-Entwicklung zusammen, in der die Primärgruppe als Mutterboden dieses Prozesses erkennbar wird. Wenn man von gruppendynamischen Prozessen absieht, könnte man sich die Ich-Entwicklung als allmählichen Aufbau einer seelischen Einheit und zentralen Verhaltenssteuerung vorstellen, die mit der Bildung einer Ich-Grenze zwischen dem eigenen Körper und der unbelebten (z. B. Bett) sowie der belebten (Mutterbrust) Umwelt beginnt und vielleicht über die Stufe des Lust-Ich (nur lustvolle Erlebnisse werden der eigenen Person zugerechnet) zum Real-Ich fortschreitet.

Doch geht diese Konzeption davon aus, daß die Umwelt weitgehend konstant bleibt, und das ist nicht der Fall. Weiterhin unterscheidet sie nicht zwischen Menschen und Dingen. Sie übersieht, daß ein Kind biologisch darauf programmiert ist, sich an Artgenossen zu orientieren und sie nachzuahmen. Jean Lacan[10] hat als erster vermutet, daß die Ich-Entwicklung dadurch enorm beschleunigt, ja vielleicht erst ermöglicht wird, daß das Kind nach dem Vorbild der Menschen in der Primärgruppe ein bestimmtes Bild von sich gewinnt, um das sich sein Ich kristallisiert. Diesen Augenblick der Ich-Bildung beschreibt Lacan als fundamentale narzißtische Erfahrung auf der »Spiegelstufe« der Ich-Entwicklung. Zeitlich liegt sie zwischen dem sechsten und dem achtzehnten Monat. Das Kind ist motorisch noch wenig kontrolliert; in seiner relativen Ohnmacht antizipiert es das Er-

[9] ebd.

[10] J. Lacan, Le stade du miroir comme formateur de la fonction du Je, Ecrits, Paris 1966, S. 93 f.

greifen und Beherrschen der Einheit seines Körpers, indem es sich mit einem Objekt identifiziert. Lacan stützt sich dabei bereits auf Direktbeobachtungen der vergleichenden Psychologie. Kinder in diesem Alter begrüßen oft ihr Spiegelbild mit einem Jauchzen und reagieren ganz ähnlich auf das bestätigende Angeblickt-Werden durch ein Objekt. Die Tierverhaltensforschung kennt ebenfalls biologische Reifungsphänomene, die nur eintreten, wenn Ähnliches wahrgenommen wird (z.B. die schweren Ausfälle isoliert aufgezogener Rhesusaffen).

Damit begründete Lacan eine Auffassung des Narzißmus, deren bekanntester Vertreter Michael Balint[11] geworden ist. Wenn das Ich durch die Identifizierung mit einem liebenden und geliebten Objekt geschaffen wird, wenn erst dieses Objekt den Narzißmus ermöglicht, dann ist der »primäre« Narzißmus keineswegs ein Zustand, in dem Objektbeziehungen völlig fehlen und die Libido ausschließlich das eigene Ich besetzt.

Freud hat sein Bild des Narzißmus etwas verändert, als er die zweite Theorie des psychischen Apparats entwarf. In ihr wird der narzißtische Zustand als »objektlos« bestimmt; er besteht vor der Scheidung von Ich und Es. Im primären Narzißmus fehlt jede affektive Beziehung zur Umwelt – der Schlaf stellt später eine Wiederholung dieses Zustands dar. Doch hält Freud parallel dazu an dem Zusammenhang des Narzißmus mit der Identifizierung fest. Die primär in der Es-Ich-Einheit gespeicherte Libido fließt zu den Objekten. Wenn nun die unmittelbaren Objektbesetzungen aufgegeben werden (und das ist ja auch der Fall, wenn sich das Kind durch Identifizierung ein Objekt einverleibt), dann gewinnt das Ich sekundär-narzißtische Libido – »der Narzißmus des Ichs (als seelischer Instanz, die vom Es abgegrenzt ist – W. S.) ist so ein sekundärer, den Objekten entzogener[12]«. Die Unterscheidung zwischen Autoerotismus und Narzißmus fällt damit fort.

[11] Balint spricht von einer »primären Liebe«, das heißt Objektbezogenheit, die der biologischen Abhängigkeit des menschlichen Kindes von der Primärgruppe entspricht. Vgl. M. Balint, Early Developmental States of the Ego. Primary Object-love, 1937, in: Primary Love and Psychoanalytic Technique, London 1952, S. 103–108

[12] S. Freud, Das Ich und das Es, Ges. Werke XIII, S. 275

Vom evolutionstheoretischen Standpunkt ist die bereits von verschiedenen Analytikern ausgesprochene Kritik am Begriff des primären Narzißmus zu unterstreichen. Ein primär völlig selbstzufriedenes, keinem Objekt zugewandtes Kind gibt es nicht, wenn man von den Vermutungen über die Psyche des Ungeborenen absieht[13]. Das ungeborene Kind braucht keine Objektbezogenheit; das Neugeborene verfügt bereits über eine Reihe von Verhaltensweisen, die diese Objektbezogenheit signalisieren (die Bewegungen der Brustsuche, der Saugautomatismus, das Schreisignal, welches Unlust ausdrückt), zu denen im Lauf der Entwicklung weitere ererbte Verhaltensmuster hinzutreten, etwa das adressierte Lächeln im zweiten Monat[14]. Die Theorie des primären Narzißmus scheint also eine Konstruktion, die dem ursprünglichen Sinn des Begriffes ebensowenig gerecht wird wie der biologischen Realität. Wenn man einen undifferenzierten, objektlosen Zustand beschreiben will, in dem keine Grenze zwischen Ich und Nicht-Ich, Selbst und Umwelt erlebt werden kann, ist ein Ausdruck denkbar ungeeignet, der ja eine Spiegelbeziehung, ein Erleben des eigenen Selbst voraussetzt. Der Narzißmus ist also nicht die erste, objektlose Stufe der Ich-Entwicklung. Doch spricht nichts dagegen, mit primärem Narzißmus grundlegende Momente der Ich-Entwicklung zu beschreiben, die zwischen dem anarchistischen, autoerotischen Funktionieren von Partialtrieben und der gerichteten Objektwahl liegen. Charakteristisch dafür wären das erste Auftreten einer Ich-Grenze[15] und ihre libidinöse Besetzung. Doch ist dieser Narzißmus weder ein Urzustand des Menschen noch schließt er Objektbesetzungen aus; er ermöglicht sie erst[16]. Ich möchte im folgenden versuchen, einige Beobachtungsdaten der Verhaltensforschung an das analytische Konzept des primären Narzißmus bzw. der primären Liebe (M. Balint) heranzutragen. Dabei muß aber festgehalten werden, daß die Direktbeobachtung des Ethologen von einem anderen Entwicklungskonzept ausgeht als die analytische

[13] F. Kruse, Die Anfänge des menschlichen Seelenlebens, Stuttgart 1969

[14] Eine ausführliche Darstellung bietet B. Hassenstein, Verhaltensbiologie des Kindes, München 1973

[15] Der Begriff stammt von Paul Federn, Ich-Psychologie und die Psychosen, Bern 1956

[16] J. Laplanche/J. B. Pontalis, Das Vokabular der Psychoanalyse, Frankfurt 1973, S. 142

Forschung, die sich ja bemüht, die Vergangenheit des Analysanden in Begriffen zu rekonstruieren, die nicht nur deskriptive, sondern auch dynamische Bedeutung haben (vgl. S. 252f.). Gerade im Kontrast zu ihnen und in der Auseinandersetzung mit ihnen gewinnt der Narzißmus eine klarere Gestalt; gleichzeitig wird die zentrale Bedeutung der Primärgruppe für die Gestaltung der narzißtischen Situation und auch der Entwicklungsgeschichte narzißtischer Strebungen (analog zu der Entwicklungsgeschichte der Libido) deutlich.

Die Beziehung zwischen frischgeborenen Tieren und ihren Eltern hat im Lauf der Evolution sehr verschiedene Formen angenommen. Insekten, welche ihre Eier in faulende Stoffe ablegen oder – wie manche Wespenarten – eine Raupe als Nährboden für sie mit einigen gezielten Stichen lähmen, Fische, die Eier und Samen dem Wasser anvertrauen, stehen für die wohl urtümlichste Form der Eltern-Kind-Beziehung. Die Generationen lernen sich nicht kennen, es gibt oft nicht einmal einen Schutzmechanismus, der dafür sorgt, daß z. B. der erwachsene Fisch nicht seine eigenen Kinder frißt. Es ist klar, daß auf dieser Stufe der Evolution viele Probleme fortfielen, die sich ergaben, sobald höhere Tiere den Selektionsvorteil einer besseren Verarbeitungs- und Steuerungskapazität für Informationen nur durch Schutz und Pflege der Nachkommen erreichen konnten. Den Entwicklungsgesetzen lebender Systeme scheint es zu entsprechen, daß ihre Reproduktion mit zunehmender Komplexität immer längere Zeit in Anspruch nimmt. Ein Bakterium kann sich teilen, es muß nicht wachsen. Wachstum kann ein dynamisches Gleichgewicht zwischen Umwelt und Individuum schaffen (z. B. bei einem Baum, der je nach Lage verschieden groß wird). Aus Ursachen, die mit der Natur des Lebens selbst zusammenhängen müssen, war die Fortpflanzung komplexer biologischer Systeme nur in Generationenfolgen möglich, wobei die Selektionsvorteile durch Rekombination der Gene bei einer geschlechtlichen Fortpflanzung sicherlich eine wichtige Rolle spielten. Jede Generation mußte gewissermaßen »von unten«, vom Keimplasma her, neu beginnen und war deshalb dazu bestimmt, aus Abhängigkeit und Heteronomie erst zu Unabhängigkeit und Autonomie heranzuwachsen, um dann wiederum der nächsten Generation als Eltern dienen zu können.

In der Verhaltensbiologie unterscheidet man global zwischen »Nesthockern« und »Nestflüchtern«[17]. Ein Singvogeljunges ist

[17] Diese Ausdrücke hat Lorenz Oken (1779–1851) für Vögel zuerst verwendet.

unbefiedert, blind, unfähig, sich fortzubewegen und zu orientieren. Ein Entenjunges hingegen kann vom Augenblick des Schlüpfens an herumlaufen, Nahrung aufnehmen und schwimmen. Bei den Säugetieren sind die Verhältnisse ähnlich – Kaninchen, Eichhörnchen oder Mäuse kommen nackt, blind und völlig hilflos zur Welt, während neugeborene Pferde, Rinder oder Robben bereits mit fertigem Haarkleid, offenen Augen, funktionsfähigen Ohren und guter Bewegungsfähigkeit geboren werden.

Eine Reihe von Säugetierjungen, darunter Beuteltiere, Fledermäuse und Affen, passen jedoch nicht in diese Unterscheidung zwischen Nesthockern und Nestflüchtern. Sie sind von Anfang an fähig, sich zu orientieren und zu bewegen, haben bereits Haare und klammern sich an der Mutter fest. Aus eigener Kraft können sie sich aber nicht fortbewegen. Man kann hier von *Kontakttieren* sprechen, die im Gegensatz zu den Nesthockern wie den Nestflüchtern von Beginn ihres Lebens an dauernd im Kontakt mit dem Muttertier bzw. einem Muttterersatz leben. Die Jungen der meisten baumlebenden Affen sind solche Kontakttiere; sie können sich mit eigener Kraft am Fell der Mutter festhalten. Bei den Menschenaffen beobachtet man nun bereits eine sehr bemerkenswerte Neuheit. Die Jungen sind oft zu schwach und zu ungeschickt, um sich von Anfang an an der Mutter festzuhalten. Jane van Lawick-Goodall[18] hat beobachtet, wie Schimpansenmütter ihren Jungen halfen, sich ordentlich festzuhalten, und beim schnellen Rennen oder Springen das Kleine mit einer Hand unterstützten. Einmal griff ein Schimpansenjunges nach seinem eigenen Hinterfuß, den es offensichtlich für das Fell der Mutter hielt, und verlor den Halt, worauf die Mutter das Kleine wieder aufhob. Wenn die Mütter sitzen, nehmen sie das neugeborene Junge dicht an den Leib; oft umhüllen sie es mit Beinen und Armen.

Der neugeborene Mensch ist offenbar auch ein Kontakttier, kein Nesthocker, wie man oft annimmt. Das Nesthockerstadium mit geschlossenen Augenlidern macht er intrauterin durch (im dritten bis fünften Monat). Bei der Geburt kann er aber auch noch nicht laufen; es dauert meist ein Jahr, bis er kleinere Strekken zurücklegen kann. Funktionslos geworden, seit die Mutter ihr Haarkleid verlor, sind doch bei fast allen Neugeborenen Greifreflexe nachweisbar, die dem Festklammern dienen. Bei

[18] J. van Lawick-Goodall, Mother-offspring Relationship in Freeranging Chimpanzees, in: D. Morris, Primate Ethology, London 1967

Frühgeburten sind sie oft so stark, daß sich das Baby selbständig an einer gespannten Leine festhalten kann. Die Neigung geängstigter Kinder, sich an einem schützenden Erwachsenen festzuhalten, gehört wohl auch in das Verhaltensprogramm der Primaten. Nesthocker reagieren ganz anders. Wenn sie von einem erwachsenen Tier getragen werden, klammern sie sich nicht aktiv an ihm fest, sondern verfallen in die »Tragstarre«, um den Eltern den passiven Transport zu erleichtern, wenn sie z. B. vorsichtig mit den Zähnen an der Rückenhaut gepackt werden.

Bei allen Kontakttieren hat die Beziehung zu einem Erwachsenen lebenswichtige Bedeutung. Unterbrechung dieser Beziehung führt sofort zu intensiven Versuchen, sie wiederherzustellen, die weit stärkere motivierende Kraft besitzen als die Befriedigung anderer, primärer Bedürfnisse (z. B. nach Nahrung). Der Zustand »bei einem schützenden Erwachsenen sein« gehört somit zu den Befriedigungen, die einem »Sicherheitsprinzip« im Gegensatz zum Lustprinzip der klassischen Triebe – Hunger und Liebe – entsprechen. Eben dieses Sicherheitsprinzip spielt nun in der neueren Diskussion über den Narzißmus in der Psychoanalyse eine große Rolle[19]. Wie notwendig bei anderen Primaten die Erfüllung dieses Sicherheitsprinzips für eine Entwicklung zu angemessenem Sozialverhalten ist, haben die Versuche von Harry Harlow[20] gezeigt. Harlow ging es zunächst um die Natur der Mutter-Kind-Beziehung bei Rhesusaffen. Beruht sie auf der Tatsache, daß die Mutter Bedürfnisse nach Nahrung, Trinken und Wärme befriedigt, oder auf einem anderen Faktor? Durch Attrappenversuche konnte Harlow zeigen, daß die kleinen Rhesusaffen künstliche Mütter mit einem weichen Stoffbezug auch dann Drahtpuppen-Müttern vorzogen, wenn diese Nahrung spendeten und die Stoffmütter nicht. Ja, selbst als die Stoffmütter die kleinen Affen durch einen sonst Fluchtreaktionen auslösenden Reiz (Anblasen mit einem Luftstrom) »abwiesen«, klammerten sich diese noch mehr an sie.

Offensichtlich motiviert ein Kontaktbedürfnis den jungen Rhesusaffen, die Nähe der Mutter zu suchen. Wichtiger als dieser Aspekt von Harlows Studien ist jedoch ein anderer, der sich

[19] M. Balint, der die Regression zu narzißtischen Zuständen subtil beschrieben hat, spricht von einem »Gefühl ruhigen, stillen Wohlbehagens«, in: Therapeutische Aspekte der Regression, Stuttgart 1970, S. 86. Zum »Sicherheitsprinzip« siehe auch H. Argelander, Ein Versuch zur Neuformulierung des primären Narzißmus, Psyche 25, 1971, S. 358

[20] H. Harlow, The Nature of Love, Amer. Psychologist 13, 1958

durch Zufall ergab, später aber systematisch weiter erforscht wurde. Selbst wenn ein Affenkind körperlich gut gedeiht, zeigt es später schwere Defekte im sozialen Verhalten, wenn es nur von einer Stoff-Attrappe aufgezogen wurde und keinen »echten« Kontakt mit Artgenossen hatte. Harlow hat eine Reihe verschiedener Reaktionsmuster beobachtet:

1. Die Affen sitzen still und teilnahmslos da, kümmern sich nicht um andere Tiere. Parallelen zu »autistischen« oder »depressiven« Zuständen in psychotischen Reaktionen liegen nahe.

2. Die Tiere zeigen stereotype Körperbewegungen – Schaukeln, Rollen, Wiegen. Solche Bewegungsmuster sind in sehr ähnlicher Form an Heimkindern beobachtet worden, die unter den Bedingungen der Massenpflege nie mit einem Erwachsenen einen individuellen, bestätigenden Kontakt aufbauen konnten.

3. Manche Rhesusaffen entwickelten selbstzerstörerische Verhaltensweisen. Sie faßten ein Stück Fell und rieben es unaufhörlich, zupften an der Haut, bis sie blutete, rissen sich Haare aus oder bissen in ihre Pfoten. Viele ähnlich selbstzerstörerische Verhaltensweisen sind aus der psychotherapeutischen Praxis bekannt: Nägelkauen, Abreißen von Hautstücken, Kratzen, Zupfen an Haaren oder Wimpern usw. Offensichtlich hängt es vom Gelingen der Beziehung zur Primärgruppe ab, ob die Neugieraktivität konstruktiv gegen die Umwelt gewandt werden kann oder sich destruktiv gegen das eigene Selbst richtet.

4. Besonders gravierend waren die Auswirkungen in bezug auf das Sozialverhalten. Die isoliert aufgezogenen Tiere waren besonders ängstlich und andererseits gegenüber noch schwächeren (z.B. doppelt solange isolierten) Affen oder ihren eigenen Kindern brutal aggressiv. Ihr Sexualverhalten war gestört, die Weibchen verstanden männliche Annäherungen als Angriffe, die Männchen attackierten die Weibchen oder waren so ungeschickt, daß früher oder später alle Paarungsversuche in der Affenkolonie scheiterten. Sie gelangen nur in Einzelkäfigen (wobei die isoliert aufgewachsenen Mütter dann ihre Erstgeborenen wie ein Stück Holz liegen ließen, ihnen Finger abbissen oder sie sogar töteten).

Sicherlich bei anderen Primaten und wahrscheinlich auch beim Menschen steht das Sicherheitsprinzip an oberster Stelle in der Rangordnung der Bedürfnisse. Für das Kind ist eine Primärgruppe, die seine Existenz freundlich bejaht, wichtiger als die Befriedigung aller anderen Motive. Es handelt sich dabei um ein psychisch, in der Vorwegnahme möglicher Gefahren begründetes

Bedürfnis, das in eine Reihe mit anderen *antizipatorisch* und *nicht durch Mangelzustände* bestimmten Bedürfnissen zu stellen ist. Sicherheitsprinzip und Neugieraktivität gehören demnach ebenso zusammen wie Hunger, Durst, Wärme- und Sauerstoffbedürfnis auf der einen (Mangel an lebensnotwendigen Stoffen im Individuum) und Sexualität (Mangel an Individuen in der Art) auf der anderen Seite.

Durch Direktbeobachtungen läßt sich noch ein weiterer Aspekt des Narzißmus klären: der autoerotische, den Freud zunächst als erstes Stadium der Libido-Entwicklung noch vor dem Narzißmus lokalisierte und später mit ihm verschmolz. Diese Unsicherheit entstand dadurch, daß Freud den Gruppen-Aspekt des Narzißmus nicht beachtete. Bereits die Harlow-Versuche haben aber gezeigt, daß eine vollständige Versagung des Kontakt- und Sicherheitsbedürfnisses in den ersten Lebensmonaten zunächst zu einer starken Zunahme autoerotischer Aktivitäten führt. Wenn der Weg zu den Objekten, der im biologisch vorgegebenen Verhaltensprogramm vorausgesetzt wird, verbaut ist, bleibt nur die Abfuhr über den eigenen Organismus.

Doch gelingt diese nur, wenn die narzißtischen Schäden – die ich hier vorläufig als Frustration des Kontakt- und Sicherheitsbedürfnisses definieren will – nicht zu schwerwiegend sind. Die zwölf Monate lang vollständig isolierten Äffchen in den Harlow-Versuchen waren nicht einmal mehr zu autoerotischen Akten fähig. Hier läßt sich das folgende Entwicklungsgesetz für energetische Ich-Funktionen aufstellen: Mäßige Versagung eines Antriebes steigert ihn (die kurzfristig isolierten Äffchen betätigten sich besonders intensiv autoerotisch; das kurzfristig isolierte Kind zeigt nachher ein ganz besonders intensives Kontaktbedürfnis; das oral leicht frustrierte Baby lutscht am Daumen). Extreme, langdauernde Versagung hingegen führt zu einer Atrophie in dem betroffenen Antriebsbereich. Die zwölf Monate isolierten Rhesusaffen spielten überhaupt nicht mehr autoerotisch. Längere Zeit isoliert, etwa durch monatelangen Krankenhausaufenthalt ohne ausreichende Zuwendung, werden Kleinkinder apathisch und lehnen endlich Kontakte ab, die sie anfänglich mit allen Mitteln herzustellen suchten. Unter dem Eindruck der Versuche von Harlow hat René Spitz noch einmal seine Protokolle über die Hospitalismus-Studien aus den Jahren 1946 bis 1948 analysiert und gefunden, daß Heimkinder mit besonders schweren Deprivations-Schäden nicht mehr zu autoerotischen Spielen neigen.

Beim Narzißmus handelt es sich also nicht um einen allein auf das Individuum bezogenen Vorgang, bei dem entweder primär das Ich mit Libido besetzt wird oder sekundär diese von den Objekten abgezogen wird bzw. durch die Identifizierung mit ihnen ins Ich zurückkehrt. Der Narzißmus ist vielmehr ein gruppendynamischer Prozeß bzw. eine abgekürzte Formel für das Resultat eines solchen. Dabei wird ein funktionsfähiges Ich nur über einen gelingenden Autoerotismus erreicht. Beides – Autoerotismus und Narzißmus – sind nicht, wie Freud in der zweiten Topik annahm, Ausgangsstadien, von denen aus die Objektbesetzungen möglich werden, sondern ihrerseits schon Resultate des Verhaltens der Objekte selbst.

Die Direktbeobachtungen an Primaten, wie sie vor allem von der Harlow-Schule und R. A. Hinde[21] durchgeführt wurden, bestätigen also die Auffassung von Michael Balint: Es gibt eine primäre Liebe, aber keinen primären Narzißmus. Narzißtische Störungen wären dann die Folge einer mangelnden narzißtischen Zufuhr in der Primärgruppe. Die subjektiven Qualitäten etwa des »Urmißtrauens« laufen darauf hinaus, daß die Objekte gemieden und freundliche Weiten – Luft, Wasser, Landschaft – aufgesucht werden, wie es Michael Balint am »philobatischen« Typ der narzißtischen Regression beschrieben hat[22].

Das »Sicherheitsprinzip« haben wir bereits als innerpsychischen Ausdruck der in den Erbanlagen verwurzelten mitmenschlichen Bezogenheit von Homo sapiens bestimmt, wie sie vor allem in der »primären Liebe« des Kindes zutage tritt. Die Sicherheit des Kindes beruht nicht auf etwas, das es aus eigener Kraft herstellen kann, auch wenn es subjektiv das Gefühl haben mag, daß z. B. sein Schreien zuverlässig einen freundlichen Menschen herbeiruft. Sie wurzelt vielmehr in der Primärgruppe. Was diese an narzißtischer Zufuhr geben kann, gewährleistet erst, daß das Kind sich selbst akzeptieren und vertrauen kann, daß ein rudimentäres Ich entsteht, das sich als abgegrenzt von Umwelt und Gruppe erlebt und in dieser Abgrenzung eine sinnvolle Überlebenschance sieht[23]. Im Zustand des primären Narzißmus

[21] Einen Überblick bietet W. Schmidbauer (Hrsg.), Evolutionstheorie und Verhaltensforschung, Hamburg 1974

[22] M. Balint, Therapeutische Aspekte der Regression, Stuttgart 1970

[23] Wobei der Narzißmus nicht als Entwicklungsstadium, sondern als Aspekt der *gesamten* Ich-Entwicklung angesehen werden muß, gleichberechtigt neben dem libidinösen Aspekt. Dabei wird das physische Kontaktbedürfnis der frühen Säuglingszeit später durch indirekte Formen des Sicherheit-spendenden Kontakts ersetzt, z. B. das bestätigende Angesehen-Werden, das positive Widerspiegeln der

sind Ich und Welt, Objekte und das Subjekt, konkreter: Mund und Brust, Haut und Bett noch nicht klar voneinander getrennt. Diese Trennung und Abgrenzung gehört zur normalen Entwicklung, doch hängt es von der Struktur und Dynamik der Primärgruppe ab, wie sie verläuft und wie sich das Ich innerhalb und gerade an diesen Grenzen festigen kann. Typisch für die narzißtischen Persönlichkeitsstörungen, zu denen man heute nicht nur die Psychosen, sondern auch die Grenzfälle und zumindest einen Teil der psychosomatisch Kranken und Neurosen rechnen muß, ist eine Primärgruppe, die sich in das Sicherheitsbedürfnis des Kindes nicht einfühlen kann.

Dabei ist sicherlich eine offen feindselige Haltung der Familie viel leichter zu erkennen als die symbiotisch-überbeschützende, in der das Kind leiblich mustergültig betreut und seelisch in vielen Bereichen verwöhnt wird, während seine Wünsche nach einer Entwicklung, die dem Idealbild der Primärgruppe widerspricht, verleugnet, übersehen oder bekämpft werden[24]. Wenn die narzißtische Zufuhr aus der Primärgruppe, die wie ein nutritives Milieu den Aufbau der Ich-Grenzen ermöglicht, nur bestimmten Verhaltensweisen vermittelt und anderen verweigert wird, dann entwickelt sich ein deformiertes, wenig belastbares Ich. Die Abgrenzung zur Umwelt gelingt in manchen Verhaltensbereichen nur sehr schlecht, was sich in der Neigung ausdrücken kann, diese Lücken im Ich mit pathogenen Hilfsmitteln zu schließen: zwanghaft gesuchten, symbiotischen Beziehungen, psychosomatischen Symptomen, paranoischen Projektionen. Wenn diese archaischen Abwehrformen versagen, kann das Ich funktionsunfähig werden; eine psychotische Reaktion setzt ein, in der primärprozeßhafte, traumartige Abläufe nicht mehr kontrolliert werden können, sondern unmittelbar ins Verhalten durchschlagen.

Diese Vorgänge sind heute noch nicht genau faßbar; sie werden in der Psychoanalyse mit Hilfe einer Bildersprache beschrieben, die für Analysand und Analytiker eine Orientierung erlauben soll. Die Studien an Primaten, denen experimentell die narzißtische Zufuhr des Kontakts mit Artgenossen während der

eigenen Existenz in der Primärgruppe. Freud trennt dabei nicht zwischen »Ich« und »Selbst«, wie es die spätere Narzißmus-Forschung tut. Das Ich ist demnach eine innerseelische Instanz, das Selbst ein Bild der eigenen Person.

[24] Viele Beispiele für die gruppendynamischen Manöver und Kommunikationsstrukturen in solchen Primärgruppen finden sich in den Berichten über die Familienforschung bei schizophren reagierenden Kranken. Einen Auszug bieten G. Bateson et al., Schizophrenie und Familie, Frankfurt 1968

Kindheit versagt wurde, sind nur ein kleiner, erster Schritt, um die Naturgeschichte des menschlichen Narzißmus besser zu verstehen. Denn in der Entwicklungsgeschichte narzißtisch gestörter Persönlichkeiten ist es ja fast nie die einfache Beraubung mütterlicher bzw. menschlicher Zuwendung, die sich im Verlauf der analytischen Exploration als krankmachende Kraft enthüllt. Es ist ein verwickeltes Gewebe von Interaktionen in der Primärgruppe, das sich einer Kopie im Tierversuch bis heute entzogen hat. Nur der Mensch verfügt über ein Kommunikationssystem, in dem doppelt gebundene Mitteilungen möglich sind, wobei etwa verbal gesagt wird: »Du kannst tun, was du willst!«, während die averbale Botschaft des Gesichts- und Stimmausdrucks lautet: »Tue ja nichts anderes als das, was ich will!« In den Tiergesellschaften wird außerdem kein Druck auf die Mutter ausgeübt, ein Kind am Leben zu erhalten, das sie nicht haben will. Dieser Druck ist in den Hochkulturen sehr mächtig; er führt zu einem Erlebnisverbot, das die Mutter zwingt, Todeswünsche gegen ein Baby nicht zu ihrem bewußten Erleben zuzulassen. Die möglichen Folgen habe ich schon erwähnt; die Ablehnung kann sich entweder averbal dem Kind mitteilen (z. B. durch das Fehlen bestätigender Blicke oder durch andere averbale Signale, welche dem Kind den Todeswunsch der Mutter signalisieren), oder sie kann durch eine Aktivierung des mütterlichen Narzißmus bekämpft werden. Dann wird die Mutter versuchen, das Kind zu einem Menschen zu formen, der ist, wie sie selbst gerne geworden wäre.

Phänomenologie des Narzißmus

Vom Gesichtspunkt der Evolutionstheorie und der Naturgeschichte entspricht das »Sicherheitsprinzip« des Narzißmus dem Sicherheitsbedürfnis eines gruppenlebenden Tieres mit extrem verlängerter, durch Hilflosigkeit und Abhängigkeit charakterisierter Kindheitsperiode. Was in der Psychoanalyse an Phänomenen – vor allem an unbewußten Phantasien – im Zusammenhang mit dem Narzißmus beschrieben wird, ist das subjektive Äquivalent dieses Sicherheitsbedürfnisses, seiner Ausdrucksformen und seiner Verarbeitung. Von einer Gruppe Erwachsener – mindestens von einem einzelnen – akzeptiert, in seiner Existenz, seinem Leben bejaht und getragen zu werden, ist das allererste Bedürfnis des menschlichen Kindes. Die zentrale biologische Bedeutung dieses Bedürfnisses liegt darin, daß ein Bejahtwerden durch die Primärgruppe für ein soziales Säugetier überhaupt erst die Möglichkeiten schafft, daß ihm andere primäre Bedürfnisse befriedigt werden. Das Gefühl des Angenommen- und Bejahtwerdens ist wohl auch jener Zustand ruhigen, stillen Wohlbehagens, von dem Balint spricht, jenes »ozeanische Gefühl«, das Freud bereits beschrieben und Argelander als Ausdruck der Befriedigung des Sicherheitsprinzips aufgefaßt hat[25].

Last not least muß vom Aspekt der Behandlungstechnik noch gesagt werden, daß dieses Bejahen und Akzeptieren des Patienten, ohne den Wunsch, ihn durch Manipulationen zu verändern, ohne die Neigung, bestimmte Eigenschaften an ihm zu belobigen und andere zu kritisieren, eine zentrale Voraussetzung der Psychotherapie ist. Freud hat auf sie vielleicht deshalb nicht eigens hingewiesen (Ansätze dazu finden sich in ›Ratschläge für den Arzt bei der psychoanalytischen Behandlung‹, Ges. Werke VIII), weil sie ihm im Rahmen seiner ärztlichen Haltung selbstverständlich waren[26]. In diesem Punkt enthält also jede Analyse von Anfang an ein Stück korrigierender, emotionaler Erfahrung auf der narzißtischen Ebene, durch die erst der analytische Prozeß von Übertragung, Regression und Widerstand ermöglicht wird.

In der analytisch-therapeutischen Gruppe wird dieses Akzeptieren der menschlichen Substanz des einzelnen Mitgliedes unter Umgehung bzw. Ablehnung seiner Abwehrreaktionen zu einem wichtigen therapeutischen Medium. Der Unschärfe von Begriffen wie »menschliche Substanz« auf der einen, »Abwehrmechanismen« oder »falsches Selbst« auf der anderen Seite bin ich mir hier bewußt. Doch muß die Psychotherapie, weil sie in menschliches Leben eingreift und menschliche Persönlichkeiten zu verändern sucht, auch da noch Worte suchen und verwenden, wo die Sprache einer positivistischen Hypothesenbildung versagt.

[25] M. Balint, Therapeutische Aspekte der Regression, Stuttgart 1970. – S. Freud, Das Unbehagen in der Kultur, Ges. Werke IV. – H. Argelander, Ein Versuch zur Neuformulierung des primären Narzißmus, Psyche 25, 1971, S. 358–373

[26] Daß analytische Abstinenz nichts mit Gleichgültigkeit oder gar Abweisung zu schaffen hat, erläutert Leo Stone, Die psychoanalytische Situation, Frankfurt 1971

Narziß, der im Spiegel sein eigenes Bild erblickt und von unerfüllbarer Liebe verzehrt wird, ist nicht nur etymologisch der Vater des Narzißmus, sondern auch ein Symbol für seine soziale Bewertung in vielen Gesellschaften. Die Selbstliebe ist bis heute in ihrer Macht so wenig durchschaut, in ihrem Wirken so sehr gesellschaftlich geächtet, wie es zur Jahrhundertwende vielleicht die sexuellen Wünsche waren. Deshalb fällt es wohl auch den Psychoanalytikern nicht leicht, die bejahende Einstellung zum Narzißmus zu akzeptieren, die vor allem von Heinz Kohut begründet wurde[27].

Kohut nimmt an, daß es eine von der Libido-Entwicklung unabhängige Strukturgeschichte im narzißtischen Sektor der Persönlichkeit gibt, die dazu führt, daß reife, kulturell wertvolle Ausdrucksformen des Narzißmus erworben werden. Er grenzt sich damit gegenüber der Auffassung des Narzißmus als Produkt einer Regression ab, als Folge eines Rückzugs der Objekt-Libido, wie sie vor allem Freud vertreten hat. Dieser nahm ja an, daß die narzißtische Libido nur gewinnen kann, was der Objekt-Libido verlorengeht. Kohut vergleicht dieses Modell mit einer U-förmig gebogenen Röhre. Wenn der Flüssigkeitsspiegel auf der einen Seite steigt, sinkt er auf der anderen. Sobald Romeo Zahnschmerzen bekommt, zieht er seine Libido von Julia ab und besetzt damit das eigene Selbst. Kohut plädiert dafür, solche Denkmodelle aufzugeben. Sie entsprechen nur einem Teil der Beobachtungsdaten, die man unschwer mit einer Verschiebung der Aufmerksamkeit erklären kann. Der schmerzende Zahn nimmt die Aufmerksamkeit des Leidenden ganz in Anspruch; der wartende Liebhaber vergißt Kälte und Regen. Doch kann ein Bild analog der U-förmigen Röhre nicht das gesteigerte Selbstgefühl erklären, das die Objektliebe begleitet.

Nicht nur die Wissenschaft hat dem Narzißmus als Folge der Regression und des Scheiterns zwischenmenschlicher Beziehungen eine vorwiegend negative Bedeutung gegeben, sondern das ganze kulturelle Klima steht ihm unfreundlich gegenüber; bereits in der griechischen Fabel wird ja durch den »Narzißmus« menschliche Hybris bestraft. Unsere Wertsysteme schätzen den Altruismus, die Sorge um das Wohl des Nächsten und der Ge-

[27] H. Kohut, Narzißmus, Frankfurt 1973. – Ders., Überlegungen zum Narzißmus und zur narzißtischen Wut, Psyche 27, 1973, S. 516

meinschaft hoch ein. Egoismus und Narzißmus begegnet man mit Skepsis. Ihre Macht wird für so allgemein gehalten, daß sich die Ethiker kaum je Mühe gaben, die gesunde Selbstliebe von der übersteigerten abzugrenzen, weil sie von vornherein von einem gerüttelten Maß ausgingen, das es einzudämmen, nicht zu bestätigen gelte. Aber man kann die narzißtischen Bedürfnisse durch Verleugnung, Geringschätzung oder Entwertung ebensowenig aus der Welt schaffen wie die sexuellen. Diese Techniken stehen im Gegenteil einer realistischen Anpassung im Wege, indem sie mächtige Kräfte im menschlichen Leben verleugnen.

Vorwiegend phänomenologisch und nicht evolutionstheoretisch oder an einem Gruppenkonzept interessiert, hat Kohut wesentliche Merkmale der narzißtischen Bedürftigkeit des Kindes genau erfaßt. Er führt die narzißtischen Störungen der Persönlichkeit auf Schwierigkeiten der Kranken zurück, ein »kohäsives Selbst« aufrechtzuerhalten. Ihr Selbstbild ist von Fragmentierung bedroht, weil ihnen in ihrer frühen Kindheit die angemessenen Reaktionen, z. B. das ihr Dasein freudig bestätigende Lächeln der Mutter, von der Primärgruppe versagt wurden und sie sich selbst stimulieren mußten, um den drohenden Zerfall ihres erlebenden und handelnden Selbst zu verhindern[28]. Diese Bedeutung der Selbststimulation, die ja bei menschlicher Zuwendung beraubten Kindern ebenso beobachtet werden kann wie bei den Rhesusaffen in den Versuchen von Harlow, überträgt Kohut auch auf die späteren Konflikte der ödipalen Phase. Die in diesen Auseinandersetzungen entstehenden Ängste erfüllen eine ähnliche Aufgabe wie die schmerzhaften Reize, die sich z. B. das Heimkind dadurch zufügt, indem es mit dem Kopf gegen die Wand schlägt. Sie helfen dem Kind, sich lebendig zu fühlen, sich als zusammenhängendes Selbst abzugrenzen. Greift man in diesen Fällen in der Analyse durch klassische Deutungen zu rasch die ödipale Thematik auf, dann verwandelt sich auf einmal die bisher klassisch-neurotische Problematik. Es kommt zu einem wilden Agieren; die Patienten verlangen vom Analytiker unverhüllt, ihre Liebesbedürfnisse zu erfüllen, sie machen aus der Couch eine Bühne für die dramatische Darstellung ihres Schmerzes, drohen mit Selbstmord, weichen dem Fortgang der Analyse durch die verschiedensten Abwehrmanöver aus.

Die klassische Interpretation solcher Fälle einer »Pseudohysterie« läuft darauf hinaus, daß hier die neurotische Symptomatik

[28] Kohut, Überlegungen zum Narzißmus und zur narzißtischen Wut, Psyche 27, 1973, S. 524

einen psychotischen Kern der Persönlichkeit verhüllte. Kohut glaubt, daß man diese oft als unanalysierbar angesehenen Patienten doch analysieren kann, wenn man die ödipalen Konflikte und Abwehrformen ungedeutet läßt bzw. sich nach den ersten negativen Erfahrungen mit solchen Deutungen dem Defekt des Selbst zuwendet. Wenn der Analytiker durch seine Deutungen zeigt, daß er sich dem ständig von der Gefahr der Fragmentierung bedrohten Selbst des Patienten genähert hat und bereit ist, in dieser Situation empathisch an der Seite des Patienten zu bleiben, wird der Analysand die Selbst-Stimulation durch Aktivieren der ödipalen Erlebnisinhalte aufgeben können.

Die lebenswichtige Bedeutung eines bestätigenden Widerspiegelns des eigenen Selbst in den Augen der Gruppe ist der Sinn, den man heute der Fabel von Narziß geben kann. Offensichtlich ist der Mensch biologisch auf diese narzißtische Zufuhr angewiesen, wenn seine Entwicklung gelingen und ein zusammenhängendes Selbst ausgebildet werden sollen. Dieses Bedürfnis nach bestätigenden Blicken habe ich mehrmals als zentrales Thema einer narzißtischen Persönlichkeitsstörung gefunden.

In einem bereits kurz erwähnten Fall klagte der Patient zunächst über unklare Ängste, Depressionen und das Gefühl, auf der Straße beobachtet zu werden. Er führte diese Symptome auf das schlechte Verhältnis zu seinem Vater zurück, dem er als Kind nie etwas recht machen konnte. Es ist sicher nicht unwichtig, daß er seinen Therapeuten auf Grund eines Buches wählte, das dieser geschrieben hatte, und seinen Therapiewunsch in einem ausführlichen, wohlformulierten Brief begründete. Die genauere Analyse der Lebensgeschichte zeigte, daß der Patient in einer geheimen Verschwörung mit seiner Mutter lebte, die darauf abzielte, den Vater vollständig auszuschließen und ihn als bärbeißigen, ungebildeten, plumpen und primitiven Mann hinzustellen, während Mutter und Sohn gemeinsam Phantasien entwickelten, fortzulaufen und anderswo ein neues Leben anzufangen.

Das Kind wurde von der Mutter als narzißtisches Objekt benützt, das immer »gut« sein mußte, was sich vor allem vor den eingeladenen Verwandten und Bekannten, die das Musterkind gebührend bewunderten, zu zeigen hatte. In seiner Durchsetzungsfähigkeit im Alltag schwer gehemmt und unfähig, eine intime genitale Beziehung zu Frauen herzustellen, brillierte der Patient in oberflächlich sozialer Beziehung als »Weltmann« und »perfekter Gentleman«. In seinen Phantasien erlebte er sich als SS-Mann und sadistischer Schläger. Zu seinen bevorzugten

Symptomhandlungen gehörte es, sich abends im Zimmer halbnackt vor den Spiegel zu stellen und zu boxen, wobei er den Beifall und die wütenden Pfiffe der Menge imaginierte, wenn er seinen Gegner nicht nur niederschlug, sondern dann brutal weiter auf ihn einprügelte.

Dieser Patient sprach offen über seine Onaniephantasien und seine inzestuösen Träume, doch bereitete es ihm größte Mühe, seine Ängste einzugestehen, in der Analyse einmal nicht »gut« zu sein, sich zu versprechen oder in anderer Weise von dem grandiosen Idealbild des vollkommenen Patienten abzuweichen, das er sich gesetzt hatte. Die narzißtische Grundlage der Symptomatik erwies sich am deutlichsten in zahlreichen Phantasien, die um Sehen und Angesehen-Werden kreisten. Er war sehr von bestätigenden Blicken der umgebenden Menschen abhängig und konnte eine außerordentlich selbstsichere, gewandte Fassade zeigen, solange er den Beifall – vor allem die bejahenden Blicke – seiner Freunde spürte. Allein, unter Fremden oder vor den kritischen Blicken eines Vorgesetzten war er nur darauf bedacht, nicht aufzufallen, nachzugeben, zu beschwichtigen. Diese Ängste und Hemmungen empfand er als äußerst kränkend und brauchte nach solchen Situationen mehrere Tage, ehe er sich wieder unter Menschen wagte.

Obschon es sehr problematisch ist, die Familiendynamik dieses Patienten in wenigen Sätzen zu beschreiben, läßt sich doch sagen, daß die Mutter ihn zu einem Objekt machte, das jene Qualitäten aufweisen mußte, die dem Vater abgingen – ein gepflegter, gewählt sprechender, hübscher Gentleman. Der Vater galt demgegenüber als täppischer, roher, bäurischer und verständnisloser Mensch. Viele der Phantasien dieses Patienten waren auf seinen Körper gerichtet, den er eigentümlich schwankend erlebte – bald als großartig und exhibitionistischer Schaustellung wert, bald als klein, weich und weiblich. Das erste geschah etwa während der einsamen Schattenboxkämpfe in seinem Zimmer, das zweite nach einem Bad (bis zu seiner Wehrdienstzeit hatte die Mutter den Patienten von Kopf bis Fuß gewaschen).

Ein zweiter Patient, bei dem sich die narzißtische Bedürftigkeit des unmittelbar bestätigend Angesehen-Werdens und Widerspiegelns der eigenen Existenz bis ins Erwachsenenalter erhalten hatte, kam auf Grund des Wunsches seiner Freundin in Therapie. Er pflegte sie zu beschuldigen, daß sie andere Männer immer wieder bestätigend und begehrlich anschaue, sie mit den Augen geradezu verschlinge, was sie nachdrücklich abstritt. Die Beziehung drohte an den stetigen Streitigkeiten darüber zu zerbrechen. Einige Male hatten sich beide schon getrennt, waren aber immer wieder – meist auf seinen Wunsch hin – zusammengekommen.

Der Patient, der keineswegs schlecht aussah, hielt sich für unattraktiv und fürchtete ständig, »optisch nicht anzukommen«; außerdem litt er an einer körperlichen Unterentwicklung des Genitale, die aber seine sexuelle Leistungsfähigkeit nicht beeinträchtigte. Die genitale Hypoplasie war der Punkt, in dem sich die narzißtische Wunde des Patienten konzentrierte und an dem sie rationalisiert werden konnte. Er benötigte, um sich frei zu fühlen, die bejahenden Blicke des Gegenübers. Der Sinn seiner paranoischen Vorstellungen über die Freundin wurde bald deutlicher. Die archaische narzißtische Besetzung des Genitale war durch den Einfluß der Familiengruppe (zunächst beschrieb der Patient eine glückliche Kindheit als einziger Sohn und Stammhalter; dann erwies sich seine Mutter als schwer depressive Frau, die ihren einzigen Sohn zwanghaft genau überwachte, ständig überforderte und in Familienkrisen mit Selbstmord drohte) nicht aufgegeben, sondern vom Real-Ich abgespalten worden. In den Träumen handelte der Patient als phallischer Sexualprotz; in der Realität hatte er emotional vertrauensvolle Beziehungen immer nur zu Frauen, die er für »sexuell eher schwach« hielt (Vorbild: Schwester und Mutter), während ihn eine durch stetes Mißtrauen temperierte Faszination an »sexuell starke« Frauen band, zu denen auch seine Freundin zählte.

Die Phantasie von den heißen Blicken, die sie sexuell starken Männern zuwarf, drückte einerseits sein Gefühl aus, jener bestätigenden Blicke beraubt zu werden, die er so notwendig brauchte, andererseits seine eigenen, homosexuellen Wünsche, den grandiosen, phallischen Exhibitionismus des narzißtischen Körperselbst, die er in der Projektion auf die angeblich »sexuell starke« und unkontrollierte Freundin erlebte. Die Bedeutung der bestätigenden Blicke, des positiven »Widerspiegelns« war im Leben dieses Patienten vielfach nachweisbar. Er konnte tagelang verstimmt sein, wenn ihm ein Gruß nicht erwidert wurde, wenn jemand wegschaute, sobald er ein Zimmer betrat. Wie bei dem ersten Patienten steigerte sich diese Angst oft zu paranoischen Formen – die Menschen auf der Straße sahen weg, weil er so deprimiert war, und umgekehrt war er so deprimiert, weil die Menschen auf der Straße ihn nicht anschauten.

Obwohl Freud den Bewunderern von Kindern gesagt hat, daß sie in ihnen jenen Narzißmus suchen, den sie selbst lange verloren haben, ist die Bedeutung des Narzißmus für die gesunde Persönlichkeit – über den Anfang ihrer Entwicklung hinaus – lange Zeit kaum berücksichtigt worden. Narzißmus galt als etwas Krankhaftes, sogar meist als Zeichen einer schwereren Erkrankung als die klassischen neurotischen Symptome. In dieser abwertenden Haltung spiegelt sich nicht nur die altruistische Tradition der abendländischen Gesellschaft wider, sondern auch ein Stück Gegenübertragung der Psychoanalytiker selbst, vermutet W. Schumacher. Dem Analytiker fällt es leichter, sich vorzustellen, daß er zum (begehrenswerten) Objekt der Triebwünsche des Patienten bzw. ihrer Abwehr gemacht wird, als einzusehen, daß sich ein Patient selbst liebt und auch vom Analytiker geliebt und bewundert werden möchte[29].

Ein wichtiger Schritt, um narzißtische Phänomene in den Rahmen einer allgemeinen analytischen Psychologie einzugliedern, haben wir als das »Sicherheitsprinzip« bereits beschrieben, das sich als Regulation auf einen Zustand narzißtischen Gleichgewichts hin bestimmen läßt[30]. Das Lustprinzip ist eng mit den Triebspannungen verknüpft; die Spannung macht sich als Unlust bemerkbar, die Triebbefriedigung als Lust. Das narzißtische »Wohlbehagen«, das Joffe und Sandler geschildert haben, läßt sich nicht einfach mit Triebbefriedigung identifizieren[31]. Manchmal wird Triebbefriedigung sogar ausgesprochen als narzißtische Kränkung erlebt – post coitum est omne animal triste. Die Gefühle des eigenen Unwerts, der Scham und Verlassenheit sind keineswegs immer durch die Intervention abwehrender Ich- oder Über-Ich-Instanzen bedingt, sondern durch eine Disharmonie zwischen dem aktuellen Verhalten und dem angestrebten Ideal-Ich. Sie stammen aus dem narzißtischen Bereich.

Zahlreiche Aspekte der heute als narzißtische Bedürftigkeit, narzißtische Phantasien vom grandiosen Selbst und vom omni-

[29] W. Schumacher, Bemerkungen zur Theorie des Narzißmus, Psyche 24, 1970, S. 1–23

[30] Zuerst konzipiert von J. Sandler, The Background of Safety, Int. J. Psycho-Anal. 41, 1960, S. 352–356. Eine Übersetzung erschien in Psyche 15, 1960, S. 124–131

[31] W. G. Joffe/J. Sandler, Über einige begriffliche Probleme im Zusammenhang mit dem Studium narzißtischer Störungen, Psyche 21, 1967, S. 152–165

potenten Selbst-Objekt usw. beschriebenen Phänomene enthalten eine Neu-Formulierung von Gedanken Alfred Adlers[32] durch psychoanalytische Autoren – meist ohne daß diese Adler selbst zitieren. Die Bedeutung von Minderwertigkeitsgefühlen und Scham, von kompensatorischen Größenphantasien und überhöhtem Geltungsgebaren hat Adler immer wieder herausgehoben. Es ist unwissenschaftlich, ihn ganz zu verschweigen, nur weil er nicht von narzißtischen Phänomenen sprach[33]. Selbst das Streben nach Sicherheit als menschliches Grundbedürfnis ist von Adler erwähnt worden. Wenn er die Bedeutung des Gemeinschaftsgefühls der Familie für die kindliche Entwicklung unterstreicht, so nimmt er ein Stück der familiendynamischen Bedeutung des Narzißmus vorweg. Das Machtstreben als Kompensation der infantilen Minderwertigkeitsgefühle entspricht den narzißtischen Phantasien vom grandiosen, omnipotenten Selbst.

Heinz Kohut hat gezeigt, wie man die Vorstellungen Adlers über (Organ-)Minderwertigkeit und ihre Kompensation durch die phänomenologisch-genetischen Konzeptionen der psychoanalytischen Narzißmusforschung erweitern und vertiefen kann. Er geht von Adlers »heute etwas in Verruf geratenem« Begriff der Organminderwertigkeit aus und erläutert ihn an dem Fallbeispiel, das bereits Freud aufgegriffen hat, allerdings ohne den Namen zu nennen: Kaiser Wilhelm II.[34]. In der Neuen Folge der ›Vorlesungen zur Einführung in die Psychoanalyse‹ (Ges. Werke XV) erwähnt Freud eine Biographie, die Emil Ludwig über den Kaiser geschrieben hatte. Ludwig suchte dessen Persönlichkeit

[32] Es ist nicht ganz einfach, Adlers Bedeutung für die gegenwärtige klinische Psychologie abzusehen. Die Entwicklung der Wissenschaft hat ihn vielleicht mehr bestätigt als Freud, und doch wird er extrem selten zitiert. Das liegt wohl daran, daß er stets versuchte, seine Lehren zu popularisieren, und deshalb von der sogenannten strengen Wissenschaft zu Unrecht nicht ganz ernst genommen wurde. – Adler hat nie eine systematische Darstellung gegeben; einen Versuch unternehmen H. L. u. R. R. Ansbacher, A. Adlers Individualpsychologie, München 1972

[33] Wie Adler-ähnlich, ohne Adler zu erwähnen, Psychoanalytiker oft sprechen, zeigt ein Zitat: »Jedenfalls scheint die Dynamik des Ichs nicht nur von den Kräften des Triebes und der eng auf ihn bezogenen Bildungen – der Abwehr, gewisser Über-Ich-Funktionen usw. – bestimmt zu sein. Wie sich mehr und mehr zeigt, spielen hier offenbar eine ebenso wichtige Rolle die Funktionen der Idealstrukturen, der Ziele und Werthaltungen einer Persönlichkeit ... Es wurde oft herausgestellt, daß bei vielen Patienten das Schwergewicht der Konflikte nicht so sehr im Triebleben als vielmehr im narzißtischen, im Selbstwerterleben gelegen ist.« W. Schumacher, Bemerkungen zur Theorie des Narzißmus, Psyche 24, 1969, S. 5

[34] H. Kohut, Überlegungen zum Narzißmus und zur narzißtischen Wut, Psyche 27, 1973, S. 526f.

auf die Adlersche Formel der Überkompensation einer Organminderwertigkeit zu bringen: Wilhelm II. war mit einem verkümmerten Arm geboren worden. Deshalb sei er stets leicht beleidigt gewesen und habe zu militärischer Prunk- und Machtentfaltung geneigt. Freud zweifelte diese Deutung an: Nicht die Tatsache der Organminderwertigkeit an sich, sondern die narzißtische Kränkung durch die Ablehnung des verkrüppelten Kindes von seiten einer stolzen Mutter habe die große Empfindlichkeit Wilhelms II. verursacht.

Wird ein Kind des »mirroring«, des bestätigenden Widerspiegelns seiner Existenz durch die Mutter beraubt, dann kann es die archaische narzißtische Besetzung seines Körperselbst nicht umformen und weiterentwickeln, führt Kohut diese Argumentation Freuds weiter aus. Normalerweise entwickeln sich reifere Formen des Narzißmus dadurch, daß die Mutter mehr und mehr Bedingungen stellt, ehe sie Bewunderung und Beifall spendet. Dadurch kann die ursprüngliche narzißtische Besetzung verfeinert und mehr und mehr bewußtseinsfähig gemacht werden. Lehnt die Mutter das Kind aber ab, dann bleibt die primitive narzißtische Besetzung bestehen, der betroffene Teil des Körperselbst (z. B. der verkümmerte Arm) kann nicht in die psychische Organisation integriert werden, sondern behält in den unbewußten narzißtischen Phantasien eine archaische Grandiosität, die sich exhibitionistisch äußern kann (und die man mit dem »Griff zur Weltmacht« und dem irrationalen Aufbau einer Flotte verbinden könnte, obschon das nur ein Faktor in einem komplexen gesellschaftlichen Vorgang ist[35]).

Die archaischen Phantasien um Grandiosität und Exhibitionismus, die man als Folge der notgedrungenen Auto-Stimulation eines von der Primärgruppe nicht voll als selbständiges Wesen akzeptierten Kindes interpretieren muß, können eben wegen dieser Merkmale nicht in die übrige psychische Organisation, die allmählich zur Reife gelangt, eingeordnet werden. Weil sie durch Abtrennung (»vertikale« Spaltung) und/oder Verdrängung (»horizontale« Spaltung) des Kontakts mit der Realität beraubt sind, werden diese archaischen, narzißtischen Strukturen nicht mehr durch äußere Einflüsse geändert, auch wenn diese sehr viel Aner-

[35] Andere Gesichtspunkte liefern z. B. die Sozialgeschichte chauvinistischer und imperialistischer Tendenzen und die Soziodynamik von Großgruppen: Ableitung der aus Klassengegensätzen stammenden Aggression auf einen äußeren Gegner. Den patriotischen Jubel beim Ausbruch des Ersten Weltkrieges kann keine Analyse des Narzißmus eines Kaisers erklären!

kennung und Wohlwollen enthalten. Die Möglichkeiten einer Differenzierung durch »korrigierende emotionale Erfahrungen« sind stark eingeschränkt. Das archaische, grandiose und exhibitionistische Körper-Selbst macht seine primitiven Ansprüche nach wie vor geltend und durchbricht auf den verschiedenen Ebenen des narzißtischen Erlebens die Abwehr.

Das deutlichste Beispiel für die mit einem grandios-exhibitionistischen, archaischen (Körper-)Selbst, das immer wieder das realitätsgerechte Verhalten durchbricht, verbundenen Phantasien und Verhaltensweisen bot mir ein Wissenschaftler, Prof. B. Schon seine Körpermasse – B. wog trotz ständiger Versuche, abzumagern, 150 Kilo – demonstrierte den archaisch-exhibitionistischen Anspruch seines Selbst. In vielen Situationen ein ruhiger, sensibler und aufmerksamer Zuhörer, rissen ihn schon kleine, oft für jeden anderen nicht erkennbare Kränkungen zu ausschweifenden, lautstarken Monologen hin, die niemand unterbrechen durfte und in denen er sein Schicksal in einer irrationalen Weise glorifizierte. Sein Real-Ich war rational, wissenschaftlich, politisch eher links orientiert. Das exhibitionistische Selbst ergötzte sich an obskuren Orden und Pseudo-Adelstiteln, für die er hohe Summen aufwendete und um derentwillen er sich mit zweifelhaften Persönlichkeiten einließ. Ungeheuer sensibel für Einwände gegen seinen archaisch-exhibitionistischen Größenanspruch, reagierte er auf sie nicht mit Besinnung und Selbstkritik, sondern mit immer unverhüllteren Ansprüchen und narzißtisch-wütender Kritik an vermeintlichen Feinden, von denen er sich eingekreist, mit Rufmord bedroht und verleumdet glaubte. In den eigenen wissenschaftlichen Arbeiten war stets er selbst der meistzitierte Autor. Eifersüchtig verteidigte er seine Prioritätsansprüche.

In seinen Beziehungen zu anderen Menschen konnte ich immer wieder eine typische Entwicklung verfolgen, die ich endlich auch am eigenen Leib erfuhr. Die erste Periode war von intensivem Werben bestimmt. Die Bezugsperson wurde mit allen Merkmalen eines idealen Objektes ausgestattet und erhielt jenes Maß überschwenglicher narzißtischer Zufuhr an Lob und Bestätigung, das er selbst für sich erwartete. Als ich einmal eine kleine Arbeit für ihn erledigte und in meinem Begleitbrief erwähnte, ich sei erkältet, kam mit Eilpost ein Paket mit teueren Delikatessen, Rum und »Genesungslektüre«. Jeder Brief wurde sofort höchst ausführlich beantwortet, jeder Satz liebevoll und bestätigend aufgegriffen.

Wurde die Werbung angenommen und der Kontakt durch eine engere Arbeitsbeziehung intensiviert, dann entwickelte sich ein kurzer Honigmond, in dem das Real-Ich dominierte, die archaischen Größenansprüche und das exhibitionistische Selbst zurücktraten und die Beziehung ohne Überschwenglichkeit funktionsfähig blieb. Lehnte der Umworbene den Anspruch ab, antwortete nicht mit der erwarteten Häufigkeit auf Briefe, blieb reserviert oder beharrte auf einem neutralen Standpunkt, dann wurde aus der Werbung sehr rasch unverhüllte Ablehnung, die in diesem Fall allerdings gemäßigt blieb.

Anders war es, wenn die Arbeitsbeziehung intensiver wurde, sich aber in ihr sachliche oder persönliche Differenzen ergaben. Mit einem Schlag waren alle Beteuerungen aus der Anfangsperiode ungültig, das überschwengliche Lob schlug in unverhüllte narzißtische Wut um. Der Freund, den B. eben mit größter Mühe gewonnen und an sich gezogen hatte, wurde mit Vorwürfen überhäuft, in denen ihm sämtliche gar nicht erwünschten, sondern aufgenötigten Vorrechte, Geschenke, Liebesbezeigungen als Beweis seiner maßlosen Undankbarkeit vorgehalten wurden. Nach solchen Ausbrüchen, die meist in Auseinandersetzungen vor einem Publikum erfolgten, entschuldigte er sich häufig in einem privaten Gespräch.

Der narzißtische Charakter dieser Wutausbrüche erwies sich nicht nur durch die Selbstbezogenheit der Aussagen und ihre primärprozeßhafte Primitivität, sondern auch durch B.s vollständige Unfähigkeit, nun einzusehen, daß er auf diese Weise jene Sympathien, die seinem Real-Ich galten und die er durch sein Werben aufgebaut hatte, unrettbar zerstörte. Manchmal fragte er mich ratlos, warum immer wieder Menschen, die in der Distanz guten Kontakt mit ihm gehalten hätten, nach einer persönlichen Bekanntschaft plötzlich nichts mehr von ihm wissen wollten.

Bezeichnend für den narzißtischen Charakter der Wutanfälle war auch, daß die Anlässe überhaupt nicht differenziert wurden. Ein wissenschaftlicher Einwand, eine organisatorische Divergenz, ja ein einfacher Vergleich zwischen Werten, die er narzißtisch besetzt hatte, und anderen Werten wurden auf diese Weise beantwortet. Die archaisch-exhibitionistischen Ansprüche äußerten sich in einer Maßlosigkeit, die nicht nur unmittelbar orale Befriedigung (wie das süchtige Essen und Zigarettenrauchen trotz schwerer hypochondrischer Ängste und Depressionen), sondern auch oral-aggressive Formen betraf – etwa den nicht einzudämmenden Monolog in Konferenzen. Weder sein großes Wissen noch die dem Real-Ich zur Verfügung stehenden kritischen Fähigkeiten konnten dann eine Selbst-Schaustellung verhindern, in der harmlose Gespräche zu staatsentscheidenden Aktionen wurden, zwei Gesprächsfetzen mit einem verehrten Lehrer diesen angeblich zu seinem Hauptwerk angeregt hatten und angesehene Kollegen in absentia Würstchen oder Idioten genannt wurden. B. hatte einen Beruf gewählt, der es ihm erlaubte, immer Schwächeren zu helfen, und diese Schwächeren, Hilfsbedürftigen waren auch die einzigen Menschen, mit denen er auf längere Zeit – wenn auch hier mit häufigen Krisen – zurechtkommen konnte. Er isolierte sich von seinen Kollegen, trat aus seiner Fachgesellschaft aus und gründete mehrere neue, denen er mit allen Mitteln und unter großen Opfern an Zeit, Geld und Mühe zu internationaler Geltung verhelfen wollte. Freilich standen ihm seine Störungen stets im Weg; andererseits hätte ein weniger kranker Mann ein solches Unternehmen niemals angegangen.

Die Mitarbeiter wählte er aus den Reihen derer, denen er geholfen hatte, und formte sie zu einer Gruppe, deren Mitglieder bis in die Haartracht und Kleidung wie Kopien seiner selbst wirkten, die in *seiner* Diktion *seine* Sätze wiederholten und so eine ständige narzißtische Widerspiegelung seiner Existenz boten. Da sie gleichzeitig (da begabtere Menschen dieses Spiel nicht lange mitspielten) in ihren Fähigkeiten weit unter ihm standen, wurde auch dadurch sein archaisch-grandioses Selbst gestützt. In seinen späteren Jahren wurde B. zunehmend von dieser Gruppe abhängig, reiste nicht mehr ohne sie und hörte mit sichtlichem Wohlgefallen seine Sätze und seine Theorien wie aus einem Echo. Man wußte ihn zu nehmen; am beliebtesten war, wer den Persönlichkeitskult am höchsten trieb, die meisten Photos von ihm machte und seine Theorien am energischsten gegen außen vertrat. Doch war es das Schicksal der Mitglieder dieser Gruppe, daß ihnen jede Identität außerhalb derer, die durch die Bedürfnisse des archaisch-exhibitionistischen Selbst von Prof. B. bestimmt war, verboten wurde. Es war selbstverständlich, uneigennützig und im Dienst der »Sache« – tatsächlich des grandiosen Selbst – Opfer zu bringen, Arbeit zu leisten oder Einkünfte abzutreten. Wer sich sträubte, auf den entlud sich die ganze narzißtische Wut; er wurde rücksichtslos entlassen oder kaltgestellt, gleichgültig, wie sehr er sich früher eingesetzt haben mochte.

Dieses Beispiel kann zeigen, daß eine narzißtische Persönlichkeitsstörung nicht unbedingt zu sozialer Isolierung und gesellschaftlicher Wirkungslosigkeit führt. Das Gegenteil kann der Fall sein, wenn das Real-Ich stark genug ist, den größeren Teil der destruktiven narzißtischen Wut zu kontrollieren oder auf andere Weise abzuwehren (z. B. durch Projektion nach außen im Sinne einer paranoischen Abwehr). Der Anteil an zerstörerischem Verhalten gegen sich selbst und gegen andere war allerdings bei diesem Mann so hoch, daß er sein Leben ernstlich beeinträchtigte und die psychische Gesundheit seiner Mitarbeiter schweren Belastungen aussetzte.

Zur Vorgeschichte konnte ich nicht viel erfahren, doch das Wenige erklärt die Entstehung der narzißtischen Störung und des grandiosen, archaisch-exhibitionistischen Selbst teilweise. Die Mutter war B. sehr ambivalent und manchmal mit offener Feindseligkeit begegnet; sie hatte ihn viel geprügelt. Das Kind konnte sich bis zum Alter von drei Jahren zur Großmutter retten, die eine warmherzige, liebevolle Frau war. Der Vater kümmerte sich nicht viel um die Bedürfnisse des Jungen.

Die kosmischen Phantasien

Ein 40jähriger, den ich anläßlich einer Fernsehdiskussion kennenlernte, erzählte mir einen Traum aus seiner Kindheit, der sich mehrmals wiederholt hatte und ihn heute noch beschäftigte. Er war vor dem Eingang zum Kindergarten hingefallen und hatte sich schmerzhaft verletzt. In der Folge träumte er immer wieder, daß er wie damals zur Tür des Kindergartens laufe, aber statt zu stürzen, sich in die Luft erhebe und weit über den Dächern mit einer großartigen Aussicht und einem Gefühl sieghafter Überlegenheit dahinfliege.

Das ist ein einfaches Beispiel für jene Phantasien, die Michael Balint[36] »philobatisch« nennt und auf deren narzißtischen Charakter Heinz Kohut hingewiesen hat[37]. Ein kaum weniger anschauliches, aber die Gefahr solcher Phantasien unterstreichendes Beispiel stammt aus der Autobiographie von Churchill. »Bei einem Ferienaufenthalt auf dem Lande spielte er mit einem Vet-

[36] M. Balint, Therapeutische Aspekte der Regression, Stuttgart 1970
[37] H. Kohut, Narzißmus, Frankfurt 1973

ter und seinem jüngeren Bruder und wurde von diesen verfolgt. Er wollte über eine Brücke rennen, die über eine Schlucht führte, da entdeckte er, daß er in eine Falle geraten war, denn seine Gegner hatten sich geteilt. ›Die Gefangennahme schien unvermeidlich‹, so schreibt er, ›aber wie ein Blitz kam mir ein großer Plan.‹ Er erspähte unter der Brücke ein Dickicht junger Fichten und entschloß sich, auf einen der Wipfel zu springen. Er überlegte kurz, berechnete die Höhe. ›In Sekundenschnelle warf ich mich über das Geländer‹, fährt er fort, ›und versuchte mit ausgebreiteten Armen den Wipfel der Fichte zu umfassen.‹ Es dauerte drei Tage, bis er wieder zum Bewußtsein kam[38].« Kohut interpretiert diese Szene als Agieren einer unbewußten narzißtischen Phantasie Churchills, fliegen zu können.

Wie das der Libido, führt das Entwicklungsschicksal des Narzißmus zu einer in Träumen und unbewußten Phantasien faßbaren Welt innerer Bilder und Antizipationen, die Abwehrprozessen unterliegt und zum Agieren führen kann. (Ein solcher Abwehrprozeß wäre etwa die Angst, Türme zu besteigen oder Wege an einem Abhang entlang zu gehen. Diese Angst schützt vor einem Agieren der primärnarzißtischen Phantasie, fliegen zu können.)

Hermann Argelander stellt die narzißtischen Inhalte des Unbewußten den libidinösen Phantasien gegenüber. Für libidinöse Inhalte gilt, daß sie auf Einwände des Ich stoßen, weil sie den Forderungen der Realität, des Über-Ich und den Vorstellungen der engsten Beziehungspersonen widersprechen. Agieren dieser Phantasien wird bestraft, verurteilt, bedroht die *soziale Existenz* durch Gegenmaßnahmen realer oder verinnerlichter Objekte.

Während im Bereich der libidinösen Entwicklung das Lustprinzip dominiert und die Gesetze der Gesellschaft die zentrale Rolle in der Abwehr spielen, herrscht in der narzißtischen das Sicherheitsprinzip. Die natürliche menschliche Existenz wird in diesen Phantasien durch ungestaltete Naturmächte bedroht. Die große Gefahr narzißtischer Phantasien liegt in Situationen wie der, die Churchill in seiner Autobiographie schildert. In jüngster Zeit wurde sie durch den Mißbrauch von Halluzinogenen wie LSD, Psilocybin oder Meskalin aktualisiert. Zu den praktischen Ratschlägen hinsichtlich des LSD-Konsums in einer ärztlich-psychologisch unkontrollierten Situation gehört es, die bewußtseinsverändernde Substanz niemals in höheren Stockwerken zu

[38] W. Churchill, My Early Life, New York 1942, S. 43f., zit. n. H. Kohut, Formen und Umformungen des Narzißmus, Psyche 20, 1966, S. 43f.

nehmen, weil schon mehrmals Konsumenten von primärnarzißtischen Phantasien überschwemmt wurden, glaubten, nun fliegen zu können, und sich bei einem Fenstersturz tödliche Verletzungen zuzogen[39].

Zur Verdeutlichung möchte ich im folgenden die typischen primärnarzißtischen Phantasien den libidinös bestimmten Phantasien gegenüberstellen.

Libidinöse Phantasien:

Die libidinösen Phantasien enthalten Partialobjektstufen – Brust, Kot, Penis – und mit ihnen verknüpfte Ängste (z. B. Kastration). Mit zunehmender Reife werden die Teilobjekte zu Ganzobjekten, menschlichen Wesen. Im Kontakt mit ihnen werden immer realistischere Formen der Befriedigung gesucht. Entwicklungs-Ziel ist die genitale Stufe, auf der wechselseitige Stimulation und Lösung angestrebt und erreicht wird. Die Objekte werden deutlicher, einheitlicher; sie zerfallen nicht mehr in Teile, an denen Lust gesucht wird, sondern werden als Ganzheit erlebt.

Narzißtische Phantasien:

Kosmische Themen, Beziehungen zu den Elementen, vor allem zur Luft und zum Meer, zur Wüste, zu weiten Gebirgslandschaften. »Die große Sehnsucht der Menschheit, die Erde und das Weltall zu erforschen, auf den Meeren zu schwimmen und in der Luft zu fliegen, verdankt ihre Motivation ... unbewußten primärnarzißtischen Phantasien[40].« Die affektiven Begleiterscheinungen sind ein Gefühl grenzenloser Sicherheit, ein »ozeanisches Gefühl« der »unauflösbaren Verbundenheit, der Zusammengehörigkeit mit dem Ganzen, der Außenwelt«. Genetisches Urmodell dieser Phantasien sind der kontinuierliche, unmerkliche Austausch etwa der Atmung oder der parenteralen, stetig fließenden Nahrungszufuhr während des intrauterinen Lebens, die sich von Hunger und Durst als umschriebenen Be-

[39] W. Schmidbauer/J. v. Scheidt, Handbuch der Rauschdrogen, München 1971

[40] H. Argelander, Ein Versuch zur Neuformulierung des primären Narzißmus, Psyche 25, 1971, S. 362

dürfnissen abgrenzen läßt. Die Tendenz geht eher dazu, die Objekte aufzulösen, sie ins Gigantische zu steigern, grandios auszuweiten.

Vieles ist hier noch ungeklärt; die analytische Phänomenologie hat gerade in der Narzißmusforschung Bereiche aufgedeckt, in die ihr eine evolutionstheoretische Betrachtungsweise noch nicht folgen kann, die sich vorwiegend auf ethologische und kulturanthropologische Materialien stützt. Immerhin ist festzuhalten, daß die Formulierungen über den primären Narzißmus bei vielen neueren Autoren, die sich mit diesem Thema beschäftigt haben – Kohut, Balint, Argelander, Schumacher – auf die Objektbezogenheit der narzißtischen Phantasien ausdrücklich hinweisen.

Während die libidinösen Ich-Energien und ihre Repräsentanzen auf Lustgewinn durch die Objektbeziehung ausgerichtet sind, tendiert der Narzißmus zur Verschmelzung mit dem Objekt. In den narzißtischen Phantasien werden die Ich- und Objektgrenzen aufgelöst, in kosmische Dimensionen vergrößert und die Einheit mit einem diffusen, elementaren Objekt hergestellt. Joachim Scharfenberg hat gezeigt, daß dieses Narzißmuskonzept vielleicht mehr religionspsychologische Bedeutung hat als die Freudsche Auffassung, daß in den Gottesvorstellungen die libidinös-ödipale Konstellation wiederkehrt[41]. Vor allem die mystischen Zustände – das Samadhi der indischen Religionen, das Satori des Zen-Buddhismus – entsprechen typischen narzißtischen Phantasien; die Wiederentdeckung solcher mystischer Konzepte im Zug der »LSD-Religion« von Timothy Leary wäre ein weiterer Beweis für die gemeinsamen narzißtischen Wurzeln dieser mystischen Vorstellungen[42].

Das Verständnis von Philosophie (z. B. Nietzsches Werken) und Literatur (z. B. Jack London, Heinrich von Kleist, Herman Melville) kann durch die Theorie der kosmischen, primär-narzißtischen Verschmelzungsphantasien ebenfalls sehr gefördert

[41] J. Scharfenberg, Narzißmus, Identität und Religion, Psyche 27, 1973, S. 949–967

[42] Vgl. W. Schmidbauer/J. v. Scheidt, Handbuch der Rauschdrogen, München 1971, s. v. LSD, sowie W. Schmidbauer, Psychotherapie – Ihr Weg von der Magie zur Wissenschaft, München 1971, S. 255f. u. 264f., wo ich die Zusammenhänge zwischen Zen-Buddhismus, Psychotherapie, Halluzinogenkonsum und mystischen Erfahrungen untersucht habe.

werden. Ich erinnere noch eine gruppenpsychoanalytische Sitzung (die letzte vor einer dreiwöchigen Trennung der Gruppe), in der viele Teilnehmer auf die Abschiedssituation mit Berichten über narzißtische Phantasien reagierten. Einer erzählte, wie er im LSD-Rausch sich selbst als gorillaähnlichen Riesen erlebt habe, der unzerstörbar und mächtig in Höhe der Baumwipfel dahinschritt. Ein anderer berichtete vom Baden während einer Föhnnacht in einem See, ein dritter von einer traumhaften Erleuchtung über die eigene Unzerstörbarkeit angesichts einer wirklich lebensgefährlichen Situation bei einem Ausflug ins Gebirge. Ein vierter schilderte, wie er als Jugendlicher einmal nachts sich auf die Erde gelegt habe und das Gefühl der Unzerstörbarkeit hatte – wenn sich sein Körper auflösen würde, wäre er doch im Raum-Zeit-Kontinuum unzerstörbar aufbewahrt, und ebenso unzerstörbar wären auch die Moleküle und Atome, die seinen Organismus aufbauten und in den Weltorganismus zurückfließen müßten. Hier hatte die Trennungssituation in der Gruppe narzißtische, kosmische Phatasien der Übermächtigkeit, Unzerstörbarkeit und Auflösung der Objekte bzw. des Selbst aktiviert.

Während sich die libidinösen Ich-Energien in Objektbesetzungen auswirken, die zunehmend menschliche Gestalt annehmen (auf dem Umweg über Partialobjekte, z. B. die Brust), vergrößert die narzißtische Ich-Energie das Objekt, gibt ihm riesige, kosmische Dimensionen, bis endlich eine ursprüngliche, nutritive Einheit in der Phantasie wiederhergestellt ist. Wenn das mit narzißtischen Ich-Energien besetzte Objekt diese zurückschlägt und das Sicherheitsbedürfnis des Kindes (das vielleicht der früheste Ausdruck, sicherlich aber die Voraussetzung gelingender Neugieraktivität ist) versagt, entstehen aggressiv getönte, narzißtische Phantasien, in denen die Bedrohung durch die Primärgruppe ebenfalls kosmische Dimensionen annimmt – die Weltuntergangsphantasien von beginnenden Psychosen, Träume von Sintfluten, Atomkriegen, mythische Vorstellungen vom Weltbrand usw.

Die Elemente der antiken Kosmologie, Feuer, Wasser, Luft und Erde, symbolisieren Aspekte der mit narzißtischer Ich-Energie besetzten, mehr oder weniger Sicherheit spendenden Primärgruppe, ebenso wie z. B. der Himmel (in dem die Engel fliegen oder auf Wolken schreiten) die konstruktiven und die Hölle (in der Teufel alles verbrennen) die destruktiven Aspekte der Interaktion zwischen der narzißtischen Bedürftigkeit des Kindes und der Primärgruppe widerspiegeln können. Diese Steigerung ins Grandiose, Übermenschliche, Kosmische, wie sie für narzißtische Phantasien charakteristisch ist, trifft wohl auch für ein Stück der psychoanalytischen Theorie selbst zu: für Freuds Lehre vom Lebens- und vom Todestrieb[43], die er ebenfalls aus ihren beobachtbaren Dimensionen ins Kosmische steigerte. Er sah in ihnen Prinzipien, immer größere Einheiten aus organischer Materie aufzubauen oder auf der anderen Seite alles Organische aufzulösen und ins Anorganische zurückzuführen[44].

Narzißtische Aggression

Möglicherweise ist die Erfüllung der narzißtischen Bedürfnisse des menschlichen Säuglings und Kleinkindes die erste Voraussetzung, daß Neugieraktivität konstruktiv werden kann und das Neugierwesen Mensch von zerstörerischem Verhalten weitgehend bewahrt bleibt. Wenn bestätigendes Widerspiegeln durch die Primärgruppe die Neugieraktivität in allen ihren Aspekten trägt und begleitet (ebenso wie die libidinösen Aktivitäten), dann ist die Voraussetzung gegeben, daß kein destruktives Verhalten im Sinn eines scheinbar »triebhaften« Abreagierens aggressiver Impulse im späteren Leben auftreten wird.

Unter diesen Voraussetzungen betrachtet, gewinnt das von Kohut beschriebene Phänomen der narzißtischen Wut, das dieser noch in die traditionelle Auffassung eines Aggressionstriebes eingliedert, einige neue Aspekte. Das Spektrum dieser Wut reicht vom nagenden Ärger, wenn jemand einen Gruß nicht erwidert oder über unsere scherzhaften Bemerkungen kühl hinweggeht,

[43] Vgl. S. Freud, Neue Folge der Vorlesungen zur Einführung in die Psychoanalyse, Ges.Werke XV, S. 103 f.: »Uns hat immer die Ahnung gerührt, daß hinter diesen vielen kleinen ausgeglichenen Trieben sich etwas Ernsthaftes und Gewaltiges verbirgt ...« / S. 114: »Wenn es wahr ist, daß ... einmal aus unbelebter Materie das Leben hervorgegangen ist, so muß ... damals ein Trieb entstanden sein, der das Leben wieder aufheben, den anorganischen Zustand wiederherstellen will ... nun scheiden sich uns die Triebe, an die wir glauben, in die zwei Gruppen der erotischen, die immer mehr lebende Substanz zu größeren Einheiten zusammenballen wollen, und der Todestriebe, die sich diesem Streben widersetzen und das Lebende in den anorganischen Zustand zurückführen«

[44] Vgl. E. Fromm, Anatomie der menschlichen Destruktivität, Stuttgart 1974, wo sich eine gründliche Kritik an Freuds Todestriebkonzept und die Aufklärung über den sozio-kulturellen, reaktiven Anteil in der menschlichen Destruktion findet.

bis zum rasenden Amoklauf des paranoisch Kranken. Ein literarisch verarbeitetes Beispiel ist Michael Kohlhaas, ein weiteres jener Herostrat, der den prächtigsten Tempel der Antike in Brand steckte, um berühmt zu werden. Typisch für die spezifische Form narzißtischer Aggression im Gegensatz zu anderen, auf späteren Stadien der Ich-Entwicklung eingetretenen Umformungen der Neugieraktivität ist die übermäßige Reaktion auf tatsächliche oder auch nur erwartete narzißtische Kränkungen. Der Wunsch, passives Erleiden in aktives Tun umzuformen, von dem Freud spricht[45] und die Abwehrform der Identifikation mit dem Aggressor[46] führen dazu, daß ein narzißtisch sehr kränkbarer Mensch in einer potentiell Scham erweckenden Situation damit reagiert, daß er – oft vorwegnehmend – *den anderen jene narzißtischen Kränkungen zufügt, die er selbst zu erleiden fürchtet.* Oscar Wilde hat von Menschen gesprochen, die anderen auf die Füße treten, weil ihnen selbst die Hühneraugen weh tun.

Die Tendenz zu einem offenen oder versteckten Sarkasmus gegenüber den narzißtischen Bedürfnissen anderer ist auch unter Psychotherapeuten häufig genug, die ihre Patienten damit unnötigerweise traumatisieren. Diese Neigung, die wohl jeder praktizierende Analytiker schon an sich beobachtet hat, ist schwer zu überwinden, weil sie sehr leicht als Mahnung zu realistischem Verhalten oder als sinnvolle Konfrontation getarnt werden kann. Sie kann sich auch averbal äußern, z. B. in einem geringschätzigen Lächeln oder in einem abweisenden Klang der Stimme. Die Schwierigkeit, solche Verhaltensweisen abzustellen, ist oft »der Tatsache zuzuschreiben, daß der Psychotherapeut oder Analytiker selbst von seinen Eltern, Lehrern oder seinem Lehranalytiker in ähnlicher Weise behandelt worden ist[47]«.

Narzißtische Wut richtet sich gegen Schranken, welche der Neugieraktivität gesetzt wurden, und gegen Objekte, die mit einer Primärgruppe in Verbindung gebracht werden, welche das Kind beschämte und ihm das bestätigende Widerspiegeln versagte. Weil die ursprünglichen Schranken, die primären, höhnischen Objekte verdrängt werden mußten, um dem Sicherheitsprinzip gerecht zu werden, ist diese Wut objektlos und unrealistisch. Sie entspricht nicht der tatsächlichen Verantwortung des Objektes für eine Kränkung, sondern dem nach unersättlicher Rache ru-

[45] S. Freud, Jenseits des Lustprinzips, Ges. Werke XIII

[46] A. Freud, Das Ich und die Abwehrmechanismen, München 1963

[47] H. Kohut, Überlegungen zum Narzißmus und zur narzißtischen Wut, Psyche 27, 1973, S. 536

fenden eigenen Schmerz. Eine gereifte Persönlichkeit wird Aggressionen gezielt einsetzen, um Widerstände zu überwinden. Sind sie überwunden, wird sie versuchen, möglichst ökonomisch vorzugehen und die eigenen Interessen zu wahren. Anders die narzißtische Aggression. Ihr Rachebedürfnis ist maßlos, sie möchte den vermeintlichen Gegner auslöschen, damit mit ihm auch die Kränkung erlischt. Sein Name darf nicht mehr erwähnt werden[48], ja der narzißtisch Gekränkte ruht nicht, wie die böse Königin im Märchen von Schneewittchen, bis die Kränkung durch den Tod ungeschehen gemacht ist.

Der narzißtisch erlebte Feind ist kein Mensch, der unseren Interessen zuwiderhandelt, sondern ein Webfehler in der Wirklichkeit schlechthin, ein widerspenstiger Teil des erweiterten Selbst[49]. Narzißtische Wut entsteht in Situationen, in denen entweder der Betroffene – genauer: sein grandioses, omnipotentes Selbst – oder ein von ihm narzißtisch besetztes Objekt den absoluten Ansprüchen nicht genügen, die an sie gestellt werden. Jeder von uns neigt dazu, beschämt oder wütend zu reagieren, wenn er narzißtisch gekränkt wird. Besonders heftige Ausbrüche von Scham und Wut entstehen jedoch, wenn archaisch-narzißtische Strukturen betroffen werden, die sich unverändert erhalten haben, weil in der Ich-Entwicklung des Kindes dessen narzißtische Bedürfnisse nicht angemessen erfüllt wurden. Für diese Menschen ist ein Gefühl der absoluten Kontrolle über ihre narzißtisch besetzte Umgebung unabdingbar, weil die Aufrechterhaltung ihrer Selbstachtung davon abhängt, daß entweder billigend-spiegelnde Funktionen eines bewundernden Selbst-Objektes dauernd verfügbar sind oder die Möglichkeit besteht, mit einem idealisierten Selbst-Objekt zu verschmelzen. Da sich diese Vorgänge auf einer archaischen Ebene der Ich-Entwicklung abspielen bzw. eine Regression zu ihr enthalten, wird der maßlose, irrationale Charakter der narzißtischen Wut verständlich. Der Gekränkte ist unfähig, sich in seine Gegner einzufühlen, er möchte unbedingt, daß die Beleidigung und der Beleidiger für immer ausgetilgt werden, und ist so lange unversöhnlich.

[48] Die Auslöschung des ägyptischen Königsnamens von Echnaton durch seine Nachfolger und manche Entstellungen totalitärer Geschichtsschreibung zeigen ähnliche Prozesse in Großgruppen an.

[49] H. Kohut, Überlegungen zum Narzißmus und zur narzißtischen Wut, Psyche 27, 1973, S. 540

Beziehungslosigkeit, innere Leere, das Gefühl, hinter einer gläsernen Wand, einer Mattscheibe, einer Nebelmauer zu leben und andere Menschen wie die Darsteller in einem Film zu sehen – diese Symptome werden häufig von narzißtisch gestörten Menschen beschrieben. Der Mangel an bestätigenden Objektbeziehungen, an dem annehmenden und tragenden Gespiegelt-Sein der eigenen Existenz in der Primärgruppe hat dazu geführt, daß solche Trennwände aufgerichtet wurden. Geborgenheit spenden eher die Elemente – Wasser und Luft vor allem. Schwimmen, Fliegen und Seefahrt, weite Reisen beherrschen das Phantasieleben. Menschliche Beziehungen werden gewünscht wie diese Elemente: tragend, doch nicht eindringend.

Auf diesen Nenner kann man Bemerkungen bringen, mit denen Michael Balint und Heinz Kohut die spezifischen Erfordernisse der Behandlung narzißtischer Persönlichkeitsstörungen umschreiben. Ein Beispiel falschen Verhaltens bietet jener von Kohut geschilderte Analytiker, der die Träume einer Patientin von einem idealisierten Heiligen mit der Bemerkung quittiert, er sei kein Katholik[50]. Offenbar hat hier die Neigung der Kranken, den Analytiker zu einer omnipotenten, bergenden und zugleich elementaren Figur zu machen, unbewußte Ängste des Analytikers vor seinen eigenen latenten Größenphantasien geweckt. Durch seine Bemerkung verhindert er, daß in einer nachholenden Ich-Entwicklung das allmächtige, idealisierte Objekt, das in der Kindheit nicht schrittweise in realistischeren Dimensionen verinnerlicht werden konnte, wieder erlebt und diesmal in reifere narzißtische Strukturen umgewandelt werden kann. Die Analyse machte in diesem von Kohut erwähnten Beispiel zwei Jahre lang keine weiteren Fortschritte, ehe diese Gegenübertragung analysiert werden konnte.

Die idealisierende Übertragung als technisches Problem der Analyse narzißtischer Persönlichkeiten ist von Kohut ausführlich behandelt worden. Der häufigste Fehler ist, daß der Analytiker die Idealisierung durch den Patienten nicht ertragen und akzeptieren kann, sondern sie durch Konfrontation mit der Realität oder frühe Deutungen abzuschwächen sucht. Es fällt auch einem selbstbewußten und gefestigten Menschen schwer, ideali-

[50] H. Kohut, Narzißmus, Frankfurt 1973

sierende Schmeicheleien zu ertragen und zu akzeptieren. Die häufigste (und gefährlichste) Abwehr-Deutung innerhalb der Analyse ist der Hinweis auf versteckte Feindseligkeit hinter der »übertriebenen Schwärmerei«.

Wie immer ist es auch hier von zentraler Bedeutung für den Analytiker, daß er genau zwischen seinen eigenen und den Bedürfnissen des Patienten unterscheidet. Freud hat in einem von Kohut zitierten Brief an Binswanger diese Probleme um die Gegenübertragung als die »technisch schwierigsten in der Psychoanalyse« erwähnt und gesagt: »Was man dem Patienten gibt, soll eben niemals unmittelbarer Affekt, sondern stets bewußt zugeteilter sein, und dann je nach Notwendigkeit mehr oder weniger. Unter Umständen sehr viel ... Jemandem zu wenig zu geben, weil man ihn zu sehr liebt, ist ein Unrecht an dem Kranken und technischer Fehler[51].«

Es wird nur möglich, die idealisierende Übertragung zu bearbeiten, wenn der Analytiker sie geraume Zeit akzeptiert und damit dem Patienten die Möglichkeit gibt, allmählich selbst den Prozeß des Durcharbeitens dieser Übertragung einzuleiten. Unter diesen Bedingungen kann gelingen, was dem narzißtisch Kranken in der sozialen Realität fast immer mißlingt: Eine idealisierende Beziehung nicht enttäuscht oder sogar haßerfüllt abzubrechen, sondern sie allmählich in eine realistische Beziehung überzuführen.

Sieht man von den spezifisch behandlungstechnischen Problemen ab, dann unterstreichen die narzißtischen Schwierigkeiten im Aufbau stabiler Objektbeziehungen die Bedeutung der Primärgruppe für die seelische Entwicklung und mit ihr wiederum einen zentralen Punkt des evolutionstheoretischen Konzepts. Dabei ist das Kontaktbedürfnis, das hinter den Klagen der narzißtisch gestörten Patienten steht, vom Standpunkt evolutionstheoretischer Überlegungen aus besonders bemerkenswert. Diese Personen spüren meist ganz deutlich, daß ihnen »etwas fehlt«, doch konkretisieren sie diesen Mangel häufig an einer anderen Stelle, als ob er selbst unerträglich und ungreifbar wäre[52].

[51] L. Binswanger, Erinnerungen an Sigmund Freud, Bern 1956, S. 65, zit. n. H. Kohut, Narzißmus, Frankfurt 1973, S. 303

[52] Eine Parallele bietet Marie Toroks Analyse des Penis-Neides der Frau. Sie läuft darauf hinaus, daß die Frau »außen« etwas sucht und als Mangel beklagt, was ihr innen fehlt: die Autonomie ihrer sexuellen Gefühle, die z. B. durch das mütterliche Verbot der Selbstbefriedigung eingeschränkt wurde.

Sie suchen ihn als körperlichen Defekt. Ein Patient erlebte seinen Körper dann als klein, weich und weibisch, obwohl er groß gewachsen und sportlich trainiert war. Häufig ist auch die Phantasie, der eigene Penis sei lächerlich klein. Zugleich wird die eigene Störung in andere Menschen projiziert. Diese »schauen mich merkwürdig an«, »beachten mich gar nicht«, »blicken weg, wenn ich hinsehe«, »können mir nicht in die Augen sehen«.

Hier wird deutlich, daß nur die positiv, als schützend und bergend erlebte Symbiose mit der Primärgruppe dem Kind allmählich gestattet, einerseits Grenzen zwischen sich und anderen Menschen aufzubauen und andrerseits an diesen Grenzen mit anderen Menschen in einen Kontakt zu treten, der die frühkindliche Geborgenheit in reiferen Formen wiederholt und die Basis für die Selbständigkeit und Selbst-»Sicherheit« (zum narzißtischen Sicherheitsprinzip siehe S. 193ff.) des Erwachsenen wird. Der an archaisch-exhibitionistische Größenphantasien gebundene narzißtisch Kranke bleibt den als allmächtig erlebten, idealisierten Objekten der Primärgruppe unbewußt verbunden, weil diese Objekte ihm nicht das biologisch vorprogrammierte, »durchschnittlich zu erwartende« Maß an narzißtischer Bestätigung gaben.

Unter günstigen Entwicklungsbedingungen ist der Erwachsene für das kleine Kind ein Dolmetscher der Realität. Er dient als schützender Vermittler, der einerseits vom Kind Reize fernhält, die seine noch unreifen Verarbeitungsmechanismen überfordern, und andererseits, wenn dieser Schutz (was notwendig gelegentlich vorkommt) versagt, durch sein einfühlendes Verständnis dem Kind hilft, die dann entstehende Angst zu bewältigen. Die heftige Angst des Kindes löst beim Erwachsenen ein unmittelbar einfühlendes Angstsignal aus. Er empfindet mit, daß das Kind ängstlich ist, kann jedoch erkennen, daß keine Gefahr droht, und dem Kind durch eine Verschmelzung diese erlösende Sicherheit vermitteln. Diese Verschmelzung erfolgt phasenadäquat, d.h. im frühen Alter präverbal (der Erwachsene drückt das Kind an sich, hebt es hoch) und später verbal (der Erwachsene erklärt die belastende Situation)[53]. Das Verständnis der nar-

[53] Man kann in diesem Zusammenhang Spekulationen über die bis heute offenen Fragen hinsichtlich der Gültigkeit der analytischen Abstinenzregel bei narzißtisch schwer gestörten Kranken anstellen. Bekanntlich hat Ferenzci im Gegensatz zu Freud die Zärtlichkeitswünsche dieser Patienten manchmal erfüllt, mit wechselndem Erfolg, den Michael Balint durch seine Differenzierung zwischen gutartigen und bösartigen Formen der Regression auf präverbale Stadien der Kindheits-

zißtischen Störungen wird nun dadurch kompliziert, daß dieser Sicherheit gewährende Reizschutz durch die Primärgruppe in zwei antagonistischen Formen inadäquat sein kann:

1. Die Primärgruppe wendet sich von den emotionalen Bedürfnissen des Kindes weitgehend oder vollständig ab. Sie ist gleichgültig, desinteressiert, die Belastungen der Realität treffen ungemildert auf den seelischen Apparat des Kindes. Es scheint zu den typischen evolutionären Folgen des Schritts zu der hochempfindlichen, differenzierten und auf eine langfristige Entwicklung angewiesenen Verhaltenssteuerung von Primaten zu gehören, daß diese Steuerung nur dann volle Funktionstüchtigkeit erreicht, wenn die ältere Generation in der Primärgruppe als Vermittler fungiert. Das Kind kann weit besser an der durch das Objekt vermittelten Realität die Umwelt kennenlernen als durch unmittelbare Auseinandersetzung allein, die seine hochempfindlichen Reizaufnahmeapparate überfordert. Ein Extrembeispiel ist hier der psychische Hospitalismus. Isolation unter einförmigen, monotonen Bedingungen in einem Heim führt zu verzögerter Entwicklung, motorischen Stereotypien und späteren Ausfällen im Sozialverhalten, z.B. im Sinne einer »gemütslosen Psychopathie«. Die Parallelen in der Reaktion auf solche Traumen

entwicklung zu erklären versuchte. Eine weitere Grenze dieser Bedürfnisbefriedigung liegt darin, daß die Regression ja niemals vollständig ist, sondern immer auch spätere (z.B. genitale, phallische, anale) Entwicklungspositionen besetzt bleiben. Daher ist die präverbale »Sprache« des Analytikers auch niemals so eindeutig wie die präverbale »Sprache« zwischen dem Kind und der Bezugsperson. Für ein Kleinkind ist z.B. eine Umarmung etwas viel Eindeutigeres als für den regredierten Patienten, bei dem sich über die spezifisch »narzißtische« Bedeutung – ethologisch gesehen, die Befriedigung des Anklammerungs- und Kontaktbedürfnisses und damit die Gewährung von Reizschutz, Angstbefreiung und Sicherheit – viele andere Bedeutungen gelegt haben, u.a. genital-sexuelle. An dieser Stelle wird vielleicht auch deutlicher, warum Balint die »Arglosigkeit« der (in Übertragung und Gegenübertragung gespielten) Beziehung zum tief regredierten Patienten als Kriterium dafür nennt, daß teilweise über die analytische Abstinenz hinaus Bedürfnisse der Patienten befriedigt werden. Arglosigkeit heißt ja auch, eine Kommunikation so zu nehmen, wie sie gegeben wurde. Um ein Beispiel Balints aufzugreifen: Die arglose, tief regredierte Patientin wird zufrieden sein und weiterarbeiten, wenn sie in besonders angsterfüllten Phasen der Analyse einen Finger des Analytikers halten darf (wie ein zweijähriges Kind, das mit der Mutter spazieren geht). Im Fall der bösartigen Regression gewinnt dieser Finger aber zusätzlich noch andere Bedeutungen, z.B. die eines phallischen Symbols; hier gilt das Sprichwort: Wer dem Teufel den kleinen Finger reicht, den packt er ganz und gar. Die Befriedigung der Bedürfnisse des Patienten steigert in diesem Fall nicht seine Bereitschaft, innerhalb des analytischen Arbeitsbündnisses weiterzuarbeiten, sondern seine unersättlichen oralen Ansprüche – der Appetit kommt mit dem Essen. Vgl. M. Balint, Therapeutische Aspekte der Regression, Stuttgart 1971

sind bei nichtmenschlichen Primaten sehr deutlich. Im allgemeinen hat man den Eindruck, daß die Betroffenen – vor allem die Hospitalismus-Geschädigten – schwerwiegende Einbußen in der Fähigkeit erlitten haben, sich einfühlend auf andere Menschen einzustellen und mit ihnen zu empfinden. Ein Extrembeispiel dieser Unfähigkeit zum Mitleid ist die »moral insanity«, die »gemütslose Psychopathie«, die man früher für angeboren hielt, während sich heute ihre Betrachtung als narzißtische Persönlichkeitsstörung mehr und mehr durchsetzt. In weniger schweren Fällen bleibt doch die Unfähigkeit, sich zu freuen, ebenso auffällig wie eine bestimmte Taktlosigkeit und plump-anhängliche Geschwätzigkeit. Der Mangel an Einfühlung und Verständnis in der Umwelt hat, verbunden mit den heftigen, ungemilderten Reizen auf den kindlichen Wahrnehmungsapparat, dazu geführt, daß die Fähigkeiten zur einfühlenden und mitfühlenden Wahrnehmung anderer Menschen als Mittler zwischen dem Ich und der Wirklichkeit abstumpften und verkümmerten, ähnlich einem Muskel, der durch Inaktivität atrophiert. Die plump-vertrauliche, aufdringliche und taktlose Kontaktnahme erweist sich dann als sekundäre Kompensation. Die komplizierten Folgen der Beraubung des Kindes von einer individuell reagierenden Primärgruppe (in der älteren Literatur, z.B. bei Bowlby noch vereinfachend »maternal deprivation[54]«) können hier nur in knappen Umrissen gezeichnet werden, wobei vor allem der evolutionstheoretische Aspekt herausgehoben wurde.

2. Erheblich schwieriger zu fassen und nur in ihren allgemeinsten Formen zu skizzieren sind jene Formen narzißtischer Traumatisierung, bei denen nicht der Mangel, sondern die Deformation des Reizschutzes den kindlichen Organismus überfordert. Statt dem Kind die Realität zu vermitteln und ihm auf diese Weise später ein selbständiges Leben zu ermöglichen, wird es in diesem Fall gezwungen, in den verzerrten, ihrerseits auf einer Störung des narzißtischen Gleichgewichts beruhenden Beziehungen zur Primärgruppe die Lebenswirklichkeit zu sehen.

Die klinische Erfahrung zeigt, daß solche eher auf qualitativen Veränderungen als auf einem quantitativen Defizit beruhenden Einflüsse der Primärgruppe häufig die Realitätsorientierung noch viel eingreifender stören als die fehlende individuelle Zuwendung. Margaret Mahler[55] hat auf die erstaunliche Fähigkeit

[54] J. Bowlby, Maternal Care and Mental Health, Genf 1951. – Ders.: Über das Wesen der Mutter-Kind-Bindung, Psyche 13, 1959, S. 415

[55] M. Mahler, Symbiose und Individuation, Stuttgart 1972

von isolierten, schwer depressiven Säuglingen hingewiesen, die wieder genasen, sobald sie eine ansprechende Bezugsperson wiederfanden. Sie beschreibt, wie Heimkinder jeden Tropfen menschlicher Anregung, emotionalen »Nährstoffs« aus der Umwelt aufsaugen und verwerten. Anna Freud und Sophia Dann[56] haben Kinder beobachtet, die ihre ersten Lebensjahre in Konzentrationslagern verbrachten. Ihrer Mütter beraubt, ständig von neuen Menschen betreut, die wieder verschwanden und immer unter dem Druck des Terrors standen, waren diese Kinder sicherlich außerstande, sich in der symbiotischen Geborgenheit einer intakten Primärgruppe zu entwickeln. Doch sie bildeten enge Beziehungen untereinander; keines litt an einer kindlichen Psychose.

Die schwerwiegendsten Deformierungen der Fähigkeit zu Objektbeziehungen treten offensichtlich nicht durch einen Mangel, sondern durch eine Verzerrung der Unterstützung auf, welche die Primärgruppe der Ich-Entwicklung vermitteln kann. In diesen Fällen wird die Primärgruppe aus einer schützenden, die Realitätsbewältigung erleichternden Matrix zu einer Pseudo-Realität, die vom Kind verlangt – bewußt und öfter unbewußt –, mitzuspielen und jene Lücken zu schließen, die allenfalls durch die mangelnde Bewältigung der Realität durch die Primärgruppe offen blieben. Horst Eberhard Richter[57] spricht hier von den »narzißtischen Projektionen« auf das Kind, Maud Mannoni[58] schildert ebenso wie Mahler[59] die pathogene Symbiose zwischen Mutter und Kind. Die Mutter (zu sehen als Organ der Primärgruppe) ist unfähig, das Kind aus einer Beziehung zu entlassen, die es zum Spielball ihrer Launen, zur Puppe ihrer narzißtischen Phantasien, zum Objekt ihrer unbewußten Bedürfnisse macht. Die Eltern sind dabei nur Glieder einer Ursachenkette. Sie reichen die beschädigten Objektbeziehungen weiter, die sie ihrerseits von ihren Primärgruppen erfuhren. Weil die Beziehungen der Eltern narzißtisch gestört sind, weil in ihnen unrealistische Idealisierungsbedürfnisse ebenso fortleben wie archaische Verschmelzungswünsche, können auch die narzißtischen Bedürfnisse des Kindes nicht befriedigt werden, scheitert die Symbiose zwischen der Primärgruppe und dem Kind. Sie kommt entweder

[56] A. Freud/S. Dann, An Experiment in Group Upbringing, Psychoanal. Study of the Child 6, 1951, S. 127
[57] H. E. Richter, Eltern, Kind und Neurose, Stuttgart 1963
[58] M. Mannoni, Das zurückgebliebene Kind und seine Mutter, Olten 1972
[59] M. Mahler, Symbiose und Individuation, Stuttgart 1972

gar nicht zustande, oder sie wird nicht zur Brücke, sondern zum Gefängnis. Das Kind wird in der Symbiose festgehalten, es paßt sich an die Primärgruppe, nicht an die Realität an, und antwortet mit einem neurotischen oder psychotischen Zusammenbruch, wenn z. B. seine Unfähigkeit deutlicher wird, die eigenen, nicht im Kontakt mit der Realität allmählich differenzierten narzißtischen Phantasien und Idealbilder mit der sozialen Wirklichkeit zu vereinbaren. Dieser Konflikt kann sich in allen wesentlichen Bereichen des Lebens abspielen; er hat einen Leistungsaspekt (die Krise wird dann z. B. durch das Abitur ausgelöst) und einen sozialen bzw. sexuellen Aspekt (die »erste Liebe« als Auslöser einer Krisen-Reaktion). Hier ein Überblick narzißtischer Deformierungen der emotionalen Grundmuster in sozialen Beziehungen.

1. *Unverbindlichkeit.* Die narzißtische Schädigung führt dazu, daß ein schwer durchschaubares Gemisch von Abhängigkeit und Unverbindlichkeit in bezug auf dasselbe Objekt entsteht. Ein Patient berichtet, er habe seine Mutter nie ernst genommen, seit er denken könne. Auch seine Frau sei hysterisch, er nehme sie nicht ernst, man könne das gar nicht. Als sie in den ersten Ehejahren schier verzweifelte und oft weinte, floh er aus dem gemeinsamen Schlafzimmer und setzte sich in einen Winkel, um Zeitung zu lesen. Dennoch brauchte er seine Frau, weil er das Gefühl hatte, daß sie um ihn besorgt sei. (Die entsprechende Kindheitserinnerung: Als er einmal beim Baden fast ertrunken wäre, begrüßte ihn die Mutter nachher, als ob sich nichts ereignet hätte.) Dieser Mann – übrigens ein begeisterter Segler – brauchte seine Frau auf einer sehr archaischen Stufe, als tragendes Element, das nicht in ihn eindringen, keine persönlichen Gefühle und Reaktionen von ihm verlangen durfte. Die Primärgruppe hatte seine Gefühlsäußerungen nie akzeptiert. Dort mußte er stets wohlerzogen in gebildeter Ausdrucksweise angemessene Konversation treiben. (Es ist oft so, daß sich diese Menschen nicht oder kaum an Strafen erinnern können; das gefühlsbetonte Verhalten war einfach »unmöglich«.) Im Nicht-Ernstnehmen der Gefühle seiner Frau steckte also auch ein Stück Identifizierung mit dem Aggressor, ein Versuch, die passiv erlittene narzißtische Kränkung, das schmerzhafte Versagen der Primärgruppe, welche die Gefühle des Kindes nicht mittragen und bewältigen half, in Aktivität zu verwandeln – in jene Gleichgültigkeit, jenes Nicht-Ernstnehmen der »hysterischen« Frau, die auf der anderen Seite die Beziehung zu ihr gefährdeten. Drohte aber diese

Beziehung zu zerbrechen, dann reagierte er mit heftigen Depressionen und selbstzerstörerischem Verhalten (er riß sich z. B. Hautfetzen aus den Füßen, bis er kaum mehr gehen konnte, oder fuhr sehr aggressiv Auto).

2. *Abhängigkeit.* Der Mensch ist, evolutionstheoretisch gesehen, ein »Gruppentier«. Das manchmal auch von Psychotherapeuten vertretene Ideal des vollständig abgegrenzten, ganz unabhängigen Individuums scheint eine lebensferne Konstruktion mit sozialgeschichtlich abgrenzbarer ideologischer Komponente. Von Kindheit an ist *ein* Mensch eigentlich *kein* Mensch; das evolutionstheoretische Modell der Ich-Entwicklung sieht in der individuellen Verhaltenssteuerung eine Fortsetzung der bewußten und unbewußten Dynamik der Primärgruppe, eine Struktur, die sich aus Introjektionen, Identifikationen, Projektionen und den gruppendynamischen Reaktionen auf sie in zahllosen kleinen Lernschritten aufbaut, wobei ein wechselnd großer Anteil des Entwicklungspotentials (d. h. der genetischen Ausgangsbasis) auf verschiedenen Stadien von der weiteren Entwicklung ausgeschlossen wird und das Es bildet. Daher ist Unabhängigkeit eine Illusion; das Menschliche erweist sich immer nur in der Interaktion mit anderen Menschen.

Vor diesem Hintergrund der existentiellen, biologisch begründeten Abhängigkeit der Menschen untereinander ist das Problem der Abhängigkeit auf Grund einer frühen, im narzißtischen Bereich[60] wurzelnden Schädigung der Objektbeziehungen zu sehen. In diesen Fällen wurde die kindliche Symbiose mit den Bezugspersonen nicht durch allmähliche Schritte der Distanzierung und des Aufbaus neuer, über die Primärgruppe hinausreichender Beziehungen in immer reifere Formen der wechselseitigen Abhängigkeit übergeführt. Diese Symbiose verharrte übermäßig lange im Stadium der durch einen »Gummizaun« von der Realität getrennten »Pseudogemeinschaft«[61].

Die entstehende Abhängigkeit hat mit den zwischen dem Selbst und anderen Menschen erlebten Grenzen zu tun. Sie scheinen bald unüberwindlich, bald gefährlich weit offen. Deshalb

[60] Um das Verständnis zu erleichtern, sei hier die Definition von »Narzißmus« wiederholt: Es handelt sich um das Entwicklungsschicksal des kindlichen Bedürfnisses nach Sicherheit, Reizschutz und soziokultureller Formung, das sich in den frühesten Stadien der Entwicklung als Kontaktbedürfnis, Bedürfnis nach Verschmelzung mit einem freundlichen Menschen und bestätigendem Widerspiegeln der eigenen Existenz in der Primärgruppe ausdrückt.

[61] Lyman C. Wynne, Maintenance of Stereotype Roles in the Family of Schizophrenics, Archives of General Psychiatry I, 1969, S. 109–114

werden neue Beziehungen teils als unmöglich, teils als bedrohlich empfunden. Da das Kontaktbedürfnis aber fortbesteht, macht sich der Betroffene von dem einmal gefundenen Objekt abhängig; er wird unfähig, sich ein Leben ohne es vorzustellen und reagiert auf reale oder imaginäre Zeichen eines drohenden Verlustes mit panischer Angst auf der einen, wütender Aggression auf der anderen Seite.

Die Angst, keine neuen Partner zu finden, und die Angst vor neuen Partnern stehen also hinter der krankhaften Abhängigkeit des narzißtisch Geschädigten. Die erste Angst beruht darauf, daß die Neugieraktivität in bezug auf andere Menschen von der Primärgruppe nicht bestätigend widergespiegelt und getragen, sondern nicht erlebt oder sogar abgelehnt wurde. Ein Patient war als Kriegswaise von einer hochintelligenten, isoliert mit ihren Büchern und wissenschaftlichen Interessen lebenden Mutter erzogen worden, die nach dem Tod ihres Mannes keine neuen Beziehungen mehr anknüpfte, den Kindern jedoch viel Freiheit ließ. Nach unbefriedigenden Versuchen, eine Partnerin zu finden, band er sich an eine etwas ältere, psychisch schwerkranke Frau, welche den entgegengesetzten Typus einer narzißtischen Störung ihrer Objektbeziehungen aufwies. Sie war, ebenfalls Halbwaise, zusammen mit einer überemotionalen Mutter aufgewachsen, welche das Kind symbiotisch an sich fesselte und ihm noch im Erwachsenenalter die meisten Entscheidungen abnahm.

Das Schicksal dieser Beziehung zeigte die unterschiedlichen Reaktionen auf die narzißtische Schädigung. Die Ehe ging mehrere Jahre gut, wobei das Paar einen sehr eigenwilligen symbiotischen Lebensstil entwickelte. Längere Auslandsaufenthalte führten zu intensiver Gemeinsamkeit, aber auch dazu, daß alle Beziehungen außerhalb der Ehe immer wieder unterbrochen wurden. Die früher bei der Frau in häufigeren Abständen auftretenden psychotischen Reaktionen hörten auf: fast fünf Jahre blieb sie stabil. Die Erklärung ist wohl darin zu suchen, daß die Beziehung zu dem seinerseits kontaktschwachen, aber relativ ichstarken und leistungsfähigen Mann auf einer etwas gereifteren Stufe eine Wiederholung der Symbiose mit der Mutter ermöglichte, während der Mann in seiner Frau einen Hafen für seine wenig entwickelte Emotionalität, seine phallischen und genitalen Bedürfnisse fand, die sich in der Beziehung zu der puritanischen, leistungsorientierten Mutter nicht entwickeln konnten. Durch die Über-Emotionalität der Partnerin wurde diese Unter-Entwicklung zum Positivum; sie hatte »Gefühl genug für zwei«. So wurde es eine Beziehung, in der jeder Partner durch den anderen seine narzißtischen Defekte ausgleichen konnte, ohne sie sich bewußt zu machen und an ihrer Bewältigung zu arbeiten. Jeder konnte sich als ganzer Mensch fühlen – er als ganzer Mann, der ein schwieriges Leben bewältigte, sie als ganze Frau, die ein Kind erzog und den Haushalt führte. Beide halfen sich gegenseitig, ihre Beziehung zu idealisieren, die realen Mängel zu vertuschen und sich in der splendid isolation wechselseitiger, nur unterschwellig ambivalent getönter narzißtischer Idealisierung zurückzuziehen.

In einer solchen Abhängigkeitsbeziehung haben Konflikte keinen Platz. Sie können nur ausgeklammert und verdrängt, nicht aber bearbeitet werden. In ihr besteht der Anspruch auf vollständige Harmonie (»wenn wir uns lieben, dürfen wir doch nicht streiten«) und einander bescheinigte Vollkommenheit. Dieser Charakter der Beziehung führt dazu, daß sie sich nicht verändern kann, ohne ihre Existenz aufs Spiel zu setzen. Es stehen sich ja nicht zwei abgegrenzte Partner gegenüber, sondern zwei unvollständige Wesen, die gegenseitig ihre narzißtischen Wunden schließen und verdecken, die beim Scheitern der Beziehung in ihrer ganzen, empfindlichen Oberfläche wieder bloßliegen würden. Ihre Funktionsfähigkeit ist deshalb daran gebunden, daß die Situation und die Persönlichkeiten der Beteiligten konstant bleiben (das reicht bis ins Physische: in symbiotischen Elternbeziehungen lebende Personen behalten oft bis in die Lebensmitte ein kindliches Aussehen, sie scheinen nicht zu altern).

Im günstigen Fall bleibt das narzißtische Gleichgewicht in einer solchen Abhängigkeitsbeziehung bis zu einem natürlichen Ende erhalten, wie es z.B. der Tod eines Partners darstellt. Oft aber wird es durch aufkommende Konflikte gestört. Die Ambivalenz entlädt sich dann in wütenden, zerfleischenden Anklagen[62]. Es kommt zu dem typischen Bild der Partner, die nicht miteinander sein können und nicht ohne einander, die sich gegenseitig wüst beschimpfen und zerstörerisch kritisieren, jedoch unfähig sind, sich voneinander zu lösen. Die fehlende Fähigkeit, Konflikte konstruktiv zu lösen, die ja voraussetzt, daß die Partner sich voneinander abgrenzen, einander als getrennte Wesen erleben können, führt nun dazu, daß die Gefühle von Haß, Wut und Abscheu, die Neigung, immer alle Mängel der Beziehung auf den Partner zu projizieren, nicht bearbeitet werden können.

[62] Ein klassisches literarisches Beispiel ist das Theaterstück ›Wer hat Angst vor Virginia Woolf?‹ von E. Albee.

In dem eingangs als Beispiel beschriebenen Fall litt der Mann später darunter, daß seine Frau jeden Tag mit denselben depressiven Klagen begann, die sie am Abend vorher versprochen hatte künftig nicht mehr zu äußern. Die Spannungen konnten nicht bewältigt, sondern nur immer wiederholt werden; ihre Ursache lag darin, daß sich der Mann mehr und mehr abgrenzte, neue Aufgaben und Bekanntschaften suchte, während die Frau darin nur Gefahren für die symbiotische Beziehung sah. Die depressiven Klagen sollten als ständiges Signal dazu dienen, die Symbiose wieder herzustellen. Andererseits trieb sie damit ihren Mann mehr und mehr von sich fort, bis er eine andere Partnerin fand und mit diesem Rückhalt endlich soweit kam, sich von ihr zu trennen. Sie reagierte mit einem Selbstmordversuch und einer schweren psychotischen Phase. Durch den Zusammenbruch der symbiotischen Beziehung zum Ehemann war mit einem Schlag die kindlich-symbiotische Beziehung zu ihrer Mutter wiederhergestellt, die sie während der Ehe heftig abgelehnt und immer wieder mit offenen Todeswünschen bedacht hatte. Für den Mann hingegen bedeutete die neue Beziehung zu seiner Freundin ein weiteres Stück Distanzierung von seiner Mutter, zu der er immer freundschaftliche, mehr intellektuell getönte Beziehungen unterhalten hatte.

Mit heftiger Abhängigkeit verbundene Objektbeziehungen können darauf beruhen, daß ein Mensch fürchtet, keine neuen Objekte zu finden (weil ihn die Primärgruppe nicht in diesem Bereich sozialer Neugieraktivität unterstützt hat). Eine andere Ursache ist, daß er glaubt, von diesen Objekten verschlungen zu werden, und sich deshalb vor ihnen zurückzieht. Obschon es ihm primär nicht schwer fällt, neue Kontakte anzuknüpfen, kann er sie nicht vertiefen. Dabei entspricht die Partnerwahl oft schon dem Grundkonflikt, dessen Unbewußtheit sich darin ausdrückt, daß nur die Eigenart des Partners als »Problem« erlebt wird. Nach der gescheiterten Ehe mit einer hysterischen Frau, die ihn zugleich verschlang und betrog, zeigte ein zwanghaft kontrollierter, schizoider Patient in seinen Kontakten mit Frauen die Suche nach einem Distanz-Gleichgewicht sehr deutlich. Um eine Partnerin, bei der er spürte, daß sie nur oberflächlich mit ihm zu tun haben wollte, warb er intensiv, während er einer anderen Bekannten, die ihm ihre Sympathie deutlich zu verstehen gab, kühl und ablehnend begegnete, sobald er ihren Anspruch deutlicher erkannte.

Dieses Verhaltensschema – man mag sich an den Carmen-Vers

erinnern: »Die Liebe vom Zigeuner stammt – liebst Du mich nicht, bin ich entbrannt« – findet sich im Rahmen narzißtisch gestörter Beziehungen sehr häufig. Diesen Menschen fällt es leicht, einen »anziehenden« ersten Eindruck zu machen. Doch sobald sie spüren, daß ein anderer auf sie zugeht, stoßen sie ihn zurück. Objektbeziehungen mit »eingebauter Distanzsicherung« sind häufig auch die Kontakte zu verheirateten Partnern. Um sich vor einem symbiotischen Sog zu schützen, wird immer wieder eine letzten Endes unbefriedigende Situation arrangiert.

Im Zwang, Beziehungen zu beenden, sobald sie tiefere emotionale Bindungen fordern, drückt sich oft die gerade für den Bereich der narzißtischen Störungen typische Neigung aus, einst passiv Erlittenes in Aktivität umzuwandeln. Die Situation des in seinen Bindungs- und Gefühlsansprüchen durch eine erfahrungsunfähige Primärgruppe enttäuschten Kindes muß nicht noch einmal erleiden, wer sie aktiv herbeiführt und den Partner verläßt. Eine bedrohliche, die instabilen Grenzen des Ich in Frage stellende Bindung und den Schmerz der durch die Bindungsangst erzwungenen Trennung vermeidet, wer sich vollständig isoliert. In diesen Bereich gehören die »schizoiden Persönlichkeiten« mit ihrer Kontakt-Abstinenz und ihren oft ausgeprägten geistigen Interessen.

Eine andere Möglichkeit liegt darin, Partner zu suchen, bei denen eine stabile Beziehung ausgeschlossen ist. Wiederholte Bekanntschaften mit Andersrassigen drückten in einem von mir beobachteten Fall einerseits einen Protest gegen die konservativen Normen der Primärgruppe, andrerseits aber auch den Schutz vor emotionalem Engagement aus, der sich in der vollständigen Austauschbarkeit dieser Partner zeigte.

3. *Idealisierung und narzißtische Objektwahl.* Freud hat zwischen der Objektwahl vom »Anlehnungstyp« (»ich liebe dich, weil du wie meine nährende Mutter, wie mein schützender Vater bist«) und der Objektwahl nach dem »narzißtischen Typ« unterschieden (»ich liebe dich, weil du bist, wie ich sein möchte«). Bei der letzten tritt das idealisierte Sexualobjekt in eine Hilfsbeziehung zum Ich-Ideal und wird zur Ersatzbefriedigung verwendet, um einen Zustand narzißtischer Bedürftigkeit zu überwinden. Elemente dieser Objektwahl finden sich durchaus auch in normalen, stabilen Beziehungen. Der Mann liebt sein narzißtisches Ideal von Schönheit und gefühlvoller Hingabe in der Partnerin, während sie in ihm jene männlichen Züge des eigenen Ich-Ideals wiederfindet, die sie nicht in ihre soziale Identität integrieren

konnte. Man kann verschiedene Formen der narzißtischen Objektwahl unterscheiden[63]:

a) Extreme Hörigkeit gegenüber einem als großartig, übermächtig und bewundernswert empfundenen Partner, der die Merkmale eines väterlichen oder mütterlichen Ich-Ideals aufweist. Angestrebt wird die Verschmelzung mit diesem Partner (besonders deutlich während des Koitus); die Problematik solcher Beziehungen liegt darin, daß an sich kein Mensch den großartigen Idealvorstellungen von einem omnipotenten Partner entsprechen kann. Deshalb muß alles verleugnet werden, was ihn verkleinern könnte. Die notwendigen Gegenbesetzungen kosten viel Energie; desgleichen die Abwehr der aggressiven, neidvollen Tendenzen gegen einen Menschen, der gerade das besitzt, was ursprünglich selbst angestrebt wurde.

In einem von mir beobachteten Fall entwickelte eine Frau, als der idealisierte Partner in der Kriegs- und Nachkriegszeit ausfiel, selbst erstaunliche Aktivität und baute einen kleinen Heimindustriebetrieb auf. Sie gab ihn jedoch sofort auf, als der Partner zurückkehrte, und paßte sich ganz seinen Bedürfnissen an. In anderen Bereichen durchaus selbstkritisch und realitätsorientiert, neigte sie zur Überschätzung der Bedeutung des Partners. Sie konzentrierte sich ganz auf seine Wünsche (so pflegte sie ihre Freundinnen, die sie besuchten, wegzuschicken, ehe der Mann nach Hause kam). Als er starb, verwandelte sie sich wieder in eine sehr aktive, erfolgreiche Geschäftsfrau. Ihre Trauerzeit erleichterte sie sich durch die Abfassung eines Filmdrehbuchs, in dem die menschliche und politische Bedeutung ihres Mannes (des Bürgermeisters einer Kleinstadt) zu grandiosen Dimensionen aufgebläht wurde.

b) Flüchtige Verliebtheit vom »als ob«-Typus. Im Gegensatz zu den unterwürfig-hörigen Menschen, die oft ihr ganzes Leben lang an einem Objekt hängen, gelingt es anderen nicht, die Ambivalenz zu dem idealisierten Objekt auf die Dauer zu unterdrükken. Sie zeigen zunächst dieselbe Überschätzung eines vergötterten Liebesobjektes, an das sie sich vollständig angleichen und dessen Interessen, Werte, politischen Ideale sie übernehmen. Aber nach kurzer Zeit wird das Objekt mit einem Schlag wertlos, es wird wie eine heiße Kartoffel fallen gelassen. Parallel dazu erlebt der Betroffene eine Depression; er fühlt sich entwürdigt

[63] Vgl. A. Reich, Narzißtische Objektwahl bei Frauen, Psyche 27, 1973, S. 928–949

und sucht diese Situation dadurch zu überwinden, daß er ein neues, grandioses Objekt sucht[64]. Diese Pseudohingabe hat ihren Grund darin, daß die Objektbeziehungen in der Kindheit scheiterten und offensichtlich nur über primitive Formen des Nachahmens, der Identifizierung, ein Kontakt zu anderen Menschen möglich ist. Die rasch wechselnden Identifizierungen haben daneben noch die Aufgabe, Enttäuschungen und ein schwankendes Selbstwertgefühl ungeschehen zu machen.

Identifikation – stammesgeschichtlich gesehen das genetisch vorprogrammierte Nachahmungsverhalten, das phänomenologisch einer einfühlenden Verschmelzung mit einer Bezugsperson entspricht – ist älter als Objektliebe, die eine Trennung von Selbst und Außenwelt, von Ich und Du voraussetzt. Die Als-ob-Persönlichkeiten, die je nach ihrer Bezugsperson fanatische Kommunisten, gläubige Katholiken oder vergnügungssüchtige Playgirls sein können, regredieren auf die Stufe des Kleinkindes, das im Rollenspiel durch wechselnde, flüchtige Identifikationen versucht, sich mit einer Umwelt vertrauter zu machen, die es ängstigt und fasziniert. In einem von Annie Reich geschilderten Fall war die Als-ob-Persönlichkeit einer Frau durch die Beziehung ihrer Mutter geformt worden. Diese brachte ihre Familie mit allen Mitteln zu der Überzeugung, sie selbst sei die eleganteste, eindrucksvollste und großartigste Person auf der Welt. Um sich selbst zu erhöhen, kritisierte sie das Kind auf der einen Seite ständig, auf der anderen leitete sie es intensiv an, als hübsches jüngeres Selbst der Mutter die Aufmerksamkeit und Bewunderung anderer Menschen zu gewinnen (so schickte die Mutter es in einem Alter von drei Jahren zum Schauspielunterricht).

Erwachsen, legte diese Tochter dann größten Wert darauf, so zu sein, wie man sie haben wollte – ein Pullover, der Besuch eines Nachtlokals genügten, um sie zur »Sportlerin«, zum »Vamp« usw. werden zu lassen. Ihre Objektbeziehungen waren ähnlich. Als sie einen Physiker kennenlernte, wurde sie zur erfahrenen Wissenschaftlerin, als Freundin eines Engländers zur geborenen

[64] In der Alltagssprache und auch im klinischen Jargon nennt man solche Menschen manchmal »hysterisch«; Helene Deutsch sprach von einer »Als-ob-Persönlichkeit«. Vgl. A. Reich, Narzißtische Objektwahl bei Frauen, Psyche 27, 1973, S. 937f. – H. Deutsch, Some Forms of Emotional Disturbance and their Relationship to Schizophrenia, Psychoanal. Quart. II, 1942, S. 301–321

Das männliche Gegenstück zu den von A. Reich geschilderten Patienten wäre der Don-Juan-Typ, der immer die Frauen idolisiert, die er noch nicht »gehabt« hat. Er tritt zu den Partnern nicht in eine genitale, auf Austausch und Gegenseitigkeit beruhende Beziehung, sondern konsumiert, verbraucht sie prägenital – oral.

britischen Aristokratin. Immer verließ sie ihre Bekannten sofort, wenn irgend jemand Kritik an ihnen äußerte. Die Analyse zeigte, daß sie ihre Liebhaber im Grunde suchte, um ihre Mutter durch deren Grandiosität zu beeindrucken. Sie war aber nicht fähig gewesen, ein unabhängiges Über-Ich zu entwickeln; daher ließ sie ihre Freunde fallen, sobald diese kritisiert wurden, und fühlte sich mit ihnen entwertet.

Einen grundlegenden Einwand gegen die Annahme des Es als primärem Ausgangspunkt der seelischen Entwicklung hat Freud bereits vorweggenommen. »Es wird mit Recht eingewendet werden«, sagt er, »daß eine solche Organisation, die dem Lustprinzip frönt und die Realität der Außenwelt vernachlässigt, sich nicht die kürzeste Zeit am Leben erhalten könnte, so daß sie überhaupt nicht hätte entstehen können. Die Verwendung einer derartigen Fiktion rechtfertigt sich aber durch die Bemerkung, daß der Säugling, wenn man nur die Mutterpflege hinzunimmt, ein solches psychisches System nahezu realisiert[1].«

Freud stand hier dicht vor der Entdeckung, daß die Ich-Entwicklung ein Gruppenprozeß ist. Doch blieb er bei der Annahme, daß der Säugling vollständig passiv bleibt und nur Wünsche hat. Die ethologische Forschung an Säuglingen (vgl. S. 43ff.) hat demgegenüber gezeigt, daß das Neugeborene eine Reihe primär angepaßter Reaktionen besitzt, die sich auf eine Mutterfigur beziehen. Der Säugling verhält sich also nicht nur dem Lustprinzip gemäß primärprozeßhaft, sondern auch realistisch und adaptiv.

An der Unterscheidung von Primär- und Sekundärvorgängen bei Freud läßt sich das Dilemma wieder aufzeigen, zu dem seine Zurückverlegung des Es an den Anfang der seelischen Entwicklung führte. So mußte die Frage nach dem Ursprung des Ich offenbleiben, weil es nicht vorstellbar ist, wie ein chaotisches Triebbündel die Außenwelt so verarbeiten kann, daß es durch sie Organisation gewinnt. Freuds Auffassungen über die beiden Prinzipien des seelischen Geschehens lassen sich kurz skizzieren:

Primärvorgang:	*Sekundärvorgang:*
Älter	Jünger
Anfang der Entwicklung	Produkt der Entwicklung
Angeboren	Durch Auseinandersetzung mit der Realität erworben

[1] S. Freud, Formulierungen über die zwei Prinzipien des psychischen Geschehens, Ges. Werke VIII, S. 232

Primärvorgang:	*Sekundärvorgang:*
Traumbilder, Phantasien, wunscherfüllende Tagträume	Wortvorstellungen
Verdichtung, Verschiebung, Symbolik	Logik
Lustprinzip	Realitätsprinzip
Unvereinbare Strebungen bestehen nebeneinander	Kritische Prüfung durch »Probehandeln« (= Denken)
Abwesenheit des Nein	Ja und Nein
Halluzination	Wahrnehmung
Unbewußt	Vorbewußt-Bewußt
Es	Ich, Über-Ich

Freud glaubt, daß am Anfang das Chaos steht, aus dem sich unter dem Druck der Realität auf dem Weg über die Unlustvermeidung eine Ordnung bildet. Diese Vorstellung hängt mit seinen neo-lamarckistischen Gedanken zusammen; sie paßt zu den an erwachsenen Patienten mit ausgeprägten Ich-Grenzen und Zensur-Schranken gesammelten Beobachtungen, nicht aber zu unserem entwicklungspsychologischen Wissen und der evolutionstheoretischen Auffassung, wonach sich Organismen als ganze Systeme entwickeln. Es widerspricht dem Prinzip biologischen Wachstums, daß sich differenziertere Randzonen um einen undifferenzierten, archaisch bleibenden Kern legen. Die *gesamte* Organisation schreitet vielmehr von einfacheren zu komplexeren Stufen fort. Nach unserem Konzept der Ich-Psychologie können auf jeder dieser Stufen bestimmte Ich-Anteile aus der weiteren Entwicklung ausgeschlossen werden. Sie konstituieren dann das »Es«, sind unbewußt geworden, doch immer noch sehr unterschiedlich strukturiert.

Die Zuordnung zwischen bewußt und unbewußt – Sekundärvorgang und Primärvorgang gilt nicht durchweg, weil primärprozeßhafte Erlebnisweisen durchaus bewußt sein können, z.B. im Traum, im Spiel der Kinder oder auch in künstlerischen Produktionen. Das entscheidende Differenzierungsmerkmal scheint die diskursive Logik der Sekundärprozesse zu sein, welche durch ihre Verbindung mit Wortvorstellungen geschaffen wird. Mit Susanne Langer kann man die nicht-diskursiven Formen der Symbolik gegenüber den diskursiven (sekundärprozeßhaften) abgrenzen. Die nicht-diskursive Symbolik läßt sich bezeichnenderweise zunächst durch eine Negation definieren. Sie gehört eben einem Bereich an, dem man schwerlich mit Begriffen beikommt, in dem keine scharfen Grenzen möglich sind, keine Verallgemeinerung, keine Grammatik oder Syntax, keine festgelegten lexikalischen Bedeutungen. Sie steht außerhalb der »Tyrannei der Worte[2]«. Visuelle, taktile, ästhetische und Gehörvorstellungen werden in der Phantasie kombiniert, wobei die Bestandteile eher gleichzeitig als – wie eine Wortreihe – sukzessive auftreten und der Sinn der Elemente aus ihren unmittelbaren Bezügen zu anderen Elementen und nicht aus einer festgelegten lexikalischen Bedeutung abgeleitet werden kann.

Charles Rycroft[3] hat diese Unterscheidung von Langer (als deren Vorläufer man die Philosophen Bergson und Cassirer ebenso nennen muß wie den Begründer der allgemeinen Semantik, Alfred Korzybski) aufgegriffen. Er führte sie als Argument gegen die Auffassung Freuds an, daß Primärprozesse unbewußt seien, weil sie zugunsten der Anpassung verdrängt werden müßten. Primärprozesse sind ebenfalls adaptiv; wer das leugnet, übersieht die Bedeutung, welche Gefühle und Phantasien für die zwischenmenschlichen Beziehungen und damit für den wesentlichsten Aspekt der sozialen Anpassung spielen. So gesehen, sind die Sekundärprozesse »realistisch«, wenn es darum geht, sich auf einer diskursiven Ebene sachlich auf die Außenwelt zu beziehen, und die Primärprozesse »realistisch«, wenn es um die emotionalen, libidinösen Komponenten dieser Anpassung geht.

Rycroft ordnet die Sekundärprozesse der Selbsterhaltung, die Primärprozesse dem libidinösen Teil der Anpassung zu, womit er die erste Topik Freuds aufgreift (Libido und Ich-Triebe als antagonistische Motivation, die Art- und Selbsterhaltung bewirkt). Die Verdrängung ist nicht der erste Abwehrmechanismus. Freud selbst hat als frühere Formen, Unlust abzuwehren, Verleugnung und Projektion genannt (der Säugling erkennt nur die angenehmen Empfindungen als »Lust-Ich« an und verleugnet die unangenehmen, projiziert sie in die Umwelt). Diese Auffassung hat vor allem die britische psychoanalytische Schule aufgegriffen. Melanie Klein beschrieb als archaische Abwehrformen die Spaltung und die Projektion (die Mutter wird in eine »gute« und in eine »böse« Mutter aufgespalten, denen jeweils die Lust- und Unlust-Empfindungen zugeordnet werden). Spaltung, Verleugnung und Projektion machen den betroffenen psy-

[2] Vgl. S. Chase, The Tyranny of Words, New York 1938. – S. Langer, Philosophie auf neuem Wege, Frankfurt 1965

[3] Ch. Rycroft, Jenseits des Realitätsprinzips, Psyche 28, 1974, S. 342f.

chischen Inhalt oder Prozeß nicht notwendig unbewußt, sondern verleihen ihm lediglich die Qualität des nicht zum Selbst Gehörigen.

An dieser Stelle scheint es sinnvoll, noch einmal die These der evolutionstheoretischen Auffassung der Ich-Entwicklung zu unterstreichen, wonach es sich bei diesem Prozeß um kein individualistisch erklärbares Wachstum, sondern um einen gruppendynamischen Vorgang handelt. Die Entwicklung der Psychoanalyse hat sich dieser Auffassung immer mehr angenähert (weshalb Autoren, die durch eine sehr vereinfachte Darstellung der gruppendynamisch orientierten Ich-Psychologie gleich eine »neue Schule« begründen wollen, diesen omnipotenten Anspruch durch Preisgabe der wissenschaftsgeschichtlichen Realität und Verleugnung ihrer Quellen vertreten müssen[4]).

Von Sandor Ferenzcis Arbeit über die Sprachverwirrung zwischen Eltern und Kindern über Michael Balints Konzeption der primären Objektbezogenheit aller menschlichen Antriebe, von Melanie Klein, Fairbairn und Winnicott bis zu den amerikanischen Forschungen zur Familiendynamik, auf die schon öfter verwiesen wurde, sind die entscheidenden Einflüsse der Primärgruppe auf die Ich-Entwicklung immer wieder betont worden, hat man Introjektionen und Identifizierungen als Aufbaukategorien des Ich beschrieben. Die Evolutionstheorie bietet lediglich die Möglichkeit, gewissermaßen von der anderen Seite des Berges eine Bohrung zu legen, welche sich in der Mitte mit den psychoanalytisch erarbeiteten Einsichten treffen sollte.

Im Zusammenhang mit dem Schritt von den Primär- zu den Sekundärprozessen muß also festgehalten werden, daß beide Typen seelischen Geschehens von Anfang an objektbezogen, d.h. auf die Bedürfnisse eines gruppenlebenden Wesens ausgerichtet sind. Daher läßt sich auch *jeder* Abwehrmechanismus als Gruppenprozeß beschreiben – die Verleugnung und Spaltung ebenso wie die Verdrängung (Erlebnisverbot und Erfahrungsunfähigkeit der Gruppe), die Identifizierung mit dem Aggressor, die Verschiebung usw.

Wissenschaftliches Denken geht davon aus, daß die Sekundärprozesse vollkommen von den Primärvorgängen abgespalten sind. Die Beziehungen in der äußeren Realität müssen wahrgenommen werden, ohne daß emotionale Verzerrungen und unkontrollierte Phantasien Platz greifen. Die Psychoanalyse über-

[4] Vgl. die Behauptungen Günter Ammons, eine »Berliner Schule der Psychoanalyse« geschaffen zu haben.

nimmt dieses wissenschaftliche Denken, um zu beschreiben, was dieses Denken gerade ausklammert und verwirft: den Primärprozeß, den Traum, das Unbewußte, in dem die logischen Sätze vom Widerspruch nicht gelten und einander entgegengesetzte Wünsche nebeneinander fortbestehen können.

Ich habe die Entwicklung dieser Spaltung früher anhand der geschichtlichen Entwicklung der Mythendeutung rekonstruiert[5]. Auch hier zeigte sich, daß die Anfänge des wissenschaftlichen Denkens mit einer zunehmend rationalistischen Auffassung der Mythen zusammenfallen, von den alexandrinischen Gelehrten (z. B. Euhemeros) bis zur französischen Aufklärung. Auch in der Mythendeutung hat man sich die Frage gestellt, ob es richtig ist, im Mythos eine »Denkweise« zu sehen, die heute durch eine bessere, wissenschaftlichere ersetzt wurde. Diese Auffassung hat Walter F. Otto als typisch für den Menschen beschrieben, der den Zugang zum Mythos verloren hat, »nur noch aus sich selbst leben will und da natürlich der ganzen Öde dieser ›Existenz‹ gewahr wird. Das Zurücktreten des Mythos bedeutet ... seit jeher das Vordringen der Selbstbespiegelung, der Psychologie, der Psychoanalyse, sehr bedenklicher und gefährlicher Daseinshaltungen[6].« Man kann also den Mythos nicht aus einer Haltung heraus deuten, die ihn verloren, ja zerstört hat. Das Grundproblem liegt hier darin, daß der gelebte und damit »lebendige« Mythos keine Deutung benötigt, ja nicht einmal erlaubt, während der wissenschaftlich betrachtete und damit »tote« Mythos durch eben den Akt, der ihn tötete, kaum wiederbelebt und vollständig erfaßt werden kann.

Ganz ähnlich ist die Situation in dem Versuch der Psychoanalyse, mit Hilfe des Sekundärprozesses der Primärvorgänge habhaft zu werden. Man muß sich hier über den Annäherungscharakter psychoanalytischer Konzeptionen klar werden, die sich in diesem Punkt stark von den Hypothesen in Physik oder Chemie unterscheiden. »Der ›tote‹ Mythos, der ›verlorene‹ Mythos im Sinn der Religionsphänomenologie ist nicht ganz tot ... Teile von ihm leben noch, Teile, die wir rekonstruieren können. Aspekte, die wir auch in unserer Gesellschaft wiederfinden werden, Bedeutungen, die vielleicht nicht die wahre Bedeutung erfassen, ihr aber so nahe kommen, wie es nur möglich ist[7].«

[5] W. Schmidbauer, Mythos und Psychologie, Studium generale 22, 1969, S. 890–912. – Ders.: Mythos und Psychologie, München 1970

[6] W. F. Otto, Das Wort der Antike, Stuttgart 1962, S. 349

[7] W. Schmidbauer, Mythos und Psychologie, Studium generale 22, 1969, S. 895

Rycroft weist darauf hin, daß

1. Die Psychoanalyse ja gerade darauf beruht, daß die irrationalen Primärprozesse im menschlichen Seelenleben eine beherrschende Rolle spielen;

2. Freuds theoretische Werkzeuge entworfen wurden, um primärprozeßhaftes Denken in der Sprache der Sekundärvorgänge zu beschreiben, und

3. im Lauf der analytischen Therapie abgespaltene und verdrängte seelische Prozesse wieder dem Ich zugänglich gemacht werden sollen, indem sie in der Sprache der Sekundärprozesse »übersetzt« werden.

Diese Grundtendenz läßt sich nicht ganz einfach mit dem wissenschaftlichen Charakter der Psychoanalyse vereinigen, in dem die Primärvorgänge vom Standpunkt eines beobachtenden Ich gesehen werden, das nach dem »Muster des Wissenschaftlers bei der Arbeit« entworfen wurde[8]. Dieses Ich sieht sie als primitiv, irrational, unrealistisch, dem Selbst fremd und von außen kommend. Wo diese Auffassung preisgegeben wird, wie bei C. G. Jung, der die schöpferischen, positiven Seiten der Primärvorgänge betont hat, macht sich sogleich eine verwirrende Neigung zu Widersprüchen und Unklarheiten bemerkbar[9].

Heinz Hartmann, der führende Vertreter einer hochgradig abstrakten Ich-Psychologie, hat die Gefahren dieser Betrachtungsweise durchaus erkannt. In einer Arbeit über rationales und irrationales Handeln schreibt er, daß man von der Neurosenlehre her affektives Handeln oft als negatives Gegenbild zum Idealzustand hinstelle, während doch auf der anderen Seite gerade in den Affekten »die Triebkraft zur Bewältigung der Realität« enthalten sei und sie als Organisatoren an vielen Ich-Funktionen beteiligt seien. Gerade die schärfere Trennung von Ich und Es beim Erwachsenen, die ihm seine Fähigkeiten zur Veränderung der Umwelt durch Arbeit gibt, ist laut Hartmann geeignet, »die Realitätsfremdheit des Es zu steigern[10]«. Hartmann deutet hier den Gedanken einer wechselseitigen Einflußnahme von Ich und Es an, die über die Spannung von Triebwunsch und Abwehr hinausgeht.

[8] Ch. Rycroft, Jenseits des Realitätsprinzips, Psyche 28, 1974, S. 344

[9] W. Schmidbauer, Mythos und Psychologie, München 1970, S. 67f. (Kritik des Archetypus-Begriffes), sowie H. C. Balmer, Die Archetypentheorie von C. G. Jung – Eine Kritik, Berlin 1972

[10] H. Hartmann, Ich-Psychologie und Anpassungsproblem, Stuttgart 1960, S. 44

Rycroft faßt das Hartmannsche Dilemma so: Das theoretische Ideal des rationalen Handelns in der Ich-Psychologie entfremdet den Menschen den Quellen seiner Gefühle. In diesem Zusammenhang zitiert er den Aphorismus eines Psychoanalytikers: »Wir kommen als Wilde auf die Welt, erwerben Moral und werden stupide und unglücklich. Dann sterben wir[11].« Diese Auffassung unterscheidet sich von unserer evolutionstheoretisch orientierten Ich-Psychologie, nach der die angeborenen Ich-Anlagen des Menschen unbedingt auf kulturelle und symbolische Einflüsse angewiesen sind. Hartmann gerät in schwer überwindliche theoretische Schwierigkeiten, sobald er versucht, Kunst und Religion in sein ich-psychologisches Schema einzugliedern. Er sieht zwar durchaus, daß sie – wie der Mythos – die Funktion haben, Primär- und Sekundärvorgang, Affekt und Ratio zu integrieren, eine Synthese aus ihnen zu schaffen. Doch weil er diese in jenen »tieferen« Schichten der Psyche suchen muß, die dem Ich fremd sind, entwickelt Hartmann eine so widersprüchliche Konzeption wie die »regressive Anpassung«, den Umweg über das Archaische[12]. Jung, der seine Begriffe sehr unscharf läßt, entgeht durch seine (wie er selbst sagt) »gnostische« Ausdrucksweise diesem Widerspruch. Seine Archetypen sind einfach alles – emotionale Macht und geistige Struktur, leere Form und bildhafter Inhalt, Instinkt-Analogon und geistig-religiöse Gestalt[13].

Das Dilemma liegt hier offensichtlich darin, daß Freud als Wissenschaftler gezwungen war, eine Sprache zu benutzen, welche die Spaltung zwischen Primär- und Sekundärvorgang voraussetzt, um seine Vorstellungen, wie man diese überwinden könne, wirksam vorzubringen. Die Spaltung hat einen Doppelaspekt. Einerseits verkörpert sie einen Abwehrmechanismus; emotional-affektive Komponenten der Anpassung, deren Integration ins Ich für eine umfassende Selbstverwirklichung[14] notwendig sind, werden von der weiteren Entwicklung ausgeschlos-

[11] Ch. Rycroft, Jenseits des Realitätsprinzips, Psyche 28, 1974, S. 345. – M. D. Eder, The Myth of Progress, London 1945

[12] H. Hartmann, Ich-Psychologie und Anpassungsproblem, Stuttgart 1960, S. 65–67; Ch. Rycroft, Jenseits des Realitätsprinzips, Psyche 28, 1974, S. 345f.

[13] Belege dazu bei W. Schmidbauer, Mythos und Psychologie, München 1970, S. 65f.

[14] Selbstverwirklichung ist ein unscharfer Begriff, den man aber vielleicht biologisch genauer als Verwirklichung der genetischen Möglichkeiten durch eine adäquate, »durchschnittlich zu erwartende« Förderung in der Primärgruppe und der Kultur bestimmen kann. Über die subjektive Seite dieses Prozesses vgl. E. H. Erikson (S. 119ff.).

sen, bleiben undifferenziert und archaisch. Auf der anderen Seite ist die Spaltung von der westlichen Wissenschaft seit den griechischen Philosophen (Platon hat ja das Gleichnis vom Wagenlenker und den triebhaften Pferden zuerst formuliert[15]) schöpferisch eingesetzt worden. Diese Anwendung findet allerdings in der Psychologie ihre Grenze. Sie muß als Wissenschaft entweder unvollständig bleiben (wie die zahlreichen, auf philosophischer Spekulation beruhenden Bewußtseins-Psychologien, aber auch die behavioristischen Doktrinen) oder den paradoxen Versuch unternehmen, mit den durch die Spaltung gewonnenen begrifflichen Mitteln diese Spaltung zu überbrücken. In diesem Fall wird der unbewußte seelische Vorgang aufgefaßt wie ein psychischer Prozeß eines anderen Menschen, der sich aber im Binnenraum unseres eigenen Organismus abspielt.

Die Frage nach den Wurzeln der Spaltung in der kulturellen Evolution läuft zumindest zum Teil auf die Frage nach den Wurzeln der von Marx beschriebenen »Entfremdung« hinaus. Wenn man aufgrund kulturanthropologischer und evolutionstheoretischer Erwägungen annimmt, daß die erste Funktion der Sprache nicht der Ausdruck von rationalen Inhalten, sondern von ganzheitlichen, mythisch-religiösen und rituell ausgelebten Akten war[16], kann man den Beginn der Spaltung nicht mit dem Beginn der Sprachentwicklung gleichsetzen. Sprache ist in Mythen begründet, und der Mythos umfaßt noch beides, Primär- und Sekundärprozeß, Vergangenheit und Zukunft, Emotionalität und Intellekt.

Die Spaltung im Individuum hängt wohl eher mit einer Spaltung innerhalb der Gesellschaft zusammen, die durch die Sprache zwar erst ermöglicht wurde, jedoch nicht primär durch sie geschaffen. Eher läßt sich ein Zusammenhang mit der kulturellen Evolution der Schrift herstellen, d. h. mit dem Beginn der historischen Zeit. In den archaischen Kulturen der Jäger und Sammler, welche den weit überwiegenden Teil der menschlichen Evolution prägten[17], gibt es keine nennenswerten Besitz- und Klassenunterschiede, auch keine hierarchische Trennung zwischen Füh-

[15] Platons Gleichnis ist »ich-psychologischer« als das Freuds: Er unterscheidet ein williges, mutvolles (Thymos) und ein störrisches, wildes (epithymia) Pferd, dem in unserer Theorie die integrierten bzw. nicht integrierten energetischen Ich-Funktionen entsprechen. Freud hingegen schildert den Reiter auf *einem* Pferd (Ges. Werke X, Das Unbewußte, S. 83).

[16] S. Langer, Vom Instinkt zur Intuition, in: W. Schmidbauer (Hrsg.), Evolutionstheorie und Verhaltensforschung, Hamburg 1974

[17] R. Lee, I. De Vore (Hrsg.), Man the Hunter, Chicago 1968

rern und Geführten, Wissenden und Unwissenden, Ausbeutern und Ausgebeuteten. Doch verfügen alle diese Kulturen über eine Sprache, deren linguistische Eigenschaften nicht »primitiver« sind als die der Sprachen von Hochkulturen.

Claude Lévi-Strauß[18] wies auf den historischen Zusammenhang zwischen der Erfindung der Schrift und der Gründung von Städten und Reichen, der Integration einer großen Zahl von Individuen in ein politisches System und ihrer Aufteilung in Kasten und Klassen hin. Die Schrift diente wohl primär dazu, die Herrschaft zu konsolidieren, Steuerregister und die Rechnungen von Wucherern festzuhalten. Erst später wurde sie zum Mittel, Wissen aufzuzeichnen.

Die Spaltung zwischen Primär- und Sekundärprozeß spiegelt immer auch eine Spaltung innerhalb der Gesellschaft wider. Seit der neolithischen Revolution sind zahlreiche solcher Spaltungen eingetreten: der Gegensatz zwischen jenen, die Boden oder Herden zahmer Tiere besitzen, und den Besitzlosen; zwischen Freien und Sklaven; zwischen den Spezialisten für bestimmte Aufgaben (Führung, Handwerk, Priestertum, Heilkunst) und den Nicht-Spezialisten; zwischen einer durch Arbeit veränderten Umwelt und unberührter Natur. Alle diese Spaltungen sind auch ein Aspekt der Trennung von Primär- und Sekundärprozeß. Wer mit ihnen und in ihnen lebt, muß auch die unmittelbaren, gefühlshaften Reaktionen von dem trennen, was durch Sachzwänge gefordert wird. Es ist in diesem Zusammenhang wichtig, daß alle diese Veränderungen mit dem Seßhaftwerden des Menschen zusammenhängen. Die Jäger und Sammler lösen ihre Konflikte meist durch physische »Spaltung«; miteinander zerstrittene Stammesmitglieder trennen sich, gehen in ein anderes Lager, bis die Verstimmung verflogen ist. Selbst Kindern scheint diese Möglichkeit in gewissen Grenzen offen zu stehen. Da sie zu allen Erwachsenen der Gruppe freundliche Beziehungen unterhalten, werden Konflikte durch Trennung von dem zeitweise als böse erlebten Objekt bewältigt. Mit der Seßhaftigkeit wurden solche Formen der Konfliktlösung unmöglich; die Spaltung, die erst räumlich erfolgte, mußte verinnerlicht werden. Sie betraf jene Teile der primären affektiven Reaktionsweisen, welche den komplizierteren, hierarchischen, auf sozialen Unterschieden beruhenden Anpassungsforderungen der neolithischen Gesellschaften widersprachen[19].

[18] C. Lévi-Strauß, Traurige Tropen, Köln 1960, S. 263

[19] In diesem Zusammenhang ist es bemerkenswert, daß Depressionen in den

Es wäre eine fesselnde Aufgabe, einmal eine Kulturgeschichte unter diesem Aspekt zu schreiben. Ich wende mich jetzt der gegenwärtig beobachtbaren Beziehung zwischen Primär- und Sekundärvorgängen zu[20].

Ein wichtiges Merkmal für den Übergang der adaptiven Spaltung zu pathologischen Formen ist der zwanghafte, irreversible Charakter der Zerlegung des psychischen Geschehens. Die funktionierende Anpassungsfähigkeit in unseren Gesellschaften setzt auch die Fähigkeit zur Spaltung voraus. Doch muß zwischen einer freien Anpassungsfähigkeit, die umkehrbar ist, und dem Anpassungszwang unterschieden werden, bei dem die Spaltung nicht mehr rückgängig gemacht werden kann und eine »Regression im Dienste des Ichs[21]« unmöglich scheint. Eine solche nicht mehr umkehrbare Spaltung entfremdet den Betroffenen seinen emotionalen, imaginativen und intuitiven Fähigkeiten. Er kann sich nur schwer in andere Menschen einfühlen und ersetzt Empathie durch starres Festhalten an Regeln und Gesetzen (die Parallelen zum »autoritären Charakter[22]«, zur »analen Persönlichkeit[23]« sind deutlich).

Bestimmte Bereiche können dabei von der Spaltung ausgenommen bleiben. Ein charakterneurotischer Patient mit Zwangsstruktur ist nur dann fähig zu weinen, wenn er allein in einem Zimmer Musik hört. Ein narzißtisch gestörter Patient, der sein Leben und seine Ehe von allen Gefühlen (außer Ärger über die gelegentliche »Unvernunft« seiner Frau) frei hielt, wurde zutiefst gerührt, wenn er im Fernsehen oder im Kino Situationen verfolgte, in denen einem grandios-exhibitionistischen Helden zugejubelt wurde.

Nicht nur der Grad, auch die Art der Spaltung muß berücksichtigt werden. Sie ist vorwiegend durch die beteiligten Abwehrmechanismen bestimmt. Handelt es sich, wie im Rahmen der klassischen Theorie Freuds, um die Verdrängung, dann bemerkt das Individuum den Verlust seiner Fähigkeit zu Primärprozessen nicht mehr. Hier liegt die Antwort auf Freuds nach-

archaischen Kulturen der Tropen fast nie vorzukommen scheinen, während schizophrene und hysterische Reaktionen immerhin in einzelnen Fällen beschrieben wurden. Vgl. W. Schmidbauer, Jäger und Sammler, München-Planegg 1972

[20] Ch. Rycroft, Jenseits des Realitätsprinzips, Psyche 28, 1974, S. 347 (Erstveröffentlichung 1962 im Int. J. Psycho-Anal.)

[21] Der Ausdruck wurde 1934 von Kris geprägt, vgl. H. Hartmann, Ich-Psychologie und Anpassungsproblem (1939), Stuttgart 1960

[22] Th. W. Adorno, Die autoritäre Persönlichkeit, Frankfurt 1958

[23] S. Freud, Charakter und Analerotik, Ges. Werke VII

denkliche Frage, wie denn aus den vielen klugen Kindern die vielen dummen Erwachsenen würden. Nur wenn die Verdrängungstätigkeit zusammenbricht, das Verdrängte wiederkehrt, bemerkt der Betroffene, daß sein Sekundärprozeß-Ich nicht mit den psychischen Prozessen insgesamt identisch ist, die in ihm ablaufen. Er wird dann Symptome ausbilden, die sich als Kompromiß zwischen der Wiederkehr des Verdrängten und der Abwehrtätigkeit der vom Sekundärprozeß bestimmten Persönlichkeitsanteile auffassen lassen.

Freuds Bild vom Reiter auf dem Pferd, bei dem das Tier die Energie zur Verfügung stellt und der Mensch es lenkt, setzt die Trennung zwischen Willen und Wunsch, zwischen Verstand und Emotion als normal voraus, bemerkt Rycroft. Der pathologische Zustand des Psychoneurotikers wird zum Normalzustand. »Wir müssen doch imstande sein, uns einen Menschen vorzustellen, für den der mit dieser Metapher unterstellte Gegensatz nicht zutrifft, d. h. eine integrierte im Unterschied zu einer kontrollierten Person, eine Person, deren Gesundheit primär ein psychobiologisches Phänomen und keine ›sekundäre Konstruktion‹ ist[24].«

Diese integrierte Persönlichkeit, die dem evolutionstheoretisch anzunehmenden »Entwurf« eines Kulturtieres am nächsten kommt, vollzieht die Spaltung reversibel. Kommunikationswege zwischen Primär- und Sekundärvorgängen bleiben offen, die Phantasie ist mit äußeren Objekten verbunden, bereichert die Beziehungen zu ihnen, ohne doch die korrekte Wahrnehmung der Realität zu überschatten.

Die Phantasie bleibt ich-nah und ich-synton; sie überwuchert das Ich nicht, wie es im schizophrenen Erleben möglich wird, wo Sekundärprozeßfunktionen – z. B. das Denken – vom Primärprozeß übernommen und beherrscht werden. Der schizophrene Patient benutzt jene seelischen Funktionen, die bei anderen sachlichen Feststellungen dienen, zur verdichteten und symbolischen Äußerung seiner Ängste und seiner Gefühlsbeziehungen. Für die Umwelt wird dann zu unsinniger Prosa, was tatsächlich poetischer Ausdruck seines Innenlebens ist[25]. Eine schizophren reagierende Malerin behauptete z. B. kurz vor der Auseinandersetzung, in der ihr Mann sie von seiner Absicht unterrichtete, sich scheiden zu lassen, sämtliche gemeinsam mit ihm gesammelten

[24] Ch. Rycroft, Jenseits des Realitätsprinzips, Psyche 28, 1974, S. 348
[25] ebd.

Antiquitäten seien »nicht echt«, sie sähe erst jetzt, daß es sich durchweg um minderwertige, neuzeitliche Kopien handle.

Im evolutionstheoretischen Ideal eines ganzheitlich lebenden, integrierten Menschen bleibt die Phantasie ich-gemäß, weil sie als wesentlicher Teil des Selbst empfunden und akzeptiert wird. Sie erfüllt dann eine adaptive Funktion, denn sie hilft dem Menschen, jene innere Leere und Öde zu vermeiden, die sich oft als Folge der Spaltung einstellt.

Durch die Spaltung wird auch die Phantasie von der Realität und von den Objekten abgezogen und zu einer Aktivität, die dem Bewußtsein entfremdet ist. Das liegt daran, daß nur die ich-gemäßen Phantasien (denen ein Phantasie-gemäßes Ich entsprechen muß) differenziert und reich genug bleiben, um in das Ich integriert zu werden. Abgespaltene Phantasien behalten ihren ursprünglichen, infantilen Charakter bei. Sie sind chaotisch, bizarr, angsterregend, weil die Verdichtungs- und Verschiebungsvorgänge innerhalb der Primärprozesse zu Folgen führen, die auf keinen Fall mehr mit der Realität in Einklang gebracht werden können und die nur mehr sehr wenig mit der tatsächlichen Beschaffenheit der Realität und der Objekte zu tun haben.

Wenn sich das sekundärprozeßhafte Ich einen Zugang zu den Primärvorgängen offenhält, ermöglicht dieser Kontakt das Mitschwingen der Primärprozesse. Ihre Verdichtungen erleichtern das Wahrnehmen von Ähnlichkeiten, das Verständnis der symbolischen Kommunikation und der Bildersprache des Unbewußten. Daher auch die Forderung an den künftigen Analytiker, sein eigenes Unbewußtes kennenzulernen und übermäßige Abwehrbarrieren zwischen Ich und Es abzubauen. Das soll nicht nur verhindern, daß die eigenen neurotischen Mechanismen des späteren Therapeuten in der Gegenübertragung unkontrolliert agiert werden, sondern auch eine bessere Einfühlungs-Fähigkeit ermöglichen. Theodor Reik[26] hat sie als »drittes Ohr« des Analytikers angesprochen. H. Kohut unterscheidet zwei Typen von Analytikern aufgrund ihrer Beziehungen zu den primärprozeßhaften Vorgängen der Empathie. Der erste, häufigere Typ sammelt die notwendigen Fakten »durch die empathische Wahrnehmung großer Einheiten komplizierter Konfigurationen (analog dem Erkennen eines Gesichts durch einen einzigen kognitiven Akt)[27]«. Der zweite Typus sammelt psychische Details und fügt

[26] Th. Reik, Listening with the Third Ear, New York 1950

[27] H. Kohut, Narzißmus, Frankfurt 1973, S. 316

sie zusammen, bis er auf diese Weise fähig ist, komplexe seelische Konfigurationen mosaikhaft aufzufassen und zu verstehen. Diese Psychologen nehmen viele Einzelheiten bewußt wahr, die dem einfühlenden Beobachter entgehen. Andrerseits brauchen sie viel Zeit, um wahrzunehmen, was offen zutage liegt, fallen gelegentlich grotesken Mißverständnissen zum Opfer und neigen zu langweiligen Mitteilungen, weil sie sich beim Offenkundigen zu lange aufhalten.

Kohut schreibt diese besondere Form des psychologischen Verstehens einer frühen, massiven Beeinträchtigung der Einfühlungsfähigkeit zu. Er stellt fest, daß viele Menschen, die einen Beruf wählen, in dem einfühlende Beschäftigung mit Menschen zur zentralen Aufgabe wird, in frühen Phasen der Einfühlungsentwicklung Traumen (erträglichen Ausmaßes) erlitten haben. Der Angst vor der Gefahr neuer Traumatisierung entgingen sie mit zwei (sich ergänzenden) Reaktionen: einerseits einer Überempfindlichkeit der wahrnehmenden Oberflächen (einschließlich der Grenzfläche zwischen Sekundär- und Primärprozeß), andererseits durch übermäßige Entwicklung des Sekundärvorgangs, um einen bedrohlichen Reizzustrom zu beherrschen und zu ordnen.

Welche Hypothese über das Verhältnis von Primär- und Sekundärprozessen läßt sich nun an die Stelle der klassischen »Formulierungen über die zwei Prinzipien des psychischen Geschehens« (S. Freud, Ges. Werke VIII) setzen? Nach Freud wird eine primäre Tendenz zur halluzinatorischen Wunscherfüllung verdrängt und durch eine erlernte Anpassungsfähigkeit überlagert. Im Sinn der Evolutionstheorie kann man demgegenüber davon ausgehen, daß der menschliche Säugling wie alle Organismen sein Leben in einem Zustand der primären Integration und »Passung« an eine bestimmte Umwelt beginnt. Seine mehr oder weniger klaren Erwartungen (sein Vermögen, sich Objekte vorzustellen, die seine Bedürfnisse befriedigen) würde dann mit seiner Fähigkeit übereinstimmen, solche Objekte wahrzunehmen und Signale zu geben, die sie empfangen und auf die sie reagieren (Rycroft). Beides entspricht den biologisch »natürlichen« Gegebenheiten, in denen das Baby in eine Gruppe hineingeboren wird, die ihm normal zugewandt und ihrerseits keinen überfordernden kulturellen Bedingungen ausgesetzt ist. Soweit die unter diesen Aspekten keineswegs maßlosen kindlichen Erwartungen erfüllt werden, bleibt die primäre Integration bestehen. Das Kind behält seine ganzheitliche Umweltbezogenheit, der die innere Integration von Primär- und Sekundärprozeß entspricht.

Es fühlt sich in sich selbst und in der Primärgruppe zuhause; seine Phantasien bleiben mit den äußeren Objekten eng verbunden; seine (allmählich erlernten) verbalen Fähigkeiten der Reflexion und Kommunikation differenzieren diese Phantasien und Erwartungen allmählich. Wo jedoch die Kommunikation in der Primärgruppe scheitert, die Erwartungen des Kindes enttäuscht und sein Zustand der primären Bezogenheit erschüttert werden, kommt es zu der bereits beschriebenen Spaltung (wobei die Kommunikationsschwierigkeiten in der Primärgruppe durch gesellschaftliche Entfremdungsprozesse mitbestimmt werden, wie wir bereits beschrieben haben). In dieser Spaltung werden Wunschdenken (mit Verdichtung, Verschiebung und Symbolbildung) und realistische, sekundärprozeßhaft gesteuerte Anpassung in zwei verschiedenen seelischen Bereichen wirksam. Die Phantasie löst sich teilweise von der äußeren Realität. Sie wird in einem psychischen Binnenraum wirksam, in dem Vorstellungen nicht länger äußere Objekte repräsentieren, sondern sie ersetzen[28].

Die Folgen für das jeweils eintretende Maß und die Art einer seelischen Störung hängen ab von den Unterschieden in:

1. der Intensität, mit der das Kind aus dem Zustand der primären Bezogenheit vertrieben wurde;

2. dem Zeitpunkt und der Dauer der einwirkenden Kommunikationsstörungen bzw. der Versagung des kindlichen Sicherheitsbedürfnisses und anderer, energetischer Ich-Funktionen;

3. dem Gesamtbereich, in dem die kindlichen Erwartungen (und in ihnen die energetischen Ich-Funktionen, welche ja diese Erwartungen speisen) zurückgeschlagen oder nicht gefördert und durch adäquaten Reizschutz in ihrer Entwicklung stimuliert wurden, und endlich

4. den Mechanismen, die verwendet werden, um die Anpassung trotz der Spaltung zu ermöglichen, d. h. die von der Integration durch die synthetischen Ich-Funktionen ausgeschlossenen, des ganzheitlichen Zusammenhangs mit dem sich entwickelnden Ich-Kern beraubten und darum triebhaften Anteile der energetischen Ich-Funktionen abzuwehren.

[28] Vgl. Hanna Segal, Notes on Symbol Formation, Int. J. Psycho-Anal. 38, 1957, sowie Ch. Rycroft, Symbolism and its Relationship to the Primary and Secondary Processes, Int. J. Psycho-Anal. 37, 1956

In diesem Zusammenhang hat Rycroft darauf hingewiesen, daß die von Freud anfänglich behandelten Hysteriker, die ihren libidinösen Wünschen freien Ausdruck innerhalb eines Bereichs der abgespaltenen Phantasie gestatten, am ehesten den Formulierungen über die beiden Bereiche des psychischen Geschehens entsprechen. Libidinöse Befriedigung wird durch wunscherfüllendes, abgespaltenes Phantasieren angestrebt, während die Anpassung als solche ein Lernprozeß ist, der als Gegenteil von Befriedigung erlebt wird. In dieser gespaltenen Persönlichkeitsstruktur, die sich als Konsequenz der Überwindung des Ödipuskomplexes beschreiben läßt, spiegelt sich die patriarchalische Familiendynamik wider. Über die sexuellen Erwartungen und Phantasien des Kindes wird ein Sprachverbot verhängt, das sie von den Sekundärprozessen abspaltet. Daß die Spaltung bei hysterischen Patienten oft weiter als in die Zeit des Ödipuskomplexes zurückreicht, ergeben die engen Beziehungen zwischen hysterischen und narzißtischen Persönlichkeitsstörungen, welche die heutige Narzißmusforschung aufzeigen kann[29]. In der klassischen Formel unerkannt ist auch die narzißtische Wut des Hysterikers über Objekte, die er als kränkend, frustrierend oder abweisend erlebt. In ihr spiegelt sich der Abbruch der primären Bezogenheit und die Zurückweisung der »primären Liebe« wider, welche die Entfremdung und Spaltung erst ausgelöst haben. Daher auch die so häufige Schwierigkeit in der Analyse von hysterischen Patienten, sobald sie einsehen müssen, daß ihre (Übertragungs-) Wünsche nicht erfüllbar sind. Die idealisierende, positive Übertragung kann dann mit einem Schlag in Haß und Abscheu umschlagen; das Arbeitsbündnis (Greenson[30]) hält dieser Belastung nicht stand, die Therapie wird abgebrochen.

Die Überlegungen zur Spaltung führen zu dem Schluß, daß eine psychoanalytische Therapie primär nicht so sehr darauf abzielt, Unbewußtes bewußt zu machen oder das Ich zu stärken. Beides sind Teilaspekte eines viel umfassenderen Integrationsprozesses, in dem der historisch gegebene Widerspruch, die Entfremdung zwischen biologischer und kultureller Evolution, zwischen Gesellschaft, Primärgruppe und primärer Bezogenheit des Kindes teilweise bewältigt werden (genau jenen Schritt weit, mit dem Freud versprach, aus »hysterischem Elend gemeines Leid« zu machen – aus der in Widersprüchen der individuellen Ent-

[29] Vgl. H. Kohut, Narzißmus, Frankfurt 1973
[30] R. Greenson, Theorie und Technik der Psychoanalyse, Stuttgart 1972

wicklung verwurzelten, inneren Kompromißlösung des Symptoms reales Glück und realen Schmerz).

Die Verbindung zwischen den aufgespaltenen psychischen Funktionsbereichen soll wiederhergestellt werden. Damit wird es dem Patienten möglich, die Spaltung zwischen seinen imaginativen und emotionalen Eigenschaften auf der einen Seite, seiner Anpassungsfähigkeit auf der anderen Seite zu überwinden. Die Psychoanalyse wird so zu einer Wissenschaft, die zugleich einen Höhepunkt bürgerlich-positivistischen Denkens und seine Überwindung darstellt. Freuds Entdeckungen leisten im psychischen Binnenraum etwas Ähnliches wie die Dialektik von Marx im gesellschaftlichen Bereich – beide konstatieren die Entfremdung, beschreiben sie meisterhaft und suchen nach Wegen, sie zu überwinden. Dabei wäre die Psychoanalyse so einzuordnen, daß sie jene unbewußt gewordenen Spaltungen und Denkhemmungen bewältigen hilft, welche das »falsche Bewußtsein« der eigenen gesellschaftlichen Situation aufrechterhalten.

Freud und Marx haben auf ihre jeweils spezifische Weise beschrieben, was man vom Standpunkt der Evolutionstheorie die Desintegration, Spaltung und Entfremdung zwischen der biologischen und der kulturellen Evolution nennen könnte. Freud sah den Menschen als kulturfeindliches, ewig an eine antisoziale Triebnatur gebundenes Wesen; daher auch sein so skeptisches Urteil über den Marxismus[31]. Die evolutionstheoretische Auffassung weist demgegenüber darauf hin, daß der Mensch primär ein Kulturwesen und ein soziales Tier ist. Marx und seine Anhänger haben immer wieder betont, daß es so etwas wie eine feststehende menschliche Natur nicht gibt, sondern daß sich diese Natur in einem dialektischen Prozeß dauernd verändert.

Das ist richtig, doch darf man nicht übersehen, daß selbst einem so wandlungs- und entwicklungsfähigen Wesen wie dem Menschen biologische Grenzen im Tempo dieser Entwicklung gesetzt sind, die er nicht ohne Schaden überschreiten kann. So gesehen, bearbeitet der Psychoanalytiker Widersprüche der biologischen und der kulturellen Evolution im psychischen Mikrokosmos, während sich der Marxist mit ihnen im Makrokosmos

[31] »Unterdes verlegt er (der Marxismus) die in der Gesellschaft unerläßlichen Triebeinschränkungen an andere Stellen und lenkt die aggressiven Neigungen, die jede menschliche Gemeinschaft bedrohen, nach außen ab, stützt sich auf die Feindseligkeit der Armen gegen die Reichen, der bisher Ohnmächtigen gegen die früheren Machthaber. Aber eine solche Umwandlung der menschlichen Natur ist sehr unwahrscheinlich ...« S. Freud, Ges. Werke XV, S. 195

der Gesellschaft auseinandersetzt. Beide können ihre Theorien überspannen – der Analytiker, indem er die »Kultur« absolut setzt und das Individuum an sie anpassen will; der Marxist, sobald er das Individuum für unendlich plastisch hält und glaubt, es ließe sich durch rationale Appelle und äußeren Druck unbegrenzt verändern. Die Psychoanalyse ist keine unpolitische Theorie oder Praxis, auch wenn sie sich darauf beschränkt, unbewußt gewordene Ich-Anteile wieder in das handlungsfähige Ich zu integrieren. Sie schafft dadurch Voraussetzungen für eine effektive politische Arbeit. Doch kann auf der anderen Seite keine noch so ausgefeilte ideologische Schulung unbewußt gewordene Deformierungen der Persönlichkeitsentwicklung aufheben, die im Einzelfall eine wirksame politische Praxis unmöglich machen oder – unbemerkt und unbearbeitet – zu Katastrophen in ihr führen.

15. Psychoanalytische Gruppendynamik

Die Psychoanalyse ist eine Wissenschaft von den inneren Organen der Psyche. Dabei kann sie sich letzten Endes weder voll auf Verhaltensweisen, die direkt beobachtet werden können, noch auf biologische oder physiologische Gesetze stützen. Sie muß versuchen, eine Theorie der Phänomene zu schaffen, die sie mit ihrer Methode – der Beobachtung freier Einfälle, der Traumuntersuchung, der Analyse von Kindheitserinnerungen, Übertragungsreaktionen, aktuellen Erlebnissen – erfaßt. Sie formuliert die Beschreibungen und Voraussagen solcher Prozesse oft in einer Sprache, die zu Analogieschlüssen auf Verhaltensweisen oder biologische Fakten verführt. Ein typisches Beispiel dafür ist der Begriff des Todestriebes. Hier wurde ein aus durchaus gültigen Beobachtungen (selbstzerstörerisches Verhalten und Wiederholungszwang von Neurotikern) abgeleitetes Konzept sekundär biologisiert und damit in ein Terrain verlegt, wo es der Kritik nicht standhalten kann.

Die Begriffe der analytischen Metapsychologie sind bildhaft-mythische Formeln, mit deren Hilfe man sich über den Organismus der Psyche verständigt – wie »Es«, »Ich«, »Über-Ich«, »Ödipus-Komplex«, »Narzißmus«, »Ich-Ideal«, »Libido-Besetzung« usw.

Es handelt sich um Konstruktionen, die eine möglichst scharfe Beschreibung (und in gewissen Grenzen auch Voraussagen) des analytischen Prozesses erlauben. Primär sind es keine Hypothesen, die für eine experimentelle Methode oder für die Nachprüfung durch direkte Beobachtung von vornherein und unverändert geeignet sind. Aus diesem Widerspruch kommen viele polemische Einwände gegen die Psychoanalyse als Wissenschaft, aber auch einige berechtigte Abgrenzungsversuche gegenüber der stets in der analytischen Theoriebildung nachweisbaren Neigung, die mythisch-bildhaften Konstruktionen (die ja bildhaft sein müssen, weil sie Intellekt *und* Gefühl des Analysanden erfassen sollen) der analytischen Theorie für eine gültige Anthropologie zu halten. Die Tiefe der Einsicht in die seelischen Entwicklungs- und Verlaufsgesetze, welche die Psychoanalyse ermöglicht, darf jedoch nicht dazu führen, sie für eine Anthropologie zu halten. Der Analytiker kann aufgrund seiner methodischen Optik nur einen Teilaspekt sehen. Sobald er ihn für das

Ganze nimmt, verzerrt sich sein Menschenbild und wird einem ideologischen Mißbrauch zugänglich. Die Einflüsse der Kulturgeschichte, der Produktivkräfte, der großen und kleinen Gruppen, in denen das untersuchte Individuum lebte und von denen es geprägt wurde, lassen sich nicht psychoanalytisch erklären. Reduziert man sie auf einen analytisch-theoretischen Nenner, dann droht die Gefahr, daß die ganze Analyse an ihrer Grenzverletzung gemessen und ihretwegen für unglaubwürdig gehalten wird.

Wenn die Konstrukte der Analyse ihre Brauchbarkeit im therapeutischen Prozeß erweisen, dann brauchen sie keine andere wissenschaftliche Rechtfertigung, um als therapeutisches Instrument anerkannt zu werden. Dieser Werkzeug-Charakter der analytischen Begriffe wird von Kritikern oft verkannt. Solange ein Chirurg mit einem Operationsinstrument zufriedenstellend arbeiten kann, wird ihn kein theoretischer Einwand, sei er auch noch so wohlbegründet, vom weiteren Gebrauch dieses Instruments abhalten, ehe aus diesen Einwänden heraus ein besseres Instrument konstruiert werden kann. Die Strukturverhältnisse und die Entwicklung der inneren Organe des Erlebens, welche die analytische Begriffswelt zu bestimmen sucht, stehen zu diesen Begriffen nicht nur in einem deskriptiven, sondern in einem dynamischen und dialektischen Verhältnis. Die Antithese der analytischen Formel kann die These des unbewußt gewordenen Konflikts verändern, ja aufheben. Diese dialektische Beziehung findet sich nicht nur zwischen subjektivem Prozeß und analytischer Deutung, sondern sie kehrt in der Übertragung als Spannung zwischen einst und jetzt wieder.

Die »korrigierende emotionale Erfahrung«, der Franz Alexander den Heilerfolg einer Psychotherapie zuschreibt, wird nur möglich, weil sich Eltern- und Übertragungsbeziehung, Primärgruppe und therapeutische Gruppe in einigen wesentlichen Punkten *unterscheiden*, während auf der anderen Seite der Patient im Wiederholungszwang gerade die Situation *wiederherzustellen* sucht, die ihn schon einmal verwundete.

Dieser Zwang wird in der Übertragung nicht mit einem Gegenzwang beantwortet (wie oft in außeranalytischen Beziehungen, welche die traumatische Elternbeziehung fortsetzen), sondern erkannt und durchgearbeitet. Noch deutlicher wird diese Dialektik in der analytischen Gruppenpsychotherapie. Die Gruppenmitglieder erleben die Gruppe zunächst analog zu ihrer krankmachenden Primärgruppe und reagieren mit einer Intensivierung ihrer Abwehrformationen, die eben diese Abwehr angreifbar macht. Die Gruppenmitglieder besetzen sich in einem Geflecht von Übertragungsbeziehungen wechselseitig und stellen damit eine Gruppengrenze her, die jenen geschützten Binnenraum ergibt, der im Sinn einer »erleichternden Umwelt« (Winnicott) das Abrücken vom defensiven »falschen Selbst« ermöglicht. Wenn die Dynamik der therapeutischen Gruppe konstruktiv werden soll, dann muß – zuerst durch die Interventionen des Therapeuten, später durch das sich entwickelnde therapeutische Potential der gemeinsamen Gruppenerfahrung selbst – dem einzelnen die Überzeugung vermittelt werden, daß die Gruppe bereit ist, jedes Mitglied gerade da anzunehmen und zu bestätigen, wo es die Primärgruppe unterdrückt oder durch Kommunikationshindernisse eingeengt hat. Zunächst erwarten die Mitglieder im Wiederholungszwang, mit den oft virtuos ausgebildeten Abwehrtechniken durchzukommen, die ihnen zum emotionalen Überleben in ihren krankmachenden Primärgruppen verholfen haben. Doch der gemeinsame Leidensdruck und die sich allmählich schärfende analytische Reflexion in der Gruppe führen alsbald zu einer Konfrontation mit diesem falschen Selbst.

In periodisch erneuerten Krisen des Selbstgefühls und unter einem spürbaren Identitätsstreß erfährt sich jedes Mitglied als in seiner Abwehr in Frage gestellt, in seiner Suche nach einer neuen Integration und Identität jedoch bestätigt. Die dynamische Spannung zwischen diesen beiden inneren Bewegungen im Übertragungsgeflecht der analytischen Gruppe bestimmt den Verlauf des therapeutischen Prozesses.

Zu den schwierigsten Aufgaben des Analytikers gehört es hier, diese Spannung auf einer optimalen Ebene zu halten, auf der weder die Abwehr-Selbste unbeschadet bestehen bleiben können (die Gruppenmitglieder beschreiben die Atmosphäre dann als »Kaffeeklatsch«, »Biertischrunde«), noch die Aggression gegen die Abwehrformationen destruktiv wird, wobei mehrere Gruppenmitglieder unter der schweigenden Billigung der Gruppe und des Analytikers ein Mitglied zum Sündenbock machen, das für sie gewissermaßen zum Katalysator wird, mit dessen Hilfe sie ihre eigenen Ängste in destruktive Aggression umwandeln können.

Auf diese Weise kann in einer Gruppe, deren Leiter Freiheit mit Zügellosigkeit verwechselt, das schwächste Mitglied aus der Gruppe heraus oder sogar in eine psychotische Reaktion hineingetrieben werden. Auf der anderen Seite bleiben die Abwehr-Selbste unangetastet, wenn der Analytiker vor der Gruppe Angst hat und diese Angst durch autoritäre Kontrolle oder stete Beschwichtigungstaktik abwehrt. Das therapeutische Potential der analytischen Gruppe liegt also ebenfalls in einer Dialektik, die sich auf mehreren Ebenen abspielt: In der Dialektik zwischen der Primärgruppe und der therapeutischen Gruppe, zwischen dem falschen Selbst und der verschütteten Identitätsentwicklung, zwischen den unbewußten gruppendynamischen Wiederholungszwängen, welche die traumatische Spaltung der Kommunikation in der Primärgruppe wiederbeleben, und der analytischen Deutung, die Gefühl und Reflexion gleichermaßen anspricht und so eine neue Integration ermöglicht.

Für den anthropologisch interessierten Analytiker bedeuten diese dialektischen Spannungen zwischen dem Vokabular seiner Theorie, einem Werkzeug der Forschung wie der Therapie, und dem Gegenstand seiner Untersuchung zweierlei. Er muß erkennen, daß er Werkzeuge verwendet, die – um brauchbar zu sein – gar nicht objektiv im Sinn des naturwissenschaftlichen Ideals sein können. Er kann aber auf der anderen Seite versuchen, die Grenzüberschreitung der analytischen Theorie so zu gestalten, daß sie nicht mehr den Einsichten von Evolutionstheorie und Kulturanthropologie widersprechen, sondern diese ergänzen. Dazu ist ein geschärftes Bewußtsein für die Grenzen der analytischen Theorie notwendig, die ja in der analytischen Arbeit mit Patienten – in einer bestimmten Kultur, auf einer bestimmten Ebene der gesellschaftlichen Entwicklung – ihr Fundament hat. Die praktisch-therapeutische Seite einer evolutionstheoretisch und kulturanthropologisch fundierten Revision der analytischen Theorie liegt gewiß nicht in der Zerstörung nützlicher therapeutischer Instrumente. Ihr Ziel ist vielmehr eine Erweiterung der therapeutischen Technik zu einer dynamischen, umfassenden Psychohygiene, die mehr erreichen kann, als zu reparieren, was in krankmachenden Gruppen- und Gesellschaftsstrukturen beschädigt wurde.

Die Dynamische Psychiatrie Karl Menningers, die sozialtherapeutischen Bestrebungen einer »Lebensschule« und therapeutischen Gemeinschaft für psychotisch Kranke, die Familientherapie von Nathan Ackerman, die verschiedenen Formen der Gruppenpsychotherapie – sie alle versuchen nicht mehr, in einer Grenzüberschreitung soziale und kulturelle Probleme psychoanalytisch zu rationalisieren. Es gilt, die kulturelle Evolution selbst zu steuern und eine neue Integration der biologischen Bedürfnisse, kulturgeschaffenen Befriedigungsmöglichkeiten und gesellschaftlichen Widersprüche aufzuzeigen. Damit wird keine Regressionstendenz vertreten, kein Zurück zur »heilen Welt« der archaischen Jäger- und Sammler-Kulturen, sondern nur eine in den Dienst der menschlichen Bedürfnisse – der Bedürfnisse der ganzen Menschheit bzw. der Art Homo sapiens schlechthin – gestellte kulturelle Evolution, in der das heute selbstmörderische Konkurrenzprinzip der bisherigen kulturellen Evolution durch ein humanes Prinzip ersetzt wird. Dieses Prinzip kann heute nur mit Hilfe der Psychoanalyse definiert werden, aber es kann kein psychoanalytisches sein, sondern das einer umfassenden Theorie der menschlichen Evolution, in der soziologische, philosophische, psychoanalytische, evolutionstheoretische und biologische Einsichten integriert werden müssen[1].

Die evolutionstheoretisch orientierte Erweiterung und Revision der Psychoanalyse soll in der therapeutischen Re-Integration von biologischer, kultureller und Ich-Evolution in der Gruppe den Ansatz zu einer wirksamen Prophylaxe frei machen, in der die Gesellschaft menschlicher und die Menschen soziabler werden. Indem sie die Widersprüche von Wünschen und verinnerlichten Verboten, Bedürfnissen und Identifizierungen, unbewußt gewordenem Gefühlskonflikt und rationalisierender Abwehr bewußt machen und bearbeiten kann, schafft sie nicht nur ein freies Gebiet im Binnenraum der therapeutischen Gruppe, sondern auch ein Modell für Gruppen, in denen die soziokulturellen Desintegrationsprozesse von Anfang an keine Macht gewinnen können.

[1] Einen Beitrag aus dem Blickwinkel der humanistischen Psychologie liefern hier E. u. W. Menaker, Ich-Psychologie und Evolutionstheorie, Stuttgart 1971

16. Ausblick

Rund siebzig Jahre ist die Psychoanalyse davon ausgegangen, daß die seelische Entwicklung des Menschen vom Es zum Ich voranschreitet. Die Rückverlegung der beim zivilisierten Erwachsenen meist nachweisbaren, unersättlichen Wünsche des Unbewußten im sexuellen wie im aggressiven und im Geltungs-Bereich führte Freud und seine Schüler zu dem Bild einer primär kulturfeindlichen menschlichen Natur, die nur durch schmerzliche Kontrolle und die verinnerlichte Zügelung des Über-Ich sozial werden, sich neben den eigenen auch an den Bedürfnissen des Mitmenschen orientieren könne.

Diese Auffassung habe ich hier auf der Grundlage evolutionstheoretischer und kulturanthropologischer Gesichtspunkte kritisiert und durch ein Modell ersetzt, das – obwohl sich viele Ansätze dazu in der psychoanalytischen und neoanalytischen Literatur der letzten Jahrzehnte nachweisen lassen – in seiner Radikalität neuartig ist. Als Ausgangspunkt der Entwicklung sehe ich nicht mehr das kulturfeindliche, triebhafte, dem Überleben gleichgültig gegenüberstehende Es, sondern das Ich als primär mitmenschlich orientiertes und auf das Überleben ausgerichtetes Steuerungszentrum des menschlichen Verhaltens. Wegen der im Lauf der kulturellen Evolution entstandenen, diese tragenden und zugleich von ihr geformten Empfindlichkeit und Komplexität des menschlichen Gehirns (bzw. psychologisch ausgedrückt, der menschlichen Fähigkeiten zur Reizaufnahme und Reizverarbeitung) ist dieses Ich in seinen undifferenzierten Frühstadien nicht fähig, seine Aufgaben ohne die Hilfe der primären Bezugspersonen zu erfüllen. Diese müssen es im Interesse einer Entwicklung, welche eine umfassende Integration ermöglicht, auf eine komplexe und bisher nur in ersten Ansätzen (von M. Mahler, R. Spitz und anderen) erforschte Weise unterstützen.

Der unreife Organismus ist noch nicht in der Lage, über einen gewissen (vom jeweiligen Entwicklungsstand abhängigen) Grad hinaus *allein* ein inneres Gleichgewicht zu erreichen. Diese Spannung zwischen »Symbiose« und »Individuation« (M. Mahler) bleibt das ganze Leben bestehen. Für die Erzielung eines befriedigenden Gleichgewichts bleibt das menschliche Ich als Steuerungszentrum für die innere Homöostase des Organismus in irgendeiner Form immer von der Unterstützung anderer Menschen abhängig.

In den Frühphasen der Entwicklung muß die Primärgruppe ein besonders großes Maß symbiotischer Unterstützung gewähren, sobald Vorstufen der Angst (»organismisches Unbehagen«, M. Mahler) auftreten. Das Kind lebt in einem Netz gruppendynamischer Beziehungen, die ihm helfen, seine Homöostase aufrechtzuerhalten. Im frühen Kindesalter können durch ein Versagen in dieser Unterstützung neurobiologische Formungsprozesse entgleisen, die sich mit späteren, psychischen Traumen verknüpfen und die Toleranz für Frustrationen und Konflikte mindern (Greenacre 1958). Die psychische – bewußte und unbewußte – Dynamik der Primärgruppe formt die innere Dynamik des Kindes; sie kann sie auch deformieren. Eine vollständige Integration des Menschen, das heißt eine durchaus von Einsicht bestimmte Verhaltenssteuerung, verbunden mit harmonischer Funktion der somatischen Regler (z. B. des vegetativen Nervensystems) ist der biologische »Idealtypus«, welcher auf dem gegenwärtigen Stadium der kulturellen Evolution sicherlich weit öfter nicht erreicht als erreicht wird[1].

Das über die Beschaffenheit des »Es« erarbeitete psychoanalytische Material spiegelt einen Zustand der kulturellen Evolution wider, in dem zahlreiche Äußerungen der energetischen Ich-Funktionen des Kindes von der Primärgruppe nicht bestätigt und akzeptiert werden. Die Primärgruppe wird in diesem Fall also nicht die Verarbeitung dieser inneren Reize erleichtern und fördern, sondern behindern. Dadurch werden Abwehrmechanismen in Tätigkeit gesetzt, welche die in dieser Situation entstehenden schmerzlichen Affekte kontrollieren sollen. Damit entsteht eine Desintegration im Ich; unter dem Einfluß der Abwehr werden bestimmte Bereiche der energetischen Ich-Funktionen abgespalten und von der weiteren Entwicklung ausgeschlossen. Ihre biologische und psychische Aktivität ist jedoch damit nicht ausgelöscht. Sie dauert an und führt zu den Erscheinungen, welche einen großen Teil des Inhalts der psychoanalytischen Neurosenlehre ausmachen – seelische und körperliche Symptome, Fehlhandlungen, gestörtes Verhalten.

Die Art und Schwere dieser Entwicklungsstörungen des Ich ist sehr verschieden, da sie durch viele Faktoren beeinflußt wird.

[1] Ein simples Vergleichsmodell ist die Zahnkaries: Fast alle zivilisierten Menschen leiden unter ihr; nichtsdestoweniger handelt es sich um ein Abweichen vom biologischen Funktionsideal.

Dazu gehören genetische Einflüsse, der Zeitpunkt, an dem die Homöostase-erhaltende Hilfe der Primärgruppe versagt, die Intensität dieses Versagens (bzw. der aktiven Schädigung des Kindes), die Dauer dieser Einflüsse, die Stärke der mitgebrachten oder durch spätere, günstige Einflüsse bewirkten Ausgleichsmöglichkeiten und last not least die gegenwärtige gruppendynamische Situation des Betroffenen (tatsächlich sind ja der Ausbruch einer neurotischen oder psychotischen Störung, ihr Verlauf und ihr Verschwinden durchweg auch als Gruppenprozesse zu verstehen).

Viele Fragen sind hier noch offen, aber ich glaube, daß eine Revision des anthropologischen Grund-Modells und der Entwicklungstheorie der Psychoanalyse in der hier vorgeschlagenen Form in Zukunft eine bessere Kooperation der verschiedenen Disziplinen erlauben wird, die sich mit psychischer Gesundheit und Psychopathologie befassen. Besonders bedeutungsvoll scheint mir dabei, daß die hier vorgeschlagenen Abwandlungen und Ergänzungen des psychoanalytischen Modells den Radius dieses Modells erheblich erweitern, ohne doch gesichertes Wissen preiszugeben. Freuds Theorie wird zu einem Sonderfall innerhalb einer speziellen sozialen Situation; zu revidieren ist lediglich die unzulässige anthropologische Verallgemeinerung dieses Sonderfalls. Obschon ich von physikalischen Analogien in der Psychologie nichts halte, liegt doch der Vergleich mit der Entwicklung in der Physik von Newton bis Einstein nahe. Auch das Newtonsche Modell ist nicht »widerlegt« worden, sondern man erkannte es als Sonderfall im Rahmen einer allgemeineren Gesetzmäßigkeit.

Der »weitere Radius« des hier vorgeschlagenen Grundmodells umfaßt die Humanethologie (auf ihrem bisherigen, noch sehr unbefriedigenden Entwicklungszustand) ebenso wie die neueren Forschungen zur Gruppenpsychologie und Gruppendynamik, zur Familiendynamik und zur Kommunikationstheorie. Es wird in ihm deutlich, daß die menschliche Kultur nicht einer animalisch gebliebenen Natur abgerungen wird, wie es Freud in seiner Sozialtheorie sagt, in der er kontrollierende Eliten für genuß- und zerstörungssüchtige »Massen« für ebenso unentbehrlich hält wie das dem chaotischen Es in einer Randzone aufgesetzte Ich.

Die Hypothese einer grundlegend kulturfeindlichen Anlage des Menschen wird abgelehnt. Darauf läßt sich keine reaktionäre Haltung mehr gründen, welche autoritäre und patriarchalische

Herrschaftssysteme mit angeblich »angeborenen« Gesetzen der menschlichen Natur rechtfertigt.

Allerdings fordert dieses evolutionsbezogene Modell auch, das psychohygienische »Paradies«, das heißt die idealtypisch vorstellbare Gesellschaft ohne psychisch Kranke, sozial Gestörte (Kriminelle und Perverse) vor dem umfassenden Hintergrund der kulturellen Evolution zu sehen und den Wert von einzelnen Maßnahmen (z.B. einer Verminderung entfremdeter Arbeit durch sozialistische Reformen oder Revolutionen) in seinen günstigen Auswirkungen realistisch einzuschätzen. Es ist ein Unding, Neurosen durch das Abschaffen des Kapitalismus behandeln zu wollen; aber auch ein durchsichtiges Manöver, nun jeden Zusammenhang abzustreiten. Tatsächlich sind Bedingungen der kapitalistischen Produktionsweise sicherlich an vielen Neurosen mitbeteiligt, wobei die Kapitalisten aber ebenso neurotisch werden können wie die Ausgebeuteten und in beiden Fällen andere Faktoren hinzukommen müssen. Vielleicht wirkt jede industrielle Produktionsweise neurotisierend, gleich ob sozialisiert oder nicht – vielleicht sind psychische Krankheiten der unabdingbare Preis, den unsere Ahnen für den Schritt vom Leben als Jäger und Sammler in die seßhaften Stadtkulturen zahlen mußten und den sie uns seither von Generation zu Generation auf dem Weg einer soziopsychischen Heredität übermitteln. Vielleicht sind sie ein Produkt der kulturellen Evolution schlechthin, sobald in dieser die Konkurrenz zwischen Symbolsystemen (d.i. Kulturen) prägende Macht gewann und die Homöostase des Individuums dem Überleben der Kultur geopfert wurde.

Wir wissen viel zuwenig darüber, aber es ist sicher genug, um jede »geschlossene« Theorie der psychischen Gesundheit des Menschen zu verwerfen: eine Theorie, die vorgibt, zu wissen, daß seelische Krankheit in unveränderlichen biologischen Widersprüchen wurzelt, ebenso wie auch eine Theorie, die voraussagt, es sei bereits klar, was sich ändern müsse, um endlich alle Neurosen und Psychosen verschwinden zu lassen.

Die Integrationsmöglichkeiten einer in der vorgeschlagenen Form evolutionstheoretisch neu konzipierten Ich-Psychologie liegen aber nicht nur in der Theorie. Auch in der psychotherapeutischen Praxis sind in den letzten Jahren verschiedene Gruppenmethoden immer wichtiger geworden, in denen es nicht mehr vorwiegend um die Bewußtmachung von Verdrängtem, sondern auch oder sogar ausschließlich um das Wachstum bisher wenig entwickelter Teile der Persönlichkeit geht. Die Methoden der

Gestalttherapie[2], der Encounter-Gruppen[3] und der Transaktionsanalyse[4] unterscheiden sich von der analytischen Psychotherapie durch die Betonung nichtverbaler Methoden und durch den Anspruch, bisher unbewußte Teile des Ich nicht durch Deutung, sondern durch unmittelbares Erleben zu integrieren. Das gilt vor allem für die Gestalt-Therapie, die zahlreiche psychodramatische Elemente enthält.

Alle diese Therapieformen widersprechen im Grunde der orthodoxen psychoanalytischen Auffassung, daß die menschlichen Triebbedürfnisse primär sozial- und gruppenfeindlich seien. Zugleich rückt vor allem in der Transaktionsanalyse die Bedeutung der Primärgruppe in den Mittelpunkt der therapeutischen Arbeit. Verinnerlichte Gebote der frühen Objekte werden als Zentrum neurotischer oder psychotischer Erkrankungen ausgemacht. Auch hier leidet der Mensch nicht mehr an der primären Unmäßigkeit seiner Triebe, wie im ursprünglichen Modell Freuds, sondern an den sekundär erfahrenen Einschränkungen seiner ursprünglich konstruktiven energetischen Ich-Funktionen. Viele neoanalytische Autoren (z.B. H. Schultz-Hencke, F. Alexander, K. Horney, F. Riemann) haben auf die Grenzen der psychoanalytischen Standardtherapie in jenen Fällen hingewiesen, in denen es nicht um das Bewußtwerden von Verdrängtem, sondern um das Nachholen von Versäumtem geht. Angesichts der Situation des tief regredierten Patienten (M. Balint) ist die Bedeutung des Therapeuten oder der therapeutischen Gruppe als »korrigierende gute Objekte«, die vom Patienten verinnerlicht werden, sehr hoch einzuschätzen.

Sachlich wie subjektiv läßt sich ein Thema wie dieses nicht erschöpfen. Die Evolution, die Ich-Psychologie und unser individuelles Leben haben zumindest die eine Gemeinsamkeit, daß es keine Schlußpunkte gibt, keine endgültig erreichten, nie wieder preiszugebenden Zustände des Lebens, der psychischen Gesundheit, der sozialen Stabilität. Meine Gedanken zu diesem Problemkreis sind ebenso beschaffen: Sie sind keineswegs am Ende angelangt, aber es ist notwendig, einen Abschluß zu finden. Wenn ich zurückschaue, dann finde ich, daß manches nur angedeutet wurde (vor allem die therapeutischen Konsequenzen), weil andere Aspekte sehr in den Vordergrund traten (wie die

[2] F. Perls, Gestalttherapie in Aktion, Stuttgart 1974

[3] C. Rogers, Encounter-Gruppen, München 1973

[4] R. Goulding, Neue Richtungen in der Transaktionsanalyse, in: Sager/Kaplan, Handbuch der Ehe-, Familien- und Gruppentherapie

Konzeption der »energetischen Ich-Funktionen« im Gegensatz zur klassischen Trieblehre). Gerade die Psychoanalyse lehrt uns, die Macht der Worte hoch einzuschätzen. Sprache ist das Vehikel der kulturellen Evolution, der eigentliche Motor der Menschwerdung und das zentrale Mittel innerpsychischer Integration wie sozialer Kontaktnahme. Deshalb ist in dem hier untersuchten Bereich die sprachliche Formel für einen bestimmten Sachverhalt von entscheidender Bedeutung. Ob man »Trieb« oder »energetische Ich-Funktion« sagt, »Neugieraktivität« oder »Aggression« ist keineswegs bedeutungslos.

Was ein Kind an Aktivität und Toleranz in der Primärgruppe braucht, um psychisch gesund heranzuwachsen, läßt sich in Begriffen der Kontrolle eines primären Todes- oder Aggressionstriebes durch libidinöse Triebmischung ebensogut beschreiben wie anhand des hier erläuterten Modells einer Entfaltung primär umweltbezogener, sozial abgestimmter energetischer Ich-Funktionen. Und doch scheint mir das zweite Modell nicht nur den Vorzug größerer biologischer Überzeugungskraft im Rahmen eines Evolutionskonzepts zu haben, sondern auch ein Stück mehr an Offenheit, Zukunftsbezogenheit und Wachstumschance.

1. *Psychoanalytische Ich-Psychologie*

ADLER, A., Praxis und Theorie der Individualpsychologie, (1920), Darmstadt 1965

ALEXANDER, F., The Relation of Structural and Instinctual Conflicts, Psychoanal. Quart. 2, 1933

AXELRAD, S./MAURY, L. M., Identification as a Mechanism of Adaption, in: Psychoanalysis and Cultures, hrsg. v. Wilbur/Muensterberger, New York 1951

BERES, D./OBERS, S. J., The Effects of Extreme Deprivation in Infancy on Psychic Structure in Adolescence. Psychoanal. Study of the Child 5, 1950

BÜHLER, K., Sprachtheorie, Jena 1930

DEUTSCH, H., Psychologie der Frau, Bern 1948–1954

DOLLARD, J./MILLER, N. E., Personality and Psychotherapy, New York 1950

ERIKSON, E. H., Jugend und Krise, Stuttgart 1971

Ders., Kindheit und Gesellschaft, Stuttgart 1963

FEDERN, P., Ichpsychologie und die Psychosen, Bern 1956

FENICHEL, O., The Psychoanalytic Theory of Neurosis, New York 1945

FERENCZI, S., Schriften zur Psychoanalyse, hrsg. v. Michael Balint, Frankfurt 1968 bis 1972

FRENCH, T., Learning in the Course of a Psychoanalytic Treatment, Psychoanal. Quart. 5, 1956

Ders., The Integration of Social Behavior, Psychoanal. Quart. 14, 1945

FREUD, A., Das Ich und die Abwehrmechanismen, München 1963

Dies., Indikationsstellung in der Kinderanalyse, Psyche 21, 1969, S. 233

Dies., The Mutual Influences in the Development of Ego and Id, Psychoanal. Study of the Child 7, 1952

FREUD, S., Gesammelte Werke, Bände I bis XVII, London-Frankfurt 1950f.

GLOVER, E., Psychoanalysis, New York-London 1949

GREENACRE, Ph., Trauma, Growth and Personality, New York 1963

HARTMANN, H., Comments on the Psychoanalytic Theory of Instinctual Drives, Psychoanal. Quart. 17, 1948

Ders., The Development of the Ego Concept in Freuds Work, Int. J. Psycho-Anal. 37, 1956

Ders., Die gegenseitige Beeinflussung von Ich und Es in der psychoanalytischen Theoriebildung, Psyche 9, 1952

Ders., Die Grundlagen der Psychoanalyse, Leipzig 1927

Ders., Ich-Psychologie – Studien zur psychoanalytischen Theorie, Stuttgart 1972

Ders., Ich-Psychologie und Anpassungsproblem, Stuttgart 1939, [2]1960

Ders., Psychiatrische Zwillingsstudien, Jahrbuch Psychiatrie und Neurologie 50 u. 52, 1933 u. 1935

Ders., On Rational and Irrational Action, in: Psychoanalysis and the Social Sciences 1, 1947

Ders./LOEWENSTEIN, R. M., Notes on the Superego, Psychoanal. Study of the Child 16, 1952

Ders./KRIS, E./LOEWENSTEIN, R. M., Comments on the Formation of Psychic Structure, Psychoanal. Study of the Child 1, 1945

Dies., Notes on the Theory of Aggression, Psychoanal. Study of the Child 3/4, 1949

HENDRICK, I. Early Development of the Ego: Identification in Infancy, Psychoanal. Quart. 20, 1951
Ders., Facts and Theories of Psychoanalysis, New York 1964
Ders., Instinct and the Ego during Infancy, Psychoanal. Quart. 11, 1942
Ders., Work and the Pleasure Principle, Psychoanal. Quart. 12, 1943
HERMANN, I., Das Ich und das Denken, Imago 15, 1929
Ders., Sich anklammern – Auf Suche gehen, Int. Z. Psychoanal. 22, 1936
HOFFER, W., Development of the Body Ego, Psychoanal. Study of the Child 5, 1950
Ders., Mouth, Hand and Ego Integration, Psychoanal. Study of the Child 3/4, 1949
Ders., The Mutal Influences in the Development of Ego and Id: Earliest Stages, Psychoanal. Study of the Child 7, 1952
JONES, E., Evolution and Revolution, Int. J. Psycho-Anal. 22, 1941
Ders., Das Leben und Werk von Sigmund Freud, 3 Bde., Bern 1953–1957
KANNER, L., Autistic Disturbances of Affective Contact, Nerv. Child. 2, 1943
KLEIN, M., Das Seelenleben des Kleinkindes, Stuttgart 1962
Dies., Die Psychoanalyse des Kindes, Wien 1934
KRIS, E., The Development of Ego Psychology, Samiksa 5, 1951
KUBIE, L., Instinct and Homeostasis, Psychosom. Med. 10, 1948
LAMPL-DE GROOT, J., Development of the Ego and Superego, Int. J. Psycho-Anal. 28, 1947
Dies., Psychoanalytische Trieblehre, Psyche 10, 1956
LASHLEY, K. S., Experimental Analysis of Instinctual Behavior, Psychol. Rev. 45, 1938
LEVEY, H., A Critique of the Theory of Sublimation, Psychiatry 2, 1930
LEWIN, K., A Dynamic Theory of Personality, New York 1935
Ders., Principles of Topological Psychology, New York 1936
LOCH, W., Theorie, Technik und Therapie der Psychoanalyse, Frankfurt 1972
LOEWALD, H. W., Ego and Reality, Int. J. Psycho-Anal. 32, 1951
LOEWENSTEIN, R. M., Conflict and Autonomous Ego Development During the Phallic Phase, Psychoanal. Study of the Child 5, 1950
MENNINGER, K. A., Man Against Himself, New York 1938
Ders., The Vital Balance, New York 1968
NUNBERG, H., Ego Strength and Ego Weakness, Practice and Theory of Psychoanalysis, New York 1960
Ders., Die synthetische Funktion des Ichs, Int. Z. Psychoanal. 16, 1930
ORR, D. W., Is there a Homeostatic Instinct? Psychoanal. Quart. 11, 1942
PIAGET, J., The Construction of Reality in the Child, New York 1954
RAPAPORT, D., Die Struktur der psychoanalytischen Theorie, Stuttgart 1958, [2]1970
Ders., The Collected Papers of David Rapaport, hrsg. v. M. M. Gill, New York 1967
REICH, W., Charakteranalyse, Berlin 1933
Ders., Die Funktion des Orgasmus, Köln 1969
RICHTER, H. E., Eltern, Kind und Neurose, Stuttgart 1963
Ders., Lernziel Solidarität, Hamburg 1974
Ders., Patient Familie, Hamburg 1970
ROSEN, J. N., Psychotherapie der Psychosen, Stuttgart 1963
RYCROFT, Ch., Beyond the Reality Principle, Int. J. Psycho-Anal. 43, 1966
Ders., Causes and Meaning, in: RYCROFT, Ch. (Hrsg.), Psycho-Analysis Observed, London 1966

Ders., Symbolism and the Primary and Secondary Process, Int. J. Psycho-Anal. 37, 1956
SANDLER, J., Sicherheitsgefühl und Wahrnehmungsvorgang, Psyche 15, 1961/62
Ders., Zum Begriff des Über-Ichs, Psyche 18, 1964/65
SCHUR, M., The Ego and the Id in Anxiety, Psychoanal. of the Child 13, 1958
Ders., Phylogenese und Ontogenese der Affekt- und Struktur-Bildung und das Phänomen des Wiederholungszwanges, Psyche 14, 1960
STERBA, R., Das Schicksal des Ichs im therapeutischen Verfahren, Int. Z. Psychoanal. 20, 1934
STONE, L., Die psychoanalytische Situation, Frankfurt 1973
SULLIVAN, H. S., The Interpersonal Theory of Psychiatry, New York 1953
THOMÄ, H., Die Neo-Psychoanalyse Schultz-Henckes, Psyche 17, 1963/64
WINNICOTT, D. W., Collected Papers, New York 1958
ZEIGARNIK, B., Über das Behalten von erledigten und unerledigten Handlungen, Psychol. Forsch. 9, 1927

2. Frühe Objektbeziehungen, Narzißmus

AHRENS, R., Beitrag zur Entwicklung des Physiognomie- und Mimikerkennens, Z. exp. angew. Psychologie 2, 1954
ALEXANDER, F./FRENCH, T. M., Psychoanalytic Therapy, New York 1946
ANTHONY, E. J./BENEDEK, T. (Hrsg.), Psychology and Psychopathology of Parenthood, Boston 1968
BALINT, A., The Early Years of Life, New York 1954
BALINT, M., Therapeutische Aspekte der Regression. Die Theorie der Grundstörung, Stuttgart 1970
Ders., Die Urformen der Liebe und die Technik der Psychoanalyse, Stuttgart 1966
BATESON, G. et. al., Toward a Theory of Schizophrenia, Behav. Sci. 1, 1956
BENEDEK, T., Elternschaft als Phase der Entwicklung, Jahrbuch der Psychoanalyse 1, 1960
Ders., The Psychosomatic Implications of the Primary-Unit: Mother-Child, Amer. J. Orthopsychiatry 19, 1949, S. 642–654
Ders., Toward the Biology of the Depressive Constellation, J. Amer. Psychoanal. Assn. 4, 1956
BERGMAN, P./ESCALONA, S., Unusual Sensitivities in Very Young Children, Psychoanal. Study of the Child 3, 1949
BETTELHEIM, B., The Empty Fortress: Infantile Autism and the Birth of the Self, New York 1967
BIBRING, E., The So-Called English School in Psychoanalysis, Psychoanal. Quart. 16, 1947
BING, J., The Metapsychology of Narcissism, Psychoanal. Study of the Child 14, 1959
BOWLBY, J., Critical Phases in the Development of Social Responses in Man, New Biology 14, 1953
Ders., Forty-Four Juvenile Thieves, London 1946
Ders., Maternal Care and Mental Health, Genf 1951
BOYER, L. B., On Maternal Overstimulation and Ego Defects, Psychoanal. Study of the Child 11, 1956
BRODY, S., Anxiety, Socialisation and Ego-Formation, Int. J. Psycho-Anal. 47, 1966
Ders., Patterns of Mothering, New York 1956

BRENNER, C., Archaic Features of Ego Functioning, Int. J. Psycho-Anal. 49, 1968
BÜHLER, C., The First Year of Life, London 1937
BYCHOWSKI, G., The Ego and the Introjects Psychoanal. Quart. 25, 1956
CAPLAN, G. (Hrsg.), Emotional Problems of Early Childhood, New York 1955
DARWIN, C., Der Ausdruck der Gefühle bei Mensch und Tier, Düsseldorf 1964
EIDELBERG, L., The Concept of Narcissistic Mortification, Int. J. Psycho-Anal. 40, 1959
EKSTEIN, R., Grenzfallkinder, München-Basel 1973
EKSTEIN, R./WALLERSTEIN, J., Observations on the Psychology of Borderline and Psychotic Children, Psychoanal. Study of the Child 9, 1954
ELKISCH, P., The Psychological Significance of the Mirror, J. Amer. Psychoanal. Assn. 5, 1957
Dies., Simultaneous Treatment of a Child and His Mother, Amer. J. Psychother. 7, 1953
ERIKSON, E. H., Kindheit und Gesellschaft, Stuttgart 1963
ESCALONA, S., A Commentary upon Some Recent Changes in Child Rearing Practices, Child Development 20, 1947
FREEDMAN, D. A., The Infants Fear of Strangers and the Flight Response, J. Child Psychol. Psychiat. 2, 1961
FREUD, A., Child Observation and Prediction of Development, Psychoanal. Study of the Child 13, 1958
Dies., Heimatlose Kinder, Frankfurt 1971
Dies., Psychoanalyse und Erziehung, Bern 1960
Dies., The Psychoanalytic Study of Infantile Feeding Disturbances, Psychoanal. Study of the Child 2, 1946
GESELL, A. L., The First Five Years of Live, New York 1940
GIFFORD, S., Sleep, Time and the Early Ego, J. Amer. Psychoanal. Assn. 8, 1960
GLOVER, E., Grades of Ego-Differentiation, in: On the Early Development of Mind, New York 1956
Ders., Psychoanalysis and Child Psychiatry, London 1953
Ders., Some Recent Trends in Psychoanalytic Theory, Psychoanal. Quart. 30, 1961
GOLDFARB, W., Effects of Early Institutional Care on Adolescent Personality, J. Exp. Education 12, 1943
Ders., Emotional and Intellectual Consequences of Psychologic Deprivation in Infancy: A Re-Evaluation, in: HOCH/ZUBINN, Psychopathology of Childhood, New York 1955
GREENACRE, P., Considerations Regarding the Parent-Infant-Relationship, Int. J. Psycho-Anal. 41, 1960
Dies., Trauma, Growth and Personality, New York 1952
GREENE, W., Early Object Relations, Somatic, Affective and Personal: An Inquiry into the Physiology of the Mother-Child Unit. J. Nerv. Ment. Dis. 126, 1958
HARLOW, H. F., The Heterosexual Affective System in Monkeys, Amer. Psychologist 17, 1962
Ders., Love in Infant Monkeys, Sci. American 200, 1959
Ders., The Nature of Love, Amer. Psychologist 13, 1958
HENDRICK, I., Instinct and the Ego during Infancy, Psychoanal. Quart. 2, 1942
Ders., Narcissism and the Prepuberty Ego Ideal, J. Amer. Psychoanal. Assn. 12, 1964
HOFFER, W., Development of the Body Ego, Psychoanal. Study of the Child 5, 1950
HOOKER, D., The Prenatal Origin of Behavior, Lawrence 1952

HUG-HELLMUTH, H., Aus dem Seelenleben des Kindes, Leipzig-Wien 1913
JACOBSEN, E., Denial and Repression, J. Amer. Psychoanal. Assn. 5, 1957
Dies., Psychotic Conflict and Reality, New York 1967
Dies., The Self and the Object World, New York 1964
JOFFE, W. G./SANDLER, J., Über einige begriffliche Probleme im Zusammenhang mit dem Studium narzißtischer Störungen, Psyche 21, 1967
KANNER, L., Autistic Disturbances of Affective Contact, Nerv. Child 2, 1942
Ders., Child Psychiatry, Springfield 1957
KAPLAN, S. M./WHITMAN, R. M., The Negative Ego-Ideal. Int. J. Psycho-Anal. 46, 1965
KHAN, M. M. R., The Concept of Cumulative Trauma, Psychoanal. Study of the Child 18, 1963
Ders., Ego Distortion, Cumulative Trauma and the Role of Reconstruction in the Analytic Situation, Int. J. Psycho-Anal. 45, 1964
Ders., Regression and Integration in the Analytic Setting, Int. J. Psycho-Anal. 41, 1960
KLEIN, M., Die Psychoanalyse des Kindes, Wien 1935
KLEIN, M./HEIMANN, P./ISAACS, S./RIVIERE, J., Developments in Psychoanalysis, London 1952
KÖHLER, O., Das Lächeln als angeborene Ausdrucksbewegung, Zur menschl. Vererbungs- und Konstitutionslehre 32, 1954
KOHUT, H., Autonomy and Integration, J. Amer. Psychoanal. Assn. 13, 1965
Ders., Introspektion, Empathie und Psychoanalyse, Psyche 25, 1971
Ders., Narzißmus, Frankfurt 1973
Ders., Die psychoanalytische Behandlung narzißtischer Persönlichkeitsstörungen, Psyche 23, 1969
KRIS, E., Neutralisation and Sublimation, Psychoanal. Study of the Child 10, 1955
Ders., The Recovery of Childhood Memories in Psychoanalysis, Psychoanal. Study of the Child 11, 1956
LAMPL-DE-GROOT, J., Depression und Aggression, in: Jahrbuch der Psychoanalyse Bd. 1, 1960
Dies., Ich-Ideal und Über-Ich, Psyche 18, 1963
LANGER, S., Philosophie auf neuem Weg, Frankfurt 1965
LEVY, D. M., Maternal Overprotection, New York 1943
LOCH, W., Studien zur Dynamik, Genese und Therapie der frühen Objektbeziehungen, Psyche 20, 1966
LOEWALD, H. W., On the Therapeutic Action of Psychoanalysis, Int. J. Psycho-Anal. 41, 1960
LUSTMAN, S. L., Psychic Energy and Mechanisms of Defense, Psychoanal. Study of the Child 12, 1957
MAENCHEN, A., Notes on Early Ego Disturbances, Psychoanal. Study of the Child 8, 1953
MAHLER, M., Autism and Symbiosis: Two Extreme Disturbances of Identity, Int. J. Psycho-Anal. 39, 1958
Dies., Pseudoimbecility: A Magic Cap of Invisibility, Psychoanal. Quart. 11, 1942
Dies., Symbiose und Individuation, Stuttgart 1972
MOSER, T., Lehrjahre auf der Couch, Frankfurt 1974
PEIPER, A., Instinkt und angeborenes Schema beim Säugling, Tierpsychologie 8, 1951
POLLOCK, G. H., On Symbiosis and Symbiotic Neurosis, Int. J. Psycho-Anal. 45, 1964

ROSENFELD, H., On the Psychopathology of Narcissism, Int. J. Psycho-Anal. 45, 1964
SANDER, L. W., Issues in Early Mother-Child Interaction, J. Amer. Acad. Child Psychiatry 1, 1962
SANDLER, J./HOLDER, A./MEERS, D., The Ego Ideal and the Ideal Self, Psychoanal. Study of the Child 18, 1963
SCHUMACHER, W., Bemerkungen zur Theorie des Narzißmus, Psyche 24, 1970
SEARLES, H. F., The Nonhuman Environment in Normal Development and in Schizophrenia, New York 1960
SCHMIDBAUER, W., Erziehung ohne Angst, München 1972
Ders., Verwundbare Kindheit, München 1973
Ders. (Hrsg.), Evolutionstheorie und Verhaltensforschung, Hamburg 1974
SPERLING, M., The Neurotic Child and his Mother, Amer. J. Orthopsychiat. 21, 1951
SPITZ, R. A., A Genetic Field Theory of Ego Formation, New York 1959
Ders., Hospitalism, a Follow-up-Report, Psychoanal. Study of the Child 2, 1946
Ders., Hospitalism: An Inquiry into the Genesis of Psychiatric Conditions in Early Childhood, Psychoanal. Study of the Child 1, 1945
Ders., Nein und Ja. Die Ursprünge der menschlichen Kommunikation, Stuttgart 1970
Ders., Vom Säugling zum Kleinkind, Stuttgart 1969
STONE, L., Die psychoanalytische Situation, Frankfurt 1972
SULLIVAN, H. S., Conceptions of Modern Psychiatry, Washington 1940
SZASZ, T., Pain and Pleasure: A Study of Bodily Feelings, New York 1957
SZEKELY, L., Biological Remarks on Fears Originating in early Infancy, Int. J. Psycho-Anal. 35, 1954
TARTAKOFF, H. H., The Normal Personality in Our Culture and the Nobel Prize Complex, in: Psychoanalysis – A General Psychology, hrsg. v. LOEWENSTEIN, R. M., New York 1966
TAUSK, V., Über die Entstehung des »Beeinflussungsapparates« in der Schizophrenie, Int. Z. Psychoanal. 5, 1919, neu in Psyche 23, 1969
WAELDER, R., Die Grundlagen der Psychoanalyse, Bern 1963
WINNICOTT, D. W., Collected Papers, New York 1958
Ders., The Maturational Processes and the Facilitating Environment, New York 1965
Ders., The Theory of the Parent-Infant Relationship, Int. J. Psycho-Anal. 41, 1960
Ders., Übergangsobjekte und Übergangsphänomene, Psyche 22, 1969
ZETZEL, E. R., The Theory of Therapy in Relation to a Development Model of the Psychic Apparatus, Int. J. Psycho-Anal. 46, 1965

3. Evolutionstheorie und Human-Ethologie

Ein umfassendes Literaturverzeichnis, das vor allem die amerikanische Primatenforschung und ihre Konsequenzen für eine evolutionstheoretisch fundierte Anthropologie erfaßt, findet sich in W. Schmidbauer (Hrsg.): Evolutionstheorie und Verhaltensforschung, Hamburg 1974

BALL, W./TRONICK, E., Infant Responses to Impending Collision, Science 171, 1971
BALLY, G., Vom Ursprung und von den Grenzen der Freiheit, Basel 1945

BATESON, P. P. B., The Characteristics and Context of Imprinting, Biol. Rev. 41, 1966
BEACH, F. A., Hormones and Behavior, New York 1948
BERGER, P. L./LUCKMANN, T., The Social Construction of Reality, New York 1966
BÜHLER, K., Sprachtheorie, Stuttgart 1965
BUETTNER-JANUSCH, J., Origins of Man, London 1966
BUNAK, V. V., Die Entwicklungsstadien des Denkens und des Sprachvermögens und die Wege ihrer Erforschung, Homo 19, 1968
CHAMPBELL, D. G., Human Evolution, Chicago 1966
CHOMSKY, N., Sprache und Geist, Frankfurt 1970
COUNT, E. W., Eine biologische Entwicklungsgeschichte der menschlichen Sozialität, Homo 9, 1958, und 10, 1959
CRAIG, W., Appetites and Aversions as Constituents of Instincts, Biological Bulletin 34, 1918
DARWIN, Ch., Der Ausdruck von Gefühlen bei Mensch und Tier, Düsseldorf 1964
Ders., Die Entstehung der Arten durch natürliche Zuchtwahl, Stuttgart 1963
ECCLES, J. C., Brain and Conscious Experience, New York 1966
ERIKSON, E. H., Ontogeny of Ritualisation in Man, Philosophical Trans. Royal Soc. London 251 B, 1966
FOPPA, K., Lernen, Gedächtnis, Verhalten, Köln 1966
GARDNER, R. A. u. W. T., Teaching Sign Language to a Chimpanzee, Science 165, 1968
HASSENSTEIN, B., Verhaltensbiologie des Kindes, München 1973
HEBERER, G., Homo – unsere Ab- und Zukunft, Stuttgart 1968
Ders., Der Ursprung des Menschen, Göttingen 1969
Ders. (Hrsg.), Die Evolution der Organismen. Ergebnisse und Probleme der Abstammungslehre, Stuttgart 1967/70
HINDE, R. A., Animal Behavior, New York 1972
HOLST, E. v., Zur Verhaltensphysiologie von Tieren und Menschen, Bd. I u. II, München 1969/70
HÖPP, G., Evolution der Sprache und Vernunft, Frankfurt 1972
HÖRMANN, H., Psychologie der Sprache, Berlin 1970
KAWAMURA, S., The Process of Subcultural Propagation among Japanese Macaques, in: SOUTHWICK, C. E., Primate Social Behavior, New York 1963
KOEHLER, O., Tiersprachen und Menschensprachen, in: ALTNER, G. (Hrsg.), Kreatur Mensch, München 1969
KÖHLER, W., Gestalt-Psychology, New York 1947
Ders., Intelligenzprüfungen an Menschenaffen, Berlin 1921
LAWICK-GOODALL, J., Wilde Schimpansen, Hamburg 1971
Dies./H. VAN LAWICK, Unschuldige Mörder, Hamburg 1972
LEE, R., DE VORE, I. (Hrsg.), Man the Hunter, Chicago 1968
LENNEBERG, E. H., Biologische Grundlagen der Sprache, Frankfurt 1972
LÉVI-STRAUSS, C., Strukturale Anthropologie, Frankfurt 1967
LEYHAUSEN, P., Über die Funktionen der Relativen Stimmungshierarchie, Z. Tierpsychol. 22, 1965
LORENZ, K., Die Rückseite des Spiegels, München 1973
Ders., Über tierisches und menschliches Verhalten, Ges. Abhandlungen I. u. II., München 1965
MAYR, E., Artbegriff und Evolution, Berlin 1967
MONOD, J., Zufall und Notwendigkeit, München 1971
MÜHLMANN, W. E./MÜLLER, E. W. (Hrsg.), Kulturanthropologie, Köln 1966

NARR, K. J., Urgeschichte der Kultur, Stuttgart 1970
PLESSNER, H., Philosophische Anthropologie, Stuttgart 1970
SCHLEIDT, W. M., Wirkungen äußerer Faktoren auf das Verhalten, Fortsch. Zool. 16, 1964
SCHMIDBAUER, W., Biologie und Ideologie – Kritik der Humanethologie, Hamburg 1973
Ders., Evolutionstheorie und Verhaltensforschung, Hamburg 1974
Ders., Jäger und Sammler. Als sich die Evolution zum Menschen entschied, München-Planegg 1972
Ders., Mythos und Psychologie, München 1970
Ders., Psychotherapie – Ihr Weg von der Magie zur Wissenschaft, München 1971
Ders., Die sogenannte Aggression. Die kulturelle Evolution und das Böse, Hamburg 1972
THORPE, W., Der Mensch in der Evolution, München 1969
TINBERGEN, N., Instinktlehre, Berlin 1966
Ders., Von Krieg und Frieden bei Mensch und Tier, in: ALTNER, G. (Hrsg.), Kreatur Mensch, München 1969
TOLMAN, E. C., Purposive Behavior in Animals and Men, New York 1932
WICKLER, W., Sind wir Sünder? Naturgesetze der Ehe, München 1969
Ders., Stammesgeschichte und Ritualisierung, München 1970
Ders., Vergleichende Verhaltensforschung und Phylogenetik, in: HEBERER, Die Evolution der Organismen, Stuttgart 1967
Ders., Verhalten und Umwelt, Hamburg 1972
WYNNE-EDWARDS, V. C., Animals Dispersion in Relation to Social Behavior, London 1962
ZMARZLIK, H. G., Der Sozialdarwinismus in Deutschland, in: ALTNER, G. (Hrsg.), Kreatur Mensch, München 1969

Sachregister

AAM s. Angeborener Auslösender Mechanismus
Abfuhr 95, 146, 196
Abhängigkeit 120, 128, 226
–, orale 156
Abhängigkeitsbeziehung 229
Abhängigkeitsprotest 128
Ablehnung, objektlose 124
Abscheu 229
Abstinenz, sexuelle 182
Abtrennung 208
Abwehr 85, 90, 95, 100, 102, 112, 182, 209, 218, 221, 232, 240, 245, 254, 258
Abwehrform, archaische 198, 237
Abwehrfunktion des Ich 87
Abwehrmechanismus 10, 101, 171, 182, 237 f., 241, 244, 258
Abwehrprozeß 183, 213
Abwehrreaktion 200
Abwehrtechnik 254
Affekt 101, 148, 240 f., 258
Aggression 15, 27, 39, 41, 82, 142, 146, 150, 154, 161, 174 ff., 219, 228, 254, 262
–, anale 130
–, destruktive 110, 141, 177
–, konstruktive 148
–, narzißtische 218 f.
–, orale 156
Aggressionsinstinkt 7, 15, 175
Aggressionskonzept 11 f.
Aggressionstrieb 12, 50, 88, 90, 177, 217, 262
–, spontaner 174
aggressiver Bereich 257
Aggressivität 10
Aktivierung, allgemeine 150
Aktivität 102, 128, 130, 135, 140, 142, 145 f., 157, 175, 226, 231 f., 246, 262
–, autoerotische 196
–, destruktive 177
–, exploratorische 158
–, frühkindliche 117
–, konstruktive 178
–, libidinöse 217
–, phallische 135
–, rationale 176
–, soziale 137
–, verdrängte 133
–, vitale 143
Aktivitätstrieb 146
Akzeptieren, das 200
Als-ob-Persönlichkeit 233
»alte« Triebe s. Triebe, »alte«
Altruismus 12, 201
Anale, das 126
anale Phase 125, 140, 159, 164 f.
analer Charakter 161
anale Eigenschaft 162
Analerotik 92, 126, 128
analsadistisch 92
Anerkennung, soziale 170
angeboren 14, 29, 32 f., 36, 93, 100, 105, 241, 260
Angeborener Auslösender Mechanismus (AAM) 16, 19, 148
Angst 94, 97, 101, 122, 136, 177, 202 ff., 222, 228, 258
–, panische 142
Angstbefreiung 223
Angstinhalt 140
Angst-Signal 84, 222
Anlehnungstyp 231
Anpassung 104, 111, 179, 202, 237, 248 f.
–, alloplastische 182
–, regressive 241
–, soziale 237
Anpassungsfähigkeit 244, 247, 250
Anpassungsforderung 243
Anpassungsformen 148
Anpassungsleistung 105
– des Ichs 177
Anpassungszwang 9, 244
Anspruch, archaisch-exhibitionistischer 210
antiautoritäre Erziehung 175
Antisozialität 11
Antrieb, aggressiver 102
–, desexualisierter 94
–, destruktiver 105
–, entaggressivierter 94
–, enttrieblichter 94
–, libidinöser 102
–, neuralisierter 94
–, sekundärer 105
Antriebskreis, oraler 157
Antriebsmechanismus 8
–, angeborener 151
Antriebsüberschuß 149
Appetenz, spezifische 150
Appetenzverhalten 17, 147 ff., 151
Arbeitsbündnis 249
Arbeitsfähigkeit 171 f.
Arbeitshemmung, neurotische 141
Arbeitsleistung, seelische 185
Arbeitsprinzip 95, 172
Archetypus 33, 241
Arterhaltung 38, 237
Askese 181
Atrophie 196
Ausdauer 172

autistisch 162
Autoerotismus 186 f., 190, 197
Autonomie 101 f., 105, 120, 127 f., 131, 134, 142, 157, 159, 164 f., 167, 182, 192
–, funktionale 100
–, funktionelle 86
–, primäre 85, 106
–, relative 107
–, sekundäre 86, 106
–, soziale 161
autoritäre Erziehungsmaßnahme 160
autoritärer Charakter 244
Autorität der Eltern 163

Basis-Bedürfnis 153
bedingter Reflex 15
Bedürftigkeit, narzißtische s. narzißtische Bedürftigkeit
Bedürfnis, biologisches 256
–, emotionales 223
–, genitales 228
–, libidinöses 159
–, narzißtisches 217 f., 225
–, neurogenes 152
–, phallisches 228
–, primäres 136, 146, 181, 194, 200
–, sexuelles 153 f.
–, soziales 153 f
–, unbewußtes 225
–, urprimäres 136
–, viscerogenes 152
–, vitaes 152
Bedürfnisbefriedigung, kindliche 20
Befriedigung, libidinöse 249
–, orale 210
Bejahen, das 200
Bemächtigung 159
Bemächtigungstrieb 92–95, 97, 148
Bemeisterung, körperliche 119
Bereich, aggressiver s. aggressiver Bereich
–, sexueller s. sexueller Bereich
Besetzung, libidinöse 81 f., 88
–, narzißtische 81, 205
– –, archaische 208
Bestätigung 209
bewußt 236
Beziehung, narzißtisch gestörte s. narzißtisch gestörte Beziehung
Bezogenheit, primäre s. primäre Bezogenheit
Bezugsperson 209, 225, 233
Bindungsangst 231
Bindungsanspruch 231
Binnengleichgewicht 154
Borderline-Syndrome 124

Charakter, autoritärer s. autoritärer Charakter
compromise 168
consummatory action 147

Defekt, narzißtischer s. narzißtischer Defekt
Deformierung, narzißtische s. narzißtische Deformation
Denkarbeit 47
Denken, infantil-egozentrisches 169
–, primärprozeßhaftes 240
Denkhemmung 250
Denkidentität 100
Deprivation, soziale 153
Deprivations-Schaden 196
Desaggressivierung 90
Desexualisierung 89
Desintegration 250
Destruktion 175, 178
–, triebhafte 12
Destruktions-Trieb, primärer 174
Destruktivität, angeborene 174
Deszendenztheorie 29 f.
Determination, unbewußte 100
double bind 82, 124
Dualtrieblehre 49, 92, 109
Durchsetzungsvermögen, soziales 171
Durst 173

Echolalie 102
Echopraxis 102
Effektanz (effectance) 98, 146, 148, 152
effectance motivation 173
Egoismus 24, 202
Egozentrizität, kognitiv bedingte 169
Eigensinn 161 f.
Einfühlung 224
Einfühlungsentwicklung 247
Einfühlungsfähigkeit 247
Einschränkung 157

Einsicht 168 f.
Einverleibung, orale 123
Elternbeziehung 253
–, symbiotische 229
Eltern-Kind-Beziehung 192
Eltern-Surrogate 82
Emotion 148
Emotionalität 242
Empathie 58, 244, 246
Empfinden, orales 151
Encounter-Gruppe 261
Endhandlung, triebverzehrende 17, 147 f., 152
Energie, affekt-spezifische 150
–, aggressive 94
–, aktions-spezifische 150 f., 155 f.
–, libidinöse 94
–, neutralisierte 95
Energie-Versorgung, autonome 96
Entbiologisierung 110
Entfremdung 131, 242, 249 f.
Entfremdungsprozeß 248
Enttrieblichung 89 f.
Entwicklung, libidöse 213
–, motorische 160
–, narzißtische 213

–, seelische 96
Entwicklungsfähigkeit 120
Entwicklungsleistung 116
Entwicklungsschicksal 160
Entwicklungsstörung 258
Entwöhnung 123
Epigenese der Ich-Identität 134
Epigenese der Identität 120
Epignese des Ich 116, 121
Epithymia 41, 242
Erbe 33
Erbkoordination 148, 157
–, triebverzehrende 149
erblicher Kern des Ich 85
Erblichkeit 88
Erbsünde 10
ererbt 48
Erfahrung, fundamentale narzißtische 189
Erfahrungsunfähigkeit 238, 254
Erfahrungsverbot 10
Erleben, narzißtisches s. narzißtisches Erleben
Erlebnisfähigkeit 120
Erlebnisinhalt, ödipaler s. ödipaler Erlebnisinhalt
Erlebnisunfähigkeit 142
Erlebnisverbot 10, 112, 178, 199, 238
Erleiden, passives 218
erlernt 33
Ernstniveau der Motivation 152
Erotik, lokomotorische 118
Ersatzbefriedigung 231
Erwartung, sexuelle s. sexuelle Erwartung
erwerben 29, 32, 36, 48
Erziehung, antiautoritäre s. antiautoritäte Erziehung
Erziehungsmaßnahme, Erziehungsmaßnahme, autoritäre s. autoritäre Erziehungsmaßnahme
Es-Ich-Einheit 190
Es-Lust 95
Es-Psychologie 108 f.
Eßzwang, neurotischer 125
Es-Triebe 94
Ethik 169
Ethos der Aktion 143
Evolution 11, 13, 32, 47, 112, 149
–, biologische 11, 18 f., 21, 110, 113 f., 180, 249 f., 256
–, kulturelle 18–21, 49, 58, 110, 112 ff., 124, 129, 157, 178 f., 182, 242, 249 f., 255–258, 260, 262
Evolutions-Konzept 112
Evolutionsprozeß 55
Evolutionstheorie 9, 13, 32, 34, 46, 174, 238, 247, 250, 255
Exhibitionismus, phallischer 205, 208
Existenz, soziale s. soziale Existenz
Exploration 145 f., 150, 155, 158

Fähigkeit, verbale 248
Familienberatung 22
Familiendynamik 36, 82, 139, 204, 238
–, patriarchalische 249
Familienforschung 82
Familiengruppe 10, 119, 123 f., 128, 131, 134, 139, 142, 161, 184, 205
Feedback 158
Fixierung, frühkindliche 171
–, orale 151, 156
Flexibilitas cerea 102
Fluchtreaktion 194
Forderung, kulturelle 23, 113, 139, 180
–, soziale 170
Fragmentierung 202 f.
Fremdbestimmung 154
Frigidität 142
Frustration 131 f., 153, 196
–, orale 125, 131
–, sexuelle 154
–, soziale 154
Funktionslust 94 f., 119, 155
–, motorische 137

Geborgenheit 220
–, frühkindliche 222
Gefühlsanspruch 231
Gegenbesetzung 100 f., 106 f., 232
Gegenübertragung 206, 220 f., 223, 246
Gehautomatismus 47
Geltungsgebaren, überhöhtes 207
Gemeinschaftsgefühl 207
genetisch bedingt 36
Genitalprimat 93
Gestalttherapie 261
Gewissen 60, 140, 143
Gewissensinstanz 64
Gleichgewicht, narzißtisches s. narzißtisches Gleichgewicht
Grausamkeit, kindliche 92
Grandiosität 234
–, archaische 208
Greifreflex 47, 193
Größenanspruch, archaischer 210
– –, exhibitionistischer 209
Größenphantasie 140, 220, 222
–, kompensatorische 207
Großfamilie 82, 125
Großgruppe 180
Gruppe, therapeutische 253, 255
Gruppenanpassung 112
Gruppendynamik 12
–, analytische 7
–, bewußte 113
–, unbewußte 113
Gruppenerfahrung 254
Gruppengrenze 254
Gruppenidentität 117 f.
Gruppennorm 23
Gruppenprozeß 235, 238
Gruppenpsychotherapie, analytische 39
Gruppenseele 27

Haß 128, 229, 249
Halluzination 236
Herrschaftssystem, autoritäres 259 f.
–, patriarchalisches 259 f.
Heteronomie 101, 164, 192
Homöostase 257–260
Hospitalismus 196, 224
–, psychischer 223
Human-Ethologie 7
Hunger 145 ff., 150 ff., 154, 173, 194, 196
hysterisch 142

Ich, primäres 53
–, sekundäres 53
Ich-Anlage 85
Ich-Autonomie 48, 102 f., 153
Ich-Befreiung 184
Ichbegriff 51
Ich-Besetzung 187
Ichbewußtsein 50 f., 172
Ich-Bildung 189
Ich-Energie 88 f., 97
–, autonome 9, 41, 89, 91, 97, 99, 148
–, libidinöse 215 f.
–, narzißtische 216
–, neutrale 96
–, primäre 89
Ich-Entwicklung 9, 11, 21, 23, 31, 48, 53 ff., 57, 84 f., 87, 91, 93, 96 f., 100, 104, 109–112, 115 f., 120, 124, 126, 133 f., 141 f., 156, 164, 166, 170, 173 f., 182 ff., 187, 189, 191, 197, 218 ff., 227, 235, 238
–, autonome 183
–, Spiegelstufe der 189
–, autonome 183
–, Spiegelstufe der 189
Ich-Erweiterung 93, 177, 184
Ich-Es-Matrix 8, 50, 96
Ich-Evolution 256
Ich-Funktion 8, 32, 38, 49, 84–87, 91, 93 f., 101 f., 105, 113, 123 f., 135, 141, 148, 151, 159, 177, 183, 240
–, autonome 105
–, energetische 112, 115, 144, 147 f., 152, 154 f., 173–176, 182 f., 196, 242, 248, 258, 261 f.
–, konstruktive 152, 154
–, kreative 154
–, primäre 20, 97, 104
–, synthetische 248
Ich-Grenze 189, 191, 198, 215, 236
Ich-Ideal 64, 118, 129, 165, 189, 231 f.
Ich-Identität 119
Ich-Instanz, abwehrende 206
Ichkern 84, 248
Ich-Konzept 108
Ich-Leistung 93, 97, 100 f.
Ichlibido 56
Ich-Libido-Entwicklung 188
Ich-Lust 95
Ich-Organisation 96, 100
Ich-Psychologie 8 f. 11 f., 50, 54 f., 59, 61, 83, 85, 87, 90, 95, 97, 103 f., 107–111, 116, 120, 155, 236, 238, 249 f., 260
ich-psychologisch 48
– Strukturmodell 49
Ich-Qualität 119
Ich-Schicksal 12, 134, 171, 188
Ich-Sphäre, konfliktfreie 91
Ich-Struktur 188
Ich-Trieb 38 f., 54 f., 88, 91, 97, 188, 237
Ich-Veränderung 142
Ichvorgang 52
Ich-Zusammenbruch 188
Ideal, narzißtisches s. nazißtisches Ideal
Idealbild 226
Idealerfüllung 189
Ideal-Ich 188, 206
Idealisierung 220, 231
–, narzißtische 229
Idealisierungsbedürfnis 225
Idealsystem 83
Idealtypus, biologischer 258
Identifikation 81, 227
Identifikation mit dem Aggressor 218
Identifizierung 57 ff., 62 ff., 92, 118, 190, 197, 233, 238
Identifizierung mit dem Aggressor 177, 226
Identifizierungsfähigkeit 164
Identifizierungstrieb 58
Identität 141 f., 175, 183, 211, 254
–, persönliche 119
–, soziale 142, 231
Identitätsentwicklung 119, 255
Identitätsstreß 254
Imitationsdrang 127
Impotenz, sexuelle 142
Impulskontrolle 100, 159
Individuation 257
Inhalte, unbewußte 136
Initiative 134 f., 140 ff., 163 ff., 167
–, eingeschränkte 142
–, phallische 140, 142
Inkompetenz 165 f.
instinct to master 92
Instinkthandlung 15, 148 f., 151
instinktiv 14, 110
Instinktreaktion 173
Instinktreichtum 149
Instinkttheorie der Aggression 175
Instinktverhalten 18
Instanzen-Theorie 109
Integration 243, 254, 256 ff., 262
–, primäre 247
Intellekt 242
Intellektualisierung 171
Intelligenz, sensomotorische 158
Introjektion 156, 227, 238
Introspektion 52
Inzest 19
Isolation 179, 223

Käfigreaktion 146
kannibalisches Stadium 156
Kastration 214
Kastrationsangst 63, 136, 139, 163
Kastrationsdrohung 165
Kastrationskomplex 140, 165
Kernfamilie 81
Kleinfamilie 81, 125, 137, 143
Kleingruppe 168, 179
Kleinkind 98
Kommunikation, angstfreie 183
Kommunikationsschwierigkeit 248
Kommunikationsverbot 112
Kompensation 207, 224
Kompetenz (competence) 98 f., 155, 163, 165, 171 ff.
–, soziale 160 f., 164, 170
Kompetenzentwicklung 172 f.
Kompetenzgefühl (sense of competence) 99, 119, 128, 160, 162, 164, 170 f.
Kompetenz-Modell 144
Komplexe 8
Konflikt 83
–, ödipaler 203
Konfliktbearbeitung 83
Konfliktlösung 243
Kontakt-Abstinenz 231
Kontaktbedürfnis 194, 196, 221, 223, 227 f.
Kontakttier 193 f.
Körpergefühl 98
»Körper-Ich« 53
Körperselbst 208 f.
–, narzißtisches 205
Kosmologie, antike 216
Kränkung, narzistische s. narzistische Kränkung
Kreativität 175, 182
Kulturentwicklung 93
kulturfeindlich 250, 257, 259
Kulturfortschritt 26
kulturfreundlich 11
Kulturleistung 181
Kultur-Schule 155
kultursüchtig 49
Kultursüchtigkeit 50, 131
Kulturtier 20
kulturwidrig 23

Latenzphase 63
lebensfeindlich 11
Lebensschule 255
Lebenstrieb 39, 45, 90, 92, 147, 217
Leidensdruck 254
Leistungsdenken 9
Leistungsfähigkeit 98
Libidinisierung der Körpermuskulatur 146
Libido 41, 88, 130, 137, 147, 150, 152, 187, 192, 213, 237
–, narzißtische 90, 201
–, objektgerichtete 89
–, prägenitale 172
–, sekundär-narzißtische 190
–, sublimierte 100
Libidobesetzung des Ich 187
Libidoentwicklung 44, 92, 154 f., 164, 171, 187 f., 196, 201
Libidoökonomie, kindliche 123
Libido-Rückzug 187
Libidotheorie 145 f.
Liebe 194
Liebesentzug 169, 176
Liebesobjekt 232
Lob 209
lokomotorisch-genitale Phase 155
Lust 27
Lustempfinden 138, 237
Lustgewinn 186, 215
–, aggressiver 95
–, analer 159
–, libidinöser 95, 118, 157
–, oraler 157
–, primärer 94
Lust-Ich 54, 189, 237
Lustprinzip 15, 54, 60 f., 84, 95, 97, 194, 206, 213, 235 f.
Lustspender, primärer 156
Lust-Unlust-Instanz 84, 94

Manipulation 145 f., 150, 155, 158, 200
Massenpsychose 26
maternal deprivation 224
Metapsychologie 252
Minderwertigkeit 207
Minderwertigkeitsgefühl 64, 207
–, infantiles 207
mirroring 208
Mißtrauen 121 f., 128, 156
moral insanity 224
Mordwünsche 176
Motiv, primäres 101
–, sekundäres 101
Motorik 159
–, expansive 128
muskular-anale Phase 155
Mutation 11, 15 f., 20, 31, 33 f., 49
–, biologische 112
–, kulturelle 21
–, symbolische 112
Mutter-Kind-Beziehung 194
Mythos 239, 241 f.

Nachahmungstrieb 58
Nächstenliebe 24, 187
Narziß 186, 201, 203
Narzißmus 40, 50, 56, 64, 111, 138, 194, 196 f., 201 f., 206 ff., 213, 227
–, menschlicher 199
–, mütterlicher 199
–, phallischer 138
–, primärer 20, 190, 197, 215

narzißtisch 39 f., 64, 89
– schizoid 142
narzißtische Bedürftigkeit 202, 204, 206, 216, 231
narzißtische Besetzung 138 f.
narzißtische Deformation 226
narzißtische Kränkung 163, 206, 208, 218
narzißtisch gestörte Beziehung 231
narzißtischer Defekt 229
narzißtischer Schaden 196
narzißtischer Typ 231
narzißtisches Erleben 209
narzißtisches Gleichgewicht 206
narzißtisches Ideal 165, 231
narzißtisches Phänomen 207
narzißtisches Sozialwerkzeug 141
narzißtische Störung 111 f., 124, 197, 202, 212, 222 f., 228
narzißtisches Wohlbehagen 206
narzißtische Wunde 205
narzißtische Zufuhr 203, 209
nature and nurture 33
Negativismus 161
Nestflüchter 192 f.
Nesthocker 192 ff.
»neue« Triebe s. Triebe, »neue«
Neugieraktivität 94 f., 127 ff., 131, 134 bis 137, 141, 145–150, 152–155, 157, 159, 165, 170, 173–178, 182, 195 f., 216 ff., 228, 262
–, konstruktive 12
–, soziale 230
–, unspezifische 150
Neurose, narzißtische 184
Neutralisationshypothese 144
Neutralisierung 9, 89 f., 96, 182
No-Frustration-Erziehung 131 f.
Nous 41

Objekt, ideales 209
–, narzißtisches 203
Objektbefriedigung 189
Objektbesetzung 188, 197
–, libidinöse 189, 216
Objektbeziehung 81, 215, 220 f., 225, 228, 230 f., 233
Objektbezogenheit 191
–, primäre 238
Objektgrenze 215
Objektlibido 90, 187, 189, 201
Objektliebe 186, 201, 233
Objektverlust 63
Objektwahl 59, 232
–, gerichtete 191
–, narzißtische 231
ödipale Dynamik 165
ödipale Phase 202
ödipaler Erlebnisinhalt 203
ödipales Dreieck 117, 163
ödipale Situation 170
Ödipuskomplex 10, 23, 31, 63, 122, 137, 139 f., 163, 166, 249
Ödipus-Modell 164
oral-aggressive Form 210
orale Phase 122, 127, 151, 154–157
orale Sphäre 157
Oralität 158
oral-rezeptives Stadium 156
oral-sadistisches Stadium 156
oral-sensorisch 155
Ordnungsliebe 162
Organminderwertigkeit 207 f.
Orientierungsmechanismus 8

Partialtrieb 100, 191
participation mystique 101
Partner, omnipotenter 232
Passivität 102, 157
»Passung« 247
Penisneid 138
Periode, pränatale s. pränatale Periode
Persönlichkeit, anale 244
–, autoritäre 169
–, integrierte 245
–, narzißtische 220
–, schizoide 231
Persönlichkeitsentwicklung 121, 132, 171, 178, 183, 251
–, kindliche 119
–, narzißtische 203
Persönlichkeitskult 211
Persönlichkeitsmerkmale, anale 129
Persönlichkeitsstörung, hysterische 249
–, narzißtische 198, 211 f., 220, 224, 249
Persönlichkeitsstruktur, gespaltene 249
Pflichtbewußtsein 167
phallische Phase 135, 138 f., 155
Phänomen, narzißtisches s. narzißtisches Phänomen
Phantasie 237, 246
–, ich-gemäße 246
–, libidinöse 213 f.
–, narzißtische 206 ff., 213 f., 216 f., 225 f.
–, primärnarzißtische 213 f.
–, sadistische 133
–, unbewußte 213
–, unkontrollierte 318
Phase, schöpferisch-regressive 172
philobatisch 212
phylogenetisch angepaßt 14
Potenz 147
–, genitale 172
–, orgastische 171
pränatale Periode 123
primäre Bezogenheit 248
primäre Liebe 20 f., 50, 190 f., 197
Primärgruppe 10, 21, 55, 64, 112, 115, 118–121, 125–136, 139, 156, 159, 161, 176, 195, 197 f., 200, 202, 223 f., 253 ff., 258, 261 f.
–, intakte 225

Primärprozeß 39, 51, 101, 172, 237–240, 242 bis 248
Primärvorgang 44, 52, 83, 104, 107 f., 235 f., 238–241, 244, 246
Prioritätsanspruch 209
Probehandeln 16
Probehandlung 102
Projektion 156, 212, 227, 237
–, narzißtische 225
Prozeß, symbolischer 27
Pseudo-Autonomie 131 f.
Pseudogemeinschaft 227
Pseudohysterie 202
Pseudo-Realität 225
psychogen 36
Psychopathie, gemütlose 223 f.
Pubertät 130, 132, 166, 171

Rachebedürfnis 219
Rationalisierung 84
Reaktion, primär angepaßte 235
–, schizophrene 124
Reaktionsbildung 106
–, orale 156
Reaktionsweise, affektive 243
Realangst 61
Realbewußtsein 97
Real-Ich 54 f., 189, 205, 209–212
Realitätsbewältigung 225
Realitätskontrolle 159
Realitätsprinzip 54, 60, 84, 93, 95, 97, 236
Realitätsprüfung 159
Reduktion, genetische 100
Regression 86, 165, 187, 194, 200 f., 219, 223, 244
–, orale 151
Reinlichkeitserziehung 131
Reizaufnahme 257
Reizentzug (sensory deprivation) 153
Reizisolation (sensory deprivation) 102
Reizschutz 100, 223 f., 227, 248
Reiz-Sklaverei 102
Reizverarbeitung 257
Reizzustrom 247
Rezeptivität, orale 156
Ritualisierung 162
Rollenbewußtsein 137
Rollenexperiment 139
Rollenkritik 140
Rollenvergleich 140

Sadismus 92, 94
Sauberkeitsdressur 162
Sauberkeitserziehung 127, 158 f.
Saugreflex 46
Schaden, narzißtischer s. narzißtischer Schaden
Scham 127 ff., 134, 157, 159, 164 ff., 206 f., 219
Schamgefühl 123
Schicksal, soziales 160
Schuld 128, 164 f., 177
Schuldgefühl 27, 123, 139 f., 142, 163–166
»sekundäre Situation« 62
Sekundärprozeß 51, 101, 172, 237–240, 242 f., 245, 247 ff.
Sekundärprozeßfunktion 245
Sekundärprozeß-Ich 245
Sekundärvorgang 44, 52, 83, 235 f., 240 f., 244, 247
Selbst, archaisch-grandioses 211 f.
–, exhibitionistisches 209 f.
–, grandioses 202, 207
–, omnipotentes 207, 219
Selbstachtung 119, 159, 219
Selbständigkeit 154, 161, 222
Selbstauflösung 11
Selbst-Bestätigung 160
Selbstbeobachtung 60, 64, 83
Selbstbezogenheit 210
Selbstbild 202
Selbsteinschränkung 142
Selbst-Entwurf 119
Selbsterhaltung 39, 88, 237
Selbstgefühl 119, 167, 170, 172, 189, 201, 254
Selbsthaß 187
Selbstkontrolle 159, 162, 172
Selbstkritik 143, 209
Selbst-Lähmung 141
Selbstliebe 186, 188, 201 f.
Selbst-Objekt 219
–, omnipotentes 206 f.
Selbstregulation 131
Selbst-Schaustellung 211
Selbst-Sicherheit 222
Selbststimulation 202 f., 208
Selbst-Vertrauen 121, 160
Selbstverwirklichung 81, 241
Selbstwertgefühl 165, 233
Selbstzerstörung 11
Selektion 11, 13, 15 f., 18, 21, 31, 33 f., 49, 114
–, biologische 112
–, symbolische 112
selektionsgünstig 19
Selektionsvorteil 62, 192
Selektivität 101
Sensibilität 168 f.
Sexualentwicklung 166
Sexualerziehung 165
Sexualfeindlichkeit 182
Sexualfunktion 92
Sexualforschung des Kindes 136
Sexualität 37, 40, 42, 53, 92, 117, 145 ff., 154, 173, 186, 196
–, kindliche 10, 135, 137
–, phallische 163 ff.
Sexualobjekt 93
–, idealisiertes 231
Sexualpartner 93
Sexualproblem, kindliches 142
Sexualsymbol 31
Sexualtrieb 34, 38 f., 54 f., 88, 93, 145, 186 f.

Sexualverhalten 195
Sexualwünsche 110
sexueller Bereich 257
sexuelle Erwartung 249
Sicherheit 223
Sicherheitsbedürfnis 196, 216
Sicherheitsprinzip 194–197, 199 f., 206, 213, 218
–, narzißtisches 176, 222
soziale Existenz 213
Soziales Gleichgewicht 154
Sozialisation 170, 180
Sozialverhalten 195
Spaltung 237 f., 241–246, 248 ff., 255
Sparsamkeit 161 f.
Spiel, soziales 158
Spielaktivität 159
Spielebene der Motivation 153
Spielniveau der Motivation 152
Spieltheorie 95
Stadium, kannibalisches 156
–, oral-rezeptives 156
–, oral-sadistisches 156
Stammhirn 98
stimulus nutriment 153
Stolz 159
Störung, narzißtische s. narzißtische Störung
Sublimierung 9, 23, 91, 181 f.
Sublimierungstheorie 144
Suchautomatismus, oraler 46
Superlernen 16, 19
Symbiose 228, 230, 257
–, pathogene 225, 227
Symbolbildung 248
Symbolsystem, kulturelles 49
Symptomhandlung 204

Tagtraum 122, 236
Thymos 41, 242
Todesangst 176
Todestrieb 11, 39, 45, 50, 90, 92 f., 110, 141, 147, 217, 252, 262
Todestriebkonzept 175
Todeswunsch 199, 230
–, unbewußter 123
Toleranz 262
Tradition, altruistische 206
–, kulturelle 178
Tragstarre 194
Transaktionsanalyse 261
Trauerarbeit 232
Traum 213, 239
Traumarbeit 44
Trauma-Theorie 111
Traumerleben 100
Trieb, primärer 89
Triebabfuhr 102, 108
Triebanspruch 23, 32, 84, 86, 106
Triebbedürfnis 44, 179, 183, 261
–, vitale 148
Triebbefriedigung 86, 144, 181, 206
Triebdruck 171
Triebe, »alte« 145
–, »neue« 145
Triebenergie 8, 89, 91, 98
–, aggressive 182
–, sexuelle 182
Triebforderung 102
Triebfunktion, autonome 105
–, vorbewußte 105
Triebfusion 90
Trieb-Gegensatz 90
Triebgrundlagen, angeborene 9
Triebimpuls 17
Triebkontrolle 84
Triebleben 37
Trieblehre 39
Triebmischung 147
–, libidinöse 262
Trieb-Modell 144
Triebnatur, antisoziale 250
Triebnatur des Menschen 184
Trieb-Psychologie 108
Triebquelle 92, 151
–, primäre 146
Triebreduktion 152
Triebregung 136
Triebrepräsentanz 44
Triebschicksal 9, 110, 126, 159
Triebspannung 206
Triebstärke 120
Triebverdrängung 34 f.
Triebversagen 97
Triebverzicht 9, 181
Triebwunsch 8 f., 183, 206, 240
–, aggressiver 182
Triebziel 88, 101
–, sexuelles 181
Trotz, kindlicher 161
Trotzalter 160
Trotzreaktion 160
Tun, aktives 218

Über-Emotionalität 228
Über-Ich 10, 32, 38, 41 ff., 45, 49 f., 59–64, 82 ff., 101, 107, 115, 117, 120, 129, 134, 140 ff., 165, 168 f., 176, 184, 213, 233, 236, 257
Über-Ich-Bildung 143
Über-Ich-Entwickung 62, 64, 164, 167
Über-Ich-Funktion 207
Über-Ich-Instanz 206
Überkompensation 208
Überlebenswert, aktueller 149
–, potentieller 149
Übermächtigkeit 216
Übertragsbeziehung 81
Übertragung 200, 223, 249, 253
–, idealisierende 221
Übertragungsbeziehung 253 f.
Über-Uns 60

Umformung 146
Umwelt 33
–, soziale 144
Umweltgleichgewicht 154
Umweghandlung 102
Unabhängigkeit, seelische 170
unbewußt 10, 43, 45, 48, 53, 84, 113, 121, 236 f.
–, im deskriptiven Sinn 42 f.
–, im dynamischen Sinne 42 f.
–, in topischer oder systematischer Bedeutung 43
Umbewußte, das 9, 37–40, 43 ff., 50, 53, 83, 93, 176, 233, 2;6, 239, 246, 257
Universalien, kulturelle 19
Unlust 27, 237
Unlust-Empfinden 237
Unlustvermeidung 236
Unterbewußte, des 45
Unterbewußtsein 45
Unverbindlichkeit 226
Unzerstörbarkeit 216
Urerfahrung 29
Urhorde 24 f.
Urmißtrauen 121 f., 128, 197
Urverbrechen 26
Urvertrauen 99, 121 f., 127 f., 156, 174
Uterusneid 138
Vatermord 27 f.
Verbotssystem 83
Verbot, symbolisches 27
Verdichtung 44, 236, 246, 248
Verdrängung 9 f., 107, 112, 126, 136, 146, 176, 208, 237 f., 245
Verdrängungsbereitschaft 35
Verdrängungsprozeß 108
Verhalten, oppositionelles 161
Verhaltungsformung 15
Verhaltungsmuster, ererbtes 191
Verhaltungsprogramme, genetische 14
Verhaltungssteuerung 16 f., 33, 47
– kulturelle 18
Verhaltensweise, selbstzerstörerische 195
Verinnerlichung 86, 119, 178
Verleugnung 237 f.
–, hysterische 142
Vermeiden, das 131
Versagen 165, 177, 226, 258 f.
Versagung 131, 196, 248
Verschiebung 44, 52, 101 f., 236, 238, 246, 248
Verschmelzung 227, 232 f.
Verschmelzungsphantasie, primär-narzistische 215
Verschmelzungswunsch 225
Vertrauen 121 f., 142, 167
Verzerrung, emotionale 238
Vitalität 120 f.
vorbewußt 42, 45, 121
Vorbewußt-Bewußte, das 43, 83, 236
Vorbewußte, das 43, 48, 50 f., 53, 83 f.
Vorstellung 101
Vorstellungsrepräsentanz 108
Wachbewußtsein 44, 50 f., 83, 84, 100
Wahrnehmungsidentität 100
Weltuntergangs-Phantasien 188, 216
Wettbewerb (competition) 168
Widerspiegelung, narzißtische 211
Widerstand 200
Wiederkehr des Verdrängten 137, 245
Wiederholungszwang 253 ff.
Wir-Gefuhl 17p f.
Wirklichkeit, soziale 226
Wirkungsdrang 98
Wirkungsempfinden (feeling of efficacy) 98
Wissen, soziales 163
Wohlbehagen, narzißtisches s. narzißtisches Wohlbehagen
Wohlwollen 128
Wolfskinder 18
Wolfsmann 22
Wunde, narzißtische s. narzißtische Wunde
Wunsch, libidinöser 249
–, ödipaler 171
–, phallischer 165
Wunscherfüllung, halluzinatorischer 247
Wut 229
–, narzißtische 210 ff., 217 ff., 248
Zerstörungstrieb 177
Zufuhr, narzißtische s. narzißtische Zufuhr
Zusammenbruch 226
Zwangshaft 142
Zweifel 128 ff., 134, 140, 157
Zwillinge, eineige 13
Zwillingsforschung 85

Namenregister

Dieses Register enthält nur die im Text zitierten Namen; weitere Angaben finden sich im Literaturverzeichnis.

Abraham, K. 59, 156, 187
Ackerman, N. 255
Adler, A. 119, 207
Adorno, Th. W. 169
Albee, E. 229
Alexander, F. 253, 261
Allport, G. W. 86
Ammon, G. 12, 148, 238
Andreas-Salomé, L. 126
Argelander, H. 194, 200, 213, 215

Balint, M. 70, 153, 190 f., 194, 197, 200, 212, 215, 220, 222 f., 238, 261
Bateson, G. 183
Bell, N. 183
Benedict, R. 114
Bernheim 51
Bergson 237
Bibring 95
Biermann, G. 183
Binswanger 221
Bowen, M. 183
Bowlby, J. 224
Braun, F. M. 37
Bühler, Ch. 97
Bühler, K. 97, 155, 168
Butler 97

Carr 97
Cassirer 237
Cooper, D. 183
Cornelison, A. 183
Charcot 57
Churchill, W. 212 f.
Craig, W. 147

Dann, S. 225
Darlington, C. D. 30
Darwin, Ch. 24 f., 29 ff., 40
Day, J. 183
Delgado, J. 150
Descartes, R. 40
Deutsch, H. 233
De Vore, I. 94
Dorer, M. 53

Eibl-Eibesfeldt, I. 14
Einstein, A. 259
Eißler, K. R. 75
Ellis, H. 186
Erikson, E. H. 74, 99, 115–121, 126, 130 f., 134 f., 155 f., 159, 163 f., 167, 172, 241
Esterson, A. 183

Fairbairn, W. R. D. 238
Ferenzei S. 29 f., 121 f., 222, 238
Fleck 183
Frazer, J, 27
French 95
Freud, A. 10, 34 f., 52, 58, 104, 106, 225
Freud, S. 7–11, 15, 20–33, 38–44, 46, 48–64, 70, 72, 75, 83, 85–89, 91 ff., 95, 97, 100, 103, 105, 107 ff., 111, 117–120, 122, 125 ff., 129 f., 135, 137, 140, 142, 144, 147, 151, 159, 161, 163, 166 f., 170 f., 177 f., 181 ff., 186–190, 196 ff., 200 f., 206 ff., 215, 217 f., 221, 231, 235 ff., 242, 244 f., 247, 249 f., 257, 259
Fromm E. 12, 163
Frühmann, E. 7
Fürstenau, P. 110

Galilei, G. 158
Gamm, H.-J. 17
Gastager, H. 183
Gesell, A. 97, 157 f., 160, 168
Goebbels, J. 78
Goldstein, W. 162
Greenacre, Ph. 30, 258
Greenson, R. 249
Groddeck, G. 33
Groos 97
Gröninger, S. 7

Hagman, E. R. 58
Haley, J. 183
Harlow, H. 97, 194 ff., 202
Hartmann, H. 8 f., 31–34, 51 ff., 56, 59, 83, 85–92, 95, 97 f., 99 f., 103–107, 109 f., 116, 144, 152, 167, 182, 240 f.
Hebb 97
Hediger 57
Heider, F. 173
Heinroth, J. Ch. 60
Helmrich, M. 7
Hendrick, I. 91–97, 118, 148
Herbart 51
Hess, E. R. 150
Hetzer, H. 161

Hinde, R. 197
Hirsch, St. 183
Hoffmann, S. O. 91
Holst, E. v. 146, 150 f.
Holt, R. R. 153
Horney, K. 163, 261
Hull 144
Hunger, H. 63

Ilg, F. 158

Jackson, D. D. 183
Jacobson, E. 96
Joffe, W. G. 206
Jones, E. 31, 33, 66 f.
Jung, C. G. 7, 33 f., 156, 240 f.

Kant, I. 74, 99
Klein, M. 59, 237 f.
Köhler, W. 19
Kohut, H. 111, 201 ff., 207 f., 212 f., 215, 217, 220 f., 246 f.
Kopernikus 29, 40
Korzybski, A. 237
Kris, E. 31, 85, 103
Kroeber, A. L. 24

Lacan, J. 189
Laing, R. 113, 183
Lamarck, J. P. 31
Langer, S. 236 f.
Laplanche, J. 56
Lawick-Goodall, J. v. 193
Leary, T. 215
LeBon, G. 117
Leibniz 40
Leonardo da Vinci 182
Levi-Strauß, C. 243
Levy, D. M. 157, 161
Levy-Bruhl, C. 101
Leyhausen, P. 148 f., 175
Lidz, Th. 183
Lincke, H. 69 f., 76, 78, 80
Loch, W. 102
Loewenstein, R. 31, 85, 103
Lorenz, K. 7, 11, 14, 20, 94, 136, 174 f.
Ludwig, E. 207
Lustman, S. 96
Luther, M. 40, 74

Malinowski, B. 26 f., 65 ff., 181
Mannoni, M. 183, 225
Mahler, M. 224 f., 257 f.
Mantell, D. 76 f.
Marcuse, H. 74, 80
Marx, K. 242, 250
Marxismus, Freuds Urteil 250
Mendel, K. 30
Menninger, K. 89, 95, 255
Meynert 53

Miles 97
Mitscherlich, A. 174
Morgan, T. H. 31

Näcke, P. 186
Neill, A. S. 174
Newton, J. 259
Nietzsche, F. 33, 215

Oken 192
Otto, W. F. 239

Parin, P. 67 f.
Parsons, A. 67
Peiper, A. 46
Piaget, J. 97, 158, 160, 168
Piers, G. 165
Piers, G. 165
Platon 41, 242
Ploog, D. 98
Pontalis, J.-B. 56
Portmann, A. 13
Prechtl, H. F. R. 46
Preuss, H. G. 7

Raffael 182
Rapaport, D. 8 f., 83, 85, 99–109, 116
Reich, A. 233
Reich, W. 174
Reik, Th. 246
Richter, H.-E. 20, 123, 183, 225
Riemann, F. 261
Ritvo, L. B. 29 ff.
Roheim, G. 68
Rubens 182
Ryckoff, I. 183
Rycroft, Ch. 237, 241, 245, 247, 249

Sandler, J. 206
Schaller, G. 24 f.
Scharfenberg 215
Schleidt, W. 46
Schmidbauer, W. 148
Schumacher, W. 206, 215
Schultz-Hencke, H. 140, 159, 261
Searles, H. 183
Singer, M. B. 165
Skinner, B. F. 144
Smith, R. 26
Spalding, D. A. 14
Spitz, R. A. 34, 123, 156, 196, 257
Srole, L. 113
Stern, W. 160
Stone, L. 200
Sullivan, H. St. 168, 171

Thorndike 144
Tizian 182
Torok, M. 221
Turnbull, C. 72

Vogel, E. 183

Waelder, R. 95
Wallace, A. R. 30
Weakland, J. 183
Werner, H. 101
White, R. W. 7, 96–99, 102, 115, 144 ff., 148, 152, 155–159, 161 f., 164 f., 168, 170, 172 f.
Wickler, W. 145
Wilhelm II 207 f.
Winnicott 183, 238, 254
Wynne, L. C. 183

Zelmanowits 89 f., 103–108, 110, 151

Sinn und Unsinn des Leistungsprinzips

Ein Symposion

dtv

Inhalt

Arnold Gehlen: Arbeiten – Ausruhen – Ausnützen. Wesensmerkmale des Menschen

Günter Schmölders: Leistungsprinzip und »Qualität des Lebens«

Hans Peter Dreitzel: Soziologische Reflexionen über das Elend des Leistungsprinzips

Franz Vonessen: Die Leistung der Danaiden. Prinzipien und Probleme der sogenannten Leistungsgesellschaft

Wolfgang Klafki: Sinn und Unsinn des Leistungsprinzips in der Erziehung

Ommo Grupe: Leistung und Leistungsprinzip im Sport. Zu Problem und Kritik leistungsorientierten Handelns in Sport und Leibeserziehung

Christoph Theodor Wagner: Lassen sich die gegenläufigen Forderungen nach Leistungssteigerung und Selbstverwirklichung erfüllen?

Heinz Heckhausen: Leistung – Wertgehalt und Wirksamkeit einer Handlungsmotivation und eines Zuteilungsprinzips

Wolfgang Förster: Rolle und Wertung des Leistungsprinzips in den kommunistischen Staaten

Nachwort von Max Müller

»Es geht nicht darum, Leistung zu bestreiten oder zu verweigern, sondern sie aus ihrer einseitigen ökonomischen Festlegung zu befreien und in einem umfassenderen Sinne gesellschaftlich fruchtbar zu machen. Dies gezeigt zu haben, ist das große Verdienst der vorliegenden Aufsätze.«
Norddeutscher Rundfunk

990 / DM 5,80 / 4. Auflage